高等学校土木工程专业"十四五"系列教材

高等学校土木工程专业线上线下精品课程建设系列教材

混凝土结构设计原理

吴巧云　主　编

朱志刚　赵　程　副主编

金　浏　主　审

中国建筑工业出版社

图书在版编目（CIP）数据

混凝土结构设计原理 / 吴巧云主编；朱志刚，赵程
副主编. -- 北京：中国建筑工业出版社，2025.7.
（高等学校土木工程专业"十四五"系列教材）（高等学
校土木工程专业线上线下精品课程建设系列教材）.
ISBN 978-7-112-31306-8

Ⅰ. TU370.4

中国国家版本馆 CIP 数据核字第 20256D9G45 号

本书由国家级一流本科课程"混凝土结构设计原理"课程团队根据新颁布实施的《混凝土结构设计标准（2024 年版）》GB/T 50010—2010 和《混凝土结构通用规范》GB 55008—2021 的规定编写。内容包括绪论、混凝土结构材料的物理力学性能以及受弯构件、受压构件、受拉构件、受扭构件、预应力混凝土构件的性能分析、设计计算和构造措施等。

本书融入了大量帮助读者理解和掌握教材内容的数字资源以及与教材内容相关的前沿知识的拓展资源。每章有丰富的思考题和形式多样的习题等内容；文字通顺易懂，论述由浅入深，便于自学理解、巩固深入。此外，书中还给出了部分专业术语的英文表达。

本书可作为高等学校土木工程专业的教材，也可供有关的设计、施工和科研人员使用。

本书配有授课 PPT、课后题参考答案等资源，免费提供给选用本教材的授课教师，有需要者可与出版社联系，索取方式如下：1. 邮箱：jckj@cabp.com.cn；2. 电话：（010）58337285。

责任编辑：赵　莉　吉万旺
责任校对：张　颖

高等学校土木工程专业"十四五"系列教材
高等学校土木工程专业线上线下精品课程建设系列教材

混凝土结构设计原理

吴巧云　主　编
朱志刚　赵　程　副主编
金　浏　主　审

*

中国建筑工业出版社出版、发行（北京海淀三里河路 9 号）
各地新华书店、建筑书店经销
北京鸿文瀚海文化传媒有限公司制版
鸿博睿特（天津）印刷科技有限公司印刷

*

开本：787 毫米×1092 毫米　1/16　印张：21½　字数：535 千字
2025 年 8 月第一版　2025 年 8 月第一次印刷
定价：**68.00** 元（赠教师课件及配套数字资源）
ISBN 978-7-112-31306-8
（45341）

前　言

　　"混凝土结构设计原理"是土木工程专业重要的学科基础课，主要讲述混凝土结构基本构件，如受弯构件、受压构件、受拉构件、受扭构件、预应力混凝土构件等受力性能和设计计算方法，包括钢筋和混凝土材料的力学性能、混凝土结构构件以概率理论为基础的极限状态设计方法的基本原理及混凝土基本构件的性能分析、设计计算和构造措施等。

　　本教材按照现行标准规范《混凝土结构设计标准（2024 年版）》GB/T 50010—2010、《混凝土结构通用规范》GB 55008—2021 等的规定编写。 编写本教材时，注重"少而精"原则，减少和精炼了教材内容，但各小节辅以丰富的数字资源，如基本概念的解释、构件加载试验视频、相关工程案例等扩充课堂内容，帮助学生加深对知识点的理解；其次，各章节加入了融合编写团队最新科研进展和当前混凝土相关学术前沿成果的拓展资源，如拓展了智能建造（深度学习、机器学习、AI 智能设计）、BIM 技术、3D 打印、固碳混凝土、智能混凝土、再生混凝土、高性能混凝土及装配式混凝土等相关知识，使学生能及时了解国内外混凝土结构相关领域的新材料、新技术和新工艺等。 此外，编者特别注重课后习题的类型多样性，习题来源历年各大高校"混凝土结构"考研真题、注册结构工程师考试真题及科教融合拓展习题等，通过大量习题练习，提高学生的应用能力。

　　本教材由吴巧云（第 1 章、第 3 章、第 4 章、第 5 章、第 8 章）、丁兰（第 1 章、第 4 章）、孙巨搏（第 2 章、第 6 章）、潘登（第 4 章）、赵程（第 5 章）、李佳靖（第 7 章）、许峙峰（第 8 章）、朱志刚（第 6 章、第 7 章、第 9 章）等作者编写。 吴巧云负责教材编著设计，吴巧云、朱志刚、赵程负责教材统稿。 教材配套的 PPT 课件及课后习题答案由吴巧云负责统筹，赵程、丁兰、孙巨搏、李佳靖辅助完成。 本书编写过程中还得到了博士研究生宋彦朋及硕士研究生袁啸、李杰、伍仔豪、赵子卿、陈思瑶、邓茹月、胡江锋等同学的帮助，在此向他们表示感谢。 此外，向给予帮助和支持的兄弟院校，向中国建筑工业出版社有关编辑等表示深深的敬意和谢意！

　　北京工业大学金浏教授审阅了全部书稿，并提出了许多宝贵意见，在此表示衷心感谢。 由于作者水平有限，书中不妥和错误之处敬请批评指正。

吴巧云

2025 年 5 月

目　录

第 3 章　受弯构件的正截面受弯承载力 055

第 4 章　受弯构件的斜截面承载力　102

第 5 章　受压构件的截面承载力　140

第 6 章　受拉构件的截面承载力

第 7 章　受扭构件的扭曲截面承载力

第1章

绪　　论
Introduction

> **本章学习目标**
> 1. 理解混凝土结构配筋的作用与要求;
> 2. 了解预应力混凝土结构的基本工作原理;
> 3. 了解混凝土结构的基本组成;
> 4. 了解混凝土结构的主要优缺点和发展概况;
> 5. 了解混凝土结构的功能、极限状态和环境类别。
>
> **本章专业术语**
> concrete structure　混凝土结构
> plain concrete structure　素混凝土结构
> reinforced concrete structure　钢筋混凝土结构
> prestressed concrete structure　预应力混凝土结构
> steel bar　普通钢筋
> prestressing tendon　预应力筋
> smart concrete structure　智能混凝土结构

1.1　混凝土结构的一般概念和特点
General Concepts and Characteristics of Concrete Structures

1.1.1　钢筋混凝土结构的一般概念
General Concepts of Reinforced Concrete Structures

常见的混凝
土结构

由混凝土为主组成的结构称为混凝土结构。无筋或不配置受力钢筋的结构称为素混凝土结构,由钢筋和混凝土组成的结构称为钢筋混凝土结构。混凝土抗压强度高,抗拉强度低(混凝土的抗拉强度一般仅为抗压强度的 1/10 左右)。钢筋的抗压和抗拉能力都很强。将钢筋和混凝土两种材料结合在一起共同工作,**利用混凝土抗压、钢筋抗拉,则能使两种材料各尽其能、相得益彰,组成性能良好的结构构件。**

以梁为例,若用素混凝土制成梁,在图 1-1(a)所示的荷载 P 作用下,梁跨中截面的下部受拉,上部受压。当外荷载增加使得梁底的应力超过混凝土的抗拉强度时,混凝土

开裂，开裂后梁立即断开。素混凝土梁承受荷载的能力低（仅为开裂荷载 P_{cr}），破坏具有突然性。若在梁的受拉区布置适量的钢筋，如图 1-1（b）所示，由于钢筋具有很好的抗拉性能，当混凝土开裂后钢筋可以帮助混凝土承受拉力，梁并不破坏还可以继续承载。**钢筋不但提高了梁的承载能力，而且还提高了梁的变形能力，使得梁在破坏前能给人以明显的预警。**

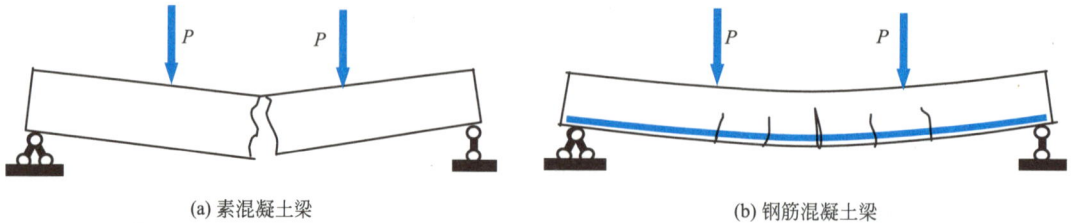

(a) 素混凝土梁   (b) 钢筋混凝土梁

图 1-1　简支梁受力示意图

混凝土结构施工时，一般先根据结构构件的形状和尺寸制作模板，再将钢筋放入模板中适当的位置固定，最后浇筑混凝土，待混凝土结硬成型并达到一定强度时除去模板，结构施工结束。

1.1.2　钢筋和混凝土共同工作的原因
Reasons for Collaborative Work of Steel Bars and Concrete

钢筋与混凝土两种不同材料之所以能共同工作主要有以下原因：

（1）混凝土和钢筋之间有良好的粘结性能，两者能可靠地结合在一起，共同受力，共同变形。

（2）混凝土和钢筋两种材料的温度线膨胀系数很接近（混凝土为 $1.0 \times 10^{-5} \sim 1.5 \times 10^{-5}$，钢筋为 1.2×10^{-5}），可避免温度变化时产生较大的温度应力，破坏二者之间的粘结力。

（3）混凝土包裹在钢筋的外部，对钢筋形成保护，可使钢筋免于腐蚀或高温软化。

混凝土和钢筋
的材料特性

1.1.3　预应力混凝土结构的一般概念
General Concepts of Prestressed Concrete Structures

若在图 1-1（b）梁的钢筋位置预留孔道，待混凝土结硬达一定的强度后在孔道中穿入高强钢筋，拉伸钢筋并在梁的端部将拉伸后的高强钢筋锚固，如图 1-2（a）所示。**拉伸的钢筋（称为预应力钢筋）会在梁底部的混凝土中产生压应力，在梁上部的混凝土中产生拉应力，如图 1-2（b）所示。**预应力钢筋在梁底部产生的预压应力会抵消外部荷载 P 产生的拉应力（图 1-2c），使得梁底部不产生拉应力或仅产生很小的拉应力（图 1-2d），提高梁的抗裂性能。图 1-2（a）所示的梁称作预应力混凝土梁。同理，还可以先张拉钢筋，再浇捣混凝土，待混凝土达一定强度后放松钢筋，**通过钢筋与混凝土之间的粘结力在混凝土中建立预压应力。**

配筋或配"钢"

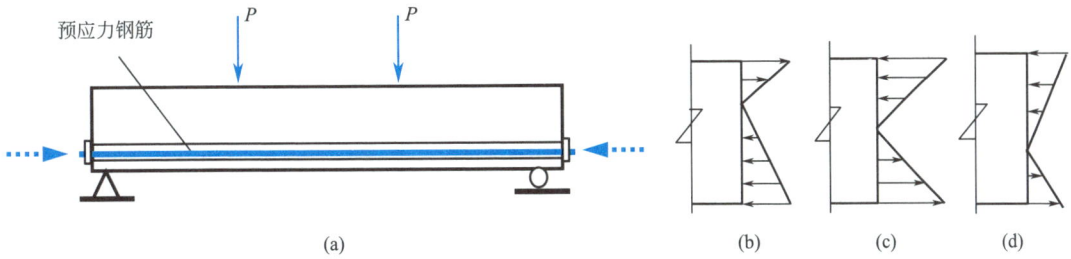

图 1-2　预应力混凝土梁及其跨中正截面的应力分布

1.1.4　混凝土结构的组成
Composition of Concrete Structures

混凝土结构是由不同的混凝土构件组合而成的结构体系。这些结构构件主要由板、梁、柱、墙和基础等组成。

以钢筋混凝土结构的多层房屋为例（图1-3），其中的主要结构构件为：

（1）钢筋混凝土楼板，主要承担楼板面的荷载和楼板的自重；

（2）钢筋混凝土楼梯，主要承担楼梯面的荷载和楼梯段的自重；

（3）钢筋混凝土梁，主要承担楼板传来的荷载及梁的自重；

（4）钢筋混凝土柱，主要承担梁传来的荷载及柱的自重；

（5）钢筋混凝土墙，主要承担楼板、梁、楼梯传来的荷载，墙体的自重及土的侧向压力；

（6）钢筋混凝土墙下基础（条形基础或桩基础），主要承担墙传下的荷载，并将其传给地基；

（7）钢筋混凝土柱下基础（独立基础或桩基础），主要承担柱传下的荷载并将其传给地基。

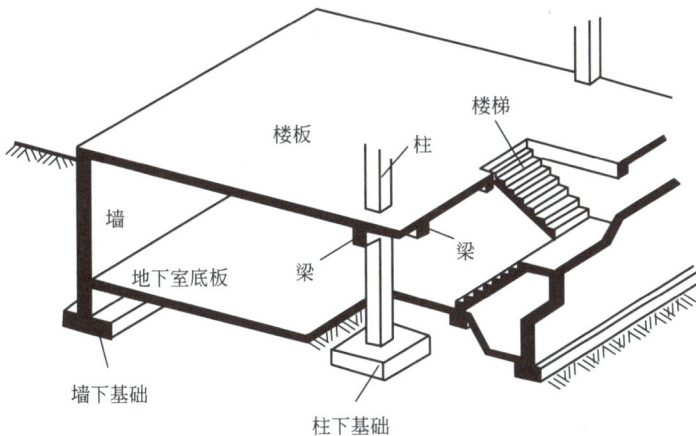

图 1-3　钢筋混凝土结构房屋中的结构构件

1.1.5 混凝土结构的优缺点
Advantages and Disadvantages of Concrete Structures

1. 混凝土结构的优点

各类建筑结构
优缺点对比

混凝土结构除了充分利用混凝土和钢筋的性能外，还具有下列优点使其能在各种不同的工程中得以广泛应用。

（1）良好的耐久性。混凝土结构中混凝土的强度随时间的增长而增长。当钢筋外的混凝土保护层厚度足够大时，混凝土能保护钢筋免于锈蚀。不需要经常的保养和维修。在恶劣环境中（如处于侵蚀性气体或受海水浸泡等），经过合理的设计并采取特殊的构造措施，一般能满足工程需要。

（2）良好的耐火性。不采取特殊的技术措施，混凝土结构房屋一般具有 $1 \sim 3$ h 的耐火时间，不致因火灾导致钢材很快软化而造成结构整体破坏。混凝土结构的抗火性能优于钢、木结构。

（3）良好的整体性。现场整浇的混凝土结构各结构构件之间连接牢固，具有良好的整体工作性能，能很好地抵御动力荷载（如风、地震、爆炸、冲撞等）的作用。

（4）良好的可模性。混凝土结构可根据需要浇筑成各种不同的形状，如曲线形的梁和拱、曲面塔体、空间薄壳等。

（5）可就地取材。混凝土结构中用量最多的砂、石等材料可就地取材。还可以将工业废料（如矿渣、粉煤灰等）制成人工骨料用于混凝土结构中，变废为宝。

（6）节约钢材。和钢结构相比，混凝土结构中用混凝土代替钢筋受压，合理发挥了材料的性能，节约了钢材。

2. 混凝土结构的缺点

混凝土结构也有一些缺点，这些缺点目前在一定程度上阻碍了混凝土结构的广泛应用。如混凝土结构的自重大（素混凝土的重度一般为 $22 \sim 24$ kN/m³，钢筋混凝土的重度一般为 $24 \sim 25$ kN/m³），对大跨度结构、高层建筑及结构抗震不利；混凝土易开裂，一般混凝土结构使用时往往带裂缝工作，对裂缝有严格要求的结构构件（如混凝土水池、地下混凝土结构、核电站的混凝土

了解混凝土
的耐火性

安全壳等）需采取特殊的措施；现浇混凝土结构需耗费大量的模板，施工受季节性的影响较大；隔热隔声性能较差等。随着科学技术的不断发展，这些缺点会逐渐被改进或克服。

1.2 混凝土结构的发展
Development of Concrete Structures

1.2.1 混凝土结构的诞生
Origins of Concrete Structures

世界高楼
Top10

1824 年，英国人 Aspdin 发明了波特兰水泥，为混凝土结构的诞生奠定了基础。1855 年，法国人 Joseph Louis Lambot 在巴黎国际展览会上展出了

他在这年早些时候申请专利的一条水泥砂浆铁丝小船，标志着混凝土结构的诞生。同年，Francois Coigent 也申请了加筋混凝土楼板的制作专利。这以后一大批凭经验制作的加筋混凝土结构（构件）相继出现，并获得专利。1904 年出版的一本英国教科书列举了 43 项加筋混凝土的专利，其中，15 项来自法国，14 项来自德国或奥匈帝国，8 项来自美国，3 项来自英国，另 3 项来自其他 9 个国家。

　　19 世纪末，混凝土传入中国。以上海为例，1890 年，上海第一次在铺设马路时采用混凝土；同一年，上海第一家混凝土制品厂建成投产，它采用英国进口水泥为原料，起初生产厨房水池，20 世纪初拓展到混凝土梁、板、桩、电线杆等几十种系列产品；1891 年，工部局在武昌路上铺设了第一条水泥混凝土下水道；1896 年建成的工部局市政厅采用钢筋混凝土楼板（现已不存在）；1901 年建造的华俄道胜银行（现为中国外汇交易中心，地址为上海市中山东一路 15 号）采用了钢柱、钢梁外包混凝土的钢骨混凝土结构；1908 年建成的得律风公司大楼（现为上海市内电话局，地址为江西中路汉口路）是上海第一座采用钢筋混凝土梁和钢筋混凝土柱组成的框架结构的房屋。

　　现代预应力混凝土结构的开拓者是法国学者 E. Freyssinet。他于 1928 年提出了用高强钢丝作为预应力钢筋，发明了专用的锚具系统，并开创性地在一些桥梁和其他结构中应用预应力技术，使预应力混凝土结构技术从试验室真正走向工程实际。

　　如图 1-2（a）所示的梁，当在混凝土中施加预应力后，梁下部的混凝土会因为受压而随时间逐渐缩短（这种变形性能称为徐变）。同时，由于混凝土的收缩，梁也会缩短。徐变和收缩会使梁下部缩短约 1/1000。对普通钢筋，在施加预应力时一般钢筋的应变不会超过 1.5/1000。因此，由于徐变和收缩会使普通预应力钢筋中的预拉应力损失 2/3。高强钢筋在施加预应力时的应变可达到 7/1000，由于徐变和收缩使其预应力损失约 1/7。因此，Freyssinet 建议同时使用高强钢筋和高强混凝土。

关于世界和中国
最高建筑

　　第二次世界大战后，预应力技术得到了蓬勃发展。1950 年成立的国际预应力混凝土协会（FIP）更是促进预应力技术的发展。据报道，至 1951 年，在欧洲已建成 175 座预应力混凝土桥梁和 50 个预应力混凝土框架，在北美已建成 700 座预应力混凝土贮水罐。

　　我国预应力混凝土结构是在 20 世纪 50 年代发展起来的，最初试用于预应力钢弦混凝土轨枕。目前，预应力混凝土结构已在建筑、桥梁、地下结构、特种结构（如预应力混凝土水池、混凝土冷却塔、混凝土电视塔、核反应堆的安全壳等）中广泛应用。

轻质、高强和
纤维混凝土

1.2.2　混凝土结构材料方面的发展
Advances in Concrete Structural Materials

　　混凝土结构诞生以来在材料方面的发展主要表现在混凝土强度的不断提高、混凝土性能的不断改善、轻质混凝土和无砂混凝土的应用以及 FRP（Fiber Reinforced Polymer）筋的应用等几个方面。

　　20 世纪 60 年代初，美国混凝土的平均抗压强度为 28 N/mm^2，20 世纪 70 年代提高到 42 N/mm^2。1964 年，用高效减水剂配制的高强混凝土在日本首先兴起，到 20 世纪 70 年代末，日本的工地上已能获得抗压强度为 80～100 N/mm^2 的高强混凝土。1976 年起，北美也开始采用高效减水剂配制高强混凝土。1990 年以后，美国和加拿大的工地上已能获得 $60\sim100$ N/mm²、最高可达 120 N/mm² 的高强混凝土。在实验室中，混凝土的抗压强度甚至可做到 800 N/mm²。

20 世纪 90 年代以前，我国大量采用的混凝土抗压强度仅为 $15\sim20$ N/mm²。随着经济的发展和科技的进步，高强混凝土得以在工程实践中应用。在铁道系统，铁路部门用 $50\sim60$ N/mm² 的混凝土生产桥梁、轨枕以及电气化铁路的接触网支柱。在公路桥梁方面，混凝土的抗压强度达到 80 N/mm²。1988 年，在沈阳建成的 18 层辽宁省工业技术交流馆中首次应用 60 N/mm² 的混凝土建造高层建筑的柱子。1990 年 8 月在上海海伦宾馆工程，1990 年 9 月在上海新新美发厅工程上成功进行了泵送混凝土的工程实践。在一些基础设施工程中，如混凝土的输水管，也有过用抗压强度为 60 N/mm² 混凝土的报道。目前，我国的土木工程结构，尤其是超高层混凝土房屋结构，应用抗压强度为 60 N/mm² 的混凝土已相当普遍。

为提高混凝土的抗拉强度，改善混凝土的抗裂、抗冲击、抗疲劳、抗磨等性能，在普通混凝土中掺入各种纤维（如钢纤维、合成纤维、玻璃纤维和碳纤维等）而形成的纤维混凝土已在工程中得到广泛的应用。其中以钢纤维混凝土的技术最为成熟，应用最为广泛。美国、日本和我国都相继编制了钢纤维混凝土结构的施工设计规程或规范。以改善混凝土工作性能、降低泌水离析、改善混凝土微观结构、增加混凝土抗酸碱腐蚀为目标的研发工作也在进行中。另外，在混凝土中添加智能修复材料和智能传感材料，使得混凝土具有损伤修复、损伤愈合和损伤预警功能的研究工作已引起各国学者高度重视，其中，混凝土结构中的光纤传感技术已在工程中试用。

为克服混凝土自重大的缺点，经国内外学者的努力，由胶结料、多孔粗骨料、多孔或密实细骨料与水拌制而成的轻质混凝土（干重度一般不大于 18 N/mm²）得到了很大的发展。国外用于承重结构的轻质混凝土的抗压强度一般为 $30\sim60$ N/mm²，其重度一般为 $14\sim18$ N/mm²。国内轻质混凝土的抗压强度一般为 $20\sim40$ N/mm²，其重度一般为 $12\sim18$ N/mm²。1976 年建成的美国芝加哥 Watertower 广场大厦的楼板采用了抗压强度为 35 N/mm² 的轻骨料混凝土。美国休斯敦 52 层高 210 m 的贝壳广场大厦则全部由轻质混凝土建造。当对混凝土的强度要求不是很高时，可以采用普通粗骨料制成的无砂大孔混凝土，其重度一般为 $16\sim19$ N/mm²。

混凝土结构中钢筋的锈蚀是影响结构寿命的重要因素之一。尽管世界各国的学者多年来作出了很大的努力，但是这一问题一直没有得到很好的解决。在北美，冬天需要用盐来解冻，因此，公路桥梁和公共车库中钢材的腐蚀情况尤为严重。据 1992 年的统计结果显示，修复加拿大当时所有混凝土车库结构的费用在 40 亿～50 亿加元之间；修复美国所有高速公路桥梁的费用约为 500 亿美元。在欧洲，由于钢材的腐蚀每年约损失 100 亿英镑。用 FRP 筋代替混凝土中的钢筋将是一种有效的解决锈蚀问题的方法。

FRP 是一种由纤维加筋、树脂母体和一些添加料制成的复合材料。根据纤维的种类，它可以分为碳纤维增强塑料（Carbon Fiber Reinforced Plastics，CFRP）、芬香酊聚酰胺纤维增强塑料（Aramid Fiber Reinforced Plastics，AFRP）和玻璃纤维增强塑料（Glass Fiber Reinforced Plastics，GFRP）。FRP 具有强度高、质量轻、抗腐蚀、低松弛、易加工等诸多优良的特性，是钢筋的良好替代物，用作预应力筋时优势尤其明显。

早在20世纪70年代，德国Stuttgart大学的Rehm教授的研究成果就表明含有玻璃纤维的复合材料筋可以用于预应力混凝土结构。1992年，FIP的一个工作委员会起草了FRP的设计指南。1993年，作为国家级的研究成果，《FRP混凝土建筑结构设计指南》和《FRP预应力混凝土构件设计指南》在日本出版。1996年，加拿大的公路桥梁规范（Canadian Highway Bridge Design Code，CHBDC）也将FRP的内容列入其中。同年，美国的ACI 440出版了FRP混凝土结构研究现状的分析报告，ASCE也成立了专门的委员会准备有关FRP的标准。

1980年，作为试验，在德国的Muster建造了一座短跨的人行桥梁。1986年，世界上第一座GFRP预应力混凝土公路桥梁在欧洲的Dussedolf建成并投入使用。1988年，GFRP预应力体系在Berlin的一座两跨桥梁中得以应用；法国Mairiedivry地铁车站的改建工程也大量应用了GFRP预应力筋；日本首次在一座7 m宽、5.6 m跨度的桥梁中应用了GFRP预应力筋。1991年，在欧洲的Leverkussen建成了一座三跨的公路桥梁，1.1 m厚的桥面板中共布置了27根GFRP预应力筋；日本则首次将GFRP预应力体系应用于房屋建筑。1992年，奥地利的Notsch桥投入使用，该桥的桥面板中用了41根FRP预应力筋。1993年，加拿大首次在Calgary建成了一座CFRP预应力混凝土公路桥，随后又建造了多个FRP混凝土和预应力混凝土结构工程。我国不少学者也在从事FRP混凝土结构方面研究，FRP混凝土结构在我国也开始逐渐得到应用。

中国第一高楼
上海中心大厦

1.2.3 混凝土结构体系方面的发展
Advances in Concrete Structural Systems

由基本的混凝土结构构件（如梁、板、柱和墙等），根据不同的用途、结构功能，按照一定的规则，可以组成不同的结构体系。起初，混凝土结构中的基本受力构件主要为钢筋混凝土结构构件。随着预应力技术的发展和应用，以预应力混凝土构件为主要受力构件的预应力混凝土结构在大跨度、高抗裂性能等方面显示了明显的优越性。为了适应高变形能力、重载等的需要，近年来，在混凝土结构构件中配置型钢或将混凝土构件同钢构件通过一定的连接措施结合在一起组成型钢混凝土组合结构，在钢管中填充混凝土形成钢管混凝土或钢管约束混凝土结构等技术得到了很好的发展与应用。另外，还可以在一种结构中同时使用钢构件、钢筋混凝土组合构件和混凝土构件组成钢筋混凝土混合结构。如图1-4所示的目前中国第一高楼——上海中心大厦，结构采用了"巨型框架-核心筒-伸臂桁架钢-混凝土"抗侧力混合结构体系（图1-5）。

图1-4 上海中心大厦

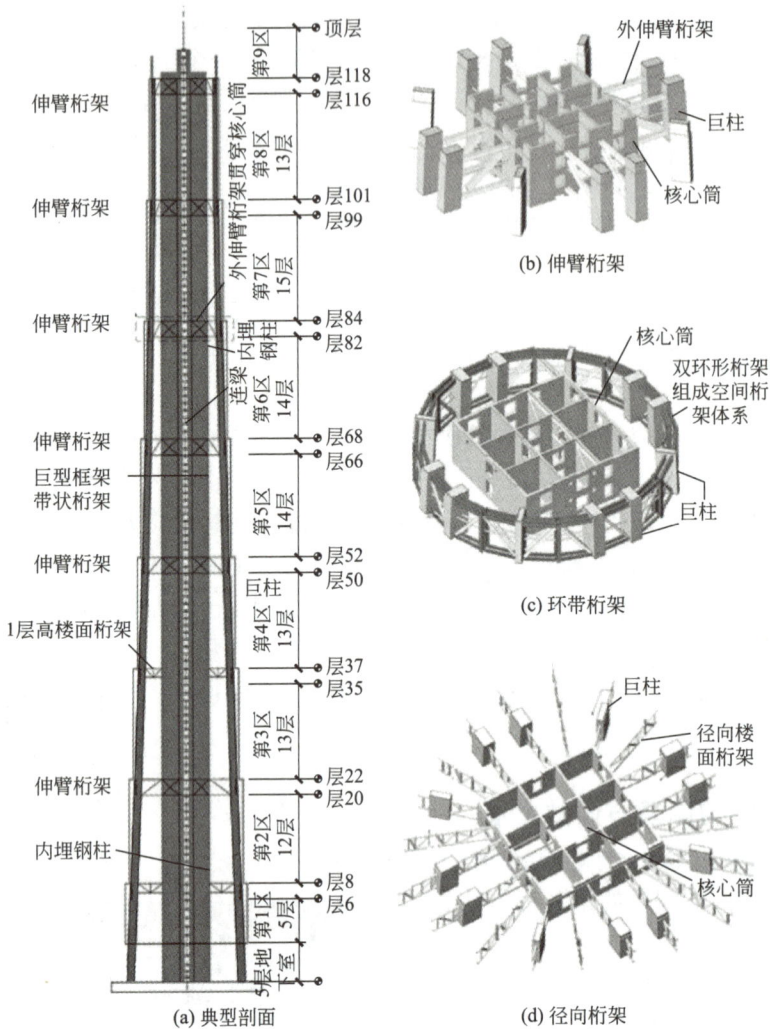

图 1-5 上海中心大厦竖向结构体系

知识拓展——高层建筑振动控制[*]

Knowledge Expansion——Vibration Control in High-Rise Buildings

对于超高层建筑，有效改善舒适度的方法是采用附加质量阻尼器。通过采用附加质量阻尼器的方法，增加结构总质量的 2‰～3‰即可使得结构的加速度响应减为原来的 50%左右。图 T-1 为上海中心大厦调谐质量阻尼器（Tuned Mass Damper，TMD）设计方案。依据《高耸结构设计标准》GB 50135—2019，舒适度计算时阻尼比可采用 1%～2%。据估计，安装调谐质量阻尼器之后，上海中心大厦在较低重现期风荷载（10a 以下）作用下，

* 赵昕，丁洁民，孙华华，等. 上海中心大厦结构抗风设计 [J]. 建筑结构学报，2011，32（7）：1-7.

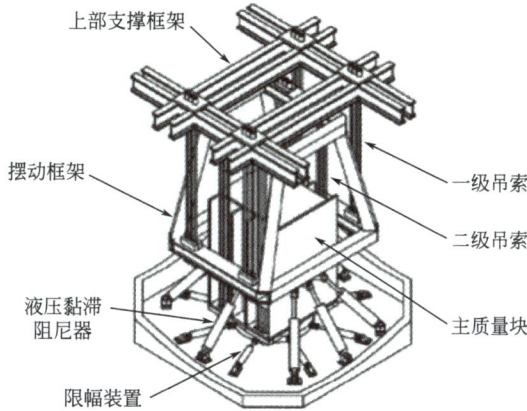

图 T-1　上海中心大厦调谐质量阻尼器（TMD）设计方案

阻尼比可增加至 5%。

　　调谐质量阻尼器由质量块、弹簧与阻尼系统组成。当结构在外激励作用下产生振动时，带动 TMD 系统一起振动，TMD 系统产生的惯性力反作用到结构上，调谐这个惯性力，使其对主结构的振动产生调谐作用，从而达到减小结构振动反应的目的。

1.2.4　混凝土结构理论研究方面的发展
Advances in Theoretical Research on Concrete Structures

1. 混凝土结构材料和混凝土结构构件的力学性能

　　钢筋、混凝土材料以及混凝土结构基本构件力学性能的研究是发展混凝土结构基本理论的基础。混凝土结构理论基本上是循着"由试验研究弄清机理、发现规律，为理论分析提供依据；由理论分析解释试验现象、拓展试验结果，为工程应用建立方法；通过工程实践积累经验、修正理论方法、完善理论体系、发现新的问题，为进一步的研究确定方向"的轨迹发展着。

　　静力学的发展为混凝土结构理论的建立奠定了基础。可是，近代混凝土结构理论的建立与发展在很大程度上应归功于法国花匠 Joseph Monier 的卓越工作。在 1850—1875 年间，Monier 获得了钢筋混凝土花盆、管道、水池、平板、桥梁和楼梯等多项专利。1880—1881 年，Monier 又获得了德国政府颁发的多项专利，且这些专利均被 Wayssandfreitag 建筑公司所注册。该公司随即委托 Stuttgart 大学的 Mrsch 和 Bach 教授测试钢筋混凝土结构的强度，同时委托 Prussia 的总建筑师 Koenen 研究钢筋混凝土构件强度的计算方法。1886 年，Koenen 在他出版的著作中提出了受弯构件的中性轴位于截面中心的假说，为钢筋混凝土受弯构件正截面的应力分析建立了最原始的力学模型。随着混凝土结构的广泛应用和研究的不断深入，国内外学者对材料的性能、不同受力状态下结构构件的性能、破坏机理等进行了广泛的试验研究，在混凝土强度的发展规律、单轴和多轴应力作用下混凝土及钢筋的本构关系、混凝土的尺寸效应、混凝土与钢筋之间的粘结抗滑移性能、约束混凝土的强度与变形、混凝土结构构件的荷载与变形关系、简单和复杂受力状态下混凝土结构构件承载力和变形能力计算等方面取得了大量的成果，并努力建立起合理的完整理论模型以分析结构在外部荷载作用下的反应。

近年来，混凝土结构的耐久性引起了各国学者的高度重视。与之相关的课题，诸如混凝土的碳化、混凝土中的碱骨料反应、混凝土的冻融破坏、钢筋的锈蚀、钢筋锈蚀后混凝土结构构件的力学性能、混凝土结构的寿命预测等，在世界范围内被广泛地研究，有些成果已在工程中应用。

混凝土二氧化
碳封存技术

知识拓展——碳封存技术
Knowledge Expansion——Carbon Sequestration Technology

随着国家"双碳"战略的持续推进，涌现出越来越多的降碳技术。混凝土封存碳的方法是一种新兴的碳减排技术，它通过在混凝土中添加一些化学物质来捕获和封存二氧化碳。具体来说，这些化学物质可以将二氧化碳转化为碳酸盐，在混凝土中形成稳定的化合物，从而减少碳排放。

目前，混凝土封存碳的方法主要有以下三种技术路线（技术对比见表 T-1）：

碳封存方法及其优势　　　　　　　　　　　　　　　　　　　表 T-1

制备阶段	碳封存方法	优势
混凝土制备前	 原始钢渣　　　碳酸化钢渣	1. 碳封存潜力高 2. 改性固体废料性能 3. 不影响混凝土制备工艺
混凝土搅拌过程	 $CaCO_3$悬浮液制备　　混凝土搅拌　　新拌 UHPC	1. 兼容现有混凝土制备工艺 2. 提高混凝土强度，减少水泥用量
混凝土养护过程	 模内养护　　脱模养护　　CO_2养护	1. 缩短养护周期 2. 提升混凝土强度和耐久性 3. 过程简易，可行性高

（1）混凝土制备前：在混凝土制备前，可以将二氧化通过碳化封存在固体废料或水泥基辅助材料中。这些材料含有碱性氧化物，可以吸收二氧化碳形成稳定的碳酸盐。碳化后的材料被用作混凝土原材料制备混凝土，从而将二氧化碳封存至混凝土中。

（2）混凝土搅拌过程：在混凝土搅拌过程中，可以将二氧化碳作为混凝土原材料注入搅拌设备与其他成分混合，搅拌过程中，二氧化碳与水泥和其他材料反应生成碳酸盐。在混凝土固化后，可以将二氧化碳永久封存在混凝土中。

（3）混凝土养护过程：在混凝土养护早期，可以将混凝土置于二氧化碳养护箱。二氧化碳可以渗透至混凝土水泥基质中，与水泥及水泥水化产物反应生成稳定的碳酸钙，从而被封存至混凝土中。

2. 结构的设计理论和既有结构的性能评估

混凝土结构基本理论主要有两方面的工程应用。其一，拟建结构的设计，即已知荷载、设计结构构件；其二，既有结构的性能评估，即已知结构构件、确定其能承受的外部荷载。

1894 年，Coignet（Franois Coigent 之子）和 De Tedeskko 在他们提供给法国土木工程师协会的论文中拓展了 Koenen 的理论，提出了钢筋混凝土构件的容许应力设计法。由于该方法以弹性力学为基础，在数学处理上比较简单，一经提出便很快为工程界所接受。尽管混凝土的弹塑性性能以及钢筋混凝土结构的极限强度理论早已被人们所认识，却很难动摇容许应力设计法在工程设计中的应用。直到 1976 年，美国和英国的房屋结构设计规范仍以容许应力法为主。1995 年出版的美国混凝土结构房屋规范（ACI 31895）还将容许应力设计法作为可供选择的设计方法之一而列入附录。

以弹性理论为基础的容许应力法认为截面应力分布是线性的。这就很难考虑钢筋混凝土结构的一个基本特征：钢筋与混凝土之间以及超静定结构各截面之间的应力或内力重分布，也无法深入考虑抗震设计所必须考虑的延性。而钢筋混凝土结构的极限状态则是一个更广泛的概念，它除了承载能力的极限状态外，还包括其他的极限状态。虽然容许应力法在一定条件下也可用于极限设计，但容许应力法无法涵盖极限状态的所有内容。另外，容许应力法只能在构件的强度上打一个折扣，很难用统计数学的方法来分析结构的可靠度。这些原因使得混凝土结构的设计从容许应力设计法发展到极限状态设计法成为必然。

1932 年，苏联的 Полейт 提出了按破损阶段的计算方法，该方法以截面所能抵抗的破坏内力为依据进行设计计算。1939 年，苏联据此制定了相应的设计规范。1952 年，我国东北人民政府工业部率先颁布的《建筑物结构设计暂行标准》就是按破损内力设计理论而制定的。破损内力设计法实际上是从容许应力设计法到极限状态设计法的一种过渡。

最早按极限状态计算的钢筋混凝土设计规范是苏联的 HNTY 123。我国房屋建筑工程领域先直接引用 HNTY 123-55，然后以此为基础，于 1966 年增加了我国自己的部分研究成果，颁布了按极限状态法进行设计的《钢筋混凝土结构设计规范》BJG 21—66；1974年又对此进行了修订，出版了《钢筋混凝土结构设计规范》TJ 10—74；1989 年又根据《建筑结构设计统一标准》GBJ 68—84 制定了《混凝土结构设计规范》GBJ 10—89。现行《混凝土结构设计标准（2024 年版）》GB/T 50010—2010（以下简称《混凝土结构设计标准》）的设计方法和 GBJ 10-89 没有区别，均将荷载和材料的强度看成是随机变量，采用基于近似概率的极限状态设计法。

对于一些重大的混凝土结构，如海洋石油平台、核电站的安全壳等，一般采用基于全概率法极限状态设计法。

既有混凝土结构的性能评估一般认为是拟建结构设计的逆过程，很长时间以来人们也一直这样去做。可是，既有结构是已经存在的客观实体，有着与拟建结构不同的显著特点：①一些在设计阶段按随机变量处理的永久荷载可以按确定量考虑。结构自重是最常见的永久荷载，在设计阶段考虑它的随机性，是由于存在材料、施工等方面不确定因素的影响，但是结构一旦建成，这些不确定因素的影响便成为历史，结构自重在客观上是确定的。②对拟建结构而言，截面的几何尺寸、材料性能等参量皆为随机变量，而对既有结构而言，则是这些随机变量的一次具体实现，理论上这些量也都是确定量，大部分是可测的。③既有结构的使用历史也为人们提供了大量的有用信息，比如结构所承受过的最大荷载以及在该荷载下的使用性能，等等。国内外对既有结构的性能评估方面已做了大量的工作。国外已将部分成果写入规范，如美国 ACI 31895 规范规定：如果构件的尺寸和材料的强度均通过实测获得，则可提高设计验算公式中的强度折减系数，以此来验算既有结构的承载力。我国目前仍以设计验算公式来评价既有结构的性能。

1.2.5　混凝土结构的模型试验技术和计算机仿真技术
Model Testing and Computer Simulation Techniques in Concrete Structures

结构试验在"混凝土结构理论"的诞生和发展过程中起着不可估量的作用。目前世界各国的混凝土结构设计规范都是以大量的试验数据为基础而建立起来的。体型特殊、结构复杂的混凝土结构物往往还要通过整体结构的模型试验来验证设计理论、改进设计方法。随着试验设备的不断改进、数据采集系统的不断完善、结构模型试验理论的不断完备，混凝土结构的试验已从单纯的材料性能试验发展至今天的材料、构件和结构试验并用；试验中的加载方式也由单纯的静力加载发展至今天的静力、伪静力、拟动力和动力等多种方式（图 1-6）。但是，结构试验尤其是大型结构的试验往往需要耗费大量的人力和财力，同样的试验很难重复做多次，且缩尺模型试验具有"失真"效应。若能建立一种通过计算分析来"模拟足尺模型试验"的方法，作为辅助的研究手段，则能弥补实体试验的不足，对混凝土结构理论的发展与应用将产生积极的作用。

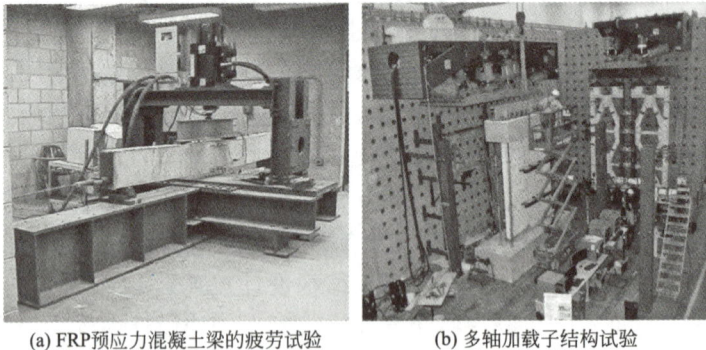

(a) FRP预应力混凝土梁的疲劳试验　　　　(b) 多轴加载子结构试验

图 1-6　混凝土结构试验

20 世纪 60 年代以来，计算机仿真技术（又称计算机模拟技术）已由最初的数值模拟以及数值模拟结果的图形显示，发展成为今天的与信息论、控制论、模拟论、人工智能、多媒体技术等现代科学技术相关的一门高新技术学科。应用计算机仿真技术可进行试验模拟、灾害预测、事故再现、方案优化、结构性能评估等难以进行甚至由于当时条件的限制而不可能进行的一些工作。近年来，计算机仿真技术在混凝土结构工程中的应用日益普遍，国内外很多学者已在这方面做了大量的工作。如：日本东京大学的学者用离散单元法对钢筋混凝土框架结构在遭遇强烈地震作用时的倒塌过程进行了计算机仿真分析；国内清华大学江见鲸等对混凝土构件的破坏过程进行过模拟，同济大学曾对混凝土结构基本构件、钢筋混凝土杆系结构在不同外界干扰作用下的破坏过程以及钢筋混凝土框架结构在单调荷载作用下、地震作用下的倒塌反应进行过计算机仿真分析。图 1-7 所示即为武汉工程大学绿色土木工程材料与结构团队开发的 DirectMesh 软件，其可在 Rhinoceros 里快速生成所需网格曲面，并根据网格曲面来生成主流商业有限元软件的模型*。其支持的有限元软件有：Ansys、Abaqus、Flac3d、3Dec、Nastran、Midas 等。该软件可对模型网格曲面进行自动错误修复、多个网格曲面兼容化处理、高质量个性化网格曲面重划分、灵活个性化的网格曲面信息提取等功能，大幅度提高了建模的效率和模型的准确性。此外，生成的模型可在不同的有限元软件之间相互转换，解决了有限元模型跨平台问题。

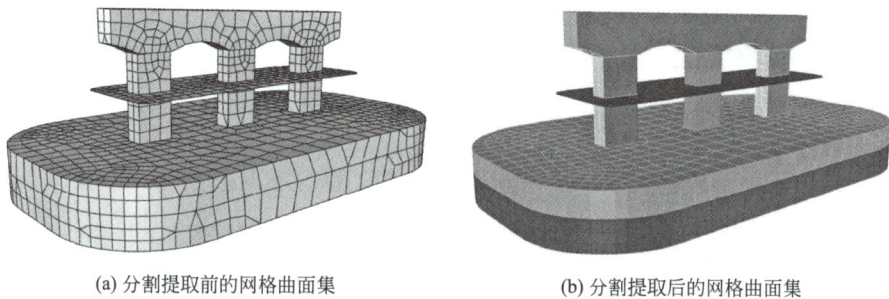

(a) 分割提取前的网格曲面集　　　　　　　　(b) 分割提取后的网格曲面集

图 1-7　DirectMesh 软件

DirectMesh 软件简介

1.3　混凝土结构的应用
Applications of Concrete Structures

混凝土结构可应用于土木工程中的各个领域。在房屋建筑中，混凝土结构占有相当大的比例。如 1990 年建成的美国芝加哥的 S. WackerDrive 大楼 65 层（高 296 m），为当时建成的世界上最高的混凝土建筑。朝鲜平壤的柳京饭店 105 层，高 319.8 m，也为混凝土结构。在我国，混凝土结构的房屋更加普遍，如建造于 20 世纪初的上海外滩建筑群中就有很多混凝土结构的房屋。近年来，尽管钢结构得到很大的发展，但超过 100 m 的高层建筑中绝大多数是混凝土结构或为混凝土和钢的组合结构。如 88 层高的上海金茂大厦采用的就是钢筋混凝土混合结构（图 1-8）。

隧道、桥梁、高速公路、城市高架公路、地铁等大都采用混凝土结构。如目前亚洲最大的地下综合体——武汉光谷广场综合体（图 1-9），该工程主体为直径 200 m 的圆形，基于五线交汇，采用了大净空、大跨度结合地下中庭、下沉广场等空间形式，主体工程采用连续 15 m＋最大 26 m 跨度结构。工程总建筑面积约 16 万 m²，整个工程土方开挖量 180 万 m³，相当于 20 个标准地铁站的量；基坑底面开挖深度达 34 m，相当于 10 层楼高；中心圆盘区有近 2000 根钻孔桩，是普通住宅的 40 倍。

---

* 网址：http：//www. xlnx. tech/directmesh.

图 1-8 上海金茂大厦

图 1-9 亚洲最大的地下综合体光谷广场

混凝土结构还用于建造大坝、拦海闸墩、渡槽、港口等工程设施。如我国于 2006 年建成的三峡大坝（图 1-10），全长约 3335 m，坝顶高程 185 m，建成时曾是世界上最大的水利枢纽建筑。核电站的安全壳、热电厂的冷却塔、储水池、储气灌、海洋石油平台等一般也为混凝土结构。自从 1953 年联邦德国斯图加特大学结构教授 F. Leonharat 博士设计了第一座高大的斯图加特钢筋混凝土电视塔以来，国外相继建成了大批混凝土高塔。其中，加拿大多伦多电视塔鹤立鸡群，高达 553.3 m。我国自 1986 年以来也相继建造了一些混凝土结构的电视塔，**如 1986 年建成的龟山电视塔（图 1-11），是武汉著名的旅游景点及城市地标，也是我国第一座钢筋混凝土广播电视发射塔，塔高 221.2 m，被人称为"亚洲桅杆"。**相信未来混凝土结构还会得到更广泛的应用。

图 1-10 三峡大坝

图 1-11 龟山电视塔

1.4　智能混凝土结构
Intelligent Concrete Structures

　　智能混凝土是在混凝土原有组分基础上复合智能型组分，使混凝土具有自感知和记忆、自适应、自修复特性的多功能材料。根据这些特性可以有效地预报混凝土材料内部的损伤，满足结构自我安全检测需要，防止混凝土结构潜在脆性破坏，并能根据检测结果自动进行修复，显著提高混凝土结构的安全性和耐久性。以目前的科技水平制备完善的智能混凝土材料还相当困难。**但近年来损伤自诊断混凝土、温度自调节混凝土、仿生自愈合混凝土等一系列智能混凝土的相继出现，为智能混凝土的研究打下了坚实的基础。**

1.4.1　损伤自诊断混凝土
Damage Self-diagnosing Concrete

　　自诊断混凝土具有压敏性和温敏性等自感应功能。普通的混凝土材料本身不具有自感应功能，但在混凝土基材中复合部分其他材料组分可使混凝土本身具备本征自感应功能。目前常用的材料组分有：聚合类、碳类、金属类和光纤类。其中最常用的是碳类、金属类和光纤类。

　　碳纤维是一种高强度、高弹性且导电性能良好的材料。在水泥基材料中掺入适量碳纤维不仅可以显著提高强度和韧性，而且其物理性能，尤其是电学性能也有明显的改善，可以作为传感器并以电信号输出的形式反映自身受力状况和内部的损伤程度。将一定形状、尺寸和掺量的短切碳纤维掺入到混凝土材料中，可以使混凝土具有自感知内部应力、应变和操作程度的功能。例如，碳纤维混凝土的电阻变化与其内部结构变化是相对应的，反映了混凝土内部的应力-应变关系，可实现对结构工作状态的在线监测；碳纤维混凝土材料的体积电导率会随疲劳次数的增加发生不可逆的降低。因此，可以应用这一现象对混凝土材料的疲劳损伤进行监测，尤其对公路、铁路桥梁监控有极大的应用价值；利用碳纤维混凝土的温度敏感性，可以实现对建筑物内部和周围环境变化的实时监控；也可以实现对大体积混凝土的温度自监控以及用于热敏元件和火警报警器等。此外还可应用于工业防静电构造、公路路面、机场跑道等处的化雪除冰、钢筋混凝土结构中的钢筋阴极保护、住宅及养殖场的电热结构等。

　　光纤传感智能混凝土，是在混凝土结构的关键部位埋入纤维传感器或其阵列，探测混凝土在碳化以及受载过程中内部应力、应变变化，并对由于外力、疲劳等产生的变形、裂纹及扩展等，损伤可进行实时监测。到目前为止，光纤传感器已用于许多工程，典型的有加拿大 Caleary 建设的一座名为 Beddington Tail 的双跨公路桥内部应变状态监测、美国 Winooski 的一座水电大坝的振动监测，国内工程有重庆渝长高速公路上的红槽房大桥监测和芜湖长江大桥长期监测与安全评估系统等。

1.4.2　自调节智能混凝土
Self-regulating Smart Concrete

　　自调节智能混凝土具有电力效应和电热效应等性能。混凝土结构除了正常负荷外，人们还希望它在受台风、地震等自然灾害期间，能够调整承载能力和减缓结构振动，但因混凝土本身是惰性材料，要达到自调节的目的，必须复合具有驱动功能的组件材料，如：形状记忆合金（SMA）和电流变体（ER）等。

在混凝土中埋入形状记忆合金，利用形状记忆合金对温度的敏感性和不同温度下恢复相应形状的功能，在混凝土结构受到异常荷载干扰时，通过记忆合金形状的变化，使混凝土结构内部应力重分布并产生一定的预应力，从而提高混凝土结构的承载力。在混凝土中复合电流变体，利用电流变体的这种流变作用，当混凝土结构受到台风、地震袭击时调整其内部的流变特性，改变结构的自振频率、阻尼特性以达到减缓结构振动的目的。

1.4.3　自修复智能混凝土
Self-repairing Smart Concrete

混凝土结构在使用过程中，大多数是带缝工作的。混凝土产生裂缝，不仅强度降低，而且空气中的 CO_2、酸雨和氯化物等极易通过裂缝侵入混凝土内部，使混凝土发生碳化，并腐蚀混凝土内的钢筋，这对地下结构物或盛有危险品的处理设施尤为不利，而且一旦混凝土产生裂缝，要想检查和维修都很困难。自修复混凝土就是应这方面的需要而产生的。

在混凝土传统组分中复合特性组分（如含有粘结剂的液芯纤维或胶囊），在混凝土内部形成智能型仿生自愈合神经网络系统，模仿动物的骨组织结构和受创伤后的再生、恢复机理。采用粘结材料和基材相复合的方法，使材料损伤破坏后，具有自行愈合和再生功能，恢复甚至提高材料性能。

通过将以上一种或几种功能的混凝土进行组合，即可实现混凝土内部结构损伤自诊断、自修复和抗震减振的智能化。智能混凝土是智能时代的产物，在重大土木工程基础设施的应变实时测量、损伤识别及评估、修复以及减轻台风、地震等自然灾害的影响有很大潜力，对于确保建筑物长期安全及耐久性具有重要意义。通过智能混凝土的研发，可使传统混凝土工业获得新的突破性的飞跃。

1.5　本课程的特点和学习方法
Course Characteristics and Learning Methodology

本课程是土木工程专业本科生的一门主要专业基础课，是连接专业课和基础课的桥梁。

学生通过本课程的学习，能够掌握由钢筋及混凝土两种材料所组成的结构构件的基本力学性能、计算分析方法及混凝土结构构件基本构造措施，了解该课程与先修力学课程的区别和联系，在结构设计和结构性能评估两方面获得解决实际工程问题的能力，为后续专业设计课程的学习打下良好的理论基础。为了能更有效地学习本课程，学生应注意以下几点：

（1）注意本课程与相关先修课程尤其是"材料力学"的异同点，正确运用已有的力学知识解决实际问题。

（2）混凝土结构理论大都建立在试验研究的基础之上，目前还缺乏完善的、统一的理论体系。很多公式不能由严密的逻辑推导得出，只能由试验结果回归而成。学习和应用时要注意思维方式的转变，归纳法和演绎法并用。

（3）要保证结构安全、可靠，单靠定量的理论分析还不够，还要辅以定性的构造措施。这些构造措施均为前人经验的总结，虽然暂不能对其作定量描述，但它们背后都隐藏着深刻的道理。学习时，不能硬记构造条文，要既知其然，又知其所以然。

（4）着眼基础理论学习，面向未来工程应用。

（5）注意理论联系实际，积累一定的感性认识，对学习本课程十分有益。

本章习题

一、选择题

1. 在其他条件相同时，与素混凝土梁相比，配筋适量的钢筋混凝土梁的承载力和抵抗开裂的能力（　　　）。

A. 均提高很多

B. 承载力提高很多，抵抗开裂提高不多

C. 抵抗开裂提高很多，承载力提高不多

D. 均提高不多

2. 钢筋混凝土梁在正常使用荷载下（　　　）。

A. 通常是带缝工作的

B. 一旦出现裂缝，裂缝贯通全截面

C. 一旦出现裂缝，沿梁全长混凝土与钢筋间的粘结力丧尽

D. 一旦出现裂缝，钢筋混凝土梁就失去承载力

3. 钢筋与混凝土能共同工作的基本前提是（　　　）。

A. 防水、防锈

B. 混凝土对钢筋的握裹及保护

C. 二者之间有可靠的粘结力

D. 混凝土和钢筋的力学性能相同

二、填空题

1. 无钢筋或不配置受力钢筋的混凝土结构是_____。

2. 配置有受力的普通钢筋、钢筋网或钢骨架的混凝土结构是_____。

3. 钢筋和混凝土能共同工作的机理是_____、_____和_____。

4. 钢筋混凝土结构的缺点主要包括_____、_____和_____。

5. 钢筋被混凝土所包裹，且混凝土具有_____，从而防止钢筋锈蚀，保证了结构的_____。

三、思考题

1. 钢筋和混凝土共同工作的基础是什么？

2. 与素混凝土梁相比，钢筋混凝土梁有哪些优势？

3. 与钢筋混凝土梁相比，预应力混凝土梁有哪些优势？

4. 与其他结构相比,混凝土结构有哪些特点?

四、拓展题

现阶段我国装配式混凝土结构发展现状如何?主要存在哪些技术难题?结合思政谈谈大国工匠在推进装配式建筑中的使命与担当。

第2章

混凝土结构材料的物理力学性能
Physical and Mechanical Properties of Concrete Structural Materials

本章学习目标

1. 理解钢筋的物理力学性能；
2. 理解混凝土的物理力学性能；
3. 了解混凝土与钢筋的粘结性能。

本章专业术语

steel bar 普通钢筋

plain bar 光面钢筋

ribbed bar 带肋钢筋

stress-strain curve 应力-应变曲线

strength of steel bar 钢筋强度

fatigue of steel bar 钢筋疲劳

concrete 混凝土

ultra-high performance concrete 超高性能混凝土

strength grade of concrete 混凝土强度等级

cube strength of concrete 混凝土立方体抗压强度

axial compressive strength 轴心抗压强度

elastic modulus of concrete 混凝土弹性模量

secant modulus 割线模量

2.1 钢筋的物理力学性能
Physical and Mechanical Properties of Steel Bar

2.1.1 钢筋的种类
Types of Steel Bar

1. 劲性钢筋与柔性钢筋

钢筋加工流程

混凝土结构构件中配置的钢筋可以是劲性钢筋或柔性钢筋。

劲性钢筋是指配置在混凝土中的各种型钢或者用钢板焊成的钢骨和钢架。由于劲性钢

筋本身具有较大的刚度，在施工阶段可以利用劲性钢筋作为浇筑混凝土的模板或作为支承其上的结构构件自重及施工荷载的支撑，从而使支模工作简化，施工速度加快。配置劲性钢筋的混凝土结构构件的承载能力也比较大。

混凝土结构中更多采用的为柔性钢筋。对柔性钢筋，一般只利用其轴向的抗拉或抗压强度，而其刚度只有与混凝土材料结合才能发挥作用，而不会单独利用钢筋本身的刚度。

通常把柔性钢筋看作普通钢筋。 在大多数有关混凝土结构设计的教科书和规范中，只涉及配置柔性钢筋的混凝土结构。对于配置劲性钢筋的混凝土结构，通常在含有诸如"劲性钢筋混凝土结构""型钢混凝土结构""钢管混凝土结构"这类术语的专著或设计规程中涉及。

在混凝土结构中也可以同时配置劲性钢筋和柔性钢筋，这就是所谓的"钢-钢筋混凝土混（组）合结构"。

本书只对配置柔性钢筋的混凝土结构进行叙述。如果不加说明，书中所说的"钢筋"都是指柔性钢筋。

2. 钢筋外形

钢筋按其表面形状可分为光圆钢筋和带肋钢筋（或称变形钢筋）两类。

当量直径

带肋钢筋是在钢筋的表面轧制纵向肋纹和横向斜肋纹（也可不带纵肋），肋纹有螺纹、人字纹、月牙纹等多种形式（图 2-1）。钢筋表面的肋，有利于钢筋与混凝土两种材料的结合。实际上带肋钢筋的截面面积是沿纵轴长度而变化的，其直径是"标志尺寸"，为与光圆钢筋具有相同重量的"当量直径"。光圆钢筋的直径一般为 6 mm，8 mm，10 mm，12 mm，14 mm，16 mm，18 mm，20 mm 和 22 mm。带肋钢筋的直径一般为 6 mm，8 mm，10 mm，12 mm，14 mm，16 mm，18 mm，20 mm，22 mm，25 mm，28 mm，32 mm，36 mm，40 mm 和 50 mm。

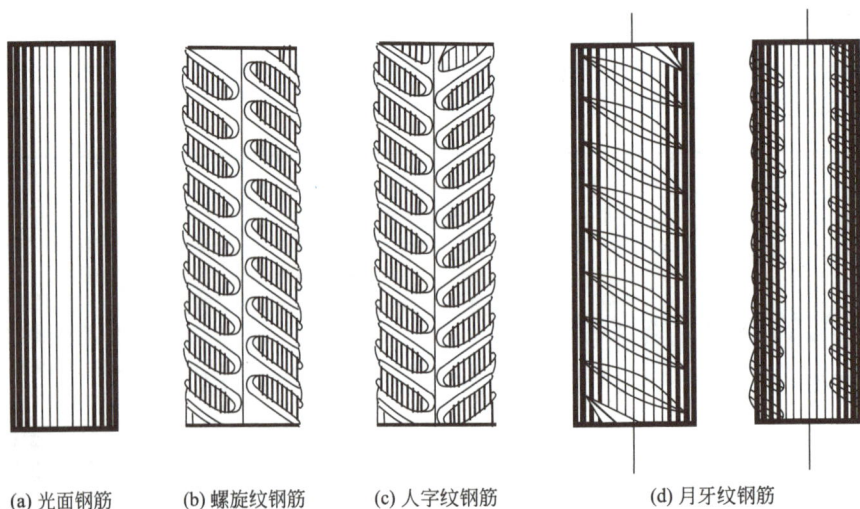

|(a) 光面钢筋|(b) 螺旋纹钢筋|(c) 人字纹钢筋|(d) 月牙纹钢筋|

图 2-1　钢筋的表面形式

直径较小的钢筋（如直径小于 6 mm）也称钢丝，钢丝的外形通常为光圆的。在光面钢丝的表面机械刻痕，以提高钢丝与混凝土的粘结力，称作刻痕钢丝。

将多股钢丝捻在一起而形成的钢绞线也可以作为混凝土结构的配筋。

3. 钢筋的成分、级别和品种

根据钢筋中的化学成分，可将钢筋分为碳素钢及国产普通合金钢两大类。 碳素钢除含有铁元素外，还含有少量的碳、硅、锰、硫、磷等元素。试验结果表明，含碳量越高的钢筋其强度也越高，但是塑性和可焊性会降低。国产普通低合金钢是在碳素钢中再加入少量的硅、锰、钛、钒、铬等合金元素，以有效地提高钢材的强度和改善钢材的其他性能。

热轧钢筋、软钢

《混凝土结构设计标准》规定，钢筋混凝土结构用钢为热轧钢筋。热轧钢筋是由低碳钢、普通低合金钢轧制而成的软钢。钢筋按其屈服强度标准值的高低，分为 3 个强度等级：300 MPa、400 MPa 和 500 MPa。

国产普通钢筋现有 6 个牌号。牌号 HPB300 是热轧光圆钢筋，HPB 是它英文名称 Hot Rolled Plain Steel Bars 的缩写，300 是它的屈服强度标准值，用符号 ϕ 表示。同理可知，400 MPa 级的 HRB400、HRBF400 和 RRB400 分别是热轧带肋钢筋、细晶粒热轧带肋钢筋和热处理带肋钢筋，分别用符号 Φ、Φ^F 和 Φ^R 表示。强度等级为 500 MPa 的 HRB500、HRBF500 则分别用 Φ 和 Φ^F 表示。

《混凝土结构设计标准》提出了推广高强度、高性能钢筋 HRB400（Φ）和 HRB500（Φ）的要求。因此，本教材的例题中，对梁、柱的纵向受力钢筋将主要采用这两种钢筋，特别是 HRB400。

箍筋宜采用 HPB300、HRB400、HRBF400、HRB500 和 HRBF500。

光圆钢筋 HPB300（ϕ）因其强度较低，故主要用作箍筋。当 HRB500 和 HRBF500 用作箍筋时，只能用于约束混凝土的间接钢筋，即螺旋箍筋或焊接环筋。

细晶粒系列 HRBF 钢筋、HRB500 和热处理钢筋 RRB400 都不能用作承受疲劳作用的钢筋，这时宜采用 HRB400 钢筋。

2.1.2　单轴向应力状态下钢筋的强度和变形
Strength and Deformation of Steel Bar under Uniaxial Stress State

常规的荷载试验通常是采用单调加载，即在短期内将荷载从零开始增加到试件破坏，在此过程中间没有卸载。通过对钢筋的单调加载拉伸试验，可以获得对钢筋的强度和变形性能的认识。图 2-2 和图 2-3 为对钢筋进行拉伸试验记录到的两种应力-应变曲线。可以看到，二者的特征具有明显的差异。

钢筋的冷加工和热处理

对热轧低碳钢和普通热轧低合金钢（有明显流幅）等所做的拉伸试验，可记录到图 2-2 所示的应力-应变曲线。在该应力-应变曲线中，在 A 点以前，应力与应变呈线性比例关系，与 A 点相应的应力称为比例极限；过 A 点后，应变较应力增长稍快，尽管从图上看起来并不明显；达到 B' 点后钢筋开始塑流，B' 点称为屈服上限，它与加载速度、截面形式、试件表面光洁度等因素有关，通常 B' 点是不稳定的。待 B' 点降至屈服下限 B 点，这时应力基本不增加而应变急剧增长，曲线接近水平线并一直延伸至 C 点。BC 段曲线即称为流幅或屈服台阶；**有明显流幅的热轧钢筋屈服强度按屈服下限确定。** 过 C 点之后，曲线又继续上升，直到最高点 D 点，相应于 D 点的应力称为钢筋的极限强

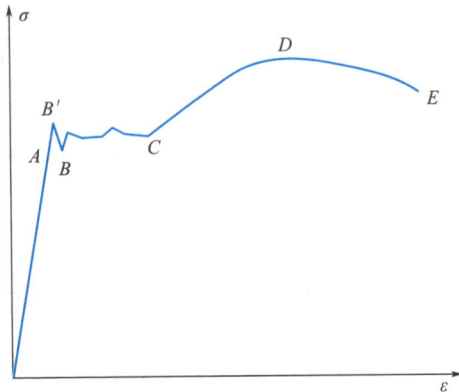

图 2-2　有明显流幅的钢筋应力-应变曲线

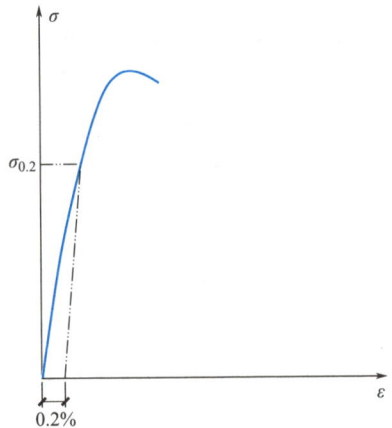

图 2-3　无明显流幅的钢筋应力-应变曲线

度，CD 段称为钢筋的强化阶段。过了 D 点之后，变形迅速增加，试件最薄弱处的截面逐渐缩小，出现所谓"颈缩"现象，应力随之下降，到达 E 点时试件发生断裂。

对高碳钢（无明显流幅）所做的拉伸试验可记录到图 2-3 所示的应力-应变曲线。在该应力-应变曲线中，看不到明显的屈服点和流幅，**一般取残余应变 0.2% 时所对应的应力 $\sigma_{0.2}$ 作为钢筋的条件屈服强度 f_{pyk}。** 随着冶金系统采用国际标准及质量的提高，在相应的产品标准中明确规定屈服强度 $\sigma_{0.2}$ 不得小于极限抗拉强度 σ_b 的 85%（$0.85\sigma_b$）。因此，实际应用中可取极限抗拉强度 σ_b 的 85% 作为条件屈服点。

有时，**将具有明显流幅的钢筋统称为软钢，将无明显流幅的钢筋统称为硬钢。**

当钢筋应力达到屈服点后的塑性变形较大，会导致混凝土结构构件中的变形和裂缝宽度过大而不能满足正常使用的要求。所以，在计算混凝土结构构件的承载力时，以屈服点（或条件屈服点）作为钢筋强度限值。

钢筋强度系通过试验获得。但由于钢筋材料本身的变异性，同类、同级别钢筋不同试样的强度试验值往往不相同。统计分析表明，钢筋强度的试验值符合正态分布（图 2-4）。于是，**可用具有一定保证率的强度特征值作为钢筋的强度标准值。** 由图 2-4 可知，若保证率取为 97.73%，则钢筋强度标准值等于强度平均值减去两倍标准差。作为应用实例，附表 1-1、附表 1-2 中为《混凝土结构设计标准》采用的钢筋强度值。该强度标准值具有不小 95% 的保证率。由于《混凝土结构设计标准》采用概率极限状态设计法，钢筋的强度设计值等于钢筋的强度标准值除以钢筋材料分项系数 $\gamma_s = 1.1$。如钢筋 HRB400 的抗拉和抗压强度设计值为 $400/1.1 = 363.64$ N/mm^2，取整后得 360 N/mm^2。

《混凝土结构设计标准》规定，对结构构件进行承载力设计时，采用钢筋强度设计值；在变形和裂缝宽度验算时，采用钢筋强度标准值。

另外，钢筋除了要有足够的强度外，还应具有一定的塑性变形能力。通常用均匀延伸率和冷弯性能两个指标衡量钢筋的塑性。钢筋拉断后（例如图 2-2 中的 E 点）的伸长值与原长的比率称为延伸率。延伸率越大塑性越好。冷弯是将直径为 d 的钢筋绕直径为 D 的弯芯弯曲到规定的角度后无裂纹断裂及起层现象，则表示合格。弯芯的直径 D 越小，转弯角越大，说明钢筋的塑性越好。

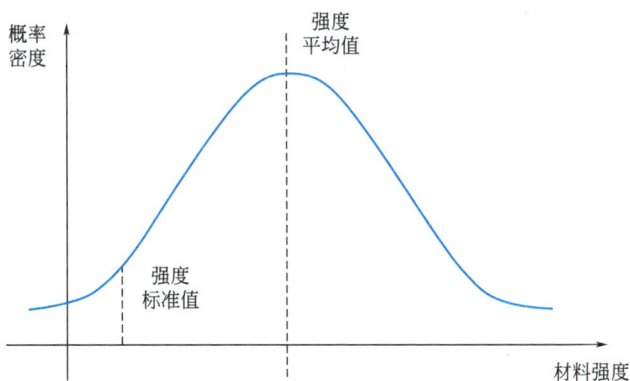

图 2-4　材料强度试验值分布

　　《混凝土结构设计标准》规定了普通钢筋及预应力筋的最大力总延伸率不应小于限值 δ_{gt}，见附表 1-5；也规定了冷弯时相应的弯芯直径及弯转角的要求，有关参数可参照相应的国家标准。

本构关系中的要素

2.1.3　钢筋的本构关系
Constitutive Relationship of Steel Bar

　　《混凝土结构设计标准》建议的钢筋单调加载的应力-应变本构关系曲线有以下三种：

1. 描述完全弹塑性的双直线模型

　　双直线模型适用于流幅较长的低强度钢材。模型将钢筋的应力-应变曲线简化为图 2-5（a）所示的两段直线，不计屈服强度的上限和由于应变硬化而增加的应力。图中 OB 段为完全弹性阶段，B 点为屈服下限，相应的应力和应变为 f_y 和 ε_y，OB 段的斜率即为弹性模量 E_s。BC 段为完全塑性阶段，C 点为应力强化的起点，对应的应变为 $\varepsilon_{s,h}$，过 C 点后，即认为钢筋变形过大不能正常使用。双直线模型的数学表达式如下：

当 $\varepsilon_s \leqslant \varepsilon_y$ 时，　　　　　　$\sigma_s = E_s \varepsilon_s$　$\left(E_s = \dfrac{f_y}{\varepsilon_y} \right)$　　　　　　(2-1)

当 $\varepsilon_y \leqslant \varepsilon_s \leqslant \varepsilon_{s,h}$ 时，　　　　　　$\sigma_s = f_y$　　　　　　(2-2)

2. 描述完全弹塑性加硬化的三折线模型

　　三折线模型适用于流幅较短的软钢，要求它可以描述屈服后发生应变硬化（应力强化），并能正确地估计高出屈服应变后的应力。如图 2-5（b）所示，图中 OB 及 BC 直线段分别为完全弹性和塑性阶段。C 点为硬化的起点，CD 为硬化段。达到 D 点时即认为钢筋破坏，受拉应力达到极限值 $f_{s,u}$，相应的应变为 $\varepsilon_{s,u}$。三折线模型的数学表达形式如下：

当 $\varepsilon_s \leqslant \varepsilon_y$，$\varepsilon_y \leqslant \varepsilon_s \leqslant \varepsilon_{s,h}$ 时，表达式同式（2-1）和式（2-2）；

当 $\varepsilon_{s,h} \leqslant \varepsilon_s \leqslant \varepsilon_{s,u}$ 时，　　　$\sigma_s = f_y + （\varepsilon_s - \varepsilon_{s,h}）\tan\theta'$　　　　(2-3)

可取：　　　　　　　　$\tan\theta' = E'_s = 0.01 E_s$　　　　　　(2-4)

3. 描述弹塑性的双斜线模型

　　双斜线模型可以描述没有明显流幅的高强钢筋或钢丝的应力-应变曲线。如图 2-5（c）所示，B 点为条件屈服点，C 点的应力达到极限值 $f_{s,u}$，相应的应变为 $\varepsilon_{s,u}$，双斜线模型

(a) 双直线模型

(b) 三折线模型

(c) 双斜线模型

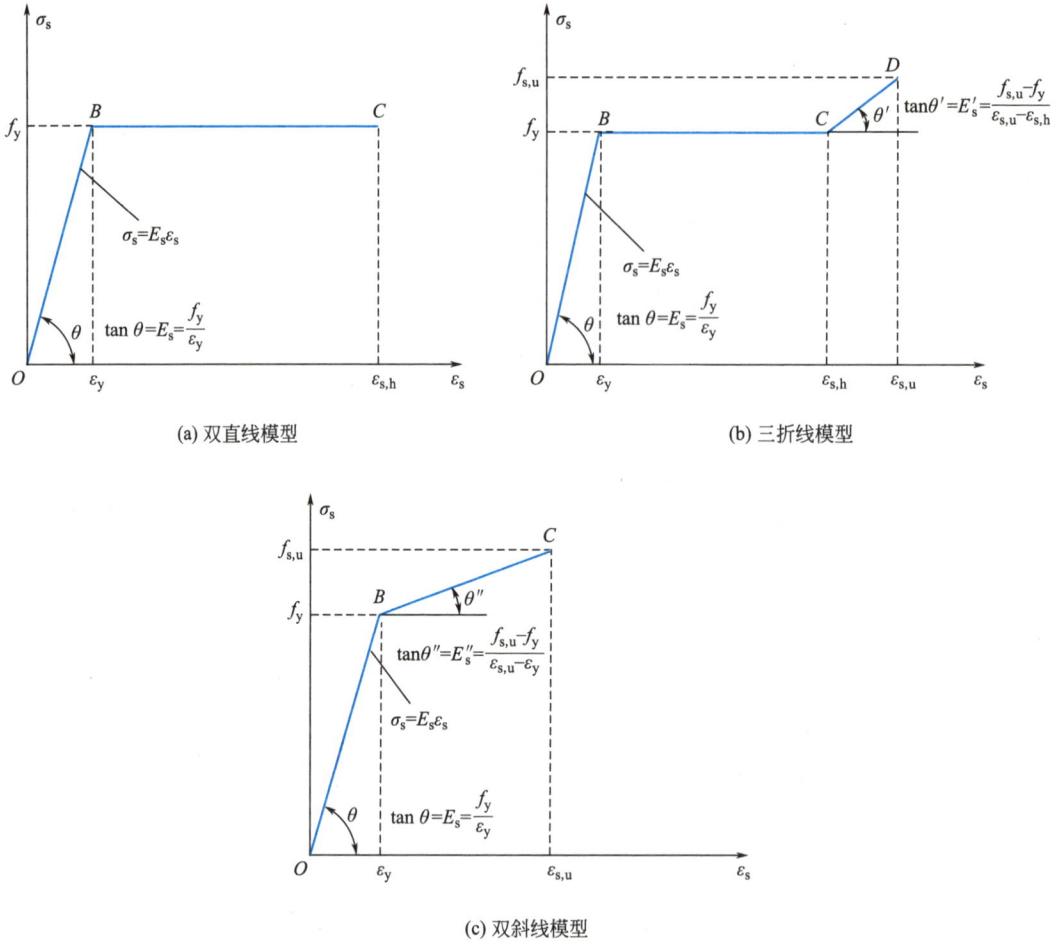

图 2-5　钢筋应力-应变关系曲线的数学模型

的数学表达式如下：

当 $\varepsilon_s \leqslant \varepsilon_y$ 时，

$$\sigma_s = E_s \varepsilon_s \quad \left(E_s = \frac{f_y}{\varepsilon_y} \right) \tag{2-5}$$

当 $\varepsilon_y \leqslant \varepsilon_s \leqslant \varepsilon_{s,u}$ 时，

$$\sigma_s = f_y + (\varepsilon_s - \varepsilon_y)\tan\theta'' \tag{2-6}$$

式中

$$\tan\theta'' = E_s'' = \frac{f_{s,u} - f_y}{\varepsilon_{s,u} - \varepsilon_y} \tag{2-7}$$

2.1.4　钢筋的疲劳
Fatigue Behavior of Steel Bar

1. 重复荷载下钢筋的应力-应变曲线

钢筋疲劳试验

重复荷载是对试件在一个方向加载、卸载、再加载、再卸载的过程。图 2-6 所示为重复荷载下的钢筋应力-应变关系曲线，图中卸载时的应力-应变关系曲线 bO' 为直线，且平行于弹性阶段的应力-应变关系曲线（直线 Oa）；再加载时先沿着与卸载时相同的应力-应变关系曲线（直线 $O'b$）行进，到达 b 点后，继续沿曲线 bc 行进。重复加载时应力-应变

关系曲线的包络线 $Oabc$ 曲线与单调荷载下的钢筋应力-应变关系曲线几乎相同。

2. 反复荷载下钢筋的应力-应变曲线

反复荷载是在两个相反的方向交替地加载、卸载的过程。图 2-7 所示为反复荷载下的钢筋应力-应变关系曲线，若钢筋超过屈服应变达 b 点时卸载，应力-应变关系曲线沿与 Oa 平行的 bO' 直线下行；再反向加载时，到达 c 点后即开始塑性变形，此时的弹性极限较单调荷载下钢筋的弹性极限为低，这种现象称为"包兴格效应"。

包兴格效应

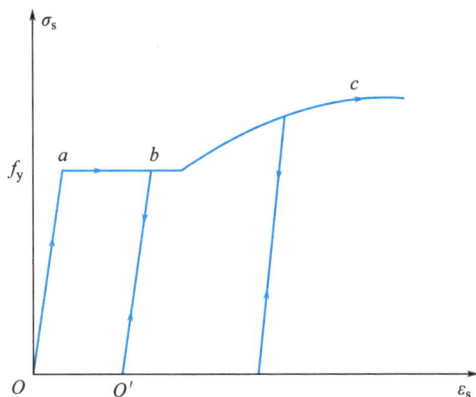

图 2-6　重复荷载下的钢筋应力-应变关系曲线

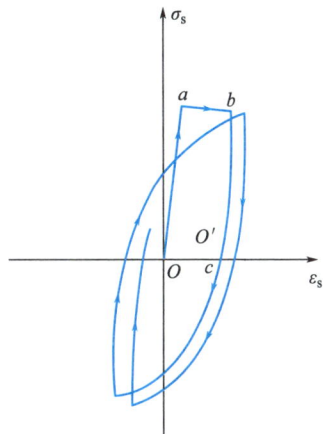

图 2-7　反复荷载下的钢筋应力-应变关系曲线

钢筋在反复荷载下的力学性能对于地震作用下混凝土结构的分析和设计具有重要的意义。

3. 钢筋的疲劳

当钢筋承受周期性的重复荷载，应力在最小值 $\sigma_{s,\min}^f$ 和最大值 $\sigma_{s,\max}^f$ 之间经过一定次数的加载、卸载后，即使钢筋的最大应力低于单调加载时钢筋的强度，钢筋也会破坏，这种现象称为疲劳破坏。 在实际工程中，像吊车梁、桥面板、轨枕等承受重复荷载的钢筋混凝土构件在正常使用期间都可能发生疲劳破坏。

钢筋疲劳断裂的原因，一般认为是由于钢筋内部和外部的缺陷，在这些薄弱处容易引起应力集中。应力过高，钢材晶粒滑移，产生疲劳裂纹，应力重复作用次数增加，裂纹扩展，从而造成断裂。因此钢筋的疲劳强度低于其在静荷载作用下的极限强度。原状钢筋的疲劳强度最低。埋置在混凝土中的钢筋疲劳断裂通常发生在纯弯段内裂缝截面附件，疲劳强度稍高。

钢筋的疲劳试验有两种方法：一种是直接进行单根原状钢筋轴拉试验；另一种是将钢筋埋入混凝土中使其重复受拉或受弯的试验。由于影响钢筋疲劳强度的因素很多，钢筋疲劳强度试验结果是分散的。我国采用直接做单根钢筋轴拉试验的方法。试验表明，影响钢筋疲劳强度的主要因素为钢筋疲劳应力幅，即 $\sigma_{\max}^f - \sigma_{\min}^f$，$\sigma_{\max}^f$ 和 $\sigma_{\min}^f$ 为一次循环应力中的最大和最小应力。

《混凝土结构设计标准》规定了普通钢筋的疲劳应力幅限值 Δf_y^f，见附表 1-7。限值

Δf_y^f 与钢筋的最小应力与最大应力的比值（即疲劳应力比值）$\rho_s^f = \sigma_{min}^f / \sigma_{max}^f$ 有关，要求满足循环次数为 200 万次。预应力钢筋的疲劳应力幅限值按其疲劳应力比值 ρ_p^f 确定，见附表 1-8，当 $\rho_p^f \geqslant 0.9$ 时可不进行疲劳强度验算。

知识拓展——高强钢筋骨架与智能绑扎技术
Knowledge Expansion——High-strength Reinforcement Skeleton and Intelligent Binding Technology

在浇筑混凝土之前，可将布置在梁、板、柱等混凝土结构构件中的各种钢筋，用绑扎或焊接的方法构成钢筋骨架或钢筋网片，这样可以保持各种钢筋在构件中的相对位置，也有利于充分发挥钢筋材料的强度。图 T-1 为用于梁中的钢筋绑扎骨架的例子。

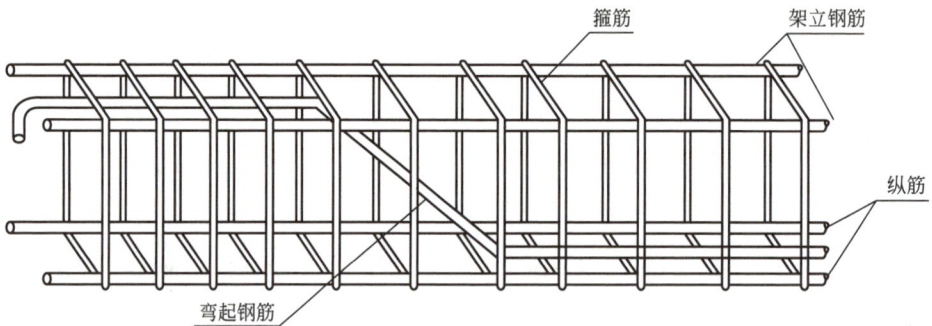

图 T-1　钢筋绑扎骨架

为了防止受拉的光面钢筋在混凝土中滑动，使其强度得以充分发挥，应在钢筋的端部设置弯钩。由于设计的要求，有时需在钢筋的中间区段进行弯转。钢筋的弯钩和弯转的角度、直径等，在有关的设计规范和施工质量验收规范中有具体的规定。图 T-2 列举了混凝土结构中出现的部分弯钩和弯转的形状。

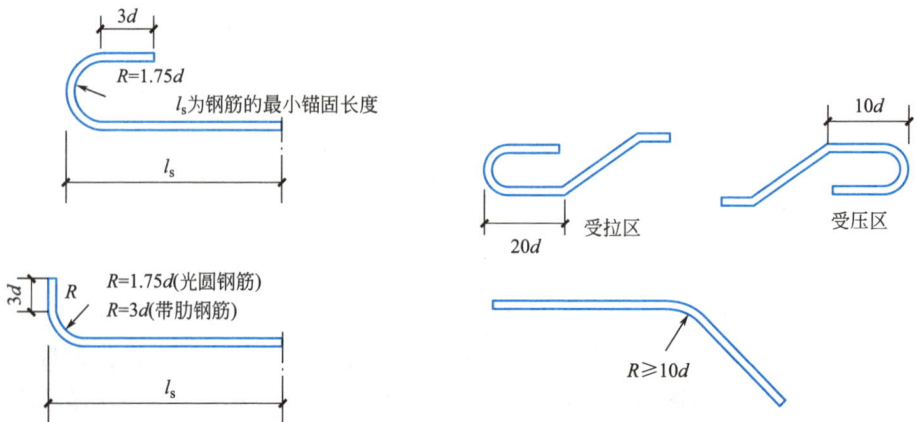

图 T-2　钢筋的弯钩与弯转

用焊接方法制成的钢筋骨架或钢筋网片，能与混凝土较好地结合，钢筋端部可不设置弯钩。焊接的钢筋骨架和网片，省工省料，适合于工业化批量生产和装配式钢筋混凝土结构的生产，能减少现场钢筋工的工作量，加快施工进度。需要焊接的钢筋，应具有较好的可焊性，即要求在一定的工艺条件下钢筋焊接后不产生裂纹及过大的变形。

随着人工智能技术的迅速发展，钢筋绑扎技术也经历了显著革新，其中之一便是智能机器人绑扎钢筋技术。这种先进智能机器人（图 T-3）实现了高效的钢筋绑扎，其具体工作流程如下：

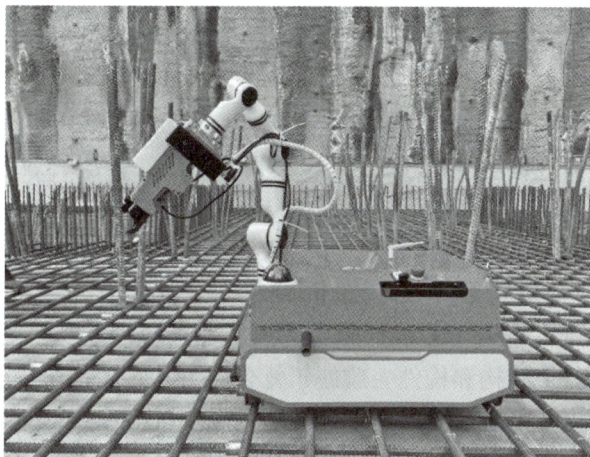

图 T-3 智能钢筋绑扎机器人

1. 定位与识别技术

机器人绑扎钢筋笼的第一步是定位与识别，这涉及确定钢筋的精确位置。机器人通常配备了摄像头或传感器，这些装置如同机器人的"眼睛"，可以扫描整个施工区域，识别钢筋的分布情况。通过这些传感器，机器人能够精准确定绑扎点的位置，从而确保钢筋绑扎的准确性。

2. 机械臂的操作

机器人绑扎钢筋笼的核心组件是机械臂，其功能类似于机器人的"手臂"。机械臂具有高度的灵活性，能够在三维空间中自由移动，以便到达不同的绑扎点。机械臂末端安装了专用的绑扎工具，可在短时间内对钢筋进行自动绑扎操作。这种自动化过程不仅大大提高了绑扎速度，还确保了每个绑扎点的质量均匀、可靠，避免了人工操作中的偏差。

3. 自动绑扎工具

自动绑扎工具是机械臂末端的关键部件之一，用于完成钢筋交叉点的捆扎工作。这个工具通过自动缠绕钢丝并完成打结，具有更高的效率和稳定性。机器人能够精确控制绑扎力，确保每个绑扎点的松紧度符合设计要求，从而提高钢筋笼的整体刚度和结构性能。

机器人绑扎钢筋技术的引入为建筑施工带来了显著的优势。首先，显著提高了施工效率，使得钢筋绑扎过程可以在短时间内完成，有效缩短了工期。其次，机器人绑扎的精度高且质量稳定，减少了因人工操作导致的误差。同时，大大降低了工人的劳动强度，减少了在高危作业环境中的人力需求，提高了施工安全性。

在未来的建筑行业中，机器人绑扎钢筋技术将会扮演越来越重要的角色，推动施工过程向更加自动化、智能化和高效化发展。这不仅有助于提高建筑的质量和安全性，还有助于应对因劳动力短缺而带来的挑战，使得建筑施工更加可靠、环保和现代化。

2.2 混凝土的物理力学性能
Physical and Mechanical Properties of Concrete

混凝土是由胶凝材料、骨料和水按适当比例配置，再经过一定时间硬化而成的复合材料。随着混凝土材料的发展，除普通混凝土外，有多种新型混凝土已投入工程应用，如高性能混凝土、超高性能混凝土（UHPC）、地聚物混凝土、再生骨料混凝土。本节将主要介绍普通混凝土，并简要介绍超高性能混凝土。

2.2.1 单轴向应力状态下混凝土的强度
Concrete Strength under Uniaxial Stress State

普通混凝土抗压
强度试验

实际工程中的混凝土结构和构件一般处于复合应力状态，但单轴受力状态下混凝土的强度是复合应力状态下强度的基础和重要参数。

混凝土试件的大小和形状、试验方法和加载速率都会影响混凝土强度的试验结果，因此各国对各种单轴向受力下的混凝土强度都规定了统一的标准试验方法。

1. 混凝土的抗压强度

（1）混凝土的立方体抗压强度 $f_{cu,k}$ 和强度等级

由于立方体试件的抗压试验方法简单、费用较低，测得的强度值也比较稳定，所以我国把立方体抗压强度值作为混凝土强度的一项基本指标。我国《混凝土结构设计标准》规定，**以边长为 150 mm 的立方体为标准试件**，将其在 20±3℃ 的温度和相对湿度 90% 以上的潮湿空气中养护 28 d，按照标准试验方法测得的抗压强度作为混凝土的立方体抗压强度，单位为"N/mm²"。

混凝土立方体抗压强度是确定混凝土强度等级的依据。《混凝土结构设计标准》规定：**混凝土强度等级按立方体抗压强度标准值确定，用符号 $f_{cu,k}$ 表示**，下标 cu 表示立方体，k 表示标准值（注意，混凝土的立方体抗压强度是没有设计值的）。即用按上述标准试验方法测得的具有 95% 保证率的立方体抗压强度作为混凝土的强度等级。例如，强度等级为 C30 的混凝土，相当于其抗压强度标准值 $f_{cu,k}=30$ N/mm²。《混凝土结构设计标准》采用的**混凝土强度等级是在 C20～C80 的范围内，通常将强度等级为 C50 及以上的混凝土称为高强度混凝土。**

统计分析表明，混凝土立方体抗压强度的试验值也符合正态分布（图 2-4）。若保证率取为 95%，则混凝土的立方体抗压强度标准值等于强度平均值减去 1.645 倍标准差。

《混凝土结构设计标准》规定，素混凝土结构的混凝土强度等级不应低于 C20；钢筋混凝土结构的混凝土强度等级不应低于 C25；预应力混凝土结构的混凝土强度等级不应低于 C30。

对于超高性能混凝土，我国《超高性能混凝土结构设计规程》T/CCPA 35—2022（T/CBMF 185）（以下统称"《超高性能混凝土结构设计规程》"）规定，超高性能混凝土抗压强度等级，按照立方体抗压强度标准值划分。立方体抗压强度标准值 $f_{\text{Ucu,k}}$ 为边长为 100 mm 的立方体试块，按标准养护方法制作养护，和普通混凝土相同，按标准试验方法确定的具有 95% 保证率的抗压强度值。其强度等级有 UHC120、UHC130、UHC140、UHC150、UHC160、UHC170、UHC180，共 7 个等级。例如，对强度等级为 UHC120 的超高性能混凝土，即相当于其抗压强度标准值 $f_{\text{Ucu,k}}=120$ N/mm^2。

图 2-8 是对混凝土立方体试件进行加载试验及试件破坏的情况。试验方法对混凝土的立方体试件的抗压强度值和破坏形态有较大影响。试件破坏时，去掉周围酥松的混凝土，试件呈两个对顶的角锥形（图 2-8b）。这是由于试验机对试件施加竖向压力荷载时，试件竖向缩短、横向扩张，而混凝土试件与压力机垫板之间的摩擦力使混凝土试件的横向变形在上下端面处受到的约束最强，而在高度的中间处这种约束作用最弱，形成了图 2-8（b）所示的破坏情况。如果在试件的上、下表面涂抹润滑剂，减小试件与压力机垫板间的摩擦力，这样试件接近于单向受压状态，试件横向变形受到的约束沿高度差别不大，试验中观察到破坏时试件中产生的裂缝基本上平行于荷载的作用方向（图 2-8c），强度值也比不涂润滑剂的情况低。我国规定的标准试验方法是不涂润滑剂的。

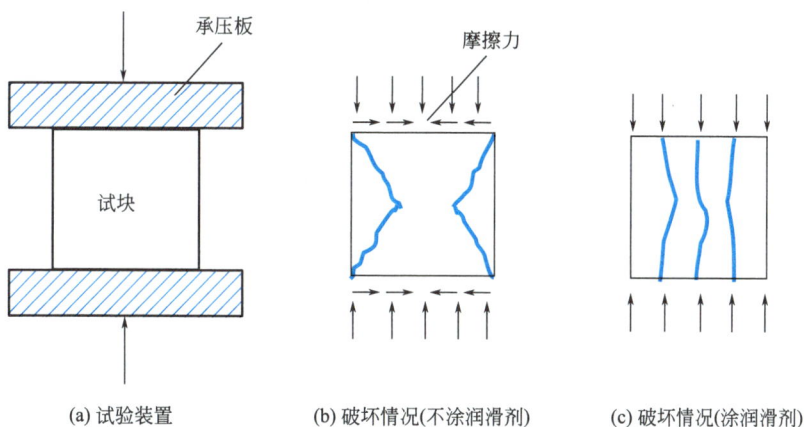

(a) 试验装置　　　　(b) 破坏情况(不涂润滑剂)　　　(c) 破坏情况(涂润滑剂)

图 2-8　混凝土立方体试件的破坏情况

混凝土的强度与水泥强度等级、水灰比有很大关系，骨料的性质、混凝土的级配、混凝土成型方法、硬化时的环境条件及混凝土的龄期等也不同程度地影响混凝土的强度。影响混凝土强度的因素还有试件尺寸形状、试验方法、加载速率和环境温度等。因此，各国对各种单向受力下的混凝土强度都规定了统一的标准试验方法。

加载速度对立方体抗压强度也有影响。一般地，加载速度越快，测得的强度越高。通常规定加载速度为：混凝土立方体抗压强度低于 30 N/mm^2 时，取每秒钟 0.3～0.5 N/mm^2；混凝土立方体抗压强度大于或等于 30 N/mm^2 时，取每秒钟 0.5～0.8 N/mm^2。

混凝土的立方体抗压强度随混凝土的龄期而逐渐增长，开始时增长速度较快，以后逐渐缓慢，强度增长过程往往要延续几年，在潮湿环境中强度增长的过程可以延续更长（图 2-9）。

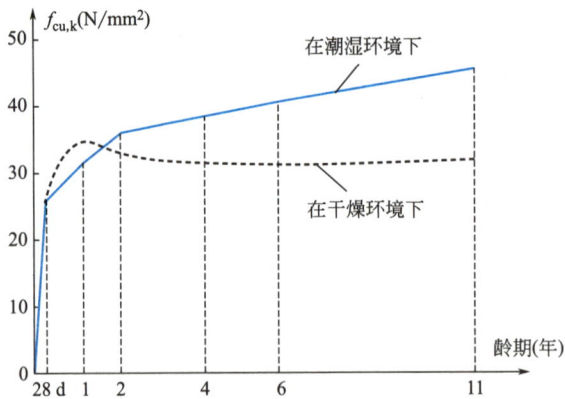

图 2-9　混凝土强度随龄期的变化

（2）混凝土的轴心抗压强度

混凝土的抗压强度与试件的形状有关，混凝土棱柱体试件试验得到的轴心抗压强度值显然比混凝土立方体抗压强度能更好地反映实际混凝土结构构件中的混凝土抗压能力。我国国家标准《混凝土物理力学性能试验方法标准》GB/T 50081—2019 规定以 150 mm×150 mm×300 mm 的棱柱体作为混凝土轴心抗压强度试验的标准试件。棱柱体试件与立方体试件的制作条件相同，试件上下表面不涂润滑剂。棱柱体的抗压试验及试件破坏情况如图 2-10 所示。

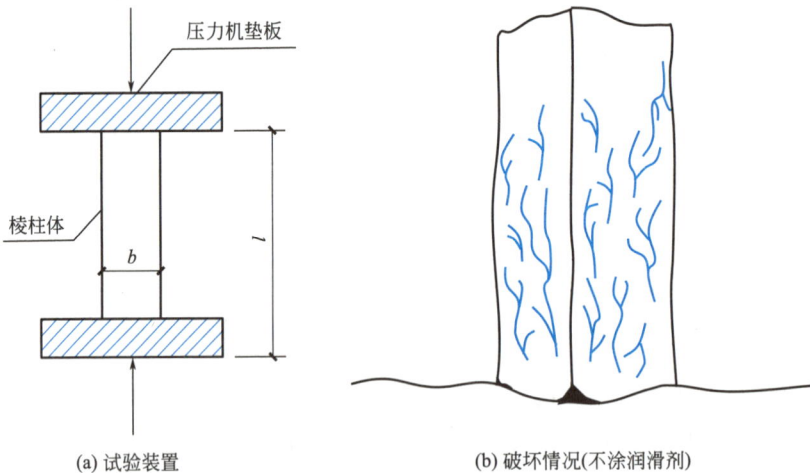

(a) 试验装置　　　　　　　　　(b) 破坏情况(不涂润滑剂)

图 2-10　混凝土棱柱体抗压试验和破坏情况

由于棱柱体试件的高度越大，试验机压板与试件之间摩擦力对试件高度中部的横向变形的约束影响越小，所以棱柱体试件的高宽比越大，轴心抗压强度值越低（图 2-11）。在确定棱柱体试件尺寸时，为了使试件不受试验机压板与试件承压面间摩擦力的影响，在试件的中间区段形成单向受压状态，棱柱体试件的高宽比应足够大；同时，为了避免在破坏前产生较大的附加偏心而降低抗压强度，试件的高宽比又不宜过大。根据研究资料，对于高宽比为 2～3 的棱柱体试件，可以认为上述两种因素的影响基本能够消除。

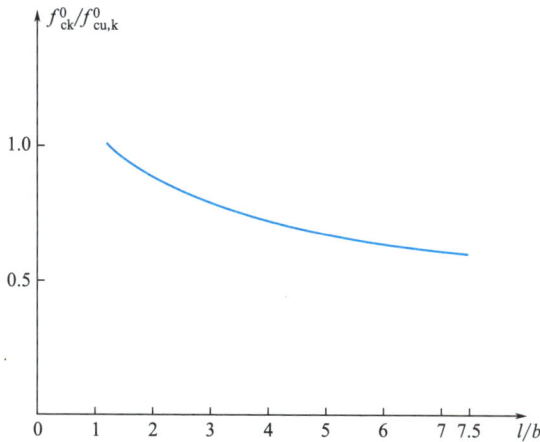

图 2-11　棱柱体高宽比对抗压强度的影响

《混凝土结构设计标准》规定以上述标准棱柱体试件试验测得的具有 95% 保证率的抗压强度为混凝土轴心抗压强度标准值，用符号 f_{ck} 表示，下标 c 表示受压，k 表示标准值。

图 2-12 是根据我国所做的混凝土棱柱体与立方体抗压强度对比试验的结果。由图可以看到，试验值 f_{ck}^0 与 $f_{cu,k}^0$ 的统计平均值大致呈一条直线，它们的比值大致在 $0.70 \sim 0.92$ 的范围内变化，强度大的比值大些，这里的上标 0 表示是试验值。

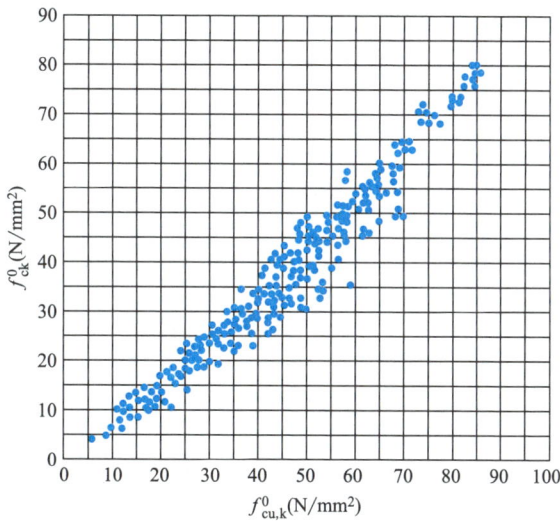

图 2-12　混凝土轴心抗压强度与立方体抗压强度的关系

考虑到实际结构构件制作、养护和受力情况等方面与试件的差别，实际构件强度与试件强度之间将存在差异，《混凝土结构设计标准》基于安全取偏低值，轴心抗压强度标准值与立方体抗压强度标准值的关系按下式确定：

$$f_{ck} = 0.88\alpha_{c1}\alpha_{c2}f_{cu,k} \tag{2-8}$$

式中，α_{c1} 为棱柱体强度与立方体强度之比，对强度等级为 C50 及以下的混凝土，α_{c1} 取 0.76；对 C80 的混凝土，α_{c1} 取 0.82；在此之间按直线规律变化取值；α_{c2} 为高强度混凝土的脆性折减系数，对 C40 混凝土，α_{c2} 取 1.00；对 C80 混凝土，α_{c2} 取 0.87；中间按直线规律变化取值。考虑到实际结构构件制作、养护和受力情况，实际构件与试件混凝土强度之间存在差异而取用 0.88 的折减系数。

有些国家和地区采用混凝土圆柱体试件来确定混凝土轴心抗压强度，例如，美国采用直径为 6 英寸（约 152 mm）、高为 12 英寸（约 305 mm）的圆柱体作为测定轴心抗压强度的标准试件，圆柱体轴心抗压强度表示为 f'_c。由于试件形状和尺寸的差异，圆柱体轴心抗压强度值与我国的棱柱体轴心抗压强度值略有不同。

根据国外的研究资料，圆柱体轴心抗压强度 f'_c 和立方体抗压强度标准值 $f_{cu,k}$ 之间的关系如表 2-1 所示。在表中给出的关系中，对 C60 及以上的混凝土，f'_c 与 $f_{cu,k}$ 的比值是随混凝土强度等级的提高而提高的。

f'_c 与 $f_{cu,k}$ 的比值 表 2-1

混凝土强度等级	C60 以下	C60	C70	C80
f'_c 与 $f_{cu,k}$	0.79	0.833	0.857	0.875

强度等级不同的混凝土，应力-应变曲线的形状相似，但也有实质性的差别。从图 2-13 所示的试验曲线来看，对不同强度等级的混凝土，峰值应变的变化不很显著，但是下降段的形状有较大的差异，混凝土的强度越高，下降段的坡度越陡。所以，通常认为混凝土的强度越高，其变形性能越差。

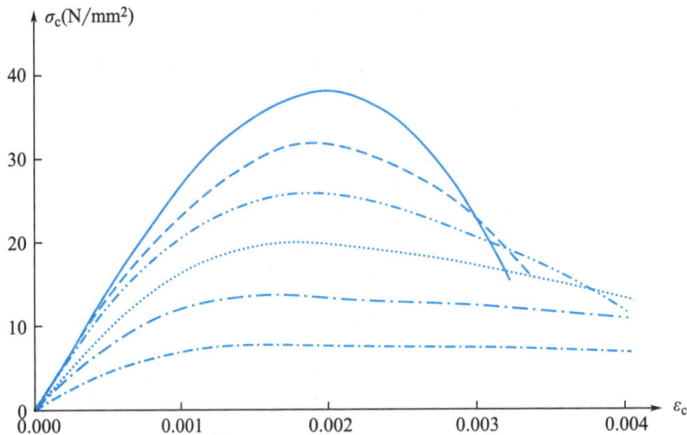

图 2-13 强度等级不同的混凝土的应力-应变曲线

另外，加载速度对轴心抗压强度也有影响。从图 2-14 所示的应力-应变曲线的形状来看，加载速度降低，峰值应力（即轴心抗压强度）也略有降低，相应于峰值应力的应变有所增加，下降段的坡度趋于平缓。

对于 UHPC 轴心抗压强度标准值 f_{Uck} 按表 2-2 取值。

2. 混凝土轴心抗拉强度

抗拉强度是混凝土的基本力学指标之一，其标准值用 f_{tk} 表示，下标 t 表示受拉，k 表示标准值。混凝土的轴心抗拉强度可以采用直接轴心受拉的试验方法来测定。混凝土轴心抗拉强度试验的标准试件是预埋钢筋的棱柱体（图 2-15）。

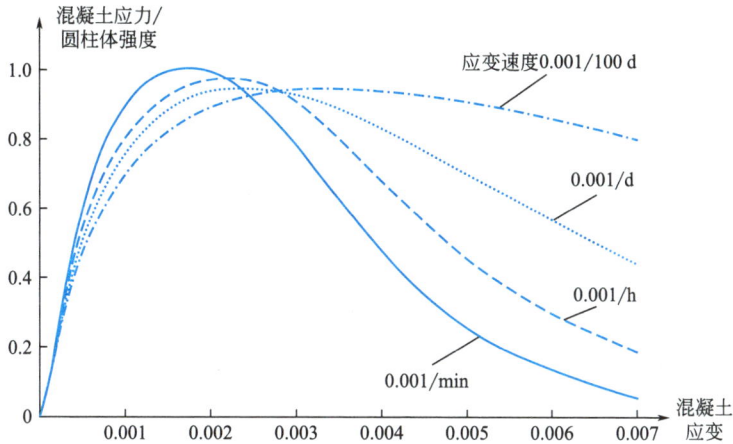

图 2-14　不同应变速度的混凝土受压应力-应变曲线

UHPC 轴心抗压强度标准值（N/mm²）　　　　　表 2-2

强度等级	UHC120	UHC130	UHC140	UHC150	UHC160	UHC170	UHC180
f_{Uck}	93	101	108	116	124	132	139

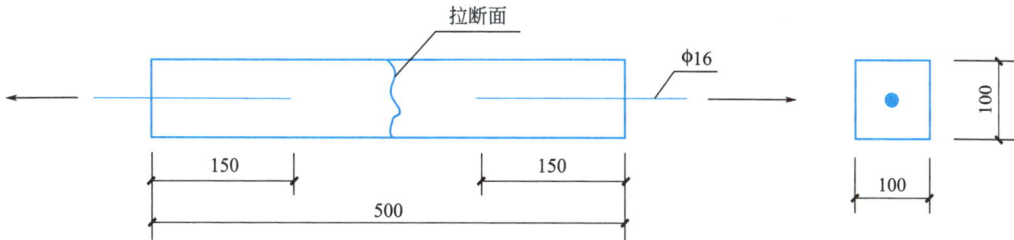

图 2-15　轴心抗拉试验

　　图 2-16 是混凝土轴心抗拉强度试验的结果。由图可以看出，轴心抗拉强度只有立方体抗压强度的 1/17～1/8，混凝土强度等级越高，该比值越小。考虑到构件与试件的差别、尺寸效应、加载速度等因素的影响，《混凝土结构设计标准》考虑了从普通强度混凝土到高强度混凝土的变化规律，取轴心抗拉强度标准值 f_{tk} 与立方体抗压强度标准值 $f_{cu,k}$ 的关系为：

$$f_{tk} = 0.88 \times 0.395 f_{cu,k}^{0.55} (1 - 1.645\delta)^{0.45} \times \alpha_{c2} \tag{2-9}$$

式中，δ 为变异系数。

　　式（2-9）中 0.88 的意义和 α_{c2} 的取值与式（2-8）中的相同，系数 0.395 和 0.55 为轴心抗拉强度与立方体抗压强度间的折减系数。

　　但是，采用图 2-16 所示的试件直接进行轴心受拉试验并不容易保证试件处于轴心受拉状态，试件的偏心受力会影响轴心抗拉强度测定的准确性。所以，国内外也常用图 2-17 所示的较简便的圆柱体或立方体的劈裂试验来间接测试混凝土的抗拉强度。根据弹性理论，轴心抗拉强度的试验值 f_t^0（上标 0 表示试验值）可按下式计算：

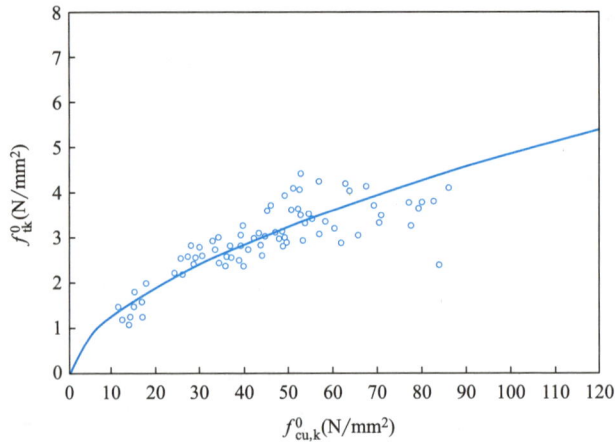

图 2-16　混凝土轴心抗拉强度和立方体抗压强度的关系

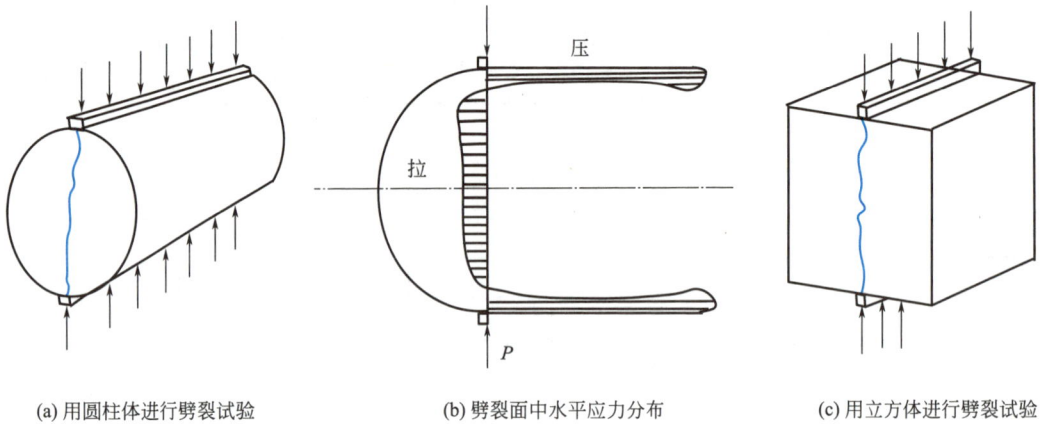

(a) 用圆柱体进行劈裂试验　　　　　(b) 劈裂面中水平应力分布　　　　　(c) 用立方体进行劈裂试验

图 2-17　劈裂抗拉试验

$$f_t^0 = \frac{2F}{\pi d l} \tag{2-10}$$

式中　F——破坏荷载；

　　　　d——圆柱体直径或立方体边长；

　　　　l——圆柱体长度或立方体边长。

　　试验结果表明，混凝土劈裂抗拉强度与直接受拉的强度值接近，略高于直接受拉强度，劈裂试件的大小对试验结果有一定影响。

　　《混凝土结构设计标准》给出的混凝土轴心抗压、抗拉强度标准值和设计值分别见本书附录的附表 1-9、附表 1-10 和附表 1-11、附表 1-12（材料强度的设计值等于其标准值除以材料强度的分项系数）。

　　对于超高性能混凝土，其抗拉强度等级有 UHT4.2、UHT6.4、UHT10，共 3 个等级。例如，对强度等级为 UHT4.2 的超高性能混凝土，即相当于其抗拉强度标准值 $f_{Utk} = 4.20$ N/mm²。其轴心抗拉强度设计值取值应按表 2-3 取值。

UHPC 轴心抗拉强度设计值（N/mm²）　　　　　　　　表 2-3

强度等级	UHT4.2	UHT6.4	UHT10
f_{Ut}	2.98	4.60	7.16

注：表中数据为构件厚度不大于 50 mm 时 UHPC 抗拉强度设计值；当构件厚度 h_U 大于 50 mm 时，UHPC 抗拉强度设计值应乘以折减系数 η_{hU}；当 h_U 大于或等于 100 mm 时，η_{hU} 取 0.8；而当 h_U 大于 50 mm 且小于 100 mm 时，η_{hU} 取 1.0 至 0.8 间的线性插值。

知识拓展——静态和动态加载下混凝土材料强度尺寸效应[*][†]
Knowledge Expansion——Size Effect of Concrete Strength under Static and Dynamic Loading

尺寸效应，是指力学性能指标（如强度、变形、断裂参数等）随着尺寸的变化而改变。它是许多准脆性材料（包括岩石、冰、混凝土、陶瓷材料等）固有的特性。一般地，尺寸越大，混凝土材料强度越低，其主要根源是混凝土材料内部组成的非均质性。影响混凝土材料强度尺寸效应的因素很多，包括混凝土内部组成特征（如混凝土强度等级、混凝土级配、骨料类型、骨料粒径、骨料含量、含水率等）和外部加载条件（如加载速率、端部摩擦、初始应力状态、侧应力比、冻融损伤以及环境温度等）。边长为 200 mm 和 100 mm 的立方体试件，其常温下实测抗压强度分别是边长 150 mm 的立方体试件相应强度的 0.95 倍和 1.05 倍。然而，当尺寸超过一定的限值后，混凝土强度随尺寸增大而下降的幅度减小，并逐渐趋于恒定值。

混凝土是典型的应变率敏感材料。在动态加载下，混凝土宏观力学行为及失效模式呈现出更为复杂的变化规律和影响机制，加载速率越快，混凝土强度越高，这种现象称为应变率效应。应变率效应会影响混凝土材料强度的尺寸效应。试验表明，随着加载速率的增大，尺寸效应被削弱。当加载速率达到一定程度，混凝土强度甚至随着尺寸增大而增大，尺寸效应现象与静态加载下截然不同。

从状态上分，混凝土是一种由固、液和气三相组成的非均质复合材料，各相成分在低温、高温环境荷载作用下将发生一系列物理和化学变化，进而影响其热工性能和力学性能。在低温环境下，混凝土各相组分材料自身的力学特性会发生改变，内部孔隙水结冰，并与孔隙壁产生相互作用，从而改变内部的应力状态。这些因素都会对混凝土的宏观力学性能及损伤演化模式产生重要影响。低温环境下，混凝土材料破坏时脆性增加，强度提高，但变形能力降低，强度的尺寸效应比常温下更加明显。

三向受压混凝土的工程应用

---

[*]　Du X L, Jin L. Size Effect in Concrete Materials and Structures［M］. Berlin：Springer，2021.

[†]　杜修力，金浏. 混凝土细观分析方法与应用［M］. 北京：科学出版社，2021.

2.2.2　复合应力状态下混凝土的强度
Concrete Strength under Multiaxial Stress States

在混凝土结构构件中，实际的应力状态比较复杂，像前面叙述的各种简单的单向受力情况并不多见。研究复合应力状态下混凝土材料的强度，对于更好地认识混凝土结构构件的性能、提高混凝土结构的设计和研究水平具有重要的意义。

1. 双向应力状态

对混凝土试件，在两对表面施加法向应力 σ_1 和 σ_2，第三个方向（与 σ_1、σ_2 正交）的应力保持为零，根据在不同的 σ_1/σ_2 比值下试验得到的混凝土强度可以绘出如图 2-18 所示的双向应力状态下混凝土材料的破坏曲线，图中 σ_0 是单轴向受力状态下的混凝土抗压强度。一旦超出包络线就意味着材料发生破坏。

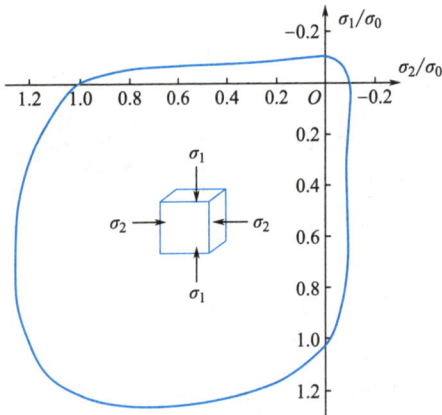

图 2-18　双向应力状态下混凝土强度

从图 2-18 可以看到，在双向受拉应力状态下（图中第一象限），两个方向的应力 σ_1，σ_2 互相影响不大，双向受拉混凝土的强度与单轴受拉强度接近；在双向受压应力状态下（图中第三象限），一个方向的混凝土强度随另一方向压应力的增大而提高，与单向受压混凝土强度相比，双向受压混凝土强度最多可提高约 27%；在一向受压、一向受拉应力状态下（图中第二、四象限），在两个方向的混凝土强度低于单轴受压或单轴受拉的混凝土强度。

图 2-19 所示为在法向应力 σ 与剪应力 τ 组合状态下的混凝土破坏曲线。当压应力低时，抗剪强度随压应力的增大而增大，当压应力约超过 $0.6f_c'$ 即 C 点时，抗剪强度随压应力的增大而减小。另一方面，此曲线也说明由于存在剪应力，混凝土的抗压强度要低于单向抗压强度。因此，梁受弯矩和剪力共同作用以及柱在受到轴向压力的同时也受到水平剪力作用时，剪应力会影响梁与柱中受压区混凝土的抗压强度。此外，图 2-19 还可以看出，抗剪强度随着拉应力的增大而减小，也就是说剪应力的存在会使抗拉强度降低。

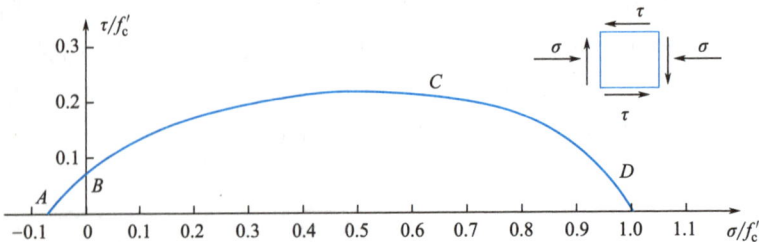

图 2-19　法向应力和剪应力组合状态下混凝土强度

2. 三向受压状态

三向受压下混凝土圆柱体的轴向应力-应变曲线可以由周围用液体压力加以约束的圆柱体进行加压试验得到，在加压过程中保持液压为常值，逐渐增加轴向压力直至破坏，并量测其轴向应变的变化。从图 2-20 可以看出，随着侧向压力的增加，试件的强度和应变都有显著提高。

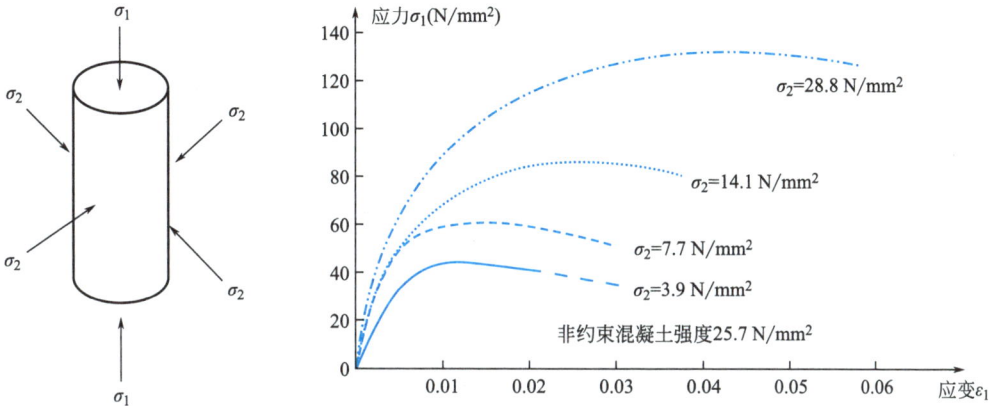

图 2-20　混凝土圆柱体三向受压试验的轴向应力-应变关系曲线

混凝土在三向受压的情况下，由于受到侧向压力的约束作用，最大主压应力轴的抗压强度 f'_{cc}（σ_1）有较大程度的增长，其变化规律随两侧向压应力（σ_2，σ_3）的比值和大小而不同。常规的三轴受压是在圆柱体周围加液压，在两侧向等压（$\sigma_2 = \sigma_3 = f_L > 0$）的情况下进行的。试验表明，当侧向液压值不很大时，最大主应力轴的抗压强度 f'_{cc} 可表示为：

$$f'_{cc} = f'_c + (4.5 \sim 7.0) f_L \tag{2-11}$$

式中　f'_c——无侧向约束时混凝土圆柱体的抗压强度；

　　　f_L——侧向约束压应力。

式中，f_L 前的数字为侧向应力系数，平均值为 5.6，当侧向压应力较低时得到的系数值较高。

由于侧向压应力的存在，混凝土圆柱体试件的侧向变形受到约束，在一定程度上限制了试件内部与纵轴平行的裂缝的出现和发展，试件在轴向抗压强度提高的同时，还表现出更好的塑性。

正是基于上述侧向约束压力能提高混凝土的抗压强度和改善延性的原理，对于实际混凝土结构中像柱这样的受压构件，可以通过在柱的周边配置间距较密的箍筋或螺旋箍筋来约束内部混凝土的侧向变形，从而提高柱的受压承载力及改善柱的变形性能。

2.2.3　混凝土的变形
Deformation Characteristics of Concrete

混凝土的变形是其重要的物理力学性能。根据混凝土变形产生的原因，其可分为受力变形和体积变形。在一次短期加载、长期加载和多次重复荷载

混凝土的
横向变形

作用下产生的变形称为受力变形，由于收缩以及温度和湿度变化产生的变形称为体积变形。

1. 一次短期加载下混凝土的变形性能

（1）混凝土单轴受压时的应力-应变关系

作为混凝土最基本的力学性能之一，混凝土单轴受压一次短期加载是指荷载从零开始单调增加至试件破坏，也称单调加载。

我国采用棱柱体试件来测定一次短期加载下混凝土受压应力-应变曲线。图 2-21 为实测的轴心受压混凝土棱柱体的应力-应变曲线。可以看到，这条曲线包括上升段和下降段两个部分。上升段 Oc 又可分为三段，从加载至应力约为 $(0.3\sim0.4)$ f_c^0 的 a 点为第 1 阶段，这时应力较小，混凝土的变形主要是骨料和水泥结晶体受力产生的弹性变形，水泥胶体的黏性流动以及初始微裂缝变化的影响一般很小，所以应力-应变关系接近直线，称 a 点为比例极限点。超过 a 点，进入裂缝稳定扩展的第 2 阶段，至临界点 b，临界点的应力可以作为长期抗压强度的依据。此后，试件中所积蓄的弹性应变能保持大于裂缝发展所需的能量，从而形成裂缝快速发展的不稳定状态直至峰值点 c，这一段为第 3 阶段，这时的峰值应力 σ_{max} 通常作为混凝土棱柱体抗压强度的试验值 f_t^0（上标 0 表示试验值），相应的应变称为峰值应变 ε_0，其值在 0.0015～0.0025 之间波动，通常取为 0.002 左右。

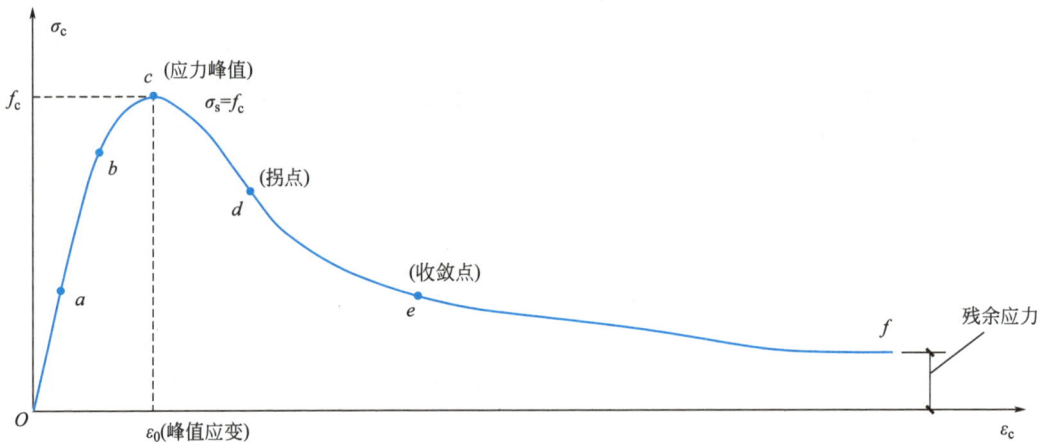

图 2-21　混凝土棱柱体受压应力-应变曲线

到达峰值应力后进入下降段 ce，这时裂缝继续扩展、贯通，从而使应力-应变关系发生变化。在峰值应力后，裂缝迅速发展，内部结构受到越来越严重的破坏，荷载的传力路线不断减少，试件的平均应力强度下降，所以应力-应变曲线向下弯曲，直到凹向发生改变，曲线出现"拐点" d。超过"拐点"，曲线开始凸向应变轴，这时，只靠骨料间的咬合力与残余承压面来承受荷载。随着变形的增加，应力-应变曲线逐渐凸向水平轴方向发展，此段曲线中曲率最大的一点 e 称为"收敛点"。收敛点 e 以后的曲线称为收敛段，这时贯通的主裂缝已很宽，内聚力几乎耗尽，对无侧向约束的混凝土，收敛段 ef 已失去结构意义。

混凝土应力-应变曲线的形状和特征是混凝土内部结构发生变化的力学标志。不同强度的混凝土的应力-应变曲线有着相似的形状，但也有实质性的区别。图 2-22 的试验曲线表明，随着混凝土强度的提高，尽管上升段和峰值应变的变化不很显著，但是下降段的形状有较大的差异，混凝土强度越高，下降段的坡度越陡，即应力下降相同幅度时变形越小，延性越差。另外，混凝土受压应力-应变曲线的形状与加载速度也有着密切的关系。

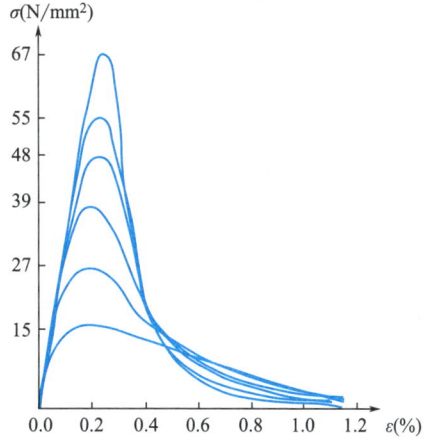

图 2-22　不同强度的混凝土的
应力-应变曲线比较

试验中当压应力达到 f_t^0 时，试验机内积蓄的应变能会使试验机头冲击试件，致试件破坏，故在普通试验机上较难获得有下降段的应力-应变曲线。采用有伺服装置的试验机能控制下降段应变速度，或者在试件旁附加弹性元件协调受压，防止试验机头回弹的冲击，并以等应变加载，就可以测量出具有真实下降段的应力-应变全曲线。

（2）混凝土单轴向受压应力-应变本构关系曲线

国内外学者建立了许多描述混凝土轴心受压应力-应变曲线的数学模型，主要有以下两种：

1）美国 Hognestad 建议的模型

该数学模型将上升段取为二次抛物线，下降段取为斜直线（图 2-23）。用公式表示为：

上升段：$\varepsilon \leqslant \varepsilon_0$ 时，
$$\sigma = f_c \left[2\frac{\varepsilon}{\varepsilon_0} - \left(\frac{\varepsilon}{\varepsilon_0} \right)^2 \right] \tag{2-12}$$

下降段：$\varepsilon_0 \leqslant \varepsilon \leqslant \varepsilon_{cu}$ 时，
$$\sigma = f_c \left[1 - 0.15\left(\frac{\varepsilon - \varepsilon_0}{\varepsilon_{cu} - \varepsilon_0} \right) \right] \tag{2-13}$$

式中　f_c——峰值应力（棱柱体极限抗压强度）；

ε_0——相当于峰值应力时的应变，取 $\varepsilon_0 = 0.002$；

ε_{cu}——极限压应变，取 $\varepsilon_{cu} = 0.0038$。

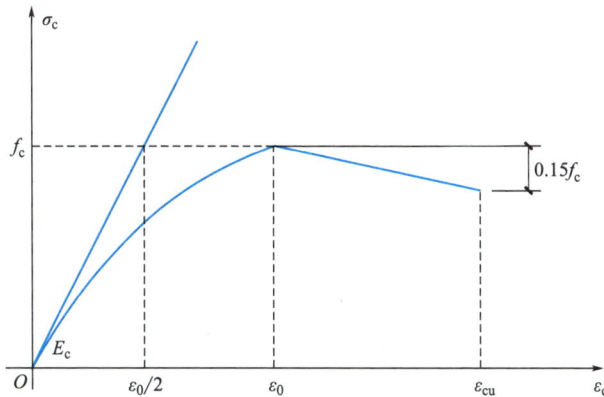

图 2-23　Hognestad 建议的应力-应变关系曲线

2）德国 Rüsch 建议的模型

该数学模型上升段也取为抛物线，但下降段取为水平的直线（图 2-24）。用公式表示为：

当 $\varepsilon \leqslant \varepsilon_0$ 时， $\qquad\qquad\qquad \sigma = f_c \left[2\dfrac{\varepsilon}{\varepsilon_0} - \left(\dfrac{\varepsilon}{\varepsilon_0}\right)^2 \right]$ （2-14）

当 $\varepsilon_0 \leqslant \varepsilon \leqslant \varepsilon_{cu}$ 时， $\qquad\qquad\qquad \sigma = f_c$ （2-15）

式中，$\varepsilon_0 = 0.002$；$\varepsilon_{cu} = 0.0035$。

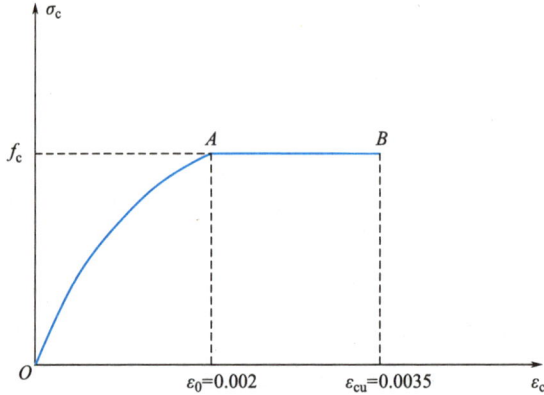

图 2-24 Rüsch 建议的应力-应变关系曲线

3）中国规范建议的超高性能混凝土模型

超高性能混凝土的受压应力与应变关系可采用弹塑性模型，这主要是试验发现，达到峰值压应力前，其受压应力与应变关系体现为线弹性；超过峰值后，在峰值压应变与极限压应变之间的应力大小均等于峰值应力。《超高性能混凝土结构设计规程》建议采用图 2-25 所示的单轴受压应力-应变模型。

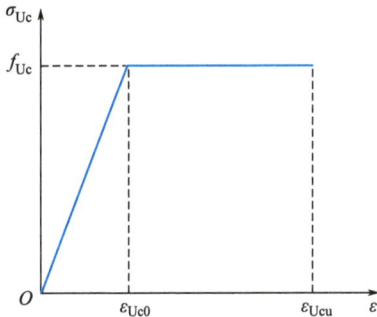

图 2-25 超高性能混凝土单轴受压应力-应变关系模型

$$\sigma_{Uc} = \begin{cases} E_{Uc} \cdot \varepsilon_{Uc} & 0 \leqslant \varepsilon_{Uc} < \varepsilon_{Uc0} \\ f_{Uc} & \varepsilon_{Uc0} \leqslant \varepsilon_{Uc} < \varepsilon_{Ucu} \end{cases}$$ （2-16）

式中　σ_{Uc}——压应变为 ε_{Uc} 时的压应力；

E_{Uc}——UHPC 弹性模量；

f_{Uc}——轴心抗压强度设计值；

ε_{Uc0}——弹性极限压应变；

ε_{Ucu}——最大压应变。

（3）混凝土轴向受拉时的应力-应变关系

1）普通混凝土轴向受拉时的应力-应变关系

相对于混凝土受压应力-应变曲线的试验资料，混凝土受拉应力-应变曲线的试验资料要少得多。根据已有的试验资料，混凝土轴心受拉应力-应变曲线的形状与受压应力-应变曲线相似，也包括上升段和下降段（图 2-26）。试验表明，在试件加载初期，变形与应力呈线性增长，至峰值应力的 40%～50% 时达到比例极限，加载至峰值应力的 76%～83% 时，曲线出现临界点（即裂缝不稳定扩展的起点），到达峰值应力时对应的应变只有 $75 \times 10^{-6} \sim 115 \times 10^{-6}$。曲线下降段的坡度随混凝土强度的提高而更加陡峭。由于混凝土的轴心抗拉强度远低于轴心抗压强度，故混凝土轴心受拉时的应力-应变关系一般可用双直线模型来模拟，且认为混凝土受拉弹性模量与受压弹性模量的数值相同。

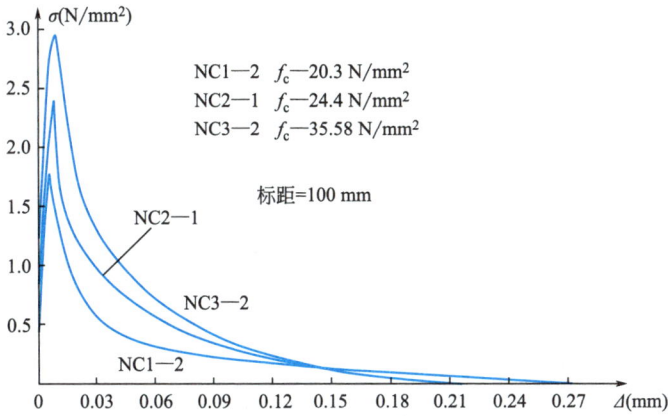

图 2-26　不同强度的混凝土拉伸应力-应变全曲线

2）超高性能混凝土轴向受拉时的应力-应变关系

UHPC 的受拉应力与应变关系可采用弹塑性模型，这主要是试验发现，达到弹性极限受拉强度前，其受拉应力与应变关系体现为线弹性；超过峰值后对应于不同抗拉强度等级时，存在着软化及强化两种情况，为便于构件承载力分析时考虑拉区 UHPC 的贡献，超过抗拉强度后的受拉应力与应变关系简化为水平段。《超高性能混凝土结构设计规程》建议采用图 2-27 所示的单轴受拉应力-应变关系模型。

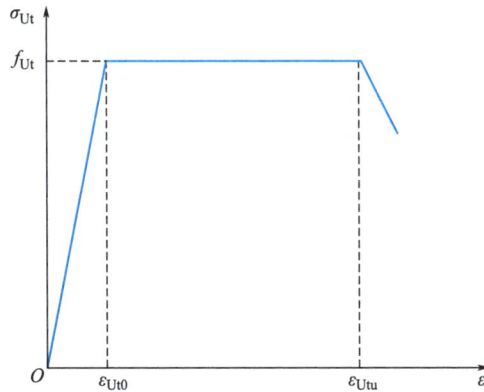

图 2-27　超高性能混凝土单轴受拉应力与应变关系

$$\sigma_{Ut} = \begin{cases} E_{Uc} \cdot \varepsilon_{Ut} & 0 \leqslant \varepsilon_{Ut} < \varepsilon_{Ut0} \\ f_{Ut} & \varepsilon_{Ut0} \leqslant \varepsilon_{Ut} < \varepsilon_{Utu} \end{cases} \tag{2-17}$$

式中　σ_{Ut}——拉应变为 ε_{Ut} 时的拉应力；

　　　f_{Ut}——单轴抗拉强度设计值；

　　　ε_{Ut0}——弹性极限拉应变；

　　　ε_{Utu}——最大拉应变。

（4）混凝土的变形模量

变形模量是应力与应变之比。由于轴心受压混凝土应力-应变关系是一条曲线，在不同的应力阶段变形模量是一个变数。混凝土的变形模量可以有如下三种表示方法：

1）混凝土的弹性模量（即原点弹性模量）

如图 2-28 所示，混凝土棱柱体受压时，在应力-应变曲线的原点（图中的 O 点）作一条切线，其斜率为混凝土的原点模量，称为弹性模量，用 E_c 表示。

$$E_c = \tan\alpha_0 \tag{2-18}$$

式中　α_0——混凝土应力-应变曲线在原点处的切线与横坐标的夹角。

目前各国对弹性模量的试验方法尚无统一的标准。在混凝土应力-应变曲线上作原点切线，找出 α_0 角并不容易，通常的做法是：对标准尺寸 150 mm×150 mm×300 mm 的棱柱体试件，先加载至 $\sigma = 0.5f_c$，然后卸载至零，再重复加载、卸载 5～10 次。由于混凝土不是弹性材料，每次卸载至应力为零时，存在残余变形，随着加载次数的增加，应力-应变曲线渐趋稳定并基本上趋于直线。该直线的斜率即定为混凝土的弹性模量。

当混凝土进入塑性变形阶段后，初始的弹性模量已不能反映此时的应力-应变关系，因此，改用变形模量或切线模量来予以表达。

2）混凝土的变形模量

连接图 2-28 中 O 点至曲线上任意点形成割线，其斜率称为割线模量或弹塑性模量，表达式为：

$$E_c' = \tan\alpha_1 = \frac{\sigma_c}{\varepsilon_c} = \frac{E_c \varepsilon_e}{\varepsilon_c} = \nu E_c \tag{2-19a}$$

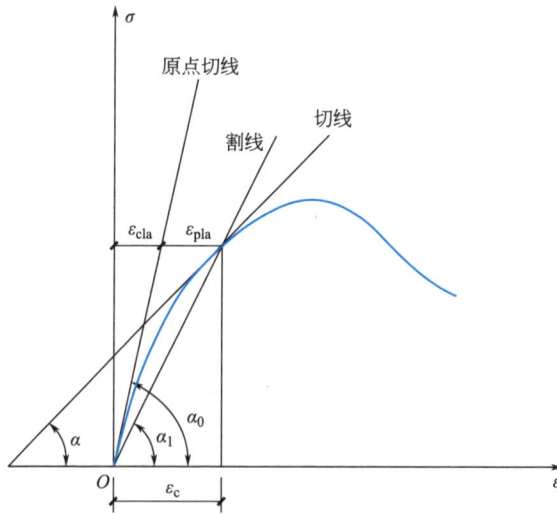

图 2-28　混凝土变形模量的表示方法

即弹塑性阶段的应力-应变关系可表示为：

$$\sigma_c = \nu E_c \varepsilon_c \tag{2-19b}$$

其中，ε_c 为总应变，ε_e 为 ε_c 中的弹性应变。$\nu = \varepsilon_e / \varepsilon_c$，称为弹性系数，随应力增大而减小，其值在 $0.5～1$ 之间变化。

3）混凝土的切线模量

在混凝土应力-应变曲线上任一点（应力 σ_c）作切线，切线与横坐标轴的交角为 α，则该处应力增量与应变增量之比值称为应力 σ_c 时混凝土的切线模量 E''_c，即：

$$E''_c = \tan\alpha \tag{2-20}$$

混凝土的切线模量是一个变值，它随着混凝土应力的增大而减小。

必须注意，混凝土不是弹性材料，不能用已知的混凝土应变乘以规范中所给的弹性模量值去求混凝土的应力。只有当混凝土应力很低时，它的弹性模量与变形模量值才近似相等。混凝土的弹性模量可按下式计算：

$$E''_c = \frac{10^2}{2.2 + \dfrac{34.7}{f_{cu,k}}} \, (\text{kN/mm}^2) \tag{2-21}$$

《混凝土结构设计标准》给出的混凝土弹性模量值见附表 1-13。

4）超高性能混凝土的弹性模量

当有可靠试验依据时，UHPC 弹性模量可根据实测数据确定。当无可靠试验依据时，弹性模量可按表 2-4 取值，剪切变形模量 G_{Uc} 可取相应弹性模量值的 0.40 倍。

UHPC 弹性模量（$\times 10^4$ N/mm^2）　　　　表 2-4

强度等级	UHC120	UHC130	UHC140	UHC150	UHC160	UHC170	UHC180
E_{Uc}	4.29	4.38	4.46	4.53	4.60	4.66	4.71

2. 荷载长期作用下混凝土的变形性能

在应力保持不变的条件下，混凝土的应变会随荷载持续时间的增长而增大，即存在所谓的徐变现象。

图 2-29 所示为混凝土棱柱体试件徐变的试验曲线。如果对棱柱体试件加载使应力达到某一数值（图中为 $0.5f_c$），试件受载后立即产生的瞬时应变为 ε_{ela}。若保持应力不变，随着荷载作用时间的增加，试件的变形继续增长，产生徐变 ε_{cr}。在加载前期徐变增长较

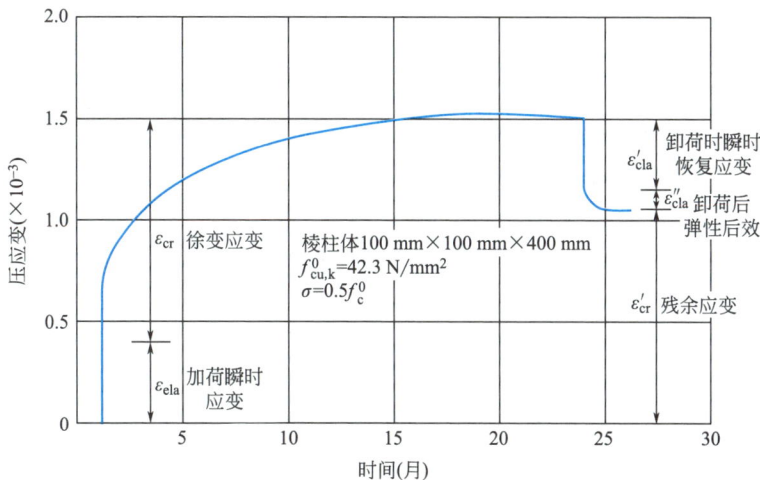

图 2-29　混凝土的徐变与时间的关系曲线

快，半年后可完成总徐变量的 70%～80%。此后徐变的增长速度逐渐减慢，经过较长时期后趋于稳定。两年后测得的徐变应变值约为瞬时应变的 1～4 倍，若在此时卸载，试件瞬时可恢复一部分应变 ε'_{ela}（称为瞬时恢复应变），其值比加载时的瞬时应变略小。卸除约 20 d 后，试件还可恢复一部分应变 ε''_{ela}（称为弹性后效），其绝对值仅为徐变值的 1/12 左右。其余很大一部分应变 ε'_{cr} 是不可恢复的，称为残余应变。

试验表明，混凝土的徐变与混凝土的应力大小有着密切的关系。应力越大徐变也越大，随着混凝土应力的增加，混凝土徐变将发生不同的情况。如图 2-30（a）所示，当混凝土应力较小时（例如小于 $0.5f_c$），徐变与应力呈正比，曲线接近等间距分布，这种情况称为线性徐变。在线性徐变的情况下，加载初期徐变增长较快，6 个月时，一般已完成徐变的大部分，后期徐变增长逐渐减小，一年以后趋于稳定，一般认为 3 年左右徐变基本终止。

当混凝土应力较大时（例如大于 $0.5f_c$），徐变变形与应力不呈正比，徐变变形比应力增长要快，称为非线性徐变。在非线性徐变范围内，当加载应力过高时，徐变变形急剧增加不再收敛，呈非稳定徐变的现象，见图 2-30（b）。由此说明，在高应力的长期作用下可能造成混凝土的破坏。所以，一般取混凝土应力约等于 $0.75f_c$～$0.8f_c$ 作为混凝土的长期极限强度。混凝土构件在使用期间，应当避免经常处于不变的高应力状态。

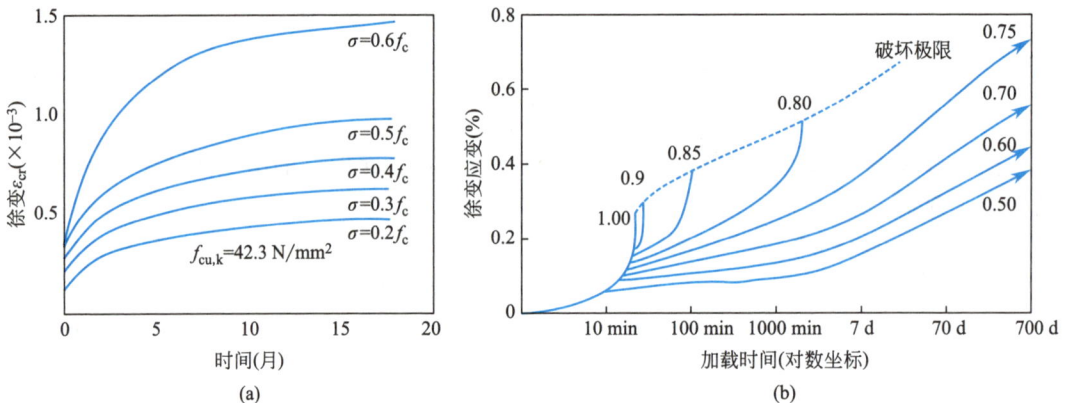

图 2-30　徐变与压应力的关系

试验还表明，加载时混凝土的龄期越早，徐变越大。此外，混凝土的组成成分对徐变也有很大影响。水泥用量越多，徐变越大；水灰比越大，徐变也越大。骨料弹性性质也明显地影响徐变值，通常骨料越坚硬，弹性模量越高，对水泥石徐变的约束作用越大，混凝土的徐变越小。此外，混凝土的制作方法、养护时的温度和湿度对徐变也有重要影响，养护时温度高、湿度大，水泥水化作用充分，徐变越小。而受到荷载作用后所处的环境温度越高、湿度越低，则徐变越大。构件的形状、尺寸也会影响徐变值，大尺寸试件内部失水受到限制，徐变减小。钢筋的存在等对徐变也有影响。

影响混凝土徐变的因素很多，通常认为在应力不大的情况下，混凝土凝结硬化后，骨料之间的水泥浆一部分变为完全弹性结晶体，另一部分是充填在晶体间的凝胶体，它具有黏性流动的性质。当施加荷载时，在加载的瞬间结晶体与凝胶体共同承受荷载。其后随着时间的推移，凝胶体由于黏性流动而逐渐卸载，此时结晶体承受了更多的力并产生弹性变形。在内力从水泥凝胶体向水泥结晶体转移的应力重新分布过程中，就使混凝土产生徐变并不断增加。在应力较大的情况下，混凝土内部微裂缝在荷载长期作用下不断发展和增加，也将导致混凝土变形的增加。

徐变对混凝土结构和构件的工作性能有很大的影响。由于混凝土的徐变，会使构件的变形增加，在钢筋混凝土截面中引起应力重分布。在预应力混凝土结构中会造成预应力损失。

3. 混凝土的收缩与膨胀

混凝土凝结硬化时，在空气中体积收缩，在水中体积膨胀。通常，收缩值比膨胀值大很多。混凝土收缩值的试验结果相当分散。图 2-31 是铁道部科学研究院所做的混凝土自由收缩的试验结果。可以看到，混凝土的收缩值随着时间而增长，蒸汽养护混凝土的收缩值要小于常温养护下的收缩值。这是因为混凝土在蒸汽养护过程中，高温、高湿的条件加速了水泥的水化和凝结硬化，一部分游离水由于水泥水化作用被快速吸收，使脱离试件表面蒸发的游离水减小，因此其收缩变形减小。

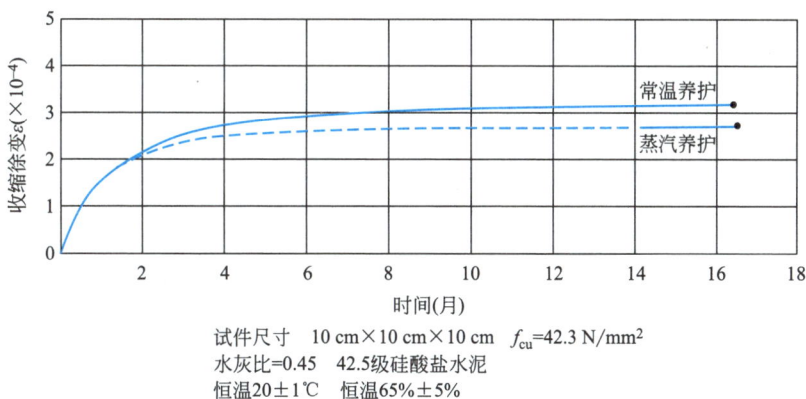

试件尺寸　 $10 \text{ cm} \times 10 \text{ cm} \times 10 \text{ cm}$ 　 $f_{cu} = 42.3 \text{ N/mm}^2$
水灰比=0.45　 42.5 级硅酸盐水泥
恒温20±1℃　恒温65%±5%

图 2-31　混凝土的收缩

如果混凝土构件养护不好或混凝土的自由收缩受到约束时，会在构件表面或内部出现收缩裂缝。裂缝不仅影响观瞻，对构件的承载能力和使用性能也可能造成不利影响。

试验结果表明，影响混凝土收缩的因素有：

（1）水泥品种：水泥强度等级越高，混凝土的收缩越大。

（2）水泥用量：水泥用量越多，收缩越大；水灰比越大，收缩也越大。

（3）骨料性质：骨料的弹性模量越大，收缩越小。

（4）外部环境：在结硬和使用过程中，周围湿度越大，收缩越小。在湿度大的条件下，养护的温度越高，收缩越小；在干燥（湿度小）的条件下，养护的温度升高反而会增大收缩。

（5）施工质量：混凝土振捣得越密实，收缩越小。

（6）构件的体表比：构件的体积与表面积的比值越大，收缩越小。

2.2.4　混凝土的疲劳

Fatigue Behavior of Concrete

在重复荷载作用下，混凝土的强度和变形与单调荷载下的情况有很大的

混凝土的疲劳
破坏机理

不同。在重复荷载作用下混凝土会产生疲劳破坏。

混凝土的疲劳试验采用 100 mm×100 mm×300 mm 或 150 mm×150 mm×450 mm 的棱柱体，通常把试件承受 200 万次（或更多次数）重复荷载而发生破坏的压应力值称为混凝土的疲劳抗压强度。

图 2-32（a）所示为混凝土棱柱体受压试件在一次加载卸载下的应力-应变曲线，其中，Oa 段为加载时的曲线，ab 段为卸载时的曲线。当达到某一应力 a 点后卸载到零（b 点），与 a 点相应的应变 ε_e 中的相当一部分 ε_e' 可以在卸载过程中瞬时得到恢复；当保留一段时间后，还能再恢复一部分应变 ε_e''，这种现象称为弹性后效；还有一部分应变 ε_{cr}' 是不能恢复的，称为残余应变。

图 2-32（b）所示为混凝土棱柱体在多次重复荷载作用下的应力-应变曲线。对混凝土棱柱体试件，当加载应力小于混凝土疲劳强度 f_c^f 时，如图中的加载应力 σ_1 或更大的加载应力经多次重复加载卸载试验后，应力-应变曲线与图 2-32（a）的情况类似，只是随着荷载重复次数的增多，加载和卸载过程形成的环状曲线趋于闭合，但即使荷载重复次数达到数百万次也不会发生疲劳破坏。如果加载应力高于混凝土疲劳强度 f_c^f，如图中的加载应力 σ_3，起先加载阶段混凝土应力-应变曲线是凸向应力轴的，在多次重复施加荷载后逐渐变成直线，再经过多次重复加载卸载后演变为凸向应变轴，以致加卸和卸载阶段的曲线不能形成封闭的环形，随着应力-应变曲线斜率的不断减小，表明混凝土即将发生疲劳破坏。

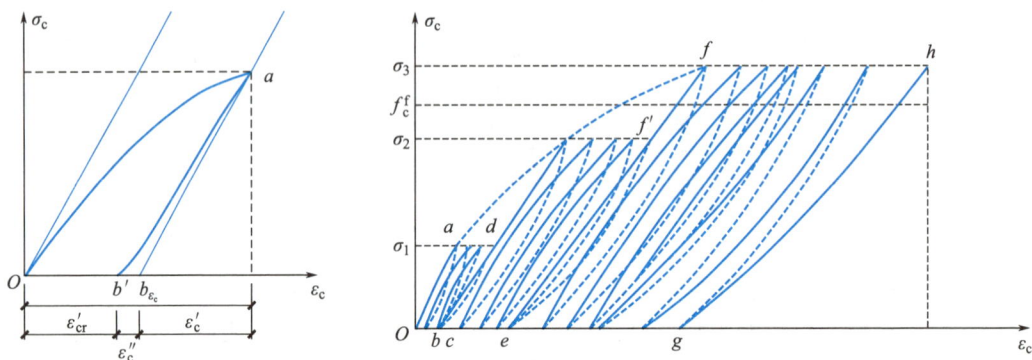

(a) 混凝土一次加载卸载的应力-应变关系曲线　　　　(b) 混凝土多次重复加载的应力-应变关系曲线

图 2-32　混凝土在重复荷载下的应力-应变关系曲线

混凝土的疲劳强度与重复作用时应力变化的幅度有关。在相同的重复次数下，疲劳强度随着疲劳应力比值的增大而增大。疲劳应力比值 ρ_c^f 按下式计算：

$$\rho_c^f = \frac{\sigma_{c,min}^f}{\sigma_{c,max}^f} \tag{2-22}$$

式中　$\sigma_{c,min}^f$，$\sigma_{c,max}^f$ ——截面同一纤维上的混凝土最小应力及最大应力。

《混凝土结构设计标准》规定，混凝土轴心受压、轴心受拉疲劳强度设计值 f_c^f、f_t^f 应按其混凝土轴心受压强度设计值 f_c、轴心受拉强度设计值 f_t 分别乘以相应的疲劳强度修正系数 γ_p 确定。修正系数 γ_p 可根据疲劳应力比值 ρ_c^f 按附表 1-14、附表 1-15 确定。混凝土的疲劳变形模量见附表 1-16。

知识拓展——深度学习与 SHAP 方法在混凝土抗压强度预测中的应用[*]

Knowledge Expansion——Application of Deep Learning and SHAP Method in Predicting Concrete Compressive Strength[*]

混凝土作为建筑工程中不可或缺的材料，其抗压强度是评价建筑结构安全性的重要指标。传统上，工程师们通过实验室测试来评估混凝土的抗压强度。这种方法虽然可靠，但耗时耗力，且容易受到实验条件变化的影响，因此难以快速获得准确结果。随着人工智能技术的进步，深度学习技术开始在混凝土性能预测中展现出强大的潜力，为工程设计带来了全新的解决方案。

深度学习是一种模拟人脑工作方式的技术，能够通过分析大量数据，自动提取并总结出其中的规律。在混凝土抗压强度的预测中，深度学习技术的引入有效克服了传统实验方法的不足。相比于依赖经验公式或线性回归的传统方法，深度学习模型能够处理大量复杂的输入变量，捕捉混凝土配合比与抗压强度之间的非线性关系，从而实现更为精准的预测。

然而，深度学习模型的"黑盒子"性质使得其内部运行机制难以理解，这在工程应用中带来了一定的挑战。为解决这一问题，研究者们引入了 SHAP（SHapley Additive ex-Planations）方法。SHAP 是一种用来解释机器学习模型的方法。它的作用是帮助我们理解每个输入特征在模型中的影响，从而解释模型的预测结果。

在机器学习模型中，输入特征可能会复杂地相互影响，SHAP 通过计算每个特征对预测结果的贡献值（称为 SHAP 值），帮助我们了解这些特征如何影响预测。SHAP 值越大，表示该特征对预测结果的重要性越大，贡献可以是正向也可以是负向。

SHAP 可以用于全局和局部的解释分析。在全局分析中，SHAP 显示所有样本中各特征对整体预测的重要性。而在局部分析中，SHAP 解释单个样本中每个特征的影响，这样可以看到为什么模型会对某个特定样本给出某个预测结果。

通过 SHAP 方法的分析，研究发现水胶比是影响混凝土抗压强度的关键因素，水胶比越高，混凝土的抗压强度通常越低。此外，混凝土的养护龄期、掺合料的使用情况等也是重要的影响因素。SHAP 方法不仅验证了深度学习模型的有效性，还为实际工程设计提供了有力的支持。在实际应用中，工程师们可以利用这些模型，在施工前就预估出混凝土的抗压强度，进而优化材料配比，减少实验室测试的次数，节省时间和成本。

深度学习技术的应用，不仅让混凝土抗压强度的预测更加精准，还使得建筑设计过程更加高效。在未来的建筑项目中，工程师们可以通过输入各种材料的配比数据，快速得出不同方案的抗压强度预测值，从而选择最佳方案。这种方法特别适用于大型工程项目，能够显著提高施工效率和工程质量，也为实现更加智能化和高效的建筑施工提供了技术支持。随着研究的深入，这些技术在工程实践中的应用前景将更加广阔。

---

* 章伟琪，王辉明. 混凝土抗压强度的可解释深度学习预测模型［J］. 东北大学学报（自然科学版），2024，45（05）：738-744＋752.

2.3 粘结与锚固
Bond and Anchorage

2.3.1 粘结的意义
Significance of Bond in Concrete Structures

混凝土与钢筋的粘结是指钢筋与周围混凝土之间的相互作用，主要包括沿钢筋长度的粘结和钢筋端部的锚固两种情况。混凝土与钢筋的粘结是钢筋和混凝土形成整体继而共同工作的基础。

粘结作用可以用图 2-33 所示的钢筋与其周围混凝土之间产生的粘结应力来说明。根据受力性质的不同，钢筋与混凝土之间的粘结应力可分为裂缝间的局部粘结应力和钢筋端部的锚固粘结应力两种。裂缝间的局部粘结应力是在相邻两个开裂截面之间产生的，它使得相邻两条裂缝之间的混凝土参与受拉，造成裂缝间的钢筋应变不均匀。局部粘结应力的丧失会造成构件的刚度降低和裂缝的开展。钢筋伸进支座或在连续梁中承担负弯矩的上部钢筋在跨中截断时，需要伸出一段长度，即锚固长度。要使钢筋承受所需的拉力，就要求受拉钢筋有足够的锚固长度以积累足够的粘结力，否则，将发生锚固破坏。同时，常用钢筋端部加弯钩、弯折，或在锚固区贴焊短钢筋、贴焊角钢等来提高锚固能力。受拉的光圆钢筋末端均需设置弯钩。

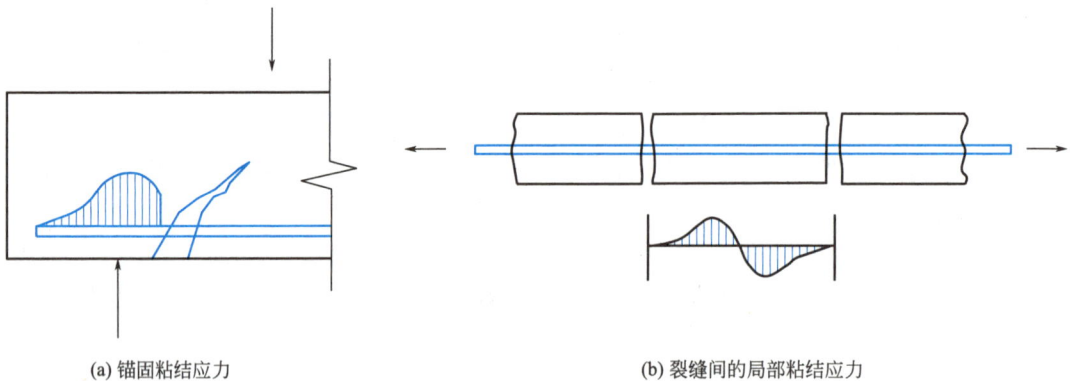

(a) 锚固粘结应力   (b) 裂缝间的局部粘结应力

图 2-33 钢筋和混凝土之间粘结应力示意图

2.3.2 粘结力的组成
Components of Bond Stress

光圆钢筋与混凝土的粘结作用主要由以下三部分组成：

（1）钢筋与混凝土接触面上的胶结力。这种胶结力来自水泥浆体对钢筋表面氧化层的渗透以及水化过程中水泥晶体的生长和硬化。这种胶结力一般很小，仅在受力阶段的局部无滑移区域起作用，当接触面发生

相对滑移时即消失。

（2）混凝土收缩握裹钢筋而产生摩阻力。混凝土凝固时收缩，对钢筋产生垂直于摩擦面的压应力。这种压应力越大，接触面的粗糙程度越大，摩阻力就越大。

（3）钢筋表面凹凸不平与混凝土之间产生的机械咬合力。对于光圆钢筋这种咬合力来自表面的粗糙不平。

光圆钢筋拔出试验的破坏形态是钢筋自混凝土被拔出的剪切破坏（滑移可达数毫米），如图 2-34 所示。

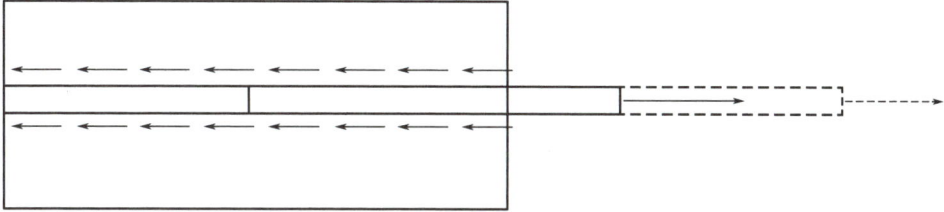

图 2-34　光圆钢筋的拔出破坏

变形钢筋或称表面带肋钢筋改变了钢筋与混凝土之间的相互作用方式，显著提高了粘结强度。变形钢筋和混凝土之间的粘结作用除了水泥胶体与钢筋表面的化学胶着力以及钢筋与混凝土接触面上的摩擦力外，主要表现为钢筋表面凸出的肋与混凝土的机械咬合作用。肋对混凝土的斜向挤压力形成了滑动阻力（图 2-35a）。斜向挤压力的径向分量使外围混凝土犹如受内压力的管壁，产生环向拉力（图 2-35b）。斜向挤压力沿钢筋轴向的分力使肋与肋之间混凝土犹如一悬臂梁受弯、受剪（图 2-35a）。因此变形钢筋的外围混凝土处于极其复杂的三向应力状态。实际混凝土结构构件中，当由径向分量引起的混凝土的环向拉力增加至一定量值时，便会在最薄弱的部位沿钢筋的纵轴方向产生劈裂裂缝，出现粘结破坏，如图 2-35（c）及（d）所示。斜向挤压力的纵向分量会在肋间混凝土"悬臂梁"上产生剪应力使其根部的混凝土撕裂（图 2-35e）；另外，钢筋表面的肋与混凝土的接触面上会因斜向挤压力的纵向分量而产生较大的局部压应力使混凝土被局部挤碎（图 2-35f），混凝土被局部挤碎后使钢筋有可能沿挤碎后粉末堆积物形成的新的滑移面，产生较大的相对滑移；当混凝土的强度较低时，变形钢筋有可能被整体拔出，发生图 2-35（g）所示的刮出式破坏。

钢筋受压时，钢筋与混凝土间的粘结作用除具有上述基本特征外，钢筋与其端部混凝土间的局部挤压以及由于泊松效应使得钢筋的直径变大，还会明显地延缓粘结破坏。

搭接区一端的钢筋通过与混凝土之间的粘结将其所受的力传给另外一端的钢筋。其传力机理如图 2-36 所示。同理，受压钢筋与受拉钢筋的搭接工作机理不完全相同。

2.3.3　粘结应力-滑移关系
Bond Stress-slip Relationship

钢筋与混凝土的粘结性能主要是由两者之间的粘结应力 τ 与对应的相对滑移 s 的 τ-s 曲线来反映的。

(a) 带肋钢筋拔出试验中的机械咬合作用

(b) 径向分量引起的混凝土中的拉应力

(c) 径向分量引起梁底的纵向裂缝

(d) 径向分量引起梁侧的纵向裂缝

(e) 纵向分量引起的混凝土撕裂

(f) 纵向分量引起的混凝土局部挤碎

(g) 纵向分量引起的刮出式破坏

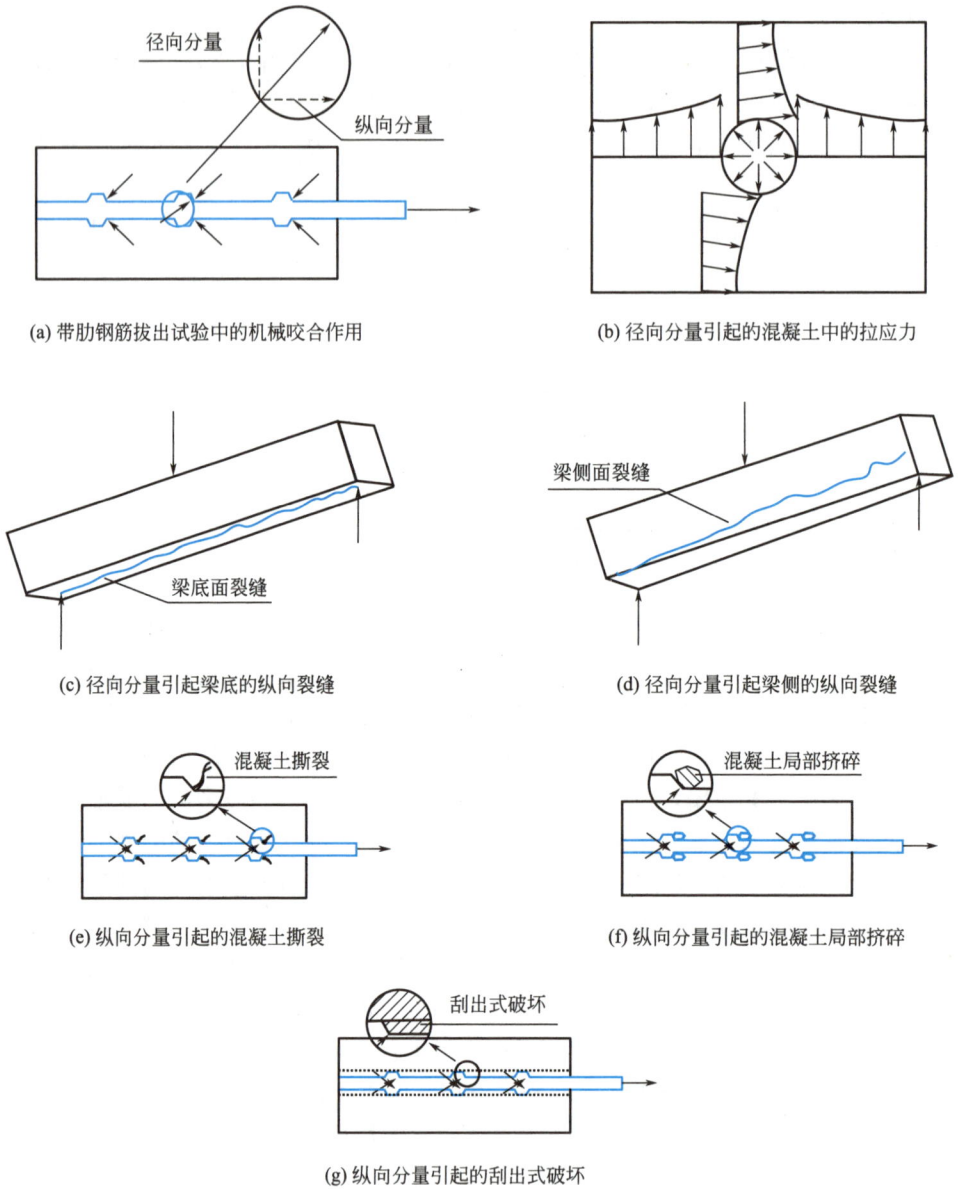

图 2-35　带肋钢筋的粘结机理及粘结破坏形态

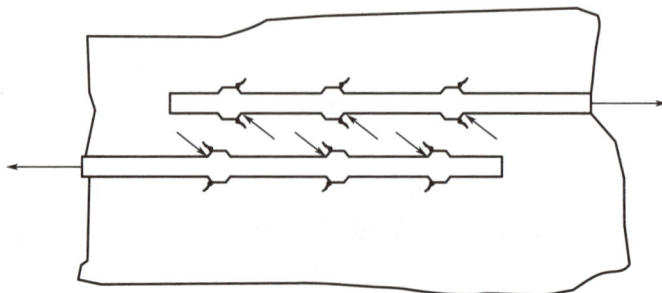

钢筋与混凝土
间的粘结强度

图 2-36　钢筋搭接区的传力机理

图 2-37（a）为光圆钢筋拔出试验加载端典型的粘结应力-滑移关系曲线。可见，光圆钢筋的粘结强度较低，达到峰值粘结应力 τ_u 后，接触面上混凝土的细颗粒已磨平，摩阻力减小，滑移急剧增大，τ-s 曲线出现下降段。破坏时，钢筋被徐徐拔出，滑移值可达数毫米。光圆钢筋表面的锈蚀情况对粘结性能有很大影响。

图 2-37（b）为带肋钢筋拔出试验加载端的典型粘结应力-滑移关系曲线。（1）加载初期，滑移主要是由肋对混凝土的斜向挤压力使肋根部混凝土产生局部挤压变形而引起的，刚度较大，滑移很小，τ-s 关系接近直线；（2）斜向挤压力增大，混凝土产生内部裂缝，刚度降低，滑移增大，τ-s 关系曲线的斜率变小；（3）当斜向挤压力随拔出力的增大而再增大时，混凝土被压碎，在肋处形成新的滑动面，产生较大的滑移；（4）当裂缝发展到试件表面，形成劈裂裂缝，并沿试件长度扩展时，很快就达到峰值粘结应力 τ_u，滑移也达到最大值，大约在 $0.35 \sim 0.45$ mm 之间。

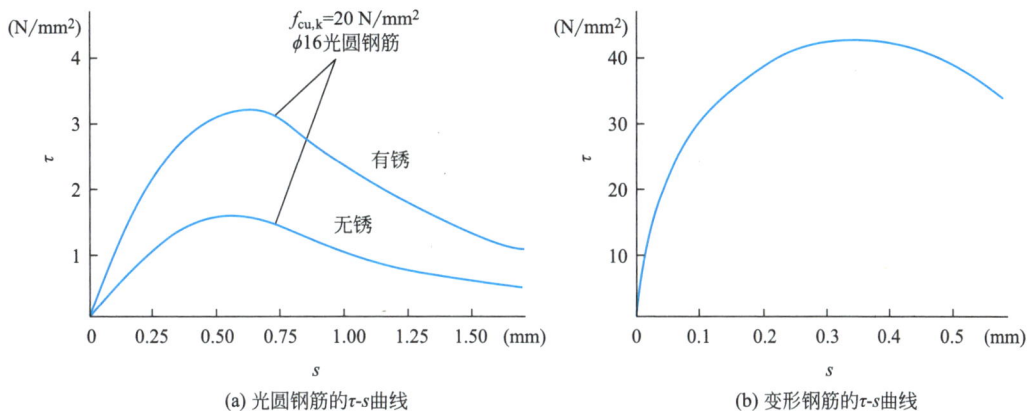

(a) 光圆钢筋的 τ-s 曲线　　　　　　　　(b) 变形钢筋的 τ-s 曲线

图 2-37　τ-s 曲线

钢筋与混凝土的粘结应力-滑移关系受诸多因素影响，主要包括混凝土特性（如混凝土强度等级、保护层厚度等）、钢筋特性（如钢筋表面形状、直径、力学特性、钢筋所在位置及间距等）、侧向约束、加载速率、温度及环境腐蚀等方面。

2.3.4　钢筋的锚固
Anchorage Design of Steel Reinforcement

1. 基本锚固长度 l_{ab}

《混凝土结构设计标准》规定的受拉钢筋锚固长度 l_{ab} 为钢筋的基本锚固长度。

锚固长度的
理论分析

如图 2-38 所示，取钢筋为截离体，钢筋直径为 d，当其应力达到抗拉强度设计值 f_y 时，拔出拉力为 $f_y\pi d^2/4$，设锚固长度 l_{ab} 内粘结应力的平均值为 τ，则由混凝土对钢筋提供的总粘结力为 $\tau\pi d l_{ab}$。假设 $\tau = f_t/(4\alpha)$，则由力的平衡条件得：

$$l_{ab} = \alpha \frac{f_y}{f_t} d \tag{2-23}$$

式中　l_{ab}——受拉钢筋的基本锚固长度；

f_y——钢筋的抗拉强度设计值；

f_t——混凝土的抗拉强度设计值；

d——钢筋的直径；

α——锚固钢筋的外形系数，按表 2-5 采用。

可见，受拉钢筋的基本锚固长度是钢筋直径的倍数，例如 $30d$。

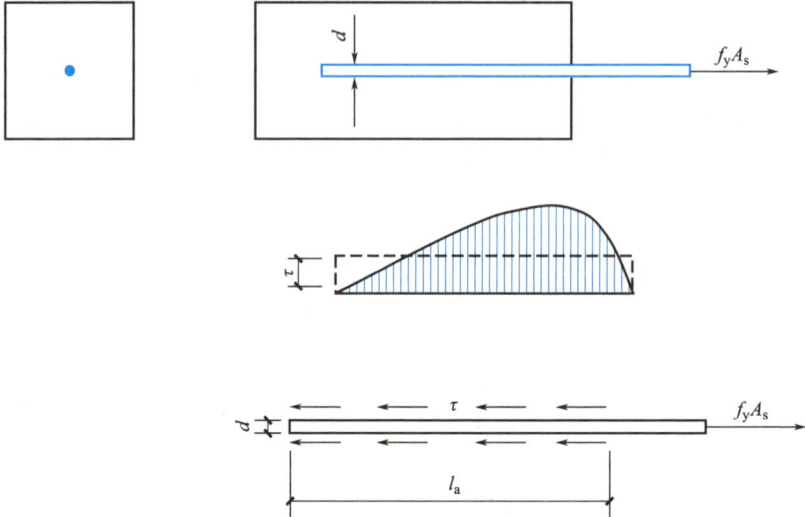

图 2-38 钢筋的受拉锚固长度计算简图

锚固钢筋的外形系数   表 2-5

钢筋类型	光面钢筋（带钩）	带肋钢筋	刻痕钢丝	螺旋肋钢丝	三股钢绞线	七股钢绞线
α	0.16	0.14	0.19	0.13	0.16	0.17

注：光圆钢筋末端应做 180°弯钩，弯后平直段长度不应小于 $3d$，但用作受压钢筋时可不做弯钩。

2. 受拉钢筋的锚固

（1）受拉钢筋的锚固长度 l_a

实际结构中的受拉钢筋锚固长度还应根据锚固条件的不同按下式计算，并不小于 200 mm：

$$l_a = \zeta_a l_{ab} \tag{2-24}$$

式中 l_a——受拉钢筋的锚固长度；

ζ_a——锚固长度修正系数：1）当带肋钢筋的公称直径大于 25 mm 时，取 1.10；2）环氧树脂涂层带肋钢筋取 1.25；3）施工过程中易扰动的钢筋取 1.10；4）当纵向受力钢筋的实际面积大于其设计计算面积时，修正系数取设计计算面积与实际配筋面积的比值，但对有抗震设防要求及直接承受动力荷载的结构构件，不应考虑此项修正；5）锚固钢筋的保护层厚度为 $3d$ 时修正系数可取 0.80，保护层厚度不小于 $5d$ 时修正系数可取 0.70，中间按内插取值，此处 d 为锚固钢筋直径；6）当多于上述一项时，可按连乘计算，但不宜小于 0.6；对预应力筋，可取 1.0。

（2）锚固区的横向构造钢筋

当锚固钢筋的保护层厚度不大于 $5d$ 时，锚固长度范围内应配置直径不小于 $d/4$ 的横向构造钢筋。

（3）锚固措施

当纵向受拉普通钢筋末端采用弯钩或机械锚固措施时，包括弯钩或锚固端头在内的锚固长度（投影长度）可取为基本锚固长度 l_{ab} 的 60%。弯钩和机械锚固的形式和技术要求见图 2-39。

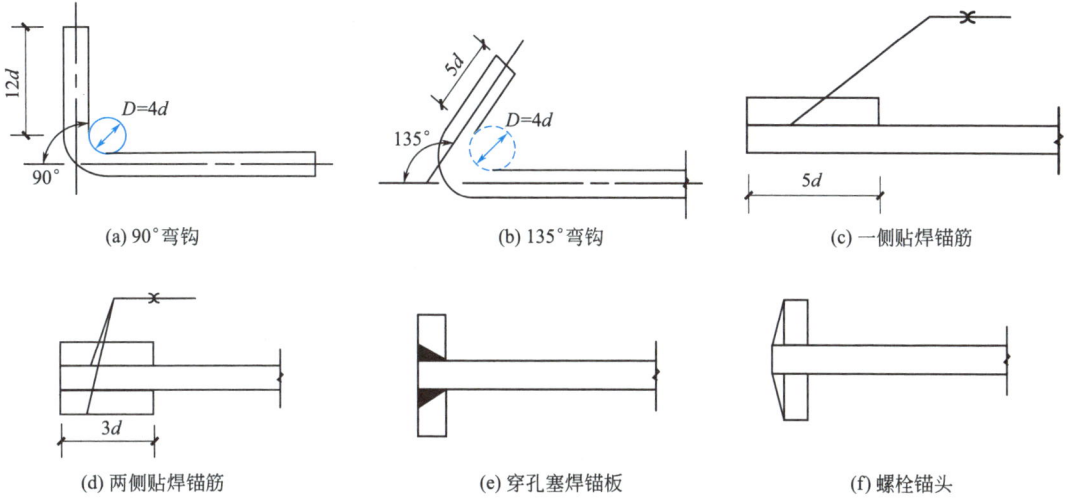

图 2-39 弯钩和机械锚固的形式和技术要求

3. 受压钢筋的锚固

混凝土结构中的纵向受压钢筋，当计算中充分利用其抗压强度时，锚固长度不应小于相应受拉锚固长度的 70%。

受压钢筋不应采用末端弯钩和一侧贴焊锚筋的锚固措施。

受压钢筋锚固长度范围内的横向构造钢筋与受拉钢筋的相同。

本章习题

思考题

1. 钢筋可以如何分类？

2. 软钢和硬钢的应力-应变曲线有何不同？它们的屈服强度是如何取值的？

3. 钢筋应力-应变曲线的理论模型有哪几种？它们适用于何种情况？

4. 如何确定混凝土立方体抗压强度、轴心抗压强度和轴心抗拉强度？

5. 混凝土强度等级是如何确定的？《混凝土结构设计标准》覆盖的混凝土强度等级范围是什么？

6. 混凝土轴心受压应力-应变曲线的主要特点是什么？试举一两种常用的应力-应变曲

线数学模型。

7. 如何确定混凝土的变形模量和弹性模量？

8. 什么是混凝土的疲劳强度？重复荷载下混凝土应力-应变曲线有何特点？

9. 什么是混凝土的徐变和收缩？影响混凝土徐变和收缩的因素有哪些？

10. 混凝土的徐变和收缩对钢筋混凝土构件的受力状态各有何影响？

11. 什么是钢筋与混凝土之间的粘结作用？有哪些类型？

12. 钢筋与混凝土间的粘结力由哪几部分组成？哪一种作用为主要作用？

13. 确定基本锚固长度的原则是什么？如何确定钢筋的基本锚固长度？

14. 对水平浇筑的钢筋混凝土梁，其顶部钢筋与混凝土间的粘结强度和底部钢筋与混凝土间的粘结强度相比有何区别？为什么？

15. 通过文献调查，列举至少 2 种我国自主研发的新型高性能混凝土材料。

第 3 章

受弯构件的正截面受弯承载力
Flexural Bearing Capacity of Normal Section of Bending Members

本章学习目标

1. 深刻理解适筋梁正截面受弯全过程的三个阶段及其应用;
2. 熟练掌握单筋矩形截面、双筋矩形截面和 T 形截面的受弯构件的正截面受弯承载力计算;
3. 熟练掌握梁面内纵向钢筋的选择和布置;
4. 理解纵向钢筋受拉配筋率的意义及其对正截面破坏特征和受弯性能的影响。

本章专业术语

slab 板
beam 梁
cross-section 横截面
normal cross section 正截面
simple beam 简支梁
continuous beam 连续梁
cantilever beam 悬臂梁
overhanging beam 悬挑梁
longitudinal reinforcement 纵筋
effective height 有效高度
concrete cover 混凝土保护层厚度
under-reinforced RC beam 少筋梁
over-reinforced RC beam 超筋梁
ductile failure 延性破坏
brittle failure 脆性破坏
balanced steel ratio 平衡配筋率
ratio of reinforcement 配筋率
singly reinforced rectangular section 单筋矩形截面
minimum steel ratio 最小配筋率
T-shaped cross section T 形截面
doubly reinforced beam 双筋截面
detailing requirements for sections 截面构造要求
I-section beam I 形截面梁

受弯构件是指截面上受弯矩和剪力共同作用，而轴力可忽略不计的构件。受弯构件在土木工程中有着广泛的应用，如图 3-1～图 3-3 中的钢筋混凝土楼板、钢筋混凝土梁、楼梯梯段、基础等均为受弯构件，其中梁和板是土木工程中数量最多、使用最广的典型受弯构件。

图 3-1　楼屋面板、梁

图 3-2　楼梯板

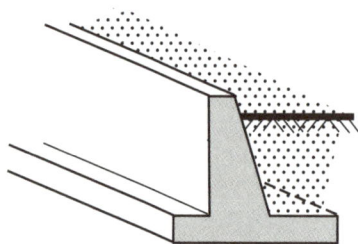

图 3-3　钢筋混凝土挡土墙

与构件计算轴线垂直的截面称为正截面。按极限状态设计法的要求，梁板正截面受弯承载力是从满足承载能力极限状态出发的，即要求满足 $M_u \geqslant M$。式中 M_u 为受弯构件正截面受弯承载力，亦即结构构件具备的抵抗弯曲的能力（结构抗力）；M 为受弯构件正截面弯矩设计值，亦即外加荷载在构件上引起的内力（荷载效应）。

3.1　梁、板的一般构造
General Detailing of Beams and Slabs

结构中常见的
受弯构件

3.1.1　截面形式与尺寸
Cross-Sectional Shapes and Dimensions

1. 截面形式

受弯构件的截面形式多种多样，常用的截面形式有矩形截面、T 形截面、箱形截面、I 形截面、槽形截面等。**但从受力性能看，可归纳为矩形截面和 T 形截面两种形式**，如图 3-4、图 3-5 所示。圆形或环形截面受弯构件较少采用。

2. 梁、板的截面尺寸

为了便于施工，保证钢筋与混凝土之间的粘结可靠，确保混凝土可以有效地保护钢筋，充分发挥混凝土中钢筋的作用，钢筋混凝土受弯构件的截面尺寸和构件中的配筋均应满足一定的构造要求。

图 3-4　矩形截面

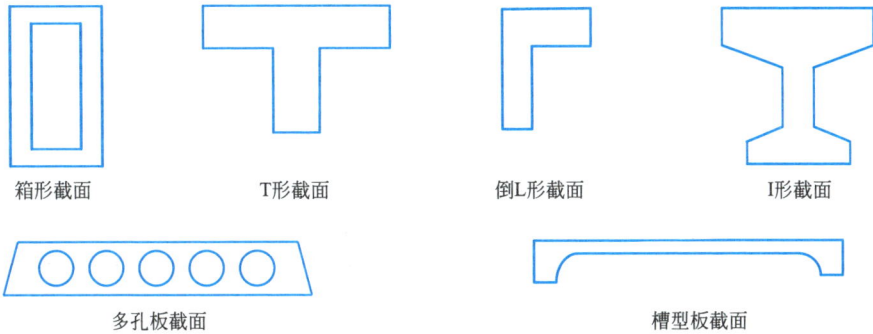

图 3-5 可归纳为 T 形截面的各种截面形式

（1）梁的宽度 b 通常取 120 mm，150 mm，180 mm，200 mm，220 mm 及 250 mm，其后按 50 mm 的模数（最小的增量单位）递增。

（2）梁高 h 在 200 mm 以上时，按 50 mm 的模数递增，如取 250 mm，300 mm，350 mm，400 mm 等；在 800 mm 及以上时，以 100 mm 的模数递增，如取 800 mm，900 mm，1000 mm 等尺寸。

（3）梁高与梁宽（T 形截面梁为肋宽）之比 h/b，对矩形截面梁取 2.0～3.5，对 T 形截面梁取 2.5～4.0。

（4）现浇板的宽度一般较大，设计时可以取宽度 $b=1000$ mm 进行计算。现浇混凝土板的尺寸宜符合下列规定：

板的跨厚比：钢筋混凝土单向板不大于 30，双向板不大于 40；无梁支承的有柱帽板不大于 35，无梁支承的无柱帽板不大于 30。

现浇钢筋混凝土板的最小厚度见表 3-1。

现浇钢筋混凝土板的最小厚度（mm） 表 3-1

板的类别		最小厚度
实心楼板		80
实心屋面板		100
密肋楼盖	面板	50
	肋高	250
悬臂板（根部）	悬臂长度不大于 500 mm	80
	悬臂长度 500～1000 mm	100
无梁楼板		150
现浇空心楼盖		200

3.1.2 材料选择与一般构造
Material Selection and General Detailing
1. 混凝土强度等级

ECC 薄板

现浇钢筋混凝土梁、板常用的混凝土强度等级是 C25、C30，一般不超过 C40，这是为了防止混凝土收缩过大，同时，由 3.4 节可知，提高混凝土

强度等级对增大受弯构件正截面受弯承载力的作用不显著。

2. 钢筋强度等级及常用直径

（1）梁的钢筋强度等级和常用直径

梁中纵向受力钢筋宜采用 HRB400 级和 HRB500 级，直径通常采用 10～28 mm（桥梁中一般为 14～40 mm）。设计中若采用两种不同直径的钢筋，钢筋直径相差至少 2 mm，以便于在施工中能用肉眼识别。

纵向钢筋的根数至少为两根（当 $b<100$ mm 时，可用 1 根）。为使得混凝土中的粗骨料能顺利通过钢筋笼，保证混凝土浇捣密实，保证混凝土能握裹住钢筋以提供足够的粘结且对钢筋提供足够的保护，钢筋间的净距应满足图 3-6（a）所示的要求。

架立筋的最小直径：当梁的跨度小于 4 m 时，为 8 mm；当梁的跨度介于 4～6 m 之间时，为 10 mm；当梁的跨度大于 6 m 时，为 12 mm。

梁的箍筋宜采用 HRB400 级，少量用 HPB300 级钢筋，直径通常为 6 mm、8 mm、10 mm。

（2）板的钢筋强度等级和常用直径

板中受力钢筋常用 HRB400 级和 HRB500 级钢筋，直径通常采用 8～12 mm，对基础板和桥梁板可采用更大直径的钢筋。

为了便于浇筑混凝土，保证钢筋周围混凝土的密实性，板内钢筋间距不宜太密；为了正常分担内力，也不宜过稀。钢筋的间距一般为 70～200 mm；当板厚 $h\leqslant150$ mm，不宜大于 200 mm；当板厚 $h>150$ mm，不宜大于 $1.5h$，且不应大于 250 mm。受力钢筋的间距如图 3-6（b）所示。

当按单向板设计时，除了沿受力方向布置受拉钢筋外，还应在受拉钢筋的内测布置与其垂直分布的钢筋，如图 3-6（b）所示。板中分布钢筋宜采用 HRB400 级钢筋，直径一般采用 6 mm 和 8 mm。单位宽度上分布钢筋的截面面积不宜小于单位宽度上受力钢筋的 15%，且配筋率不宜小于 0.15%；分布钢筋的间距不宜大于 250 mm，直径不宜小于 6 mm。当集中荷载较大时，分布钢筋的配筋面积尚应增加，且间距不宜大于 200 mm。

（3）纵向受拉钢筋的配筋率

定义 $\rho=\dfrac{A_s}{bh_0}$ 为梁中纵向受力钢筋的配筋率。其中，h_0 为受拉钢筋中心线到混凝土受压区边缘的距离，称为截面的有效高度（图 3-6）。设正截面上所有下部纵向受拉钢筋的合力点至截面受拉边缘的竖向距离为 a_s，则合力点至截面受压边缘的竖向距离 $h_0=h-a_s$。b 为截面宽度。A_s 为纵向受力钢筋的截面面积。

纵向受拉钢筋的配筋率 ρ 在一定程度上标志着正截面上纵向受拉钢筋与混凝土之间的面积比率，是对梁的受力性能有很大影响的一个重要指标。

3. 混凝土保护层厚度

从最外层钢筋的外表面到截面边缘的垂直距离，称为混凝土保护层厚度，用 c 表示，最外层钢筋包括箍筋、构造筋、分布筋等。

混凝土保护层的主要作用有：（1）防止纵筋锈蚀；（2）在火灾等情况下，使钢筋的温度上升缓慢；（3）使纵筋和混凝土之间有较好的粘结。

不同的混凝土结构设计规范对混凝土保护层厚度 c 的要求各不相同。图 3-6 给出了

(a) 矩形截面梁

当 $h \leqslant 150$ mm 时，不超过200 mm
当 $h > 150$ mm 时，不超过250 mm和1.5h中的较小值

(b) 矩形截面板

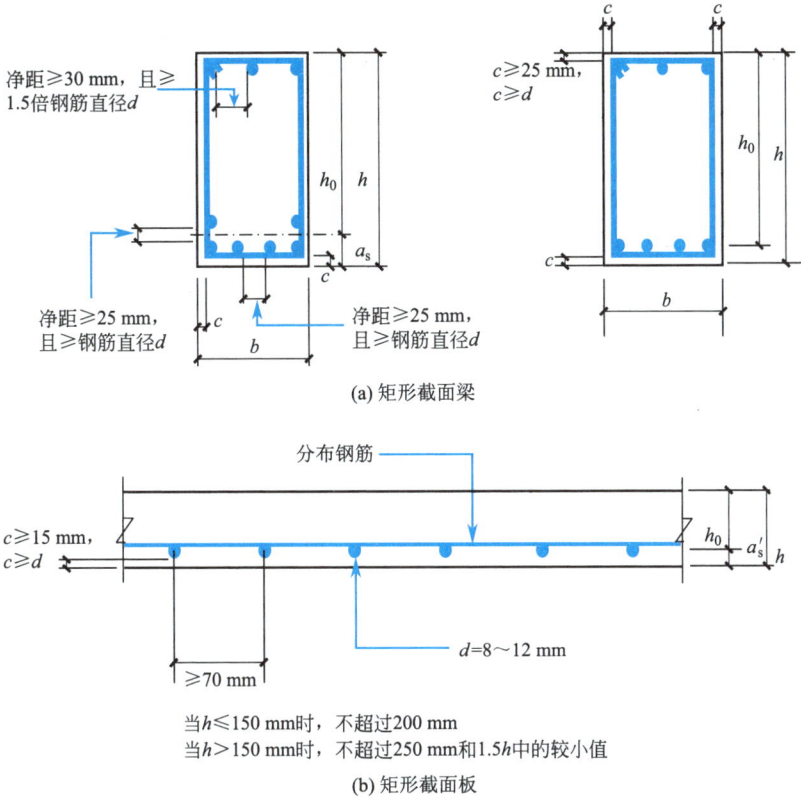

图 3-6　钢筋混凝土受弯构件的配筋构造

《混凝土结构设计标准》中关于室内正常环境下钢筋混凝土梁、板混凝土保护层 c 的限值。若混凝土的强度等级不超过 C20，则梁、板的保护层厚度还应增加 5 mm。

　　梁、板、柱的混凝土保护层厚度与环境类别和混凝土强度等级有关，设计使用年限为 50 年的混凝土结构，其最小保护层厚度见附表 3-3。

知识拓展——装配式混凝土结构的叠合梁、叠合板[*]
Knowledge Expansion—Composite Beams and Slabs in Prefabricated Concrete Structures[*]

　　叠合梁是在预制钢筋混凝土梁上架立受力负筋后，再在预制梁上部浇筑一定高度的混凝土所形成的整体梁；具有阳角棱角分明、节省模板支撑及模板用量、有利于采用预应力、加快施工进度、缩短工期等优点，但必须具备吊装条件（图 T-1）。

　　图 T-2 为叠合梁有两种形式：①在预制梁上安装楼板之后，再在梁顶面二次浇筑混凝土叠合层，形成整体梁，截面形式有十字形、T 形等；②在预制梁顶面二次现浇混凝土楼板，形成整体梁。

---

　　[*]　黄靓，冯鹏，张剑. 装配式混凝土结构 [M]. 北京：中国建筑工业出版社，2020.

图 T-1 叠合梁

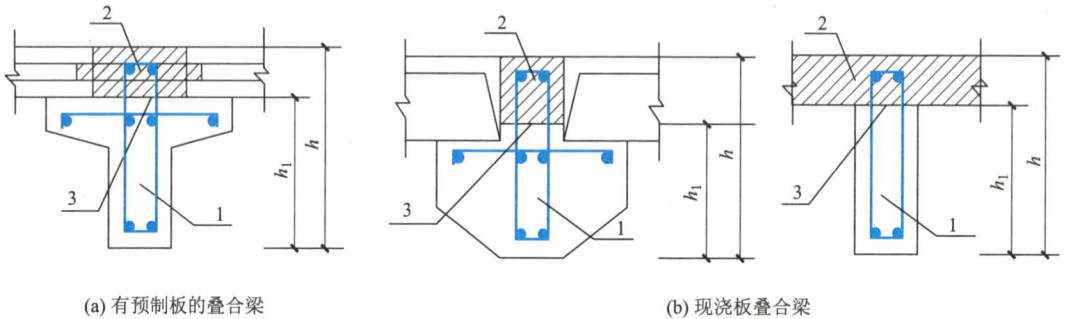

(a) 有预制板的叠合梁   (b) 现浇板叠合梁

图 T-2 叠合梁的截面形式

1—预制构件；2—后浇混凝土叠合层；3—叠合面

  叠合板是在预制钢筋混凝土板上架立受力负筋后，再在预制板上部浇筑一定高度混凝土所形成的整体楼板。叠合板通常分为普通叠合楼板和预应力叠合楼板两大类。其中，普通叠合楼板是装配整体式建筑中应用最多的楼盖类型。

  普通叠合楼板的预制底板包括：无桁架筋预制底板（常规的预制底板混凝土叠合板）和有桁架筋预制底板（桁架钢筋混凝土叠合板）。叠合板的预制底板厚度不宜小于 60 mm，后浇混凝土叠合层厚度不应小于 60 mm。预制底板跨度一般为 4～6 m，最大跨度可达 9 m；宽度一般不超过运输限宽和工厂生产线台车宽度的限制，一般可做到 3.2 m，应尽可能统一或减少板的规格。

3.2 受弯构件正截面的受弯性能
Flexural Behavior of Normal Section in Flexural Members

3.2.1 受弯构件的受力特点和配筋形式
Mechanical Characteristics and Reinforcement Layout of Flexural Members

混凝土梁中的配筋

  如图 3-7（a）所示的钢筋混凝土梁在两个对称的集中荷载 P 作用下，梁中部（两集中荷载之间）受弯，端部（支座和集中荷载之间）既受弯又受剪，内力图如图 3-7（b）及（c）所示。在弯矩的作用下梁中会产生垂直于

梁纵轴的裂缝（一般称为垂直裂缝），在剪力和弯矩的共同作用下梁中会产生斜交于梁纵轴的裂缝（一般称为斜裂缝），如图 3-7（a）所示。为了防止垂直裂缝引起的受弯破坏，在梁的底部布置纵向受力钢筋；为了防止斜裂缝引起的受剪破坏，在梁的弯剪段布置环状的箍筋和弯起的钢筋（弯筋）；在非受力区的截面角部还配有架立钢筋（或称非受力钢筋），如图 3-7（d）所示。纵筋、弯筋、箍筋和架立筋一起绑扎或焊接成钢筋笼，如图 3-7（e）所示。施工时，支好模板放入钢筋笼，浇筑混凝土，振捣养护后，便制成钢筋混凝土梁。

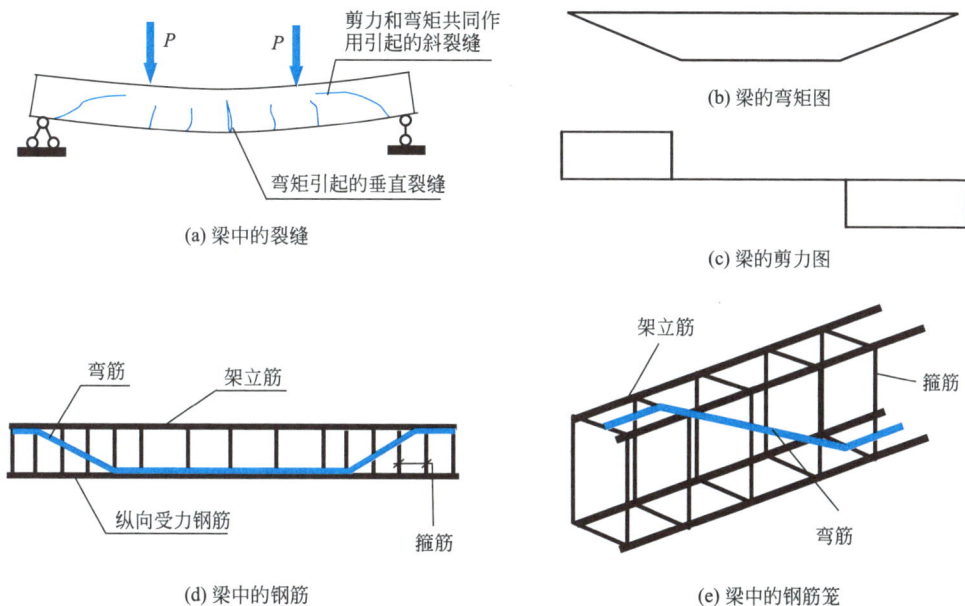

(a) 梁中的裂缝

(b) 梁的弯矩图

(c) 梁的剪力图

(d) 梁中的钢筋

(e) 梁中的钢筋笼

图 3-7　梁的受力特征和配筋形式

与梁相比，钢筋混凝土板的厚度较小、截面宽度较大，一般总是发生弯曲破坏，很少发生剪切破坏。因此，在钢筋混凝土板中仅配有纵向受力钢筋和固定受力钢筋的分布钢筋。

3.2.2　受弯构件正截面性能的试验研究
Experimental Study on Normal Section Behavior of Flexural Members

1. 试验装置

钢筋混凝土受弯构件实际上是由钢筋和混凝土两种完全不同的材料所组成的组合构件。由于钢筋和混凝土材料力学性能的差异，钢筋混凝土受弯构件和材料力学中介绍的由匀质、单一材料组成的受弯构件有着明显的区别。为了认识其特性，正确地进行构件的受力性能分析和设计计算，有必要先进行试验研究。图 3-8 所示为一典型的钢筋混凝土单筋矩形截面简支梁正截面

超筋梁受弯破坏加载视频

受弯试验装置简图。外加荷载通过荷载分配梁集中加在梁的三分点处。由该荷载作用下梁的内力图 3-8（b）及（c）可知，梁的中部只受弯矩不受剪力，称为纯弯段。通过逐级加载，根据纯弯段内混凝土的开裂和压碎情况可研究梁正截面受弯时的破坏机理。在梁的中部沿梁的截面高度布置大标距的应变计，根据测得的应变可以研究弯矩作用下梁截面上的应变分布。在梁的中部布置位移计以测试整个受力过程中梁的挠度。受弯构件正截面受弯

破坏形态与纵向受拉钢筋配筋率有关，变化配筋率 ρ（$\rho = A_s/bh_0$）以研究不同配筋梁的受弯性能。

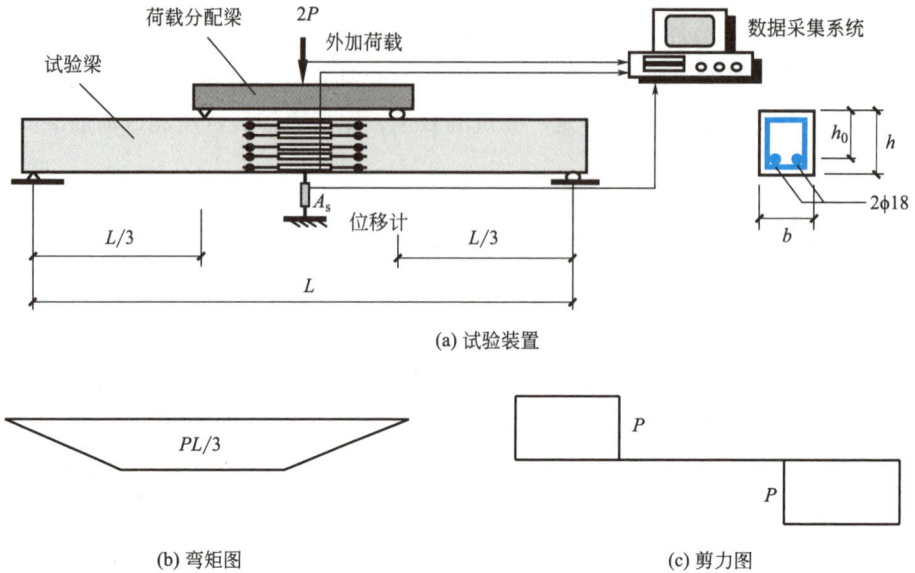

(a) 试验装置

(b) 弯矩图

(c) 剪力图

图 3-8　钢筋混凝土简支梁试验示意图

2. 试验结果

（1）适筋梁正截面受弯的三个受力阶段

当梁中纵向受力钢筋的配筋率 ρ 适中时（称为适筋梁），梁正截面的受弯破坏过程表现为典型的三个阶段。

第Ⅰ阶段——混凝土开裂前的未裂阶段

当荷载较小时，混凝土梁如同两种弹性材料组成的组合梁，梁截面的应力呈线性分布，卸载后几乎无残余变形（图 3-9a）。当梁受拉区混凝土的最大拉应力 σ_t^b 达到混凝土的抗拉强度 f_t，且最大的混凝土拉应变 ε_t^b 超过混凝土的极限拉应变 ε_{tu} 时，在纯弯段某一薄弱截面出现第 1 条垂直裂缝。梁开裂标志着第一阶段的结束（Ⅰa）。此时，梁承担的弯矩 M_{cr} 称为开裂弯矩（图 3-9b）。

总结第Ⅰ阶段的特点：1）混凝土没有开裂；2）受压区混凝土的应力图形是直线，受拉区混凝土的应力图形在第Ⅰ阶段前期是直线，后期是曲线；3）弯矩与截面曲率（在梁的单位长度上，正截面的转角称为截面曲率，用 φ 表示，是度量正截面弯曲变形的标志）基本上是直线关系（图 3-11）。

Ⅰa 阶段可以作为受弯构件抗裂度的计算依据。

第Ⅱ阶段——混凝土开裂后至钢筋屈服前的裂缝阶段（带裂缝工作阶段）

梁开裂后，裂缝处混凝土退出工作，钢筋应力激增，且通过粘结力向未开裂的混凝土传递拉应力，使得梁中继续出现拉裂缝，裂缝截面处中和轴随之上移。压区混凝土中压应力也由线性分布转为非线性分布（图 3-9c）。当受拉钢筋屈服时标志着第二阶段的结束（Ⅱa）。此时，梁承担的弯矩 M_y 称为屈服弯矩（图 3-9d）。

总结第Ⅱ阶段的特点：1）在裂缝截面处，受拉区大部分混凝土退出工作，拉力主要

由纵向受拉钢筋承担，但钢筋没有屈服；2）受压区混凝土已有塑性变形，但不充分，压应力图形为只有上升段的曲线；3）弯矩与截面曲率是曲线关系，截面曲率与挠度的增长加快（图3-11）。

阶段Ⅱ相当于梁正常使用时的受力状态，可作为正常使用阶段验算变形和裂缝开展宽度的依据。

第Ⅲ阶段——钢筋开始屈服至截面破坏的破坏阶段（破坏阶段）

钢筋屈服后，在很小的荷载增量下，梁会产生很大的变形。裂缝的高度和宽度进一步发展，中和轴不断上移，压区混凝土应力分布曲线渐趋丰满（图3-9e）。当受压区混凝土的最大压应变 ε_c^t 达到混凝土的极限受压应变 ε_{cu} 时，压区混凝土压碎，梁正截面受弯破坏（Ⅲ$_a$）。此时，梁承担的弯矩 M_u 称为极限弯矩（图3-9f）。

总结第Ⅲ阶段的特点：1）纵向受拉钢筋屈服；裂缝截面处，受拉区大部分混凝土退出工作，受压区混凝土压应力曲线图形比较丰满，有上升段曲线，也有下降段曲线；2）由于受压区混凝土合力作用点外移使内力臂增大，故弯矩还略有增加；3）受压区边缘混凝土压应变达到其极限压应变 ε_{cu} 时，混凝土被压碎，截面破坏；4）弯矩-曲率关系为接近水平的曲线（图3-11）。

Ⅲ$_a$ 阶段可以作为正截面受弯承载力计算的依据。

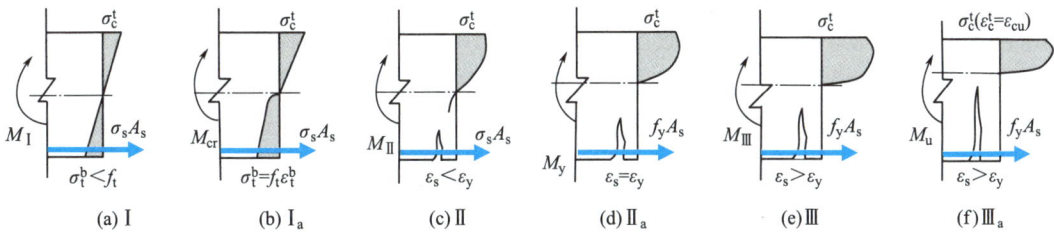

图3-9 适筋梁不同受力阶段正截面的受力情况

表3-2简要列出了适筋梁正截面受弯的三个受力阶段的主要特点。

适筋梁正截面受弯的三个受力阶段的主要特点　　表3-2

主要特点		第Ⅰ阶段	第Ⅱ阶段	第Ⅲ阶段
习称		未裂阶段	带裂缝工作阶段	破坏阶段
外观特征		没有裂缝，挠度很小	有裂缝，挠度还不明显	钢筋屈服，裂缝宽，挠度大
弯矩-截面曲率 $(M^0-\varphi^0)$		大致呈直线	曲线	接近水平的曲线
混凝土应力图形	受压区	直线	受压区高度减小，混凝土压应力图形为上升阶段的曲线，应力峰值在受压区边缘	受压区高度进一步减小，混凝土压应力图形为较丰满的曲线；后期为有上升与下降段的曲线，应力峰值不在受压区边缘而在边缘的内侧
	受拉区	前期为直线，后期为有上升段的曲线，应力峰值不在受拉区边缘	大部分退出工作	绝大部分退出工作

续表

主要特点	第Ⅰ阶段	第Ⅱ阶段	第Ⅲ阶段
纵向受拉钢筋应力	$\sigma_s \leqslant 20 \sim 30 \text{ N/mm}^2$	$20 \sim 30 \text{ N/mm}^2 < \sigma_s < f_y^0$	$\sigma_s = f_y^0$
与设计计算的联系	Ⅰ$_a$阶段用于抗裂验算	Ⅱ阶段用于裂缝宽度及变形验算	Ⅲ$_a$阶段M_u^0用于正截面受弯承载力计算

(2) 正截面受弯的三种破坏形态

结构、构件和截面的破坏有脆性破坏和延性破坏两种类型。破坏前，变形很小，没有明显的破坏预兆，突然破坏的，属于脆性破坏类型；破坏前，变形较大，有明显的破坏预兆，不是突然破坏的，属于延性破坏类型。脆性破坏将造成严重后果，且材料没有得到充分利用，因此，在工程中，脆性破坏类型是不允许的。

试验表明，由于梁纵向受拉钢筋配筋率 ρ 的不同，受弯构件正截面受弯破坏形态有适筋破坏、超筋破坏和少筋破坏三种。如图 3-11、图 3-12 所示为不同配筋率的梁正截面的弯矩-曲率关系曲线和荷载-位移关系曲线。

适筋破坏形态：由以上分析可知，当梁中纵向受力钢筋的配筋率适量时 $\rho_{\min} \dfrac{h}{h_0} \leqslant \rho \leqslant \rho_b$ （称为适筋梁），梁正截面的受弯破坏经历Ⅰ、Ⅱ、Ⅲ三个阶段。这里 $\rho_{\min}$、ρ_b 分别为纵向受拉钢筋的最小配筋率和界限配筋率。图 3-10 （a）给出了适筋梁的最终破坏形态以及应变计记录下的平均应变沿截面高度的变化情况。尽管开裂截面一分为二，但从平均应变的意义上，在适筋梁的整个破坏过程中，平截面假定仍能成立。适筋梁的破坏始于纵向受力钢筋的屈服，终于混凝土的压碎。整个过程要经历相当大的变形，破坏前有明显的预兆。这种破坏称为适筋破坏，属于延性破坏。

超筋破坏形态：当梁中纵向受力钢筋的配筋率 ρ 很大时 $\rho > \rho_b$ （称为超筋梁），梁正截面的受弯破坏只经历Ⅰ，Ⅱ两个阶段。当荷载较小时，梁处于线弹性状态，梁截面的应力呈线性分布，卸载后几乎无残余变形。当梁受拉区混凝土的拉应力 σ_t^b 达到混凝土的抗拉强度 f_t，且最大的混凝土拉应变达 ε_t^b 达到混凝土的极限受拉应变 ε_{cu} 时，梁开裂。随着荷载的增加，裂缝不断增加。但是，由于配筋很多，钢筋中的应力增加不显著，裂缝多而密。当受压区混凝土的最大压应变 ε_c^t 达到混凝土的极限受压应变 ε_{cu} 时，压区混凝土压碎，梁正截面受弯破坏。此时，纵向受力钢筋尚未屈服。

图 3-10 （b）给出了超筋梁的最终破坏状态以及通过应变计记录下的平均应变沿截面高度的变化情况。由图中的结果可知，从平均应变的意义上，对超筋梁来说平截面假定仍能符合。超筋梁混凝土压碎而失去承载力时，钢筋尚未屈服；梁中虽然出现大量裂缝，但裂缝宽度较小，梁的变形较小，破坏具有突然性。这种破坏称为超筋破坏，属于脆性破坏。

少筋破坏形态：当梁中纵向受力钢筋的配筋率 ρ 很小时 $\rho < \rho_{\min} \dfrac{h}{h_0}$ （称为少筋梁），梁正截面的受弯破坏仅经历弹性阶段（Ⅰ阶段）。当荷载较小时，梁处于线弹性状态。梁开裂后裂缝截面受拉区混凝土承受的拉力全部转给钢筋。由于配筋率 ρ 很小，钢筋无法承受混凝土转加来的拉力，钢筋应力激增，并迅速越过屈服平台和强化段达到极限强度

而拉断，受拉裂缝发展至梁顶，梁由于脆性断裂而破坏，混凝土的抗压强度未得到充分发挥。

图 3-10（c）给出了少筋梁的最终破坏状态。**少筋梁钢筋拉断后，梁断为两截，破坏前梁上无裂缝，梁仅产生了弹性变形。这种破坏称为少筋破坏，它是突发性的脆性破坏，具有很大的危险性。**

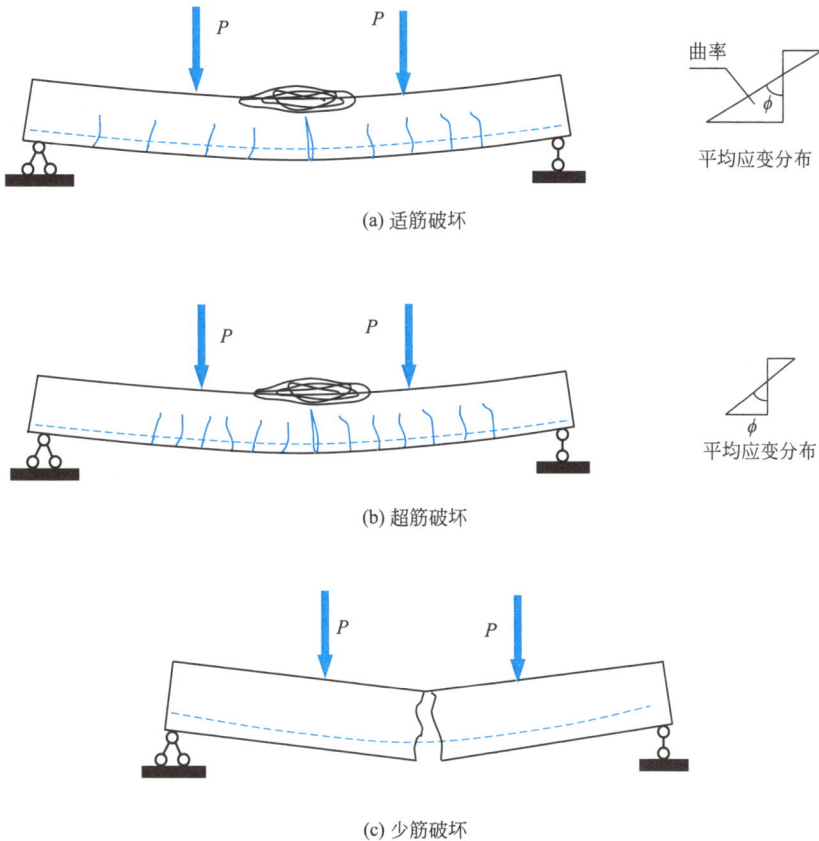

(a) 适筋破坏

(b) 超筋破坏

(c) 少筋破坏

图 3-10　钢筋混凝土梁的破坏形态

界限破坏：在超筋破坏和适筋破坏之间存在着一种界限破坏（或称平衡破坏）。其破坏特征是纵向受拉钢筋屈服的同时，混凝土被压碎。发生界限破坏的受弯构件纵向受力钢筋的配筋率称为界限配筋率（或平衡配筋率），用 ρ_b 表示。ρ_b 是区分适筋破坏和超筋破坏的定量指标，也是适筋构件的最大配筋率。

同样，在少筋破坏和适筋破坏之间也存在着一种"界限"破坏。其特征是构件的屈服弯矩和开裂弯矩相等。这种构件的配筋率实际上是适筋梁的最小配筋率，用 ρ_{min} 表示。ρ_{min} 是区分适筋破坏和少筋破坏的定量指标。配置最小配筋率的混凝土梁的变形能力最大（图 3-11、图 3-12）。梁的配筋率应该满足 $\rho_{min}\dfrac{h}{h_0} \leqslant \rho \leqslant \rho_b$ 的要求。**注意：这里用 $\boldsymbol{\rho}_{min}\dfrac{\boldsymbol{h}}{\boldsymbol{h}_0}$ 而不是 $\boldsymbol{\rho}_{min}$，是因为**

少筋梁受弯破坏加载视频

$\rho_{\min}$ 是按 $\frac{A_s}{bh}$ 来定义的。

(3) 试验结论

图 3-11、图 3-12 分别给出了根据试验荷载和应变计测得的应变而换算出的截面的弯矩-曲率关系曲线以及根据试验荷载和位移计记录的数据得出的梁的荷载-位移关系曲线。由图中的结果可以看出，少筋梁的承载能力和变形能力均很差，超筋梁虽有较高的承载力但其变形能力很差，二者均不是良好的结构构件；适筋梁既具有较高的承载力，又具有很好的变形能力，是良好的结构构件。

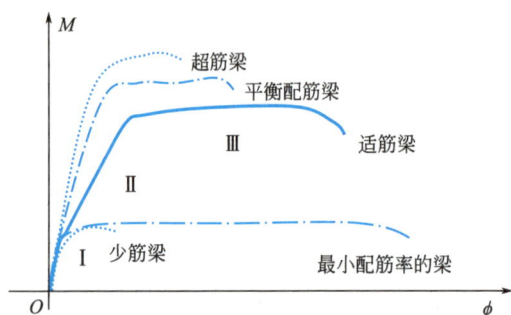

图 3-11　不同钢筋混凝土梁正截面的
弯矩-曲率关系曲线

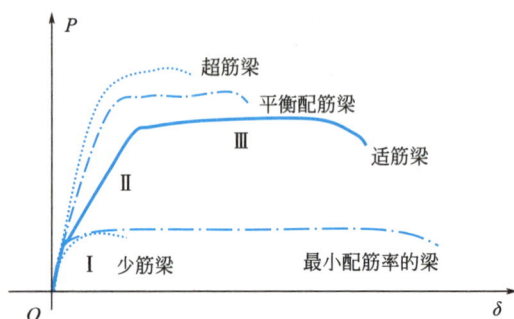

图 3-12　不同钢筋混凝土梁的荷载-
位移关系曲线

知识拓展——打印路径与粘结面特性对 3D 打印混凝土梁承载力的影响研究[*]

Knowledge Expansion—Influence of Printing Path and Bonding Surface Characteristics on Bearing Capacity of 3D Printed Concrete Beams[*]

3D 打印技术是一种快速成型技术，是基于 CAD/CAM 技术、激光技术、数控技术、信息技术、新材料技术等综合集成发展起来的现代制造技术，与传统的减材制造工艺不同，3D 打印使用增材制造的方式逐层累积地构建实体结构。在过去的 30 年里，它已经成为增长最快的技术之一。

3D 打印建筑技术是将 3D 打印技术应用于建筑领域的新型数字化建造技术，是以信息集成技术与数字化制造技术深度融合为特征的智能建造模式，这种模式具有智能化、个性化、低排放等一系列优点，是未来建筑的理想建造模式。

以 3D 打印混凝土梁试验为原型，重点分析打印路径、粘结面（3D 打印混凝土外框与核心区混凝土）特性对 3D 打印混凝土梁承载力的影响（图 T-3～图 T-5）。研究表明：采用回转型打印路径的梁具有较高的承载力；现浇核心区与 3D 打印外框之间的粘结特性对

---

* 刘新虎，潘钻峰，张海鹏，等 . 打印路径与粘结面特性对 3D 打印混凝土梁承载力的影响研究 [J]. 工业建筑，2024，54（1）：56-60.

梁承载能力具有显著的影响，提高粘结面的粘结强度可以有效地提高 3D 打印混凝土梁的极限承载力。此外，与图 3-12 普通混凝土梁的荷载-位移曲线对比，可以发现 3D 打印混凝土梁同样具有良好的承载能力和变形能力。

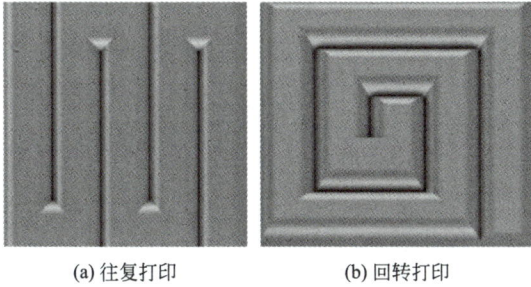

(a) 往复打印　　　　　(b) 回转打印

图 T-3　不同打印路径示意

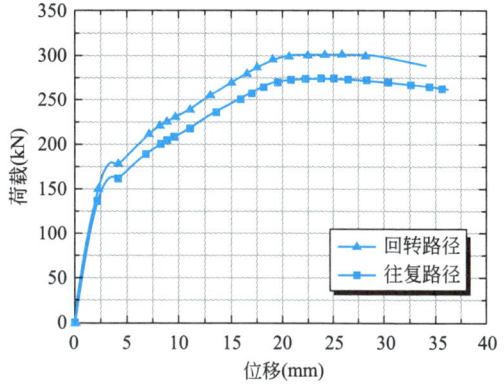

图 T-4　不同打印路径下混凝土梁荷载-位移曲线

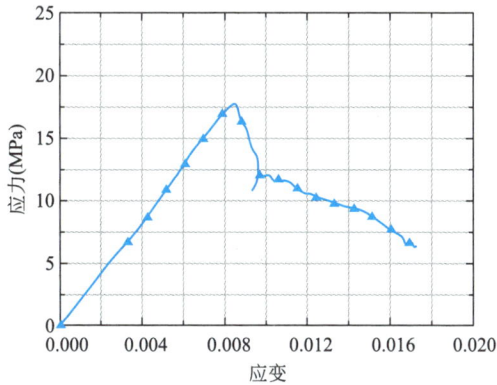

(a) 往复打印

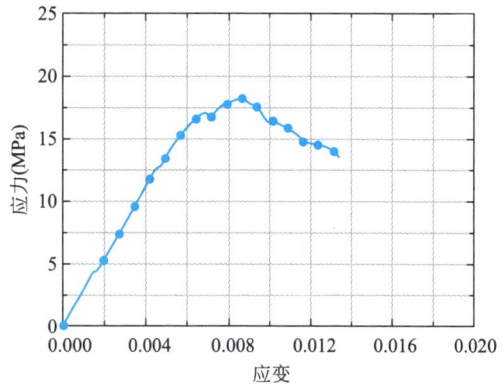

(b) 回转打印

图 T-5　不同打印路径下的应力-应变曲线

知识拓展——多尺度纤维增强水泥基材料（MSFRC）

Knowledge Expansion—Multi-scale Fiber-reinforced Cementitious Composites（MSFRC）

混凝土中掺入足量的短纤维会提高抗拉强度和伪延性，水泥基材料的增强纤维从尺度上可分为三类：

① 微观尺度上的纳米增强材料

如碳纳米管和氧化石墨烯片层。

② 介观尺度上的分布短切纤维

如 PVA、PE 和钢纤维。

③ 宏观尺度上的连续纤维状增强材料

如钢筋、FRP 筋和织物网格。

相应地，单一尺度增强纤维与水泥基共同形成的复合材料体系可分为以下两类：

① 连续纤维增强水泥基材料（CFRC）

如钢筋混凝土（RC）、织物增强混凝土等。该体系的优势在于可以通过布筋精确地实现较高的配筋率；然而，CFRC 体系中常形成较宽的裂缝（通常为 0.2～4.6 mm），进而降低结构的耐久性能和承载能力。

② 短纤维增强水泥基材料（SFRC）

如碳纳米管水泥基材料、高延性纤维水泥基材料（ECC）、超高性能混凝土（UHPC）等。当材料性能经过设计时，该体系可以实现多缝开裂特征和应变硬化效应，平均裂缝宽度可控制在 100 μm 内；然而，受基体流变特性和孔隙分布、短纤维分布和团聚现象等影响，该体系表现出有限的拉伸强度和不稳定的应变硬化性能。

为充分发挥 CFRC 和 SFRC 的优势，具有两种及以上尺度增强纤维的水泥基材料在近年来被提出（如 ECC-FRP 织物网、UHPC-钢筋等），并用于工程结构加固、薄壁结构和海洋工程等。

3.3 正截面受弯承载力计算原理
Calculation Principles for Flexural Capacity of Normal Section

3.3.1 基本假定
Basic Assumptions

《混凝土结构设计标准》规定，包括受弯构件在内的各种混凝土构件的正截面承载力应按下列五个基本假定进行计算：

平截面假定

1. 截面应变保持平面：平截面假定

所谓平截面假定，即变形之前的平面变形后仍保持为平面。这一假定是材料力学中梁弯曲理论的基础。试验表明，钢筋混凝土受弯构件开裂前满足平截面假定；开裂后，尽管开裂截面一分为二，但从平均应变的意义上，平截面假定仍能成立。因此，**认为在受弯构件的整个受力过程中平均应变符合平截面假定**。根据平截面假定，可以方便地建立截面的几何关系。如图 3-13 所示，不考虑拉区混凝土开裂后钢筋与混凝土间的相对滑移，截面的曲率与应变之间的几何关系如下：

$$\phi = \frac{\varepsilon_c^t}{\xi_n h_0} = \frac{\varepsilon_c}{y} = \frac{\varepsilon_s'}{\xi_n h_0 - a_s'} = \frac{\varepsilon_s}{(1-\xi_n)h_0} \tag{3-1}$$

式中　ϕ——截面的曲率；

　　　ε_c——距中和轴距离为 y 处纤维的应变；

　　　ε_c^t——截面受压区边缘混凝土的压应变；

ε_s、ε_s'——纵向受拉、受压钢筋的应变；

　　　h_0——截面的有效高度；

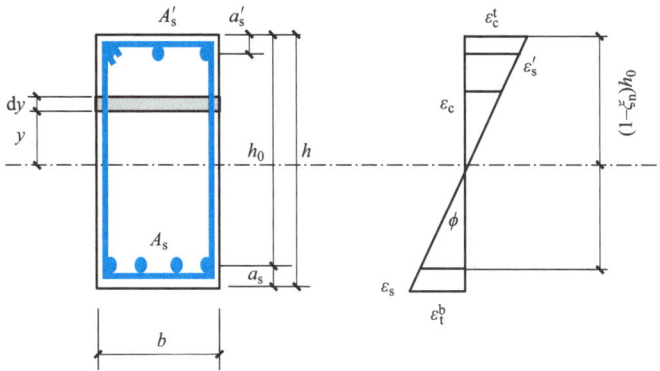

图 3-13　矩形截面受弯构件截面的应变分布

ξ_n——混凝土受压区高度和截面有效高度的比值，称为相对受压区高度；

a'_s——纵向受压钢筋合力作用点到受压区边缘的距离。

2. 不考虑混凝土的抗拉强度：混凝土受拉时的应力-应变关系

由图 3-13 可以看出，混凝土受拉区沿截面高度各纤维处的应变不相等，应变大的纤维的变形将受到应变小的纤维的约束。因此，可选用图 3-14 所示的混凝土的应力-应变关系，其数学表达式为：

$$\left.\begin{array}{ll} \sigma_t = E_c \varepsilon_t & 0 \leqslant \varepsilon_t < \varepsilon_{t0} \\ \sigma_t = f_t & \varepsilon_{t0} \leqslant \varepsilon_t \leqslant \varepsilon_{tu} \end{array}\right\} \tag{3-2}$$

式中　σ_t——拉应变为 ε_t 时混凝土的应力；

f_t——混凝土的抗拉强度；

ε_{t0}——拉应力达到 f_t 时混凝土的拉应变；

ε_{cu}——混凝土的极限拉应变，可取 $\varepsilon_{cu} = 2\varepsilon_{t0}$。

混凝土开裂后，不考虑混凝土的抗拉强度。

3. 混凝土受压时的应力-应变关系

由图 3-13 可以看出，混凝土受压区沿截面高度各纤维处的应变不相等，应变大的纤维的变形将受到应变小的纤维的约束。因此，可选用图 3-15 所示的混凝土的应力-应变关系。现行《混凝土结构设计标准》针对图 3-15 的曲线，**建议的应力-应变关系表达式为：**

当 $\varepsilon_c \leqslant \varepsilon_0$ 时（上升段）　　　$\sigma_c = f_c \left[1 - \left(1 - \dfrac{\varepsilon_c}{\varepsilon_0} \right)^n \right]$ 　　　(3-3)

当 $\varepsilon_0 < \varepsilon_c \leqslant \varepsilon_{cu}$ 时（水平段）　　　$\sigma_c = f_c$ 　　　(3-4)

式中，参数 n、ε_0 和 ε_{cu} 的取值如下，$f_{cu,k}$ 为混凝土立方体抗压强度标准值：

$$n = 2 - \frac{1}{60} \times (f_{cu,k} - 50) \leqslant 2.0$$

$$\varepsilon_0 = 0.002 + 0.5 \times (f_{cu,k} - 50) \times 10^{-5} \geqslant 0.002$$

$$\varepsilon_{cu} = 0.0033 - (f_{cu,k} - 50) \times 10^{-5} \leqslant 0.0033$$

对于混凝土各强度等级，各参数计算结果见表 3-3。

相对受压区高度的物理意义

忽略混凝土抗拉强度的原因

混凝土应力-应变曲线参数　　　　　　　　表 3-3

$f_{cu,k}$	≤C50	≤C60	≤C70	≤C80
n	2	1.83	1.67	1.50
ε_0	0.002	0.00205	0.0021	0.00215
ε_{cu}	0.0033	0.0032	0.0031	0.0030

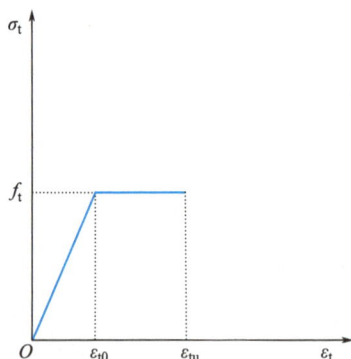

图 3-14　混凝土受拉时的应力-应变关系

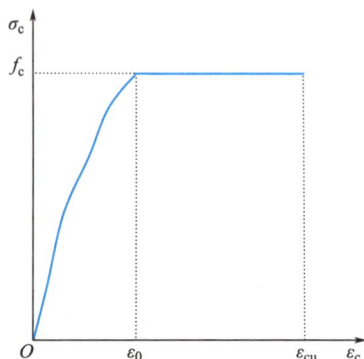

图 3-15　混凝土受压时的应力-应变关系

4. 纵向受拉钢筋的极限拉应变取 0.01：钢筋的应力-应变关系

有明显屈服点的钢筋受拉时可采用图 3-16 所示的理想弹塑性的应力-应变关系。混凝土受弯构件中钢筋受拉变形后即使超过屈服平台进入强化段，也只能达到不大的范围。因此，在图 3-16 中不考虑强化段。

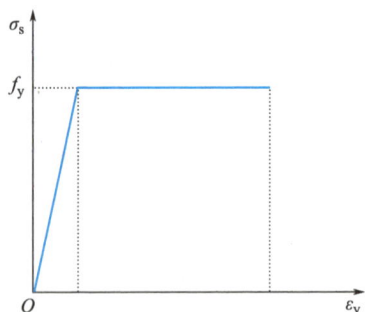

图 3-16　钢筋受拉时的应力-应变关系

理论曲线的方程如下：

$$\left.\begin{array}{ll} \sigma_s = E_s \varepsilon_s & \varepsilon_s \leqslant \varepsilon_y \\ \sigma_s = f_y & \varepsilon_s > \varepsilon_y \end{array}\right\} \qquad (3-5)$$

这里假设纵向受拉钢筋的极限拉应变取 0.01。

（1）该假定实际是给出了正截面达到承载力极限状态的另一个标志。

（2）对于有屈服点的钢筋，相当于钢筋应变进入了屈服台阶因变形太大而不适于继续承载。

（3）对于无屈服点的钢筋，则是限制其强化程度（使计算偏于安全）。

（4）规定该值，是保证结构构件具有必要的延性（强度高、脆性大）。

5. 纵向钢筋的应力取钢筋应变与其弹性模量的乘积，但其值应符合下列要求

钢筋应力的绝对值不应大于其相应的强度设计值，即：$-f'_y \leqslant \sigma_{si} \leqslant f_y$。

式中　σ_{si}——第 i 层纵向普通钢筋的应力，正值代表拉应力，负值代表压应力。

梁开裂过程中的受力分析

该假定使得正截面承载力有可靠的安全储备。是一种设计规定（使设计偏于安全）。

3.3.2 受压区混凝土压应力的合力及其作用点
Resultant Force and Point of Application of Compressive Stresses in Concrete Compression Zone

梁截面开裂后，受拉区混凝土退出工作。当截面上弯矩较小时，可以认为混凝土压应力 σ_c 按线性分布。图 3-17 给出了此时截面的计算分析简图。由平截面假定的几何关系有：

$$\phi = \frac{\varepsilon_c^t}{\xi_n h_0} = \frac{\varepsilon_s}{(1-\xi_n)h_0} = \frac{\varepsilon_c}{y} \tag{3-6}$$

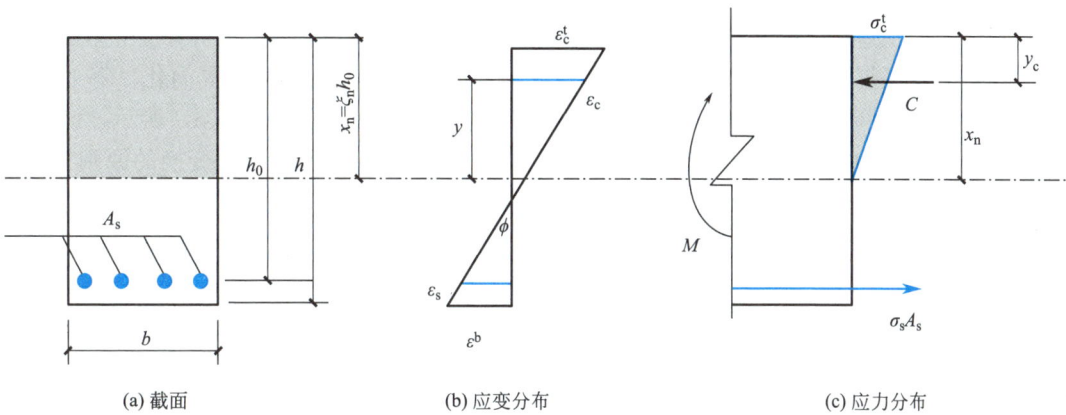

图 3-17 开裂后混凝土压应力为线性分布时截面的计算简图

图 3-18 给出了开裂后压区顶部混凝土的应变 $\varepsilon_c^t < \varepsilon_0$ 时截面的计算简图。以混凝土强度等级不大于 C50 的钢筋混凝土受弯构件为例，忽略拉区混凝土的抗拉作用，应用图 3-15 所示的混凝土受压时的应力-应变关系和式（3-6）所示的几何关系，分别求得压区混凝土的压力 C 及其作用点到压区混凝土边缘的距离 y_c 为：

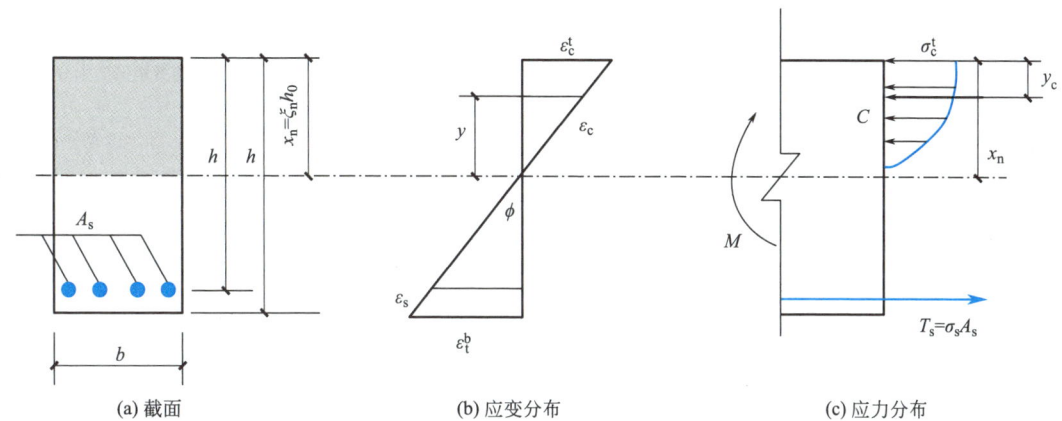

图 3-18 开裂后压区混凝土处于弹塑性阶段但 $\varepsilon_c^t < \varepsilon_0$ 时截面的计算简图

$$C = f_c b \int_0^{\xi_n h_0} \left(2 \frac{\varepsilon_c}{\varepsilon_0} - \frac{\varepsilon_c^2}{\varepsilon_0^2} \right) \mathrm{d}y$$

$$= f_c b \int_0^{\xi_n h_0} \left[2 \frac{\varepsilon_c^t}{\xi_n h_0 \varepsilon_0} y - \frac{(\varepsilon_c^t)^2}{\xi_n^3 h_0^2 \varepsilon_0^2} y^2 \right] \mathrm{d}y = f_c b \xi_n h_0 \left[\frac{\varepsilon_c^t}{\varepsilon_0} - \frac{(\varepsilon_c^t)^2}{3\varepsilon_0^2} \right] \tag{3-7}$$

$$y_c = \xi_n h_0 - \frac{f_c b \int_0^{\xi_n h_0} \left(2 \frac{\varepsilon_c}{\varepsilon_0} - \frac{\varepsilon_c^2}{\varepsilon_0^2} \right) y \,\mathrm{d}y}{f_c b \int_0^{\xi_n h_0} \left(2 \frac{\varepsilon_c}{\varepsilon_0} - \frac{\varepsilon_c^2}{\varepsilon_0^2} \right) \mathrm{d}y} = \xi_n h_0 \cdot \frac{\frac{1}{3} - \frac{\varepsilon_c^t}{12\varepsilon_0}}{1 - \frac{\varepsilon_c^t}{3\varepsilon_0}} \tag{3-8}$$

3.3.3 受压区混凝土等效矩形应力图形

Equivalent Rectangular Stress Block for Concrete Compression Zone

若将受压区混凝土的曲线应力分布等效成矩形应力分布，则能使计算简化。**等效的原则是：两个应力图形的合力 C 相等，合力的作用点 y_c 不变。**如图 3-19（d）所示，设等效后混凝土的压应力为 $\alpha_1 f_c$，等效矩形应力图形的高度为 $\beta_1 x_n$，根据等效变换的原则有：

$$C = f_c b \xi_n h_0 \left(1 - \frac{1}{3} \frac{\varepsilon_0}{\varepsilon_{cu}} \right) = \alpha_1 f_c \beta_1 \xi_n b h_0 \tag{3-9}$$

$$y_c = \xi_n h_0 \left[1 - \frac{\frac{1}{2} - \frac{1}{12} \left(\frac{\varepsilon_0}{\varepsilon_{cu}} \right)^2}{1 - \frac{1}{3} \frac{\varepsilon_0}{\varepsilon_{cu}}} \right] = 0.5 \beta_1 \xi_n h_0 \tag{3-10}$$

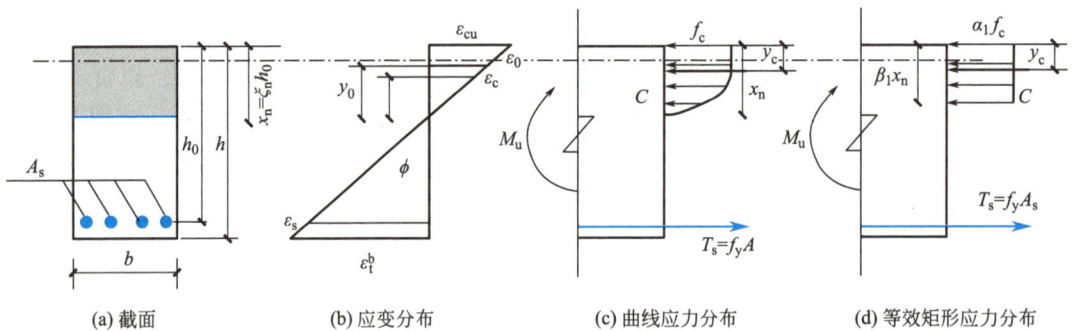

图 3-19 受弯构件正截面承载力的计算简图

(a) 截面   (b) 应变分布   (c) 曲线应力分布   (d) 等效矩形应力分布

上述两式经整理后得：

$$\alpha_1 = \frac{1}{\beta_1} \left(1 - \frac{1}{3} \frac{\varepsilon_0}{\varepsilon_{cu}} \right) \tag{3-11}$$

$$\beta_1 = \frac{1 - \frac{2}{3} \frac{\varepsilon_0}{\varepsilon_{cu}} + \frac{1}{6} \left(\frac{\varepsilon_0}{\varepsilon_{cu}} \right)^2}{1 - \frac{1}{3} \frac{\varepsilon_0}{\varepsilon_{cu}}} \tag{3-12}$$

可见，系数 α_1 和 β_1 仅与混凝土应力-应变曲线有关，称为等效矩形应力图系数。对于强度等级不大于 C50 的混凝土，将 $\varepsilon_{cu} = 0.0033$，$\varepsilon_0 = 0.002$ 代入式（3-11）与式（3-12），得 $\alpha_1 = 0.969$，$\beta_1 = 0.824$。为简化计算，取 $\alpha_1 = 1.00$，$\beta_1 = 0.80$。当 $f_{cu} = 80$ MPa 时，

作类似的分析得 $\alpha_1 = 0.94$，$\beta_1 = 0.74$。其间按线性插值法取用。系数 α_1 和 β_1 的取值见表 3-4。

混凝土受压区等效矩形应力图系数表　　　　表 3-4

	≤C50	C55	C60	C65	C70	C75	C80
α_1	1.0	0.99	0.98	0.97	0.96	0.95	0.94
β_1	0.8	0.79	0.78	0.77	0.76	0.75	0.74

3.3.4　界限受压区高度
Balanced Depth of Compression Zone

设界限破坏时，截面的受压区高度为 x_{nb}（亦称界限受压区高度），截面的相对受压区高度为 ξ_{nb}（亦称相对界限受压区高度）。根据界限破坏时截面的应变分布（图 3-20），得：

$$\xi_{nb} = \frac{x_{nb}}{h_0} = \frac{\varepsilon_{cu}}{\varepsilon_{cu} + \varepsilon_y} \tag{3-13}$$

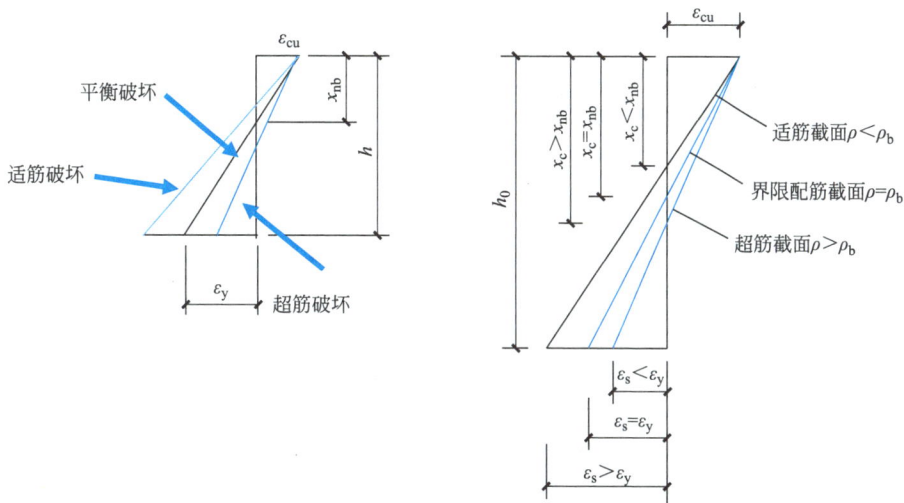

图 3-20　界限破坏时截面的应变分布

以 x_b 表示矩形应力图形的界限受压区高度，ξ_b 表示矩形应力图形的相对界限受压区高度，对 $f_{cu} \leq 50 \text{ N/mm}^2$ 的混凝土有：

$$\xi_b = \frac{0.8}{1 + \dfrac{f_y}{0.0033E_s}} \tag{3-14}$$

式（3-13）变为：

$$\xi_b = \frac{x_b}{h_0} = \frac{\beta_1 x_{nb}}{h_0} = \frac{\beta_1 \varepsilon_{cu}}{\varepsilon_{cu} + \varepsilon_y} = \frac{\beta_1}{1 + \dfrac{\varepsilon_y}{\varepsilon_{cu}}} = \frac{\beta_1}{1 + \dfrac{f_y}{E_s \varepsilon_{cu}}} \tag{3-15}$$

由图 3-20 可以看出，根据相对受压区高度和相对界限受压区高度的比较，可以判断出受弯构件的类型：

当 $\xi < \xi_b$ 即 $\xi_n < \xi_{nb}$ 时，为适筋构件；

当 $\xi > \xi_b$ 即 $\xi_n > \xi_{nb}$ 时，为超筋构件；

当 $\xi = \xi_b$ 即 $\xi_n = \xi_{nb}$ 时，为界限配筋构件。

知识拓展——基于机器学习的超高性能混凝土梁受弯承载力预测步骤[*]
Knowledge Expansion—Predicthg Flexural Capacity of Ultra High Performance Concrete Beams：Machine Learning-based Approach[*]

已有学者开发了基于机器学习（Machine Learning，ML）的超高性能混凝土（Ultra High Performance Concrete，UHPC）梁受弯承载力预测方法。采用支持向量机回归（Support Vector Machine Regression，SVMR）和多基因遗传规划（Ultigene Genetic Programming，MGGP）等 ML 算法，对从具有不同几何结构、纤维特性和材料特性的 UHPC 梁的大量试验中收集的数据和观察结果进行分析。SVMR 可用于预测 UHPC 梁的受弯承载力，而 MGGP 则通过对实际试验数据的数据驱动分析，推导出一个简化表达式，用于预测梁的受弯承载力。

UHPC 梁受弯承载力预测 MGGP 方法步骤：

输入：UHPC 梁的材料和几何特性 $\{x_1, x_2, \cdots, x_9\}$

1. 多基因树初始化个体 {gene tree 1，gene tree 2，···，gene tree n}；

2. 评估每个基因树的适合度；

3. 如果满足了终止计算条件，则：

利用 n 个基因树的加权求和获得最佳个体；输出一个关于弯曲能力预测的简化表达式；

4. 否则；

5. 选择具有最适合的基因的最佳个体；

6. 通过对每个个体及其相应的基因应用交叉、突变和繁殖操作产生下一代后代；

7. 重复步骤 2~步骤 6，直到满足终止标准。

所提出的基于机器学习 ML 的数据驱动方法在预测具有不同材料和结构特征的 UHPC 梁的受弯承载力方面是有效的，为制定 UHPC 梁的设计指南铺平了道路。

---

[*] Solhmirzaei R，Salehi H，Kodur V. Predicting flexural capacity of ultra high-performance concrete beams：machine learning-based approach [J]. Journal of Structural Engineering，2022，148（5）：04022031.

3.4　单筋矩形截面受弯构件正截面受弯承载力计算

Calculation of the Bending Beaning Capauty of the Normal Section of Single-reinforced Rectangular Beams

3.4.1　极限承载力计算

Ultimate Capacity Calculation

1. 基本计算公式

如图 3-19（d）所示的简化计算简图，分别考虑轴向力的平衡条件 $\sum X = 0$ 和力矩的平衡条件 $\sum M = 0$，得到单筋矩形截面受弯构件正截面极限承载力的简化计算基本公式：

如何控制加固 混凝土梁的 超筋破坏

$$\alpha_1 f_c bx = f_y A_s \tag{3-16}$$

$$M_u = \alpha_1 f_c bx \left(h_0 - \frac{x}{2}\right) = f_y A_s \left(h_0 - \frac{x}{2}\right) \tag{3-17}$$

对以上公式进行整理分析，得：

$$\xi = \frac{x}{h_0} = \frac{f_y A_s}{\alpha_1 f_c b h_0} = \rho \frac{f_y}{\alpha_1 f_c} \tag{3-18}$$

$$\alpha_1 f_c b \xi h_0 = f_y A_s \tag{3-19a}$$

$$M_u = \alpha_1 f_c b h_0^2 \xi(1 - 0.5\xi) = \alpha_s \alpha_1 f_c b h_0^2$$
$$= A_s f_y h_0 (1 - 0.5\xi) = A_s f_y \gamma_s h_0 \tag{3-19b}$$

由式（3-18）可知，相对受压区高度 ξ 不仅反映了纵筋的配筋率，还与钢筋的屈服强度和混凝土的强度有关，系反映单筋矩形截面构件正截面受弯性能的综合指标。

式（3-19）中的 α_s 反映了截面抵抗拒的大小，称作**截面抵抗矩系数**；γ_s 反映了截面内力臂与有效高度的比值，称为**内力臂系数**。

$$\alpha_s = \xi(1 - 0.5\xi) \tag{3-20}$$

$$\gamma_s = 1 - 0.5\xi \tag{3-21}$$

则：

$$\xi = 1 - \sqrt{1 - 2\alpha_s} \tag{3-22}$$

$$\gamma_s = \frac{1 + \sqrt{1 - 2\alpha_s}}{2} \tag{3-23}$$

2. 适筋构件的最大配筋率

界限配筋构件的配筋率即为适筋构件的最大配筋率。以 $\xi = \xi_b$ 代入式（3-18），得适筋构件的最大配筋率，即保证受拉钢筋能屈服的最大配筋率的计算公式为：

$$\rho_{max} = \rho_b = \xi_b \frac{\alpha_1 f_c}{f_y} \tag{3-24}$$

同样，以 $\xi = \xi_b$ 代入式（3-17），可得适筋构件最大受弯承载力和最大截面抵抗矩系数的计算公式：

$$M_{u,max} = \alpha_1 f_c b h_0^2 \xi_b (1 - 0.5\xi_b) = \alpha_{s,max} \alpha_1 f_c b h_0^2 \qquad (3-25)$$

$$\alpha_{s,max} = \xi_b (1 - 0.5\xi_b) \qquad (3-26)$$

为了避免发生超筋破坏，应使 $\xi \leqslant \xi_b$，或 $\rho \leqslant \rho_{max}$，或 $M \leqslant M_{u,max}$，或 $\alpha_s \leqslant \alpha_{s,max}$。根据《混凝土结构设计标准》给出的不同钢筋和混凝土的力学计算指标，由式（3-14）及式（3-26）算出的 ξ_b 和 α_{smax} 值列于表 3-5，可直接查用。

不同等级混凝土、不同等级钢筋所对应的 ξ_b 和 α_{smax} 值   表 3-5

混凝土强度等级	≤C50			C60		
钢筋级别	HPB300	HRB400	HRB500	HPB300	HRB400	HRB500
ξ_b	0.576	0.518	0.482	0.557	0.499	0.464
$\alpha_{s,max}$	0.410	0.384	0.366	0.402	0.375	0.356
混凝土强度等级	C70			C80		
钢筋级别	HPB300	HRB400	HRB500	HPB300	HRB400	HRB500
ξ_b	0.537	0.481	0.447	0.518	0.463	0.429
$\alpha_{s,max}$	0.393	0.365	0.347	0.384	0.356	0.337

3. 适筋构件的最小配筋率

为了防止少筋破坏，应规定构件中的最小配筋率。由 3.2 节试验研究结果可知，最小配筋率的受弯构件的破坏特征是构件的屈服弯矩和开裂弯矩相等。由于配筋较少，可以认为钢筋混凝土构件的开裂弯矩和相同材料、相同截面的素混凝土受弯构件正截面的开裂弯矩（受弯承载力）相等。

《混凝土结构通用规范》GB 55008—2021 为保证开裂后，钢筋不会立即被拉断，对最小配筋率的数值略作放大，取：

$$\rho_{min} = 0.45 \frac{f_t}{f_y} \qquad (3-27)$$

具体取值及有关规定见附表 3-5。

另外，在验算构件的配筋率是否大于最小配筋率时，采用了下列验算公式：

$$\rho \geqslant \rho_{min} \frac{h}{h_0} \qquad (3-28)$$

式（3-28）中计算 ρ 时将 ρ_{min} 乘以 $\frac{h}{h_0}$，实际效果相当于将最小配筋率提高 10% 左右。

4. 适筋构件计算公式的适用条件

综上，为了防止发生超筋和少筋破坏，适筋构件受弯承载力计算公式的适用条件为：

$$\xi \leqslant \xi_b \text{ 或 } x \leqslant \xi_b h_0 \text{ 或 } \rho \leqslant \rho_{max} = \rho_b = \xi_b \frac{\alpha_1 f_c}{f_y} \text{ 或 } \alpha_s \leqslant \alpha_{s,max} = \xi_b (1 - 0.5\xi_b) \qquad (3-29a)$$

$$\rho \geqslant \rho_{min} \frac{h}{h_0} \qquad (3-29b)$$

按照我国经验，板的经济配筋率约为 **0.3%～0.8%**；单筋矩形梁的经济配筋率约为 **0.6%～1.5%**。

3.4.2　截面承载力计算的两类问题

Two Types of Problems in Cross-sectional Bearing Capacity Calculation

超筋构件的
极限承载力

受弯构件的正截面受弯承载力计算包括截面复核、截面设计两类问题。

1. 截面复核

这类问题一般是已知截面尺寸（b，h，h_0）、配筋（A_s）和材料强度（f_c，f_t，f_y），求 M_u。可按下列步骤进行计算分析：

（1）计算配筋率：$\rho = \dfrac{A_s}{bh_0}$；

（2）若 $\rho < \rho_{\min}$，说明是少筋梁，依最小配筋率进行计算，取 $M_u = M_{cr}$；

（3）若 $\rho_{\min} \leqslant \rho \leqslant \rho_b$，按适筋梁的计算公式求 M_u：先由式（3-16）求出 x，再由式（3-17）求出 M_u；

（4）若 $\rho > \rho_b$，是超筋梁，取 $\xi = \xi_b$，则：

$$M_u = M_{u,\max} = \alpha_1 f_c bh_0^2 \xi_b (1 - 0.5\xi_b) = \alpha_{s,\max} \alpha_1 f_c bh_0^2$$

注意，上述计算分析中 h_0 可这样估算：当采用单排配筋时，$h_0 = h - c - d_v - d/2$；当采用双排钢筋时，$h_0 = h - [c + d_v + d + \max(25/2, d/2)]$。其中，$c$ 为混凝土的保护层厚度，d_v 为箍筋的直径，d 为纵向受力钢筋的直径。c 的取值参见附表 3-3。

2. 截面设计

这类问题一般是已知截面尺寸（b，h，h_0）、材料强度（f_c，f_t，f_y）及截面所受的弯矩 M，求配筋 A_s。为了保证所设计的截面在给定弯矩作用下不发生破坏，应要求截面的承载力不低于其所受的弯矩，即：$M_u \geqslant M$。因此，按下列步骤进行计算分析：

（1）按式（3-19b）和式（3-22）求 α_s 和 ξ：$\alpha_s = \dfrac{M}{\alpha_1 f_c bh_0^2}$，$\xi = 1 - \sqrt{1 - 2\alpha_s}$；

（2）若 $\xi > \xi_b$，说明是超筋梁，则改用双筋梁或增大截面尺寸重新计算；

（3）若 $\xi \leqslant \xi_b$，则由基本公式（3-19a）直接计算 A_s，并选配筋；

（4）根据所选配筋，求 $\rho = \dfrac{A_s}{bh_0}$，若 $\rho \geqslant \rho_{\min} \dfrac{h}{h_0}$，结束计算；

（5）若 $\rho < \rho_{\min}$，取 $A_s = \rho_{\min} bh$，并选配筋，结束计算。

在设计时，由于事先不知道钢筋的直径、数量和层数等，因此，纵向受拉钢筋合力点到截面受拉边缘的距离 a_s 需要预先估计。当环境类别为一类时，h_0 按下述原则进行选取。

对钢筋混凝土梁：

当采用单排配筋时，取 $a_s = 40$ mm，$h_0 = h - a_s = h - 40$（mm）；

当采用双排配筋时，取 $a_s = 65$ mm，$h_0 = h - a_s = h - 65$（mm）；

对钢筋混凝土板：取 $a_s = 20$ mm，$h_0 = h - a_s = h - 20$（mm）。

【例 3-1】已知矩形梁截面尺寸 $b \times h = 250$ mm $\times 500$ mm；环境类别为一类，弯矩设计值 $M = 230$ kN·m，混凝土强度等级为 C30，钢筋采用 HRB400 级钢筋。

求：所需的纵向受拉钢筋截面面积。

【解】（1）确定计算参数

由附表 3-3 知，环境类别为一类，C30 时梁的混凝土保护层最小厚度 c 为 20 mm。假设箍筋直径为 8 mm，下部纵向受拉钢筋为一层，直径 25 mm，故 $a_s = 20 + 8 + 12.5 = 40.5$ mm，取整 $a_s = 40$ mm，则：

$$h_0 = 500 - 40 = 460 \text{ mm}$$

由混凝土强度等级和钢筋等级，查附表 1-3、附表 1-11、附表 1-12，得：

$f_c = 14.3 \text{ N/mm}^2$，$f_y = 360 \text{ N/mm}^2$，$f_t = 1.43 \text{ N/mm}^2$，由表 3-4 知：$\alpha_1 = 1.0$，由表 3-5 知：$\xi_b = 0.518$。

（2）求截面抵抗矩系数 α_s

$$\alpha_s = \frac{M}{\alpha_1 f_c b h_0^2} = \frac{230 \times 10^6}{1.0 \times 14.3 \times 250 \times 460^2} = 0.304$$

（3）求相对受压区高度 ξ

$$\xi = 1 - \sqrt{1 - 2\alpha_s} = 0.374 < \xi_b = 0.518，可以。$$

（4）求内力臂系数 γ_s

$$\gamma_s = 0.5 \times (1 + \sqrt{1 - 2\alpha_s}) = 0.813$$

（5）求 A_s

故 $$A_s = \frac{M}{f_y \gamma_s h_0} = \frac{230 \times 10^6}{360 \times 0.813 \times 460} = 1708 \text{ mm}^2$$

选用 4 ⏀ 25，$A_s = 1964 \text{ mm}^2$，见图 3-21。

（6）验算在 $b = 250$ mm 宽度内是否能放得下：

$$4 \times 25 + 3 \times 25 + 2 \times (20 + 8) = 231 \text{ mm} < 250 \text{ mm}，可以。$$

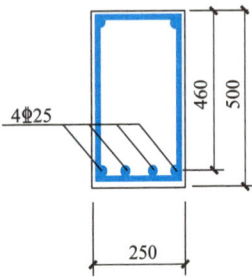

图 3-21 例 3-1 截面配筋图

（7）验算适用条件

1）适用条件式（3-29a）已满足。

2）适用条件式（3-29b）：

$$\rho = \frac{1964}{250 \times 460} = 1.71\% > \rho_{\min} \cdot \frac{h}{h_0} = 0.45 \frac{f_t}{f_y} \cdot \frac{h}{h_0} = 0.45 \times \frac{1.43}{360} \times \frac{500}{460} = 0.2\%，同时$$

$$\rho > 0.2\% \times \frac{h}{h_0} = 0.2\% \times \frac{500}{460} = 0.22\%，可以。$$

注意，验算适用条件式（3-29b）时，要用实际采用的纵向受拉钢筋截面面积。

配筋后，实际的 $a_s = 20 + 8 + 12.5 = 40.5$ mm，与假设的 $a_s = 40$ mm 相差很小，故不再重算。

【例 3-2】已知一单跨简支板，计算跨度 $l_0 = 3.0$ m，板厚 100 mm，计算宽度 $b = 1000$ mm，承受均布荷载，如图 3-22 所示；跨中正截面承受弯矩设计值 $M = 15.0$ kN·m；混凝土强度等级 C30；钢筋采用 HRB400 级钢筋；环境类别为一类。

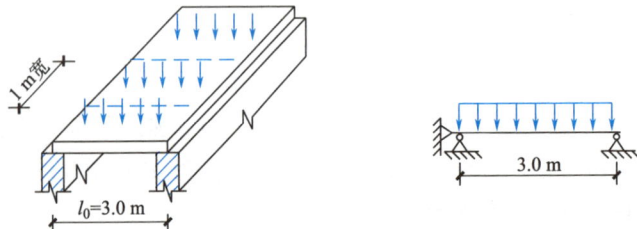

图 3-22 例 3-2 板受力图

求：纵向受拉钢筋和分布钢筋。

【解】（1）确定计算参数

取板宽 $b=1000$ mm 的板带作为计算单元。

由附表 3-3 知，环境类别为一类，板的混凝土保护层最小厚度为 15 mm，设 $a_s=20$ mm，故 $h_0=100-20=80$ mm。查附表 1-3、附表 1-11 和附表 1-12 知 $f_c=14.3$ N/mm²，$f_t=1.43$ N/mm²，$f_y=360$ N/mm²。

查表 3-4 知，$\alpha_1=1.0$；查表 3-5 知，$\xi_b=0.518$。

（2）求截面抵抗矩系数 α_s

$$\alpha_s=\frac{M}{a_1 f_c b h_0^2}=\frac{15.0\times10^6}{1.0\times14.3\times1000\times80^2}=0.1639$$

（3）求相对受压区高度 ξ

$$\xi=1-\sqrt{1-2\alpha_s}=0.180<\xi_b=0.518，\quad 可以。$$

（4）求内力臂系数 γ_s

$$\gamma_s=0.5\times(1+\sqrt{1-2\alpha_s})=0.910$$

（5）求 A_s

$$A_s=\frac{M}{f_y \gamma_s h_0}=\frac{15.0\times10^6}{300\times0.910\times80}=687\ \text{mm}^2$$

选用 $\Phi 10@120$，$A_s=654$ mm²（实际配筋与计算配筋相差在 $\pm5\%$ 以内），排列见图 3-23，垂直于纵向受拉钢筋放置 $\Phi 6@180$ 的分布钢筋，其截面面积为：

$$28.3\times\frac{1000}{180}=157\ \text{mm}^2>0.15\%\times b\times h=0.15\%\times1000\times100=150\ \text{mm}^2,$$

且 $>0.15\% A_s=0.15\times654=98$ mm²，可以。

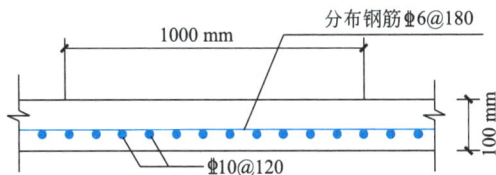

图 3-23　例 3-2 板配筋图

（6）验算适用条件：

1）$x=\xi\cdot h_0=0.180\times80=14.4$ mm $<\xi_b h_0=0.518\times80=41$ mm，满足。

2）$\rho=\frac{654}{1000\times80}=0.818\%>\rho_{\min}\frac{h}{h_0}=0.45\frac{f_t}{f_y}\frac{h}{h_0}=0.45\times\frac{1.43}{360}\times\frac{100}{80}=0.22\%$，同时 $\rho>0.2\%\times\frac{h}{h_0}=0.2\%\times\frac{100}{80}=0.25\%$，满足。

【例 3-3】已知：弯矩设计值 $M=240$ kN·m，混凝土强度等级为 C60；钢筋为 HRB400，环境为一类。

求：梁截面尺寸 $b\times h$ 及所需的纵向受拉钢筋截面面积 A_s。

【解】（1）确定计算参数

$f_c = 27.5\ \text{N/mm}^2$，$f_t = 2.04\ \text{N/mm}^2$，$f_y = 360\ \text{N/mm}^2$，查表 3-4 可得 $\alpha_1 = 0.98$，$\beta_1 = 0.78$。

（2）补充已知条件求相对受压区高度 ξ

假定 $\rho = 1\%$ 及 $b = 250\ \text{mm}$，则：

$$\xi = \rho \frac{f_y}{\alpha_1 f_c} = 0.01 \times \frac{360}{0.98 \times 27.5} = 0.134$$

（3）令 $M = M_u$，求 h_0

由式 $M = \alpha_1 f_c b\xi(1 - 0.5\xi)h_0^2$ 可得：

$$h_0 = \sqrt{\frac{M}{\alpha_1 f_c b\xi(1 - 0.5\xi)}}$$

$$= \sqrt{\frac{240 \times 10^6}{0.98 \times 27.5 \times 250 \times 0.134 \times (1 - 0.5 \times 0.134)}}$$

$$= 534\ \text{mm}$$

由附表 3-3 知，环境类别为一类，梁的混凝土保护层最小厚度为 20 mm，取 $a_s = 40\ \text{mm}$，$h = h_0 + a_s = 534 + 40 = 574\ \text{mm}$，实际取 $h = 600\ \text{mm}$，$h_0 = 600 - 40 = 560\ \text{mm}$。

（4）求截面抵抗矩系数 α_s

$$\alpha_s = \frac{M}{\alpha_1 f_c b h_0^2} = \frac{240 \times 10^6}{0.98 \times 27.5 \times 250 \times 560^2} = 0.114$$

（5）求相对受压区高度 ξ

$$\xi = 1 - \sqrt{1 - 2\alpha_s} = 1 - \sqrt{1 - 2 \times 0.114} = 0.121$$

（6）求内力臂系数 γ_s

$$\gamma_s = 0.5 \times (1 + \sqrt{1 - 2\alpha_s}) = 0.5 \times (1 + \sqrt{1 - 2 \times 0.121}) = 0.935$$

（7）求 A_s

$$A_s = \frac{M}{f_y \gamma_s h_0} = \frac{240 \times 10^6}{360 \times 0.935 \times 560} = 1273\ \text{mm}^2$$

选配 3Φ25，$A_s = 1473\ \text{mm}^2$，见图 3-24。

假定箍筋直径为 8 mm，实际 $a_s = 20 + 8 + 12.5 = 40.5\ \text{mm}$，与假定的相近；钢筋净距为 $(250 - 2 \times 40.5 - 3 \times 25) \times 0.5 = 47\ \text{mm} > 25\ \text{mm}$，且 $> d = 25\ \text{mm}$，可以。

（8）验算适用条件

1）查表 3-5 知 $\xi_b = 0.499$，故 $\xi = 0.121 < \xi_b = 0.499$，满足。

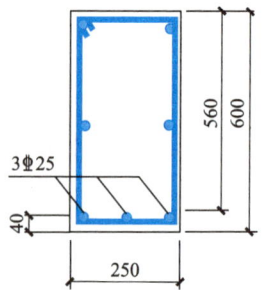

图 3-24 例 3-3 梁截面配筋图

2）$\rho = \dfrac{A_s}{bh_0} = \dfrac{1473}{250 \times 560} = 1.11\% > \rho_{min} \cdot \dfrac{h}{h_0} = 0.45 \dfrac{f_t}{f_y} \cdot \dfrac{h}{h_0} =$

$0.45 \times \dfrac{2.04}{360} \times \dfrac{600}{560} = 0.27\%$，且 ρ 值大于 $0.2\% \cdot \dfrac{h}{h_0} = 0.2\% \times$

$\dfrac{600}{560} = 0.21\%$，满足要求。

【例 3-4】 已知梁的截面尺寸为 $b \times h = 250$ mm$\times 500$ mm；纵向受拉钢筋为 4 根直径为 18 mm 的 HRB400 级钢筋，$A_s = 1017$ mm^2；混凝土强度等级为 C40；承受的弯矩 $M = 120$ kN·m。环境类别为一类。

求：验算此梁截面是否安全。

【解】（1）确定计算参数

$f_c = 19.1$ N/mm^2，$f_t = 1.71$ N/mm^2，$f_y = 360$ N/mm^2。由附表 3-3 知，环境类别为一类，梁的混凝土保护层最小厚度为 20 mm，设箍筋直径 6 mm，故 $a_s = 20 + 6 + \dfrac{18}{2} = 35$ mm，$h_0 = 500 - 35 = 465$ mm。

（2）验算公式适用条件

$$\rho = \frac{A_s}{bh_0} = \frac{1017}{250 \times 465} = 0.87\% > \rho_{min} \cdot \frac{h}{h_0}$$

$$= 0.45 \frac{f_t}{f_y} \cdot \frac{h}{h_0} = 0.45 \times \frac{1.71}{360} \times \frac{500}{465}$$

$$= 0.23\%，\text{同时 } \rho > 0.2\% \times \frac{500}{465} = 0.22\%$$

满足适用条件式（3-29b）。

查表 3-5 知，$\xi_b = 0.518$。则

$$\xi = \rho \frac{f_y}{\alpha_1 f_c} = 0.0087 \times \frac{360}{1.0 \times 19.1} = 0.1640 < \xi_b = 0.518，\text{ 满足适用条件式（3-29a）。}$$

（3）求 M_u

$$M_u = \alpha_1 f_c bh_0^2 \xi(1 - 0.5\xi) = 1.0 \times 19.1 \times 250 \times 465^2 \times 0.1640 \times (1 - 0.5 \times 0.1640)$$
$$= 155.44 \text{ kN·m} > M = 120 \text{ kN·m，安全。}$$

此题也可先求出：

$$x = \frac{f_y A_s}{\alpha_1 f_c b} = \frac{360 \times 1017}{1.0 \times 19.1 \times 250} = 76.67 \text{ mm} \leqslant \xi_b h_0 = 0.518 \times 465 = 240.87 \text{ mm}$$

$\rho = 0.87\%$，满足适用条件。

$$\text{故 } M_u = f_y A_s \left(h_0 - \frac{x}{2}\right) = 360 \times 1017 \times \left(465 - \frac{76.67}{2}\right) = 156.21 \text{ kN·m}$$

知识拓展——高强钢管约束超高性能混凝土梁抗弯性能研究[*]
Knowledge Expansion—Study on Flexural Performance of High-strength Steel Tube-confined UHPC Beams[*]

高强钢管约束超高性能混凝土具有自重轻、承载力及刚度高和耐火性能好的优势，在工程中具有良好的应用前景。为研究高强钢管约束 UHPC 构件在纯弯作用下的力学性能，

　　[*] 邓宗才，孙彤，李佳跃. 高强钢管约束超高性能混凝土梁抗弯性能研究 [J]. 天津大学学报（自然科学与工程技术版），2021，54（11）：1111-1120.

对 1 个实心普通强度钢管约束 UHPC 梁、3 个实心高强钢管约束 UHPC 梁、1 个方套方中空夹层高强钢管约束 UHPC 梁和 3 个方套圆中空夹层高强钢管约束 UHPC 梁进行了两点弯曲试验．研究了高强钢管约束 UHPC 梁在纯弯荷载下的破坏形式以及含钢率、钢材屈服强度和截面组合形式（图 T-6）对梁受弯承载力和抗弯刚度的影响。

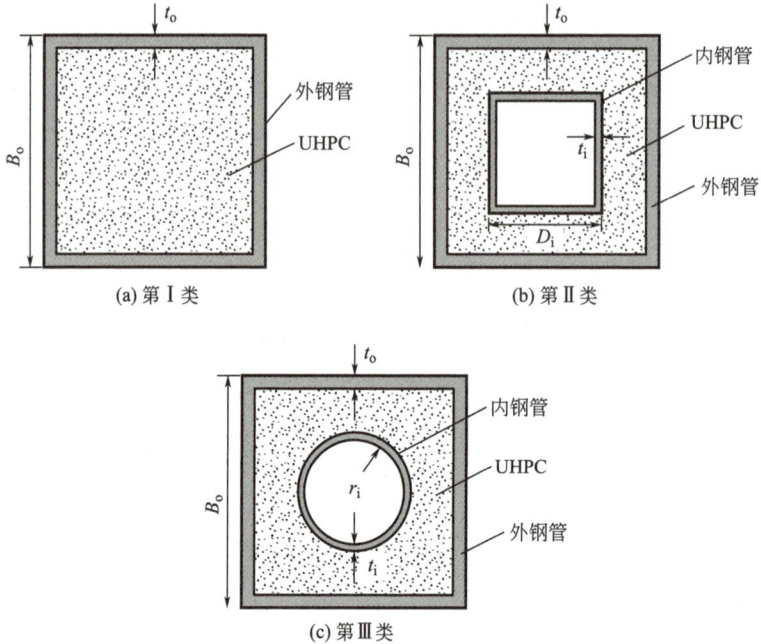

图 T-6   钢管约束 UHPC 梁截面形式

试验结果表明：**高强钢管约束 UHPC 梁弯矩-曲率的变化过程分为 3 个阶段：弹性阶段、弹塑性阶段和强化阶段，破坏时表现出良好的延性。**高强钢管约束 UHPC 梁的受压区未出现局部凸起。钢管厚度为 4 mm、6 mm 和 8 mm 的实心高强钢管约束 UHPC 梁含钢率分别为 0.116、0.188 和 0.253，相比 4 mm 厚的实心高强钢管约束 UHPC 梁，6 mm 和 8 mm 厚的实心高强钢管约束 UHPC 梁受弯承载力分别提高 35.9%、58.5%；使用抗弯刚度分别提高 12.9%、32.4%。相比于外钢管取 6 mm 厚的实心和方套方中空夹层钢管约束 UHPC 梁，方套圆中空夹层钢管约束 UHPC 梁的受弯承载力分别提高 26.8%、10.3%；使用抗弯刚度分别提高 3.5%、4.5%。由于高强度微细钢纤维良好的阻裂和控裂能力，高强钢管约束 UHPC 梁在弹塑性变形阶段的刚度较高，受力过程中 UHPC 的弹性模量衰减速率低于普通混凝土。

3.5　双筋矩形截面受弯构件正截面受弯承载力计算
Calculation the Bending Bearing Capacity of the Normal Section of Double-reinforced Rectangular Beams

实际工程中，当截面所受的弯矩较大，而截面尺寸受到限制，混凝土强度又不能提高时，可在截面的受压区配置受压钢筋 A'_s，帮助截面抵抗弯矩，形成双筋矩形截面，如图 3-25 所示。若截面在不同的情况下，分别承受正、负异号弯矩，则也应采用双筋截面。双筋矩形截面的受弯性能和单筋矩形截面基本类似。但由于在截面的受压区配置了受力钢筋，使双筋矩形截面又具有独特之处。

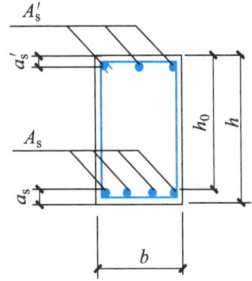

3.5.1　截面的构造要求

Detailing Requirements for Sections

图 3-25　双筋矩形截面

双筋矩形截面受弯构件中的箍筋，除了起到固定纵向受力钢筋形成钢筋笼的作用外，在构件的正截面临近破坏时，还能对受压钢筋提供侧向约束，避免钢筋受压屈曲外凸，使构件过早破坏（实际上，受弯构件中箍筋的主要作用是和混凝土一起抵抗剪力，这将在后面的相关章节中介绍）。因此，箍筋应满足如下的构造要求：

（1）采用封闭的箍筋，且间距不大于 $15d$ 和 400 mm。

（2）箍筋的直径不小于 $d/4$（d 为受压钢筋的直径）。

（3）当受压钢筋多于 3 根（$b \leqslant 400$ mm 时，多于 4 根）时，应设置附加箍筋。

（4）当受压钢筋多于 5 根且直径大于 18 mm 时，箍筋间距不应大于 $10d$。

3.5.2　试验研究

Experimental Investigations

双筋矩形截面受拉钢筋配置较多，一般不会出现少筋破坏。

双筋矩形截面受力性能分析

对适筋双筋矩形截面，从加荷到破坏经历与单筋矩形截面类似的三个受力阶段：未裂阶段（Ⅰ）、带裂缝工作阶段（Ⅱ）和破坏阶段（Ⅲ），相应于每个阶段的终点存在开裂状态（Ⅰ$_a$）、受拉钢筋屈服状态（Ⅱ$_a$）和压区混凝土被压碎的承载力极限状态Ⅲ$_a$）。

对超筋双筋矩形截面，从加荷到破坏经历两个破坏阶段（Ⅰ 及 Ⅱ）。混凝土开裂后受拉钢筋的应力增加，但在受拉钢筋屈服前，压区混凝土已被压碎，截面破坏。

无论是适筋还是超筋双筋矩形截面，只要能保证受压区具有一定的高度，截面破坏时，受压钢筋一般均能屈服。因此规范规定混凝土受压区高度 $x \geqslant 2a'_s$。

3.5.3　极限承载力计算

Ultimate Capacity Calculation

1. 基本计算公式

锈蚀双筋梁的受弯承载力

与单筋矩形截面受弯构件类似，双筋矩形截面受弯构件受压区混凝土的曲线型应力分布在保持合力大小和作用点不变的前提下可以等效成矩形应力分布。等效变换后，α_1，β_1 的计算方法和单筋矩形截面完全相同。若受压和受拉钢筋在截面破坏前均能屈服，则由 $\sum X = 0$ 和 $\sum M = 0$ 得出简化分析的计算公式为：

$$\begin{cases} \alpha_1 f_c bx + f'_y A'_s = f_y A_s \\ M_u = \alpha_1 f_c bx \left(h_0 - \dfrac{x}{2} \right) + f'_y A'_s (h_0 - a'_s) \end{cases} \tag{3-30}$$

式中的 A_s 可分为两部分：单筋部分和纯钢筋部分：

$$A_s = A_{s1} + A_{s2}$$

其中，A_{s1} 是用来平衡混凝土压力的钢筋，A_{s1} 和压区混凝土形成截面抵抗弯矩 M_{u1}（相当于一单筋矩形截面）；A_{s2} 用来平衡受压钢筋 A_s'，A_{s2} 和 A_s' 形成截面抵抗弯矩 M_{u2}'。受拉钢筋分解后截面的计算简图如图 3-26 所示。根据图 3-26，式（3-30）也可以分解成：

$$\begin{cases} \alpha_1 f_c bx + f_y' A_s' = f_y A_{s1} + f_y A_{s2} \\ M_u = M_{u1} + M_{u2}' \\ M_{u1} = \alpha_1 f_c bx \left(h_0 - \dfrac{x}{2} \right) = f_y A_{s1} \left(h_0 - \dfrac{x}{2} \right) \\ M_{u2}' = f_y' A_s' (h_0 - a_s') \end{cases} \tag{3-31}$$

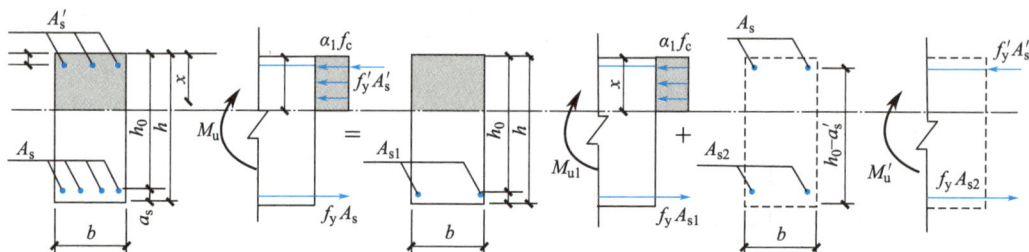

图 3-26　双筋矩形截面受弯构件正截面承载力简化分析计算简图

2. 公式适用条件

由于双筋矩形截面一般不会发生少筋破坏，因此，$\rho \geqslant \rho_{\min}$ 的条件可自动满足。为了保证受拉钢筋屈服，不发生超筋破坏，应满足下列条件之一：

$$\xi = \frac{x}{h_0} \leqslant \xi_b \tag{3-32a}$$

或

$$\rho_1 = \frac{A_{s1}}{bh_0} \leqslant \rho_{\max} = \xi_b \frac{\alpha_1 f_c}{f_y} \tag{3-32b}$$

或

$$M_1 \leqslant M_{u1,\max} = \alpha_{s,\max} \alpha_1 f_c bh_0^2 \tag{3-32c}$$

式中，M_1 为受压区混凝土及其相应的受拉钢筋所承受的弯矩。

为了保证受压钢筋屈服，应满足 $x = 0.8x_n \geqslant 2a_s'$。当该条件不满足时，近似取 $x = 2a_s'$，对受压钢筋取距，则：

$$M_u = f_y A_s (h_0 - a_s') \tag{3-33}$$

3.5.4　截面承载力计算的两类问题
Two Types of Problems in Calculating Cross-sectional Bearing Capacity

1. 截面复核

已知截面尺寸 (b, h, h_0)、配筋 (A_s, A_s') 和材料强度 (f_c, f_t, f_y, f_y')，求正截面受弯承载力 M_u。可按下列步骤进行计算分析：

（1）由力的平衡基本公式求 x；

（2）若 $2a_s' \leqslant x \leqslant \xi_b h_0$，则代入力矩平衡基本公式求 M_u；

（3）若 $x > \xi_b h_0$，取 $\xi = \xi_b$，于是有：$M_u = \alpha_{s,\max} \alpha_1 f_c bh_0^2 + f_y' A_s' (h_0 - a_s')$；

(4) 若 $x \leqslant 2a_s'$，取 $x = 2a_s'$，求 $M_u = f_y A_s (h_0 - a_s')$。

2. 截面设计

构件截面设计分两种情况：

（1）第一种情况

已知截面尺寸 (b, h, h_0)、材料强度 (f_c, f_t, f_y, f_y') 及截面所受的弯矩 M，求配筋 A_s' 和 A_s。和单筋矩形截面类似，为了保证所设计的截面在给定弯矩作用下不发生破坏，应要求截面的承载力不低于其所受的弯矩，即 $M_u \geqslant M$。因此，按下列步骤进行计算分析：

1）若 $\alpha_s = \dfrac{M}{\alpha_1 f_c b h_0^2} < \alpha_{s,max}$，则按单筋设计；

2）若 $\alpha_s = \dfrac{M}{\alpha_1 f_c b h_0^2} \geqslant \alpha_{s,max}$，则按双筋设计，为了充分利用混凝土抗压，令 $x = \xi_b h_0$；

3）求 A_s'：$A_s' = \dfrac{M - \alpha_{s,max} \alpha_1 f_c b h_0^2}{f_y'(h_0 - a_s')}$；

4）求 A_s：$A_s = \dfrac{f_y' A_s' + \alpha_1 f_c \xi_b h_0}{f_y}$。

（2）第二种情况

已知截面尺寸 (b, h, h_0)、材料强度 (f_c, f_t, f_y, f_y')、受压钢筋 (A_s') 及截面所受的弯矩 M，求配筋 A_s。按下列步骤进行计算分析：

1）计算 A_{s2} 和 M_{u2}'：$A_{s2} = \dfrac{f_y' A_s'}{f_y}$，$M_{u2}' = A_{s2} f_y (h_0 - a_s')$；

2）求 M_{u1}：$M_{u1} = M - M_{u2}'$；

3）根据 M_{u1}，按单筋矩形截面的方法求 α_s，$\alpha_s = \dfrac{M_{u1}}{\alpha_1 f_c b h_0^2}$；

4）求 ξ，x。若 $2a_s' \leqslant x \leqslant \xi_b h_0$，按单筋矩形截面适筋构件的方法求 A_{s1}，$A_{s1} = \dfrac{\alpha_1 f_c b x}{f_y}$；

5）求 A_s，$A_s = A_{s1} + A_{s2}$；

6）若 $x \leqslant 2a_s'$，说明给定的 A_s' 偏大，偏于安全取 $A_s = \dfrac{M}{f_y(h_0 - a_s')}$；

7）若 $x \geqslant \xi_b h_0$，按 A_s' 未知，用情况（1）的步骤重新计算 A_s' 和 A_s。

【例3-5】已知梁的截面尺寸为 $b \times h = 200~\text{mm} \times 500~\text{mm}$，混凝土强度等级为C40，钢筋采用 HRB400 级，截面弯矩设计值 $M = 320~\text{kN} \cdot \text{m}$。环境类别为一类。

求：所需受压和受拉钢筋截面面积 A_s'、A_s。

【解】（1）确定计算参数

$f_c = 19.1~\text{N/mm}^2$，$f_y = f_y' = 360~\text{N/mm}^2$，$\alpha_1 = 1.0$，$\beta_1 = 0.8$，$\xi_b = 0.518$。因截面弯矩较大，且截面宽度较小，可假定受拉钢筋放两层，设 $a_s = 60~\text{mm}$，则 $h_0 = h - a_s = 500 - 60 = 440~\text{mm}$。

（2）判断是否设计双筋

$$\alpha_s = \frac{M}{\alpha_1 f_c bh_0^2} = \frac{320 \times 10^6}{1 \times 19.1 \times 200 \times 440^2} = 0.433$$

$$\xi = 1 - \sqrt{1 - 2\alpha_s} = 0.634 > \xi_b = 0.518$$

这就说明，如果设计成单筋矩形截面，将会出现 $x > \xi_b h_0$ 的超筋情况。若不能加大截面尺寸，又不能提高混凝土强度等级，则应设计成双筋矩形截面。

（3）求单筋力矩 M_{u1}

取 $\xi = \xi_b$，则：

$$\begin{aligned}M_{u1} &= \alpha_1 f_c bh_0^2 \xi_b (1 - 0.5\xi_b) \\ &= 1.0 \times 19.1 \times 200 \times 440^2 \times 0.518 \times (1 - 0.5 \times 0.518) \\ &= 283.87 \text{ kN} \cdot \text{m}\end{aligned}$$

（4）求 A_s'

$$A_s' = \frac{M - M_{u1}}{f_y'(h_0 - a_s')} = \frac{320 \times 10^6 - 283.87 \times 10^6}{360 \times (440 - 40)} = 250 \text{ mm}^2$$

（5）求 A_s

$$\begin{aligned}A_s &= \xi_b \frac{\alpha_1 f_c bh_0}{f_y} + A_s' = 0.518 \times \frac{1.0 \times 19.1 \times 200 \times 440}{360} + 250 \\ &= 2668 \text{ mm}^2\end{aligned}$$

受拉钢筋选用 3 Φ 25 + 1 Φ 25，2 Φ 22，$A_s = 2724$ mm²，受压钢筋选用 2 Φ 16，$A_s' = 402$ mm²。

【例 3-6】已知条件同例 3-5，但受压区已配置 3 Φ 20 钢筋，$A_s' = 941$ mm²。

求：受拉钢筋 A_s。

【解】（1）确定计算参数，略。

（2）求单筋弯矩和纯钢筋弯矩

$A_{s2} = A_s' = 941$ mm²，由 $f_y A_{s2}$ 与 $f_y' A_s'$ 构成的受弯承载力为：

$$M_{u2}' = f_y' A_s'(h_0 - a_s') = 360 \times 941 \times (440 - 40) = 135.50 \times 10^6 \text{N} \cdot \text{mm}$$

则 $\quad M_{u1} = M - M_{u2}' = 320 \times 10^6 - 135.50 \times 10^6 = 184.5 \times 10^6 \text{N} \cdot \text{mm}$

（3）求单筋部分 A_{s1}

已知 M_{u1} 后，按单筋矩形截面求 A_{s1}。设 $a_s = 60$ mm，$h_0 = 500 - 60 = 440$ mm：

$$\alpha_s = \frac{M_{u1}}{\alpha_1 f_c bh_0^2} = \frac{184.5 \times 10^6}{1.0 \times 19.1 \times 200 \times 440^2} = 0.249$$

$\xi = 1 - \sqrt{1 - 2\alpha_s} = 1 - \sqrt{1 - 2 \times 0.249} = 0.291 < \xi_b = 0.518$，满足适用条件式（3-32a）。

$x = \xi h_0 = 0.291 \times 440 = 128.04$ mm $> 2a_s' = 80$ mm，满足。

$$\gamma_s = 0.5 \times (1 + \sqrt{1 - 2\alpha_s}) = 0.5 \times (1 + \sqrt{1 - 2 \times 0.249}) = 0.854$$

$$A_{s1} = \frac{M_{u1}}{f_y \gamma_s h_0} = \frac{184.5 \times 10^6}{360 \times 0.854 \times 440} = 1364 \text{ mm}^2$$

最后得：

$$A_s = A_{s1} + A_{s2} = 941 + 1364 = 2305 \text{ mm}^2$$

选用 3Φ25，2Φ25，$A_s = 2454$ mm^2。

比较：例 3-5 是 A_s' 未知，取 $\xi = \xi_b$ 的，$A_s' + A_s = 250 + 2668 = 2918$ mm^2，比例 3-6 的 A_s' 已知，$A_s' + A_s = 941 + 2305 = 3246$ mm^2 的少 10%，可见充分利用受压区混凝土对正截面受弯承载力的贡献，能节约钢筋。

【例 3-7】已知混凝土强度等级 C30；钢筋采用 HRB500 级；环境类别为二 a 类，梁截面尺寸为 250 mm×500 mm；受拉钢筋为 3Φ25，$A_s = 1473$ mm^2，受压钢筋为 2Φ16，$A_s' = 420$ mm^2，要求承受的设计弯矩值 $M = 200$ kN·m。验算此截面是否安全。

【解】（1）确定计算参数

$$f_c = 14.3 \text{ N/mm}^2, \quad f_y = 435 \text{ N/mm}^2, \quad f_y' = 410 \text{ N/mm}^2, \quad \xi_b = 0.482$$

由附表 3-3 知，二 a 类环境，混凝土梁最小保护层厚度为 25 mm，故 $a_s = 25 + 8 + \dfrac{25}{2} = 45.5$ mm，取 45 mm；$a_s' = 25 + 8 + \dfrac{16}{2} = 41$ mm，取 40 mm。$h_0 = 500 - 45 = 455$ mm。

（2）求混凝土受压区高度 x

由基本计算公式 $\alpha_1 f_c b x + f_y' A_s' = f_y A_s$，得：

$$x = \frac{f_y A_s - f_y' A_s'}{\alpha_1 f_c b} = \frac{435 \times 1473 - 410 \times 420}{1.0 \times 14.3 \times 250}$$

$$= 133.06 \text{ mm} < \xi_b h_0 = 0.482 \times 455 = 219 \text{ mm}$$

$$> 2a_s' = 2 \times 40 = 80 \text{ mm}$$

（3）求 M_u

$$M_u = \alpha_1 f_c b x \left(h_0 - \frac{x}{2}\right) + f_y' A_s' (h_0 - a_s')$$

$$= 1.0 \times 14.3 \times 250 \times 133.06 \times \left(455 - \frac{133.06}{2}\right) + 410 \times 420 \times (455 - 40)$$

$$= 256.25 \text{ kN·m} > 200 \text{ kN·m}$$

故此截面安全。

知识拓展——3D 打印连续微筋混凝土梁受弯承载力试验研究[*]
Knowledge Expansion——Experimental Study on Flexural Capacity of 3D-printed Concrete Beams with Continuous Micro-reinforcement[*]

中国是传统工程领域科技创新最重要的战场之一，信息化、智能化将是带动传统产业升级和基础设施建设工业化的最佳抓手。随着智能制造为主导的工业 4.0 的兴起，必将使得土木工程基础设施智能建造成为国家的重要战略方向之一。目前，我国正在积极探索智慧基础设施、智能建造的实现方法。作为"具有工业革命意义的制造技术"，3D 打印以增材制造为理念，是数字化、机械化和信息化高度交叉融合的一种智能技术，在土木工程建

[*] 李之建，马国伟，王里.3D 打印连续微筋混凝土梁受弯承载力试验研究 [J]. 实验力学，2021，36（4）：516-524.

设中推广应用无疑会促进工程建设的智能化水平。

3D 打印混凝土技术可以实现建筑结构的自动化、自由化、快速化建造，且在整个建造过程中无需模板，可大幅度节省材料成本和劳动力。3D 打印混凝土技术发展迅速，已经出现了大量的 3D 打印建筑结构实例，但目前仍存在一些问题需要解决。3D 打印混凝土属于脆性材料，抗拉强度低、易开裂，而打印的混凝土结构内部无钢筋，难以承受弯曲荷载，限制了 3D 打印混凝土技术在结构构件中的应用。3D 打印混凝土的无筋问题亟需解决。

近年来，国内外学者在 3D 打印混凝土结构增强方面进行了大量研究，提出了一些有效的加筋方法，总体可分为短切纤维掺入法、钢筋混凝土分批建造法和微筋、混凝土同步挤出法。

连续微筋同步增强方法可有效提高 3D 打印混凝土结构的强度和延性，国内学者试验研究了 3D 打印连续微筋混凝土梁在四点弯曲作用下的变形和破坏规律，发现 3D 打印微筋混凝土梁的破坏模式属于少筋破坏，半截面加筋试件中的微筋全部屈服，全截面加筋试件中的微筋的利用率随着打印层数的增加而增大。破坏时混凝土受压区高度较小，压力主要由顶部两层混凝土承担。

首先，对 3D 打印所需的混凝土材料进行精细化配比设计，以满足泵送性、流动性、挤出性、建造性和开放时间与打印工艺参数的协调平衡。

其次，进行 3D 打印机混凝土梁试件的制备。经过测试，直径为 1.2 mm、结构为 7 股（每股包含 19 根钢丝）、共 133 根细丝的钢丝绳的刚度适中，在打印过程中能够在任意方向弯曲，满足打印工艺灵活性的要求，故将其作为 3D 打印混凝土的微筋。如图 T-7 所示，将钢丝绳专用挤出机连接在打印机的料筒上，通过控制挤出机的步进电机的转动实现钢丝绳的输送。在混凝土被挤出的同时，钢丝绳通过打印头内的毛细管被挤出，最终制备出 3D 打印微筋混凝土结构。为实现微筋与混凝土挤出的协调相容，经过一系列测试，打印层高设为 10 mm，打印速度和送筋速度设为 50 mm/s，混凝土的挤出速度为 1.3 L/min。

以打印层数为变量，层数分别设置为 4 层、6 层和 8 层。加筋布置分为全截面加筋和半截面加筋。将打印完成的试件覆膜后置于实验室环境下养护 24 h，然后置于标准养护室内，养护室的温度为 20±2 ℃，相对湿度为 95±5%，养护至 28 d。养护完成后，从打印试件上切割出尺寸为 450 mm（长）×45 mm（宽）的梁进行四点弯曲试验，如图 T-8 所示。

图 T-7　3D 打印机及钢丝绳的自动植入装置
①—钢丝绳；②—挤出机；③—步进电机；
④—导管；⑤—毛细管；⑥—打印头

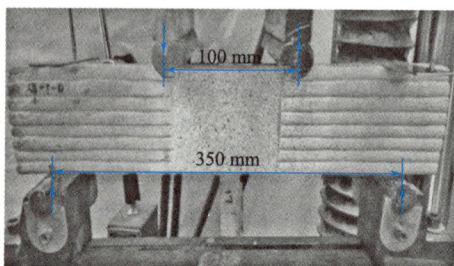

图 T-8　四点弯曲试验装置图

在初始阶段呈线性增加趋势，具有相同层数的试件呈现出相近的增长斜率。开裂后，曲线出现明显的非线性特征，并出现多个峰值，直到达到最大荷载。达到峰值状态后，钢丝绳发生断裂，荷载迅速下降。破坏时受压区混凝土未出现压碎现象，属于少筋破坏，受压区高度总体较小且随着层数的增加而增大，压力主要由顶部两层混凝土承担。从顶部第三层开始，试件出现明显的开裂。微筋梁的开裂荷载由试件截面尺寸决定，相同层数梁的开裂荷载相近。随着打印层数的增大，全截面加筋试件和半截面加筋试件的极限荷载均增大。

根据普通钢筋混凝土的正截面受弯承载力计算公式，结合 3D 打印微筋混凝土梁在弯曲荷载下的开裂弯矩和极限弯矩的计算简图和实测值，**给出 3D 打印微筋混凝土梁的正截面承载力的简化计算公式（与试验结果误差在 10% 以内）**：

$$M_u = \frac{A}{100\rho} n f_y A_s h_0 , \quad \rho = \frac{nA_s}{bh}$$

式中，A 为微筋布置情况对力臂系数的影响系数（全筋取 0.125，半筋取 0.1），f_y 为 3D 打印混凝土的抗压强度，n 为加筋层数，A_s 为单根钢丝绳面积，b 为试件梁宽度，h 为试件梁高度。

3.6　T 形截面受弯构件正截面受弯承载力计算
Calculation of the Bending Bearing Capacity of the Normal Section of T-shaped Sections

T 形截面受弯构件在材料组成上类似于单筋矩形截面受弯构件，在受力特点上 T 形截面上翼缘的外伸部分相当于双筋矩形截面受弯构件中的受压钢筋。因此，本节不再对截面的受力性能作详细的分析，只介绍正截面承载力的简化计算方法。由于临近破坏时受拉区混凝土不参加工作，I 形截面和箱形截面极限承载力的计算方法和 T 形截面类似。因此，讨论 T 形截面受弯构件正截面承载力计算方法具有较广泛的意义。

3.6.1　T 形截面梁翼缘的计算宽度 b'_f
Effective Flange Width of T-shaped Beams

试验表明，受压翼缘混凝土的压应力分布不均匀，如图 3-27（a）所示，**离梁肋越远，压应力越小，**且分布规律与多种因素有关。为简化计算，通常

梁刚度放大系数与 T 形截面配筋

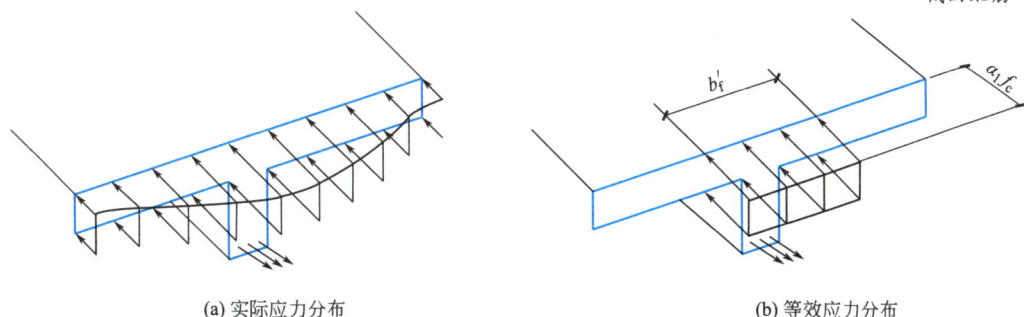

(a) 实际应力分布　　　　　　　　　　　　(b) 等效应力分布

图 3-27　T 形截面受弯构件正截面受压区应力分布

采用与实际分布情况等效的翼缘宽度 $b'_{\rm f}$，**并假定在 $b'_{\rm f}$ 范围内压应力是均匀分布的，**如图 3-27（b）所示。

工程设计中，对独立 T 形截面梁，应使实际翼缘宽度不超过 $b'_{\rm f}$；对现浇梁板结构，则取翼缘的计算宽度 $b'_{\rm f}$ 进行计算。有效翼缘计算宽度 $b'_{\rm f}$ 可按表 3-6 所列情况中的最小值取用。

有效翼缘计算宽度 $b'_{\rm f}$ 的取值　　　　　　　　表 3-6

情况		T 形、I 形截面		倒 L 形截面
		肋形梁、肋形板	独立梁	肋形梁、肋形板
1	按计算跨度 l_0 考虑	$l_0/3$	$l_0/3$	$l_0/6$
2	按梁（纵肋）净距 $s_{\rm n}$ 考虑	$b+s_{\rm n}$	—	$b+s_{\rm n}/2$
3　按翼缘高度 $h'_{\rm f}$ 考虑	$h'_{\rm f}/h_0\geqslant 0.1$	—	$b+12h'_{\rm f}$	—
	$0.05\leqslant h'_{\rm f}/h_0<0.1$	$b+12h'_{\rm f}$	$b+6h'_{\rm f}$	$b+5h'_{\rm f}$
	$h'_{\rm f}/h_0<0.05$	$b+12h'_{\rm f}$	b	$b+5h'_{\rm f}$

注：① 表中 b 为腹板厚度；
　　② 肋形梁在梁跨内设有间距小于纵肋间距的横肋时，可不考虑表中情况 3 的规定；
　　③ 对加腋的 T 形、I 形和倒 L 形截面，当受压区加腋的高度 $h_{\rm h}\geqslant h'_{\rm f}$（且加腋的宽度 $b_{\rm h}\leqslant 3h_{\rm h}$ 时，其翼缘的计算宽度可按表 3-6 所列情况 3 的规定分别增加 $2b_{\rm h}$（T 形、I 形截面）和 $b_{\rm h}$（倒 L 形截面）；
　　④ 独立梁受压区的翼缘板在荷载作用下经验算沿纵肋方向可能产生裂缝时，其计算宽度应取腹板宽度 b。

以上为翼缘承受正弯矩时的情况，特别需要注意的是，**当翼缘承受负弯矩时，仍按矩形截面进行计算。**

3.6.2　基本公式及适用条件
Basic Formulas and Applicable Conditions

1. 两类 T 形截面的判别

按中和轴（对简化计算实际上是名义中和轴）的位置不同而形成的受压区形状不同，可将 T 形截面分为两种类型：①当中和轴位于受压翼缘内时（图 3-29）为第一类 T 形截面；②当中和轴位于腹板内时（图 3-30）为第二类 T 形截面。根据图 3-28 所示的 T 形截面受弯构件全翼缘受压时的计算简图可知，当满足下列条件之一时，可按第一类 T 形截面计算；否则为第二类 T 形截面：

$$f_y A_s \leqslant \alpha_1 f_{\rm c} b'_{\rm f} h'_{\rm f} \tag{3-34}$$

$$M \leqslant M_{\rm u} = \alpha_1 f_{\rm c} b'_{\rm f} h'_{\rm f}\left(h_0 - \frac{h'_{\rm f}}{2}\right) \tag{3-35}$$

式中　M——截面所受的弯矩；

　　　$b'_{\rm f}$——受压翼缘的计算宽度；

　　　$h'_{\rm f}$——受压翼缘的高度。

2. 第一类 T 形截面受弯构件

由于在承载力计算时不考虑混凝土的抗拉作用，第一类 T 形截面受弯构件的正截面受弯承载力与截面尺寸为 $b'_{\rm f}\times x$ 的单筋矩形截面受弯构件的计算方法完全相同，如图 3-29 所示。其简化的承载力计算公式为：

UHPC 倒 T 形梁

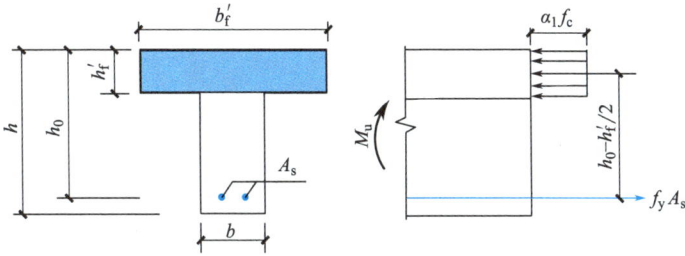

图 3-28　T 形截面受弯构件全截面受压时的计算简图（界限情况）

$$\begin{cases} \alpha_1 f_c b'_f x = f_y A_s \\ M_u = \alpha_1 f_c b'_f x \left(h_0 - \dfrac{x}{2} \right) = f_y A_s \left(h_0 - \dfrac{x}{2} \right) \end{cases} \tag{3-36}$$

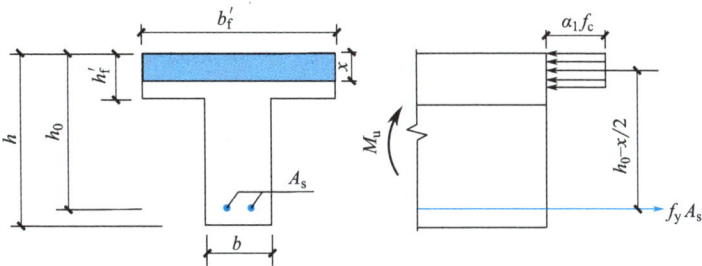

图 3-29　第一类 T 形截面计算简图

为防止发生超筋破坏，相对受压区高度应满足 $\xi = x/h_0 \leqslant \xi_b$。对第一类 T 形截面来说，中和轴位于受压翼缘内，x 较小，该适用条件一般能满足，可不需要验算。

为了保证不出现少筋破坏，受拉钢筋面积应满足 $A_s \geqslant \rho_{min} bh$，其中 $\rho_{min} = A_s/bh$。T 形截面的开裂弯矩同截面为腹板的矩形截面的开裂弯矩几乎相同，因此在验算最小配筋量时，截面尺寸应用 $b \times h$，而非 $b'_f \times h$。这一点在计算分析时应特别注意。

3. 第二类 T 形截面受弯构件

第二类 T 形截面受弯构件正截面的受力情况和双筋矩形截面的受力情况类似。截面的受弯承载力可以分解为两部分：腹板受压区混凝土和相应的受拉钢筋 A_{s1} 贡献的承载力 M_{u1} 和受压翼缘混凝土和相应的受拉钢筋 A_{s2} 贡献的承载力 M'_{uf}。截面的计算简图如图 3-30 所示。

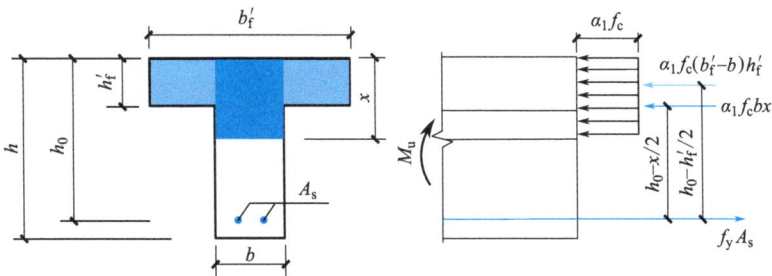

图 3-30　第二类 T 形截面计算简图

由 $\sum X = 0$ 和 $\sum M = 0$ 得出简化分析的计算公式为:

$$\begin{cases} \alpha_1 f_c bx + \alpha_1 f_c (b'_f - b)h'_f = f_y A_s \\ M_u = M_{ul} + M'_{uf} = \alpha_1 f_c bx \left(h_0 - \dfrac{x}{2} \right) + \alpha_1 f_c (b'_f - b)h'_f \left(h_0 - \dfrac{h'_f}{2} \right) \end{cases} \tag{3-37}$$

为防止发生少筋脆性破坏,截面配筋面积应满足:$A_s \geqslant \rho_{\min} bh$。对于第二类 T 形截面,中和轴位于腹板内,$x$ 较大,该条件一般能满足,可不验算。

为防止超筋脆性破坏,应满足下列条件之一:

$$\xi = \frac{x}{h_0} \leqslant \xi_b \tag{3-38a}$$

或

$$\rho_1 = \frac{A_{sl}}{bh_0} \leqslant \rho_{\max} = \xi_b \frac{\alpha_1 f_c}{f_y} \tag{3-38b}$$

或

$$M_1 \leqslant M_{ul,\max} = \alpha_{s,\max} \alpha_1 f_c bh_0^2 \tag{3-38c}$$

式中,M_1 为腹板受压区混凝土及其相应的受拉钢筋所承受的弯矩。

3.6.3 截面承载力计算的两类问题
Two Types of Problems in Calculating Cross-sectional Bearing Capacity

1. 截面复核

已知截面尺寸(b,h,h_0,b'_f,h'_f)、配筋(A_s)和材料强度(f_c,f_t,f_y),求 M_u。可按下列步骤进行计算分析:

(1)判断截面类型:若 $f_y A_s \leqslant \alpha_1 f_c b'_f h'_f$,为第一类 T 形截面;若 $f_y A_s \geqslant \alpha_1 f_c b'_f h'_f$,为第二类 T 形截面;

(2)若为第一类 T 形截面,则按 $b'_f \times x$ 的单筋矩形截面计算正截面的承载力。验算时若 $A_s < \rho_{\min} bh$,按 $b \times x$ 矩形截面的开裂弯矩计算构件的承载力;

(3)若为第二类 T 形截面,可按下面步骤进行计算:

① 计算 A_{s2},其所承受的拉力与翼缘挑出部分受压区所承受压力大小相同,即:

$$f_y A_{s2} = \alpha_1 f_c (b'_f - b)h'_f$$

所以有:

$$A_{s2} = \frac{\alpha_1 f_c (b'_f - b)h'_f}{f_y} \tag{3-39}$$

② 计算:

$$A_{sl} = A_s - A_{s2} \tag{3-40}$$

③ 根据 A_{sl} 所承受的拉力与腹板受压区所承受压力大小相同可计算 x,即:

$$x = \frac{f_y A_{sl}}{\alpha_1 f_c b}$$

④ 计算:

$$M_{ul} = \alpha_1 f_c bx \left(h_0 - \frac{x}{2} \right) \tag{3-41}$$

$$M'_{uf} = f_y A_{s2} \left(h_0 - \frac{h'_f}{2} \right) \tag{3-42}$$

⑤ 最后得到:

$$M_u = M_{ul} + M'_{uf}$$

验算 $M_u \geqslant M$。

2. 截面设计

已知截面尺寸 (b, h, h_0, b'_f, h'_f)、材料强度 (f_c, f_t, f_y, f'_y) 及截面所受的弯矩 M，求配筋 A_s。和单筋矩形截面、双筋矩形截面类似，为了保证所设计的截面在给定弯矩作用下不发生破坏，应要求截面的承载力不低于其所受的弯矩，即：$M_u \geqslant M$。因此，按下列步骤进行计算分析：

(1) 判断截面类型：若 $M \leqslant \alpha_1 f_c b'_f h'_f \left(h_0 - \dfrac{h'_f}{2} \right)$，为第一类 T 形截面；若 $M \geqslant \alpha_1 f_c b'_f h'_f \left(h_0 - \dfrac{h'_f}{2} \right)$，为第二类 T 形截面。

(2) 若为第一类 T 形截面，按 $b'_f \times x$ 的单筋矩形截面进行设计，应验算 $A_s \geqslant \rho_{\min} bh$。

(3) 若为第二类 T 形截面，转入下面步骤：

① 平衡翼缘挑出部分的混凝土压力所需的受拉钢筋截面面积 A_{s2} 为：

$$A_{s2} = \frac{\alpha_1 f_c (b'_f - b) h'_f}{f_y} \tag{3-43}$$

② 求 M'_{uf}：

$$M'_{uf} = f_y A_{s2} \left(h_0 - \frac{h'_f}{2} \right) \tag{3-44}$$

③ 求 M_{u1}：$M_{u1} = M - M'_{uf}$；

④ 根据 M_{u1}，按单筋矩形截面的方法求 x；

⑤ 验算 $x \leqslant \xi_b h_0$，按单筋矩形截面适筋构件的方法求 A_{s1}，$A_s = A_{s1} + A_{s2}$。

【例 3-8】已知一肋梁楼盖的次梁，弯矩设计值 $M = 500 \text{ kN·m}$，梁的截面尺寸为 $b \times h = 200 \text{ mm} \times 600 \text{ mm}$，$b'_f = 1000 \text{ mm}$，$h'_f = 120 \text{ mm}$；混凝土强度等级为 C30，钢筋采用 HRB400，环境类别为一类。

求：受拉钢筋截面面积 A_s。

【解】(1) 确定计算参数

$f_c = 14.3 \text{ N/mm}^2$，$f_y = f'_y = 360 \text{ N/mm}^2$，$\alpha_1 = 1.0$，$\xi_b = 0.518$。

(2) 判别 T 形截面类型

因弯矩较大，截面宽度 b 较窄，预计受拉钢筋需排两层，故取 $a_s = 60 \text{ mm}$：

$$h_0 = 600 - 60 = 540 \text{ mm}$$

$$\alpha_1 f_c b'_f h'_f \left(h_0 - \frac{h'_f}{2} \right) = 1.0 \times 14.3 \times 1000 \times 120 \times \left(540 - \frac{120}{2} \right)$$

$$= 823.68 \text{ kN·m} > 500 \text{ kN·m}$$

属于第一类 T 形截面梁。

(3) 求截面抵抗矩系数 α_s

以 b'_f 代替 b，可得：

$$\alpha_s = \frac{M}{\alpha_1 f_c b'_f h_0^2} = \frac{500 \times 10^6}{1.0 \times 14.3 \times 1000 \times 540^2} = 0.120$$

(4) 求相对受压区高度 ξ

$$\xi = 1 - \sqrt{1 - 2\alpha_s} = 1 - \sqrt{1 - 2 \times 0.120} = 0.128 < \xi_b = 0.518$$

（5）求内力臂系数 γ_s

$$\gamma_s = 0.5 \times (1 + \sqrt{1 - 2\alpha_s}) = 0.5 \times (1 + \sqrt{1 - 2 \times 0.12}) = 0.936$$

（6）求受拉钢筋截面面积 A_s

$$A_s = \frac{M}{f_y \gamma_s h_0} = \frac{500 \times 10^6}{360 \times 0.936 \times 540} = 2748 \text{ mm}^2$$

选用 $3\,\underline{\Phi}\,25 + 3\,\underline{\Phi}\,25$，$A_s = 2945 \text{ mm}^2$。

【例 3-9】已知弯矩 $M = 660 \text{ kN·m}$，梁的截面尺寸为 $b \times h = 300 \text{ mm} \times 700 \text{ mm}$，$b'_f = 600 \text{ mm}$，$h'_f = 120 \text{ mm}$；混凝土强度等级为 C30，钢筋采用 HRB400，环境类别为一类。

求：所需的受拉钢筋截面面积 A_s。

【解】（1）确定计算参数

$f_c = 14.3 \text{ N/mm}^2$，$f_y = f'_y = 360 \text{ N/mm}^2$，$\alpha_1 = 1.0$，$\xi_b = 0.518$。

（2）判别 T 形截面类型

假设受拉钢筋排成两层，故取：

$$h_0 = h - a_s = 700 - 60 = 640 \text{ mm}$$

$$\alpha_1 f_c b'_f h'_f \left(h_0 - \frac{h'_f}{2} \right) = 1.0 \times 14.3 \times 600 \times 120 \times \left(640 - \frac{120}{2} \right)$$

$$= 597.17 \text{kN·m} < 660 \text{ kN·m}$$

属于第二类 T 形截面梁。

（3）求截面抵抗矩系数 α_s

$$\alpha_s = \frac{M_{u1}}{\alpha_1 f_c b h_0^2} = \frac{M - M'_{uf}}{\alpha_1 f_c b h_0^2} = \frac{M - \alpha_1 f_c (b'_f - b) h'_f \left(h_0 - \frac{h'_f}{2} \right)}{\alpha_1 f_c b h_0^2}$$

$$= \frac{660 \times 10^6 - 1.0 \times 14.3 \times (600 - 300) \times 120 \times \left(640 - \frac{120}{2} \right)}{1.0 \times 14.3 \times 300 \times 640^2}$$

$$= \frac{361.42 \times 10^6}{1.0 \times 14.3 \times 300 \times 640^2}$$

$$= 0.206$$

（4）求相对受压区高度 ξ

$$\xi = 1 - \sqrt{1 - 2\alpha_s} = 1 - \sqrt{1 - 2 \times 0.206} = 0.233 < \xi_b = 0.518$$

（5）求内力臂系数 γ_s

$$\gamma_s = 0.5 \times (1 + \sqrt{1 - 2\alpha_s}) = 0.5 \times (1 + \sqrt{1 - 2 \times 0.206}) = 0.883$$

（6）求受拉钢筋截面面积 A_s

$$A_{s2} = \frac{\alpha_1 f_c (b'_f - b) h'_f}{f_y} = \frac{1.0 \times 14.3 \times (600 - 300) \times 120}{360} = 1430 \text{ mm}^2$$

$$A_{s1} = \frac{M_{u1}}{f_y \gamma_s h_0} = \frac{361.42 \times 10^6}{360 \times 0.883 \times 640} = 1777 \text{ mm}^2$$

$$A_s = A_{s1} + A_{s2} = 1777 + 1430 = 3207 \text{ mm}^2$$

选配 $4\,\underline{\Phi}\,25 + 4\,\underline{\Phi}\,22$，$A_s = 3484 \text{ mm}^2$。

知识拓展——再生轻骨料混凝土梁承载力的研究[*]

知识拓展——再生轻骨料混凝土梁承载力的研究*

Knowledge Expansion——Research on Load-carrying Capacity of Recycled Lightweight Aggregate Concrete Beams*

在现代城市建设中，尤其是结构拆除改造过程中，会产生较多的建筑垃圾，这些建筑垃圾主要成分是碎混凝土块。与之不同的是，农村砌体结构建筑在拆除重建过程中，产生大量以碎砖为主的建筑垃圾，这些建筑垃圾成分比较复杂，除了碎砖以外还包括大量的混凝土块、砂浆、装饰材料等。另外，由于建筑物结构体系的不同，该建筑垃圾的组成差异也十分明显。这些建筑垃圾污染环境、处理程序较复杂，同时还会占用大量的土地，因而如何对其进行处理以及再利用具有很重要的意义。再生轻骨料混凝土是利用以废砖为主的建筑垃圾结合陶粒配置成的混凝土，具有质轻高强效果，能有效地利用建筑垃圾。

国内外专家对于再生骨料在结构中应用的研究很多，例如研究了再生轻骨料混凝土配合比，然后在此基础上制备出不同再生骨料取代率的混凝土梁，发现利用这种混凝土制备成的梁和普通混凝土正截面承载力相差不大。但是对于再生轻骨料混凝土应力、应变、承载力以及梁截面承载力的计算公式的研究还没有，这为以废砖为主再生骨料的推广利用增加了一定困难。

有学者在前期的研究基础上，利用陶粒和以废砖为主的再生骨料制作成了6根不同再生骨料取代率（0、20%、40%、60%、80%、100%）的钢筋混凝土梁，基于试验研究发现单向受压下再生轻骨料混凝土应力-应变关系曲线的形状与普通混凝土类似，均由比较明显的上升段和下降段组成，也存在着比例极限、峰值应力、峰值应变、极限应变等特征值。在过镇海提出的混凝土应力-应变关系模型的基础之上，提出了与取代率有关的再生轻骨料混凝土两段式多项式应力-应变关系表达式。同时，在进行再生轻骨料混凝土梁受弯承载力计算时，采用的基本假定同普通混凝土梁。在普通混凝土梁受弯承载力计算公式的基础上，将混凝土受压区等效矩形应力图系数 α_1 考虑成与再生骨料取代率有关的系数，结合试验结果通过回归分析提出了再生轻骨料混凝土梁的受弯承载力计算公式。

本章习题

一、选择题

1. 正常使用下的混凝土受弯构件正截面受弯是处于下列的（　　）。

A. 第Ⅰ工作阶段，即没有裂缝

B. 第Ⅱ工作阶段，即带裂缝工作

C. 第Ⅲ工作阶段，即纵向受拉钢筋已屈服

D. 不能确定

---

* 付士峰，戎贤，汪坤 . 再生骨料混凝土梁承载力的研究［J］. 硅酸盐通报，2019，38（1）：160-166.

2. 某纯弯曲梁在荷载作用下的受力行为表现为：首先受拉区出现裂缝，然后受拉区钢筋屈服，最后受压区混凝土压碎，则此梁属于（　　）。

A. 少筋梁   B. 适筋梁

C. 超筋梁   D. 平衡界限破坏的梁

3. 适筋梁正截面从加载到破坏的各应力阶段中，说法错误的是（　　）。

A. 当构件不允许出现裂缝时，以整体工作阶段为计算依据

B. 正常使用极限状态以带裂缝工作阶段为计算依据

C. 正常使用极限状态以破坏阶段为计算依据

D. 承载能力极限状态以破坏阶段为计算依据

4. 在钢筋混凝土受弯构件的受弯承载力计算中有一基本假定为平截面假定，它适用的范围是下面哪种情况：（　　）。

A. 未裂阶段   B. 开裂阶段

C. 破坏阶段   D. 以上阶段均可

5. 混凝土受弯构件正截面承载力计算的基本假定中，不考虑混凝土的（　　）强度。

A. 抗拉   B. 抗压

C. 抗剪   D. 以上答案均正确

6. 当相对受压区高度（　　）界限相对受压区高度时，属于超筋梁。

A. 小于   B. 等于   C. 大于   D. 不确定

7. 在梁的配筋率不变的条件下，梁高 h 与梁宽 b 相比，对受弯承载力 M_u（　　）。

A. h 影响小   B. 两者相当

C. h 影响大   D. 不一定

8. 钢筋混凝土受弯构件的截面有效高度 h_0 是指：（　　）。

A. 受拉钢筋合力点到截面受压区边缘的距离

B. 梁的截面高度减去混凝土保护层厚度

C. 混凝土受压区高度

D. 受拉钢筋合力点到受压钢筋合力点的距离

9. 钢筋混凝土梁若不改变其钢筋截面面积，能使其正截面受弯承载力（即极限弯矩）提高的最有效的方法是（　　）。

A. 提高混凝土强度等级   B. 提高钢筋强度等级

C. 增大截面高度   D. 增大截面宽度

10. 设计钢筋混凝土双筋截面受弯构件正截面受弯承载力时，要求构件达到破坏时，受压区混凝土高度 $x > 2a'_s$ 的原因是：（　　）。

A. 不发生超筋破坏

B. 不发生少筋破坏

C. 保证梁发生破坏时，布置在梁受压区的普通强度等级的钢筋能够达到受压屈服

D. 保证梁发生破坏时，布置在梁受压区的很高强度的钢筋也能达到屈服

11. 属于钢筋混凝土 T 形截面受弯构件的是：（　　）。

A. 截面形状是 T 形或倒 L 形

B. 截面形状是 T 形或 L 形

C. 截面形状是 T 形或 L 形且翼缘位于受压区

D. 截面形状是 T 形或 L 形且翼缘位于受拉区

12. 单向板肋形梁板结构次梁截面配筋计算时，在跨中正弯矩作用的区段上，梁的计算截面取为（　　）。

A. T 形 　　　　　　 B. 矩形 　　　　　　 C. 倒 T 形 　　　　　　 D. 工字形

13. C25 混凝土，第一类 T 形截面受弯构件最小用钢量为（　　）。

A. $A_{s,min} = 0.0015bh$ 　　　　　　　　　 B. $A_{s,min} = 0.0015b'_f h$

C. $A_{s,min} = 0.002bh$ 　　　　　　　　　 D. $A_{s,min} = 0.002b'_f h$

二、填空题

1. 适筋梁的第 Ⅰ、Ⅱ 和 Ⅲ 阶段末分别是_____、_____和_____的依据。

2. 在钢筋混凝土受弯构件正截面承载力计算中，要求 $\xi \leqslant \xi_b$，其目的是_____。当不满足这一条件时，截面（尺寸一定）的最大承载力主要取决于_____。

3. 将受弯构件中混凝土受压区的抛物线应力图形折算成等效矩形应力图形，其等效原则是_____及_____。

4. 当双筋梁的受压钢筋不屈服时，应对_____取矩来进行计算。

5. T 形截面梁的受压翼缘计算宽度与_____、_____及_____有关。

6. T 形截面梁有_____种类型，其中_____类的设计计算与截面宽度等于受压翼缘宽度的矩形截面梁。

三、判断题

1. 当其他条件一定时，钢筋混凝土适筋梁的纵向配筋率越高，截面的屈服曲率就越大。（　　）

2. 同样尺寸和材料的钢筋混凝土梁，少筋梁的极限承载力最低，适筋梁的极限承载力最高。（　　）

3. 适筋破坏、超筋破坏和少筋破坏形态均属于脆性破坏类型。（　　）

4. 最小配筋率是能使破坏阶段所求得的钢筋混凝土截面的抗弯能力不小于相同截面的素混凝土梁按开裂临界状态所求得的抗弯能力的配筋率。（　　）

5. 界限相对受压区高度仅与钢筋品种和钢筋强度等级有关。（　　）

6. 采用等效应力图形是为了计算简便。（　　）

7. 单筋矩形截面受弯构件正截面受弯承载力计算的基本计算公式主要考虑力的平衡和力矩平衡两个方面。（　　）

8. 钢筋混凝土单筋矩形截面梁 $b \times h = 250\ mm \times 600\ mm$，$a_s = 40\ mm$，由正截面受弯承载力计算得到 $\xi = 0.5 < \xi_b$，则受压区混凝土压力合力与受拉区钢筋拉力合力之间的距离约为 424 mm。（　　）

9. 在正截面抗弯中，当钢筋混凝土梁受到变号弯矩作用时，则必须按双筋进行设计。（　　）

10. 双筋梁一定要满足基本公式的两个适用条件，否则就不能称为双筋梁。（　　）

11. 钢筋混凝土双筋矩形截面梁正截面承载力设计中，当受压钢筋面积 A'_s 已给定，计算中出现 $\xi > \xi_b$ 时，则说明原来给定的受压钢筋面积太少，此时应按 A'_s 未知的情况重新进行计算。（　　）

12. 钢筋混凝土结构中，双筋矩形截面梁也有可能出现少筋破坏，也需要验算最小配筋率。（　　）

13. 不管受拉钢筋在什么位置，只要是 T 形截面梁，就一定要按 T 形截面计算。（　　）

14. 将两类 T 形截面适筋梁进行比较，当截面外形尺寸及材料强度相同时，第一类 T 形梁的截面转动能力低于第二类 T 形梁。（　　）

四、思考题

1. 钢筋混凝土梁中的配筋形式如何？

2. 钢筋混凝土板中的配筋形式如何？

3. 为何规定混凝土梁、板中纵向受力钢筋的最小间距和最小保护层厚度？

4. 常用纵向受力钢筋的直径是多大？

5. 钢筋混凝土梁正截面的破坏形态有哪些？对应每种破坏形态的破坏特征是什么？

6. 界限破坏（平衡破坏）的特征是什么？

7. 确定钢筋混凝土梁中纵向受力钢筋最小配筋率的原则是什么？

8. 随着纵向受力钢筋用量的增加，梁正截面受弯承载力如何变化？梁正截面的变形能力如何变化？

9. 钢筋混凝土受弯构件受拉边缘达到何种状态时，可以认为受拉区开裂？

10. 钢筋混凝土适筋受弯构件达到何种状态时，可以认为发生正截面受弯破坏？

11. 钢筋混凝土超筋受弯构件达到何种状态时，可以认为发生正截面受弯破坏？

12. 从何种角度出发认为钢筋混凝土受弯构件在受力过程中能符合平截面假定？

13. 如何将混凝土受压区的实际应力分布等效成矩形应力分布？

14. 如何确定界限受压区高度？

15. 在钢筋混凝土受弯构件中配置纵向受压钢筋有何作用？

16. 在进行双筋矩形截面受弯构件正截面的设计时，如何保证截面破坏时纵向受压钢筋也能屈服？

17. 在进行双筋矩形截面受弯构件正截面的承载力计算时，若 $x < 2a'_s$，如何计算正截面的承载力？

18. 在截面设计或截面承载力计算时，为什么要规定 T 形截面受压翼缘的计算宽度？

19. 如何验算第一类 T 形截面的最小配筋率？为什么？

20. 某钢筋混凝土矩形截面，沿整个截面高度均匀布置有纵向受力钢筋，则用公式 $M_u = A_s f_y \left(h_0 - \dfrac{x}{2} \right)$ 算出的正截面受弯承载力和实际受弯承载力是否相符？为什么？

五、计算题

1. 已知某简支钢筋混凝土平板的计算跨度为 $l_0 = 2.8$ m，板厚 $h = 90$ mm，配置ϕ 10@200 的钢筋，混凝土和钢筋材料的性能指标为 $f_c = 14.3$ N/mm^2，$f_t = 1.43$ N/mm^2；$f_y = 360$ N/mm^2。试求该板每平方米承受的荷载是多少？

2. 钢筋混凝土简支梁的截面尺寸为 $b = 250$ mm、$h = 500$ mm，计算跨度为 $l_0 = 6$ m，承受均布荷载 $q = 24$ kN/m（包括梁的自重），配有受拉纵筋 2ϕ22＋2ϕ20，混凝土和钢筋材料的性能指标为 $f_c = 14.3$ N/mm^2，$f_t = 1.43$ N/mm^2；$f_y = 360$ N/mm^2。问此梁的正

截面是否安全?

3. 某简支梁的截面尺寸为 $b=200$ mm，$h=500$ mm，混凝土和钢筋材料的性能指标为 $f_c=14.3$ N/mm²，$f_t=1.43$ N/mm²；$f_y=360$ N/mm²。当其所受的弯矩分别为 $M=60$ kN·m、100 kN·m、140 kN·m、180 kN·m、220 kN·m 时，求相应的配筋 A_s 为多少? 绘图表示 M-A_s 关系并讨论之。

4. 已知某简支钢筋混凝土平板的计算跨度为 $l_0=1.92$ m，板厚 $h=80$ mm，承受均布荷载 $q=4$ kN/m²（包括梁的自重），混凝土和钢筋材料的性能指标为 $f_c=14.3$ N/mm²，$f_t=1.43$ N/mm²；$f_y=300$ N/mm²。求板的配筋。

5. 已知某双筋矩形截面梁 $b=400$ mm，$h=1200$ mm，配置 4Φ28 的受压钢筋，12Φ28 的受拉钢筋，混凝土和钢筋材料的性能指标为 $f_c=14.3$ N/mm²，$f_t=1.43$ N/mm²，$E_c=3.0\times10^4$ N/mm²；$E_s=1.97\times10^5$ N/mm²，$f_y=360$ N/mm²。试计算：

（1）截面的开裂弯矩 M_{cr} 及相应的 ϕ_{cr}；

（2）截面的极限弯矩 M_u 及相应的 ϕ_u（一般方法）；

（3）截面的极限弯矩 M_u 及相应的 ϕ_u（简化方法）。

6. 简支梁如图 3-31 所示，混凝土和钢筋材料的性能指标为 $f_c=14.3$ N/mm²，$f_t=1.43$ N/mm²，$f_y=360$ N/mm²。求所能承受的均布荷载（包括梁的自重）q。

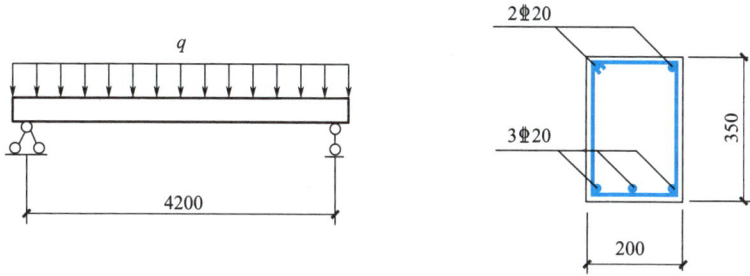

图 3-31　计算题 3-6 图

7. 图 3-32 所示的两跨连续梁，混凝土和钢筋材料的性能指标为 $f_c=14.3$ N/mm²，$f_t=1.43$ N/mm²；$f_y=360$ N/mm²。求所能承受的荷载 P（不计梁的自重，按弹性方法计算）。

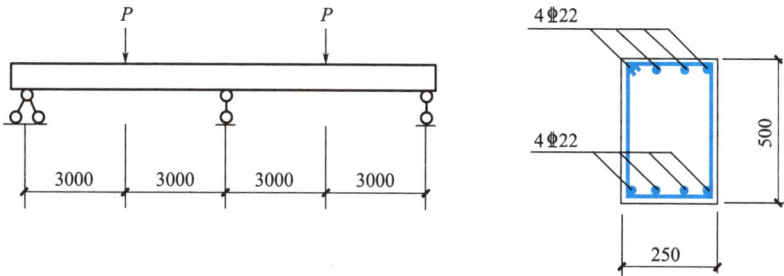

图 3-32　计算题 3-7 图

8. 已知钢筋混凝土简支梁的截面尺寸为 $b=200$ mm，$h=500$ mm，混凝土和钢筋材料的性能指标为 $f_c=16.7$ N/mm²，$f_t=1.57$ N/mm²；$f_y=360$ N/mm²。承受弯矩 $M=$

250 kN·m，求所需受拉钢筋 A_s 及受压钢筋 A_s'。

9. 某钢筋混凝土梁的截面尺寸为 $b=250$ mm，$h=600$ mm，受压区已配有 3φ22 的纵筋，混凝土和钢筋材料的性能指标为 $f_c=14.3$ N/mm^2，$f_t=1.43$ N/mm^2；$f_y=360$ N/mm^2。承受的弯矩 $M=330$ kN·m，求所需的受拉钢筋 A_s。

10. 已知 T 形截面梁 $b_f'=280$ mm，$h_f'=120$ mm，$b=180$ mm，$h=450$ mm，计算跨度 $l_0=5$m，配置 3φ25 纵筋，混凝土和钢筋材料的性能指标为 $f_c=14.3$ N/mm^2，$f_t=1.43$ N/mm^2；$f_y=360$ N/mm^2。试求截面的受弯承载力。

11. 已知 T 形截面梁 $b_f'=280$ mm，$h_f'=120$ mm，$b=400$ mm，$h=1200$ mm，计算跨度 $l_0=12$ m，配置 12φ25 的纵筋，混凝土和钢筋材料的性能指标为 $f_c=14.3$ N/mm^2，$f_t=1.43$ N/mm^2；$f_y=360$ N/mm^2。试求截面的受弯承载力。

12. 当混凝土和钢筋材料的性能指标为 $f_c=14.3$ N/mm^2，$f_t=1.43$ N/mm^2；$f_y=360$ N/mm^2 时，求图 3-33 所示的三种截面的钢筋混凝土梁所能承受的弯矩。

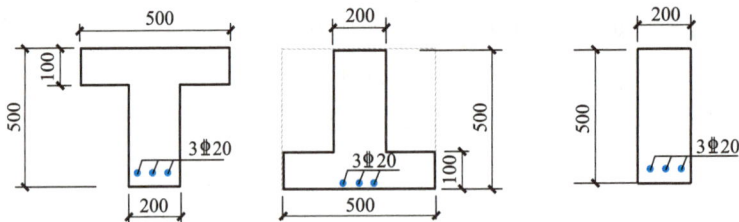

图 3-33 计算题 3-12 图

13. 简支梁如图 3-34 所示，混凝土和钢筋材料的性能指标为 $f_c=14.3$ N/mm^2，$f_t=1.43$ N/mm^2；$f_y=360$ N/mm^2，求梁的配筋 A_s。

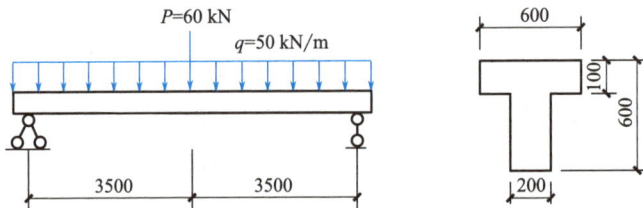

图 3-34 计算题 3-13 图

14. 已知预制空心楼板的截面如图 3-35 所示，混凝土和钢筋材料的性能指标为 $f_c=14.3$ N/mm^2，$f_t=1.43$ N/mm^2；$f_y=360$ N/mm^2，板的计算跨度 $l_0=3.6$ m，试求该

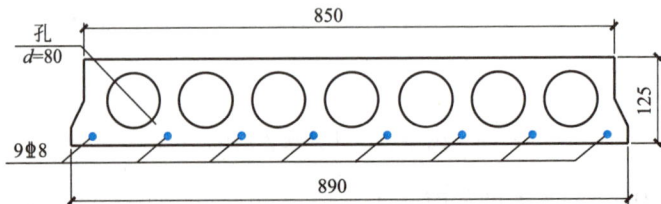

图 3-35 计算题 3-14 图

空心板的受弯承载力（提示：首先按形心位置不变、面积相等、对截面形心轴惯性矩不变的原则，将圆孔等效成矩形孔；再将多孔截面换算成 I 形截面）。

六、拓展题

查阅文献资料，试论述提高 3D 打印混凝土梁抗弯性能的方法或技术手段并结合思政谈谈智能化时代背景下攻克领域"卡脖子"问题，科技自立自强的意义。

第 4 章

受弯构件的斜截面承载力
Shear Capacity of Inclined Sections
of Bending Members

本章学习目标

1. 深刻理解受弯构件斜截面受剪的破坏形态及其防止对策。
2. 熟练掌握梁的斜截面受剪承载力计算。
3. 理解梁内纵向钢筋弯起和截断的构造要求。
4. 知道梁内各种钢筋，包括纵向受力钢筋和箍筋等的构造要求。

本章专业术语

ratio of shear span to effective depth 剪跨比
ratio of reinforcement 配筋率
generalized shear span ratio 广义剪跨比
shear-compression failure 剪压破坏
bent-up steel bar 弯起钢筋
diagonal-compression failure 斜压破坏
anchorage length 锚固长度
diagonal tension failure 斜拉破坏
splice of reinforcement 钢筋连接

钢筋混凝土受弯构件在承受外力作用时，会沿着与构件轴线垂直的平面发生破坏，即**正截面破坏**，还会沿着与构件轴线呈一定角度的平面发生破坏，即**斜截面破坏**。因此在满足正截面受弯承载力的同时，还要保证斜截面承载力，包括斜截面受剪承载力和斜截面受弯承载力。

工程计算中，防止斜截面受剪破坏通过计算和构造来满足，一般需要对构件配置与杆件轴线相垂直的箍筋，有时还需要把纵筋弯起，由**箍筋和弯起钢筋（统称为腹筋）共同抵抗剪切破坏**（图 4-1）。另外还要通过对纵向钢筋和箍筋的构造要求来避免斜截面受弯破坏。

试验表明，箍筋对抑制斜裂缝开展的效果比弯起钢筋要好，故工程设计中优先选用箍筋抗剪，不能满足时再考虑配置弯起钢筋。

结构斜截面
破坏形式与
实例

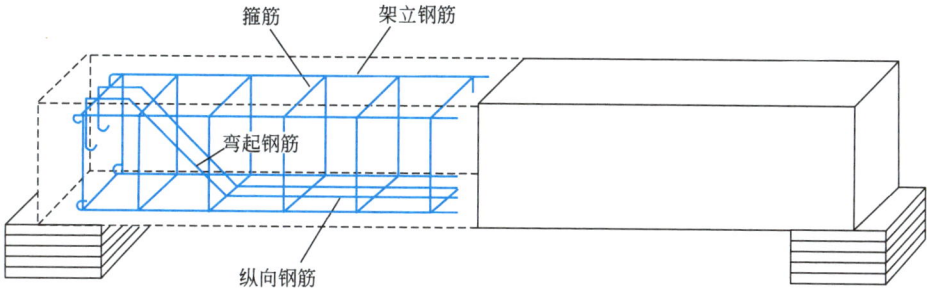

图 4-1　箍筋和弯起钢筋

4.1　受弯构件的抗剪性能
Shear Performance of Bending Members

4.1.1　斜裂缝
Inclined Cracks

钢筋混凝土梁在剪弯区段内，由于剪力和弯矩共同作用，将产生斜裂缝。斜裂缝主要有弯剪斜裂缝和腹剪斜裂缝两种。

受剪斜裂缝
与剪跨比

当梁上荷载很小、裂缝尚未出现时，可以将钢筋混凝土视为匀质弹性体。由材料力学可以得到任意截面上的任一点的正应力 σ 和剪应力 τ，正应力与剪应力组合在一起，将产生主拉应力 σ_{tp} 和主压应力 σ_{cp}，其值分别为：

$$\sigma_{tp} = \frac{\sigma}{2} + \frac{1}{2}\sqrt{\sigma^2 + 4\tau^2} \tag{4-1}$$

$$\sigma_{cp} = \frac{\sigma}{2} - \frac{1}{2}\sqrt{\sigma^2 + 4\tau^2} \tag{4-2}$$

主应力作用的方向和梁纵轴的夹角为：

$$\tan 2\alpha = -\frac{2\tau}{\sigma} \tag{4-3}$$

图 4-2（a）画出了梁的主应力轨迹线，它与中和轴相交呈 45°。图 4-2（f）给出 BB' 及 EE' 两个截面的正应力、剪应力、主拉应力和主压应力图。对比图 4-2（f）可以看出，BB' 截面下边缘的主拉应力 σ_{tp} 比 EE' 截面相应处的 σ_{tp} 要大。它基本上是处于水平单向受拉状态，当其应力超过混凝土抗拉强度时，将产生垂直裂缝。随着荷载的增加，梁的剪弯区段内任一截面，其形心轴以下任一点的主拉应力超过混凝土双轴受力时的抗拉强度时，将引起开裂，因其主拉应力方向是倾斜的，所以裂缝为斜裂缝。

斜裂缝可能是由垂直裂缝延伸出来的，称为弯剪斜裂缝；也有可能在梁腹部中和轴附近首先出现，称为腹剪斜裂缝，如图 4-3 所示。弯剪斜裂缝下宽上细，是工程中最常见的。

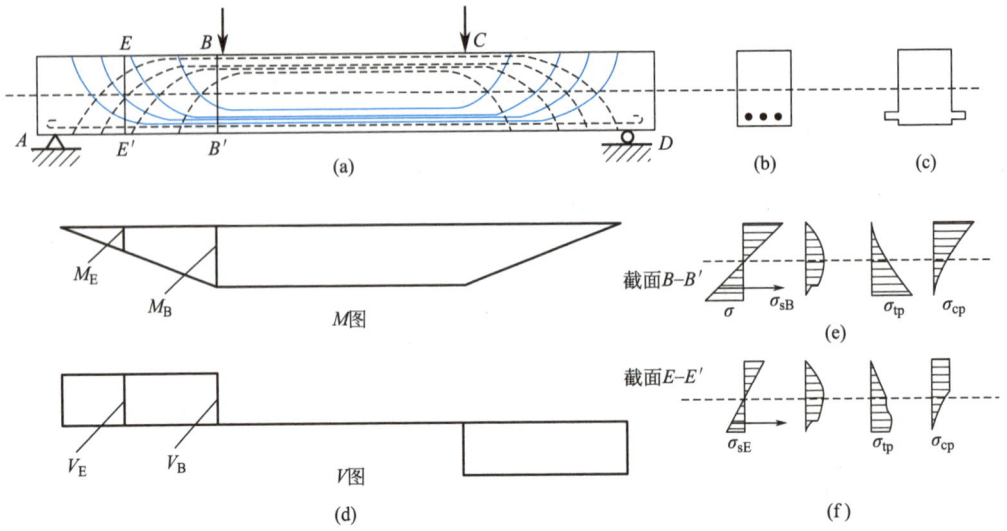

图 4-2　斜裂缝出现前的应力状态

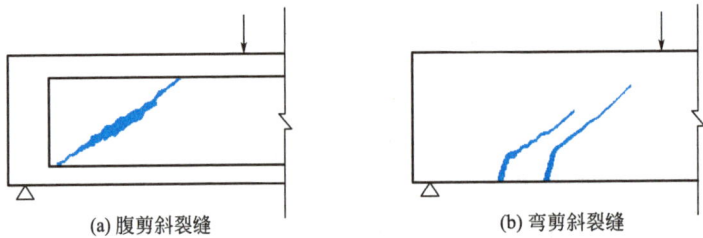

(a) 腹剪斜裂缝　　　　　　　(b) 弯剪斜裂缝

图 4-3　斜裂缝

4.1.2　剪跨比

Ratio of Shear Span to Effective Depth

剪跨比是一个无量纲的参数，它反映截面所受的弯矩与剪力的相对大小，其表达式为：

$$\lambda = \frac{M}{Vh_0} \tag{4-4}$$

式中　M，V——分别为截面所承受的弯矩和剪力设计值；

h_0——截面的有效高度。

对如图 4-4 所示的集中荷载作用下的简支梁，截面 B 左的剪跨比为：

$$\lambda_{B左} = \frac{M_B}{V_{B左}h_0} = \frac{V_A a}{V_A h_0} = \frac{a}{h_0} \tag{4-5}$$

式中，a 为第一个集中荷载作用点至支座的距离，即剪跨的长度。

由式（4-4）所定义的称为广义剪跨比，承受集中荷载时，剪跨比与广义剪跨比相同。对于承受均布荷载的简支梁（图 4-5），设 l 为梁的跨度，βl 为计算截面离支座的距离，则 λ 可表达为跨高比 l/h_0 的函数：

$$\lambda = \frac{M}{Vh_0} = \frac{\beta - \beta^2}{1 - 2\beta} \cdot \frac{l}{h_0} \tag{4-6}$$

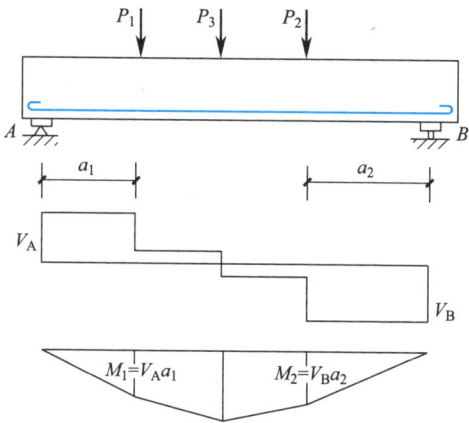

图 4-4　集中荷载下梁的剪跨比

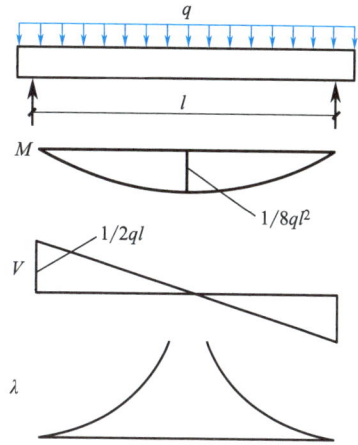

图 4-5　均布荷载下梁的剪跨比

剪跨比 λ 反映了截面上正应力 σ 和剪应力 τ 的相对比值，一定程度上反映了截面上弯矩与剪力的相对比值。它对无腹筋梁的斜截面受剪破坏形态有着决定性的影响，对斜截面受剪承载力也有着极为重要的影响。

4.1.3　斜截面受剪破坏形态
Failure Modes of Shear of Inclined Sections
1. 无腹筋梁的斜截面受剪破坏形态

为便于讨论斜截面受剪破坏形态，先以不配腹部抗剪钢筋即无腹筋梁为例说明。随着剪跨比 λ 的不同，无腹筋梁的斜截面会出现不同的破坏形态。试验也表明，无腹筋梁的斜截面受剪破坏形态与剪跨比 λ 有决定性的关系，主要有斜压破坏、剪压破坏和斜拉破坏三种破坏形态。

当 $\lambda < 1$ 时，支座与集中荷载加载点之间的混凝土可以想象为一斜向短柱。斜裂缝起始于梁的腹部，并向集中荷载点和支座扩展。随着荷载的不断提升，斜裂缝增多，并大致相互平行。最终，两条主要的斜裂缝之间的混凝土区域，类似短柱般被压缩至破碎，从而导致梁在斜截面处遭受破坏。这种破坏称为斜压破坏（图 4-6a）。

当 $1 \leqslant \lambda < 3$ 时，随着斜裂缝的出现，它们持续向集中荷载的作用点方向扩展，同时裂缝的宽度也在不断增宽。在这些斜裂缝之中，逐渐形成了一条最宽且最长的临界裂缝，它直接指向荷载的作用点。最终当临界裂缝上端剪压区的混凝土被压碎时，梁发生斜截面破坏。这种破坏称为剪压破坏（图 4-6b）。

当 $\lambda > 3$ 时，一旦斜裂缝形成，它们便迅速扩展至荷载的作用点，导致梁沿着斜方向被拉扯成两截，从而造成破坏。这种破坏称为斜拉破坏（图 4-6c）。

除上述三种主要的破坏形态外，无腹筋梁的斜截面还会出现其他的破坏形式。如图 4-6（b）所示，开裂前 1-1 截面的弯矩 M_1 较小，纵向受力钢筋的应力很小；开裂后，1-1 截面处的弯矩由 M_1 变为 M_2，钢筋的应力大幅增加，若纵筋伸入支座的锚固长度不够，则会被拔出发生锚固失效。

图 4-7 为三种破坏形态的荷载-挠度（P-f）曲线图。可见，三种破坏形态的斜截面受

无腹筋受弯构件的斜截面受剪承载力——规范条文

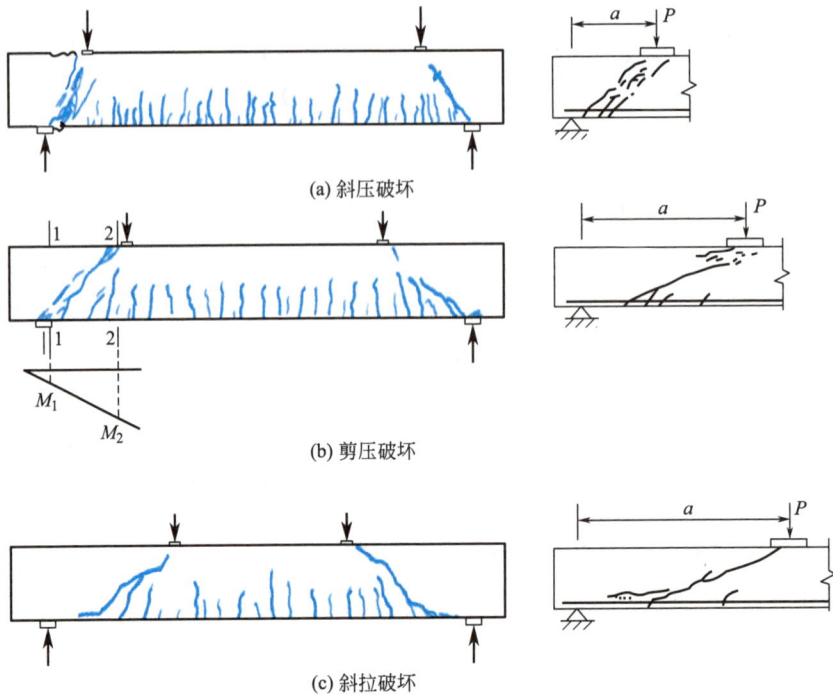

(a) 斜压破坏

(b) 剪压破坏

(c) 斜拉破坏

图 4-6 无腹筋梁斜截面的主要破坏形态

剪承载力是不同的，斜压破坏时最大，其次为剪压，斜拉最小。它们在达到峰值荷载时，跨中挠度都不大，破坏时荷载都会迅速下降，表明它们都属脆性破坏类型，在工程中应尽量避免。另外，这三种破坏形态虽然都属于脆性破坏类型，但脆性程度是不同的。混凝土的极限拉应变比极限压应变小得多，所以斜拉破坏最脆，斜压破坏次之。为此，规范规定用构造措施强制性地来防止斜拉、斜压破坏，而对剪压破坏，因其承载力变化幅度相对较大，所以是通过计算来防止的。

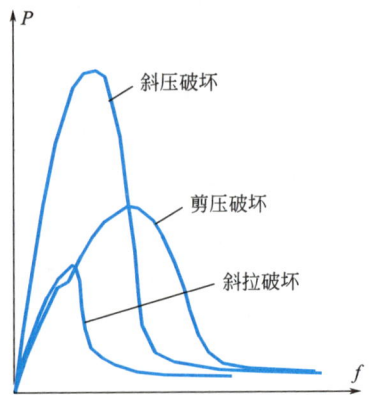

图 4-7 斜截面破坏的 P-f 曲线

2. 有腹筋梁的斜截面受剪破坏形态

配置箍筋的有腹筋梁，它的斜截面受剪破坏形态是以无腹筋梁为基础的，也分为斜压破坏、剪压破坏和斜拉破坏三种破坏形态。这时，除了剪跨比对斜截面破坏形态有决定性的影响以外，箍筋的配置数量对破坏形态也有很大的影响。

当 $\lambda > 3$，且箍筋配置数量过少时，斜裂缝一旦出现，与斜裂缝相交的箍筋承受不了原来由混凝土所负担的拉力，箍筋立即屈服而不能限制斜裂缝的开展，与无腹筋梁相似，发生斜拉破坏。如果 $\lambda > 3$，箍筋配置数量适当的话，则可避免斜拉破坏，而转为剪压破坏。这是因为斜裂缝产生后，与斜裂缝相交的箍筋不会立即受拉屈服，箍筋限制了斜裂缝的开展，避免了斜拉破坏。箍筋屈服后，斜裂缝迅速向上发展，使斜裂缝上端剩余截面缩小，使剪压区的混凝土在正应力 σ 和剪应力 τ 共同作用下产生剪压破坏。

如果箍筋配置数量过多，箍筋应力增长缓慢，在箍筋尚未屈服时，梁腹混凝土就因抗压能力不足而发生斜压破坏。在薄腹梁中，即使剪跨比较大，也会发生斜压破坏。

所以，对有腹筋梁来说，只要截面尺寸合适，箍筋配置数量适当，使其斜截面受剪破坏成为剪压破坏形态是可能的。

4.1.4　斜截面受剪破坏机理
Mechanism of Shear Failure of Inclined Sections

当前对斜截面受剪破坏机理的研究是不充分的，不同的学者提出了不同的结构模型，但均不能很好地模拟破坏过程。

1. 带拉杆的梳形拱模型

无腹筋梁斜裂缝出现后，梁的受力状态发生质的变化。以发生剪压破坏的无腹筋梁为例，纯弯段的垂直裂缝和剪弯段的斜裂缝，使梁形成一个梳状结构（图 4-8），其下面由纵筋相连接。

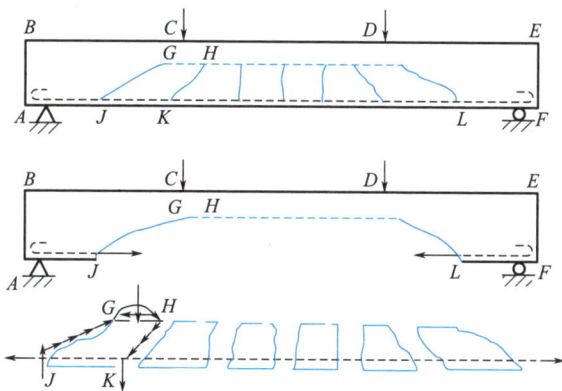

图 4-8　梳状结构

在荷载不断增大的过程中，多条斜裂缝中会逐渐发展出一条占据主导地位的斜裂缝，导致了梁被分成仍然相互连接的上、下两个部分。上面部分相当于一个带有拉杆的变截面两铰拱，纵筋为其拉杆，拱的支座就是梁的支座；下面部分被裂缝分割成若干个梳状齿，齿根与拱内圈相连，每个齿相当于一根悬臂梁。

以一个齿 $GHKJ$ 为例（图 4-8），GH 端与梁上部拱相联系，相当于一个悬臂梁的固定端，JK 相当于自由端，J 和 K 处分别作用有纵筋的拉力，J 处拉力小，K 处拉力大。由 K 及 J 两个截面的弯矩差引起的拉力差，即是作用在自由端的水平力，相当于齿的外力，使悬臂梁既受弯又受剪。所以齿的受弯和受剪反映了梁中剪力的作用，即梁的剪力的一部分由齿的悬臂梁来承担。

在斜裂缝刚开始形成的时候，钢筋与混凝土之间的粘结作用较强，因此拉力差异比较明显，这时梁承受的剪力主要是由齿状部分的悬臂梁来承担的。在加载后期，接近剪压破坏时，粘结力破坏，T_J 拉力接近拉力 T_K，拉力差减小，齿的受剪作用削弱，梁的剪力将主要由拱承担。

从竖向力平衡的角度，无腹筋梁的受剪承载力可以视作由三个不同的部分共同提供的

（图 4-9）：①剪压区混凝土承受的剪力 V_c；②斜裂缝交界面上骨料咬合与摩擦力 V_i 的竖向分量；③纵筋的销栓力 V_d。这三种抗力机制中，V_i 和 V_d 的数值很难估计。但是随着裂缝的发展，V_i 不断减小，V_d 不断增加。二者量值的变化有相互抵消的作用。因此，剪压区混凝土的抗剪贡献是主要的。

2. 拱形桁架模型

将有腹筋梁视作拱形桁架（图 4-10），拱体为上弦杆，裂缝间的混凝土条块为受压腹杆，箍筋为受拉腹杆，纵向受拉钢筋为下弦杆。此模型考虑了箍筋的受拉作用，同时考虑裂缝间受压混凝土的作用。

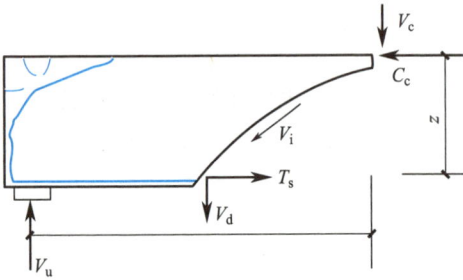

图 4-9 斜裂缝出现后隔离体的受力

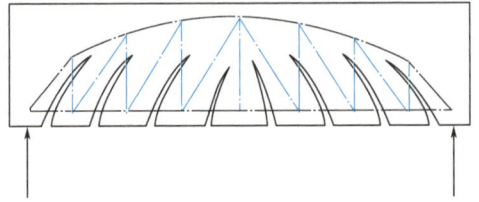

图 4-10 拱形桁架模型

3. 桁架模型

此模型把带斜裂缝的钢筋混凝土梁比拟为铰接桁架（图 4-11），压区混凝土为上弦杆，纵向受拉钢筋为下弦杆，腹筋为竖向拉杆，斜裂缝间的混凝土为斜压杆。早期认为腹筋倾角为 45°，称为 45°桁架模型。此后的研究认为倾角是在一定范围内变化，称为变角桁架模型。

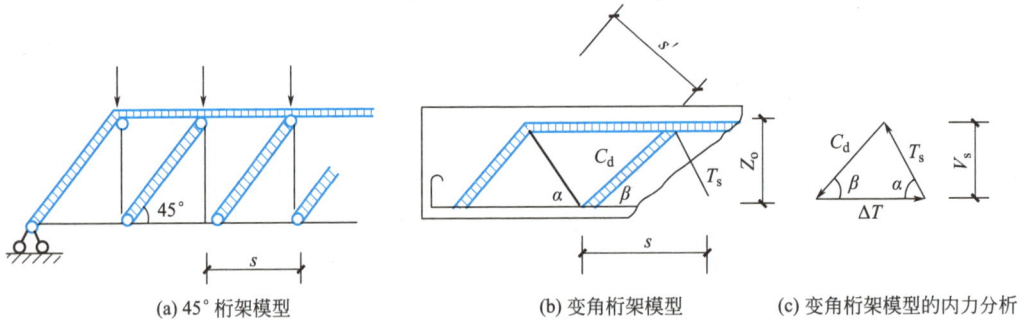

(a) 45°桁架模型

(b) 变角桁架模型

(c) 变角桁架模型的内力分析

图 4-11 桁架模型

知识拓展——钢筋混凝土构件基于修正压力场理论的受剪承载力计算[*]
Knowledge Expansion——Shear Strength of Reinforced Concrete Members Based on Modified Compression Field Theory[*]

钢筋混凝土构件的抗剪是一个非常复杂的问题，至今已经有 100 多年的研究历史，提

---

[*] 魏巍巍，贡金鑫．钢筋混凝土构件基于修正压力场理论的受剪承载力计算 [J]．工程力学．2011，28（2）：111-117.

出的计算公式众多，但大部分都是基于试验的经验公式。这些公式虽然可用于设计，但不能解释构件的剪切破坏机理，也不能用于构件条件超过试验数据包络范围的情况，所以局限性很大。自 20 世纪 80 年代起，以加拿大多伦多大学 Collins 教授为代表的研究者提出了基于力学原理的混凝土结构抗剪的压力场理论（CFT），之后又提出了修正压力场理论（MCFT），开辟了一条解决钢筋混凝土构件抗剪问题的新途径，目前已经得到国际上的广泛认可。基于修正压力场模型的钢筋混凝土构件抗剪设计方法分别被加拿大规范 CSA A23.3-94、加拿大桥梁规范 MTO 1993、CSA 2000 和美国桥梁设计规范 AASHTO LRFD—94～AASHTO LRFD—2007 采用。鉴于设计中直接应用修正压力场理论比较复杂，Collins 等又在简化的修正压力场计算方法基础上对构件的抗剪计算做了进一步简化，成为 2004 年加拿大规范 CSA A23.3—2004 的抗剪设计方法。

压力场及修正压力场理论所针对的是钢筋混凝土构件（板）的纯剪状态。在修正压力场理论中，将开裂的混凝土作为一种新材料，具有自身的应力-应变关系，并按照平均应力和平均应变建立了平衡、协调和本构方程。该模型考虑了压杆倾角的变化、混凝土的应变软化效应以及裂缝处的局部应力条件，可以准确计算钢筋混凝土膜单元在平面剪力和轴力作用下的应力和变形。修正压力场理论认为有腹筋构件的受剪承载力由沿裂缝面传递的剪应力和穿过裂缝面的箍筋提供，忽略了上部受压区混凝土对抗剪的贡献，因而计算的受剪承载力偏小。在受剪区域，混凝土受压起两方面的作用，一是平衡弯矩产生的纵向受拉钢筋的拉力，一是提供抗剪能力。这里的分析同时考虑上部受压区混凝土和下部受拉区骨料咬合力及箍筋共同提供的抗剪能力，上部受压区按弯曲理论分析，下部受拉区采用修正压力场理论，提出有腹筋钢筋混凝土构件抗剪强度的表达式：

$$V = 0.128 f'_c b \frac{\varepsilon_0 (d - x_n)}{\varepsilon_{sx}} + (\beta \sqrt{f'_c} + \rho_v f_{yv} \cot\theta) b (d - x_n)$$

其中，ε_{sx} 为纵筋应变，由下式计算：

$$\varepsilon_{sx} = \frac{\dfrac{M}{d_v} + 0.5 V \cot\theta}{E_s A_s}$$

式中，f'_c 为混凝土圆柱体抗压强度；ρ_v 为配箍率；β 和 θ 是与纵筋应变 ε_{sx}、受剪高度 d_v、配箍率 ρ_v 和箍筋强度 f_{yv} 有关的参数，按下式计算：

$$\beta = \frac{0.4 - 0.073 \sqrt{\rho_v f_{yv}}}{\sqrt{1.0 + 6.2 \varepsilon_{sx} d_v^{1 - 0.2 \sqrt{\rho_v f_{yv}}}}}$$

$$\theta = (24.4 + 560 \rho_v) \left[1 + \frac{43.8 \varepsilon_{sx} d_v}{1 + 3.2 \rho_v (\rho_v + 0.001) f_{yv}^2} \right]^{0.2}$$

x_n 为截面中和轴高度，由下式计算：

$$x_n = \frac{\left(\dfrac{\varepsilon_0}{3 \varepsilon_{sx}} + \dfrac{A_s E_s \varepsilon_{sx}}{f'_c b d} \right) d}{\left(\dfrac{\varepsilon_0}{3 \varepsilon_{sx}} + 1 \right)}$$

结果表明，采用给出的公式计算的受剪承载力与试验结果相比变异系数较小，经进一步简化后可用于有腹筋钢筋混凝土构件的受剪承载力分析和计算。

4.1.5 影响斜截面受剪承载力的主要因素
Key Factors Influencing Shear Capacity of Inclined Sections

1. 剪跨比

随着剪跨比 λ 的增加，梁的破坏形态分别为斜压（$\lambda<1$）、剪压（$1\leqslant\lambda\leqslant3$）和斜拉（$\lambda>3$）破坏，其受剪承载力则逐步减弱。当 $\lambda>3$ 时，剪跨比的影响将不明显。

2. 混凝土强度

斜截面破坏是由混凝土达到极限强度而发生的，故混凝土的强度对梁的受剪承载力影响很大。斜截面受剪承载力随混凝土的强度等级的提高而提高。梁斜压破坏时，受剪承载力取决于混凝土的抗压强度。斜拉破坏时，受剪承载力取决于混凝土的抗拉强度，而抗拉强度的增加较抗压强度来得缓慢，故此时混凝土强度的影响就略小。剪压破坏时，混凝土强度的影响则居于上述两者之间。

3. 箍筋配筋率

梁内箍筋的配筋率是指沿梁长在箍筋的一个间距范围内，箍筋各肢的全部截面面积与混凝土水平截面面积的比值。故梁内箍筋的配筋率为：

$$\rho_{sv}=\frac{A_{sv}}{bs}=\frac{n\cdot A_{svl}}{bs} \tag{4-7}$$

式中　A_{sv}——配置在同一截面内箍筋全部截面面积；

　　　n——同一截面内箍筋肢数（图 4-12）；

　　A_{svl}——单肢箍筋的截面面积；

　　　s——沿构件长度方向箍筋间距；

　　　b——梁的宽度。

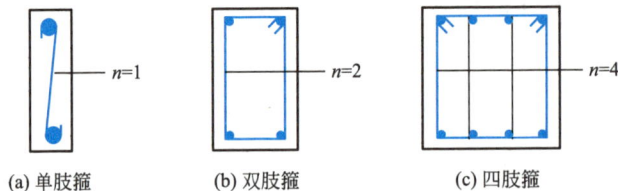

图 4-12　箍筋的肢数

试验表明，梁的斜截面承载力随箍筋的配筋率增大而提高。

4. 纵筋配筋率

纵筋的受剪产生销栓力，限制斜裂缝的伸展，从而使剪压区的高度增大。因此纵筋的配筋率越大，梁的受剪承载力也就越高。

5. 斜截面上的骨料咬合力

斜裂缝处的骨料咬合力对无腹筋梁的斜截面受剪承载力影响较大。

6. 截面形状和几何尺寸

（1）截面形状

翼缘的存在对受剪承载力有影响。适当增加翼缘宽度，可提高受剪承载力，但翼缘过大，增大作用就趋于平缓。另外，加大梁宽也可提高受剪承载力。

（2）截面几何尺寸

截面尺寸对无腹筋梁的受剪承载力有较大的影响，对于有腹筋梁，截面尺寸的影响将减小。截面几何尺寸越大，梁的受剪承载力越高。构件尺寸对梁的名义抗剪强度（受剪承载力与截面有效面积之比）有较大的影响，即存在尺寸效应。尺寸大的构件，名义抗剪强度比尺寸小的构件要低。在其他参数（混凝土强度、纵筋配筋率、配箍率、剪跨比）保持不变时，梁高扩大 4 倍，名义抗剪强度最多可下降 40%～50%。无腹筋梁的抗剪强度尺寸效应比有腹筋梁更明显。

知识拓展——钢筋 UHPC 矩形梁受剪承载力的影响因素[*]
Knowledge Expansion——Factors Affecting Shear Capacity of Steel Reinforced UHPC Rectangular Beams

超高性能混凝土（Ultra-High Performance Concrete，UHPC）由超细活性粉末、水泥、优质细骨料以及超高强度纤维组成，经高温热合等特定工艺制备而成，是一种超细粒聚密材料与纤维增强技术相结合的新型水泥基复合材料。由于具有超高强度、高韧性和超高耐久性，UHPC 在铁路桥梁中有着广阔的应用前景。在目前已经使用 UHPC 的各类桥梁结构中，都不可避免地存在着弯剪构件，因此，UHPC 梁的受剪承载力计算是 UHPC 结构设计的重要部分。对于 UHPC 梁的受剪性能，目前的研究多以试验为主，根据试验结果，修改普通钢筋混凝土梁的受剪承载力计算公式作为 UHPC 梁的计算公式。这些研究普遍表明，与普通混凝土梁相比，UHPC 梁具有受剪破坏后整体性好、临界斜裂缝小、受剪承载力高的特点。此外，UHPC 中的超高强纤维有效地起到了增强梁体抗剪性能的作用，但在目前各国与UHPC 相关的结构设计建议或规程中，钢纤维对受剪承载力的影响却鲜有考虑。

对于钢筋混凝土梁来说，影响受剪承载力的主要因素有剪跨比、混凝土强度、纵筋配筋率、箍筋配筋率等。为了探明以上各因素对 UHPC 矩形梁受剪承载力的影响，首先采用数值方法，计算不同设计参数下 UHPC 矩形梁的受剪承载力，然后分析其影响因素：

1. 剪跨比 λ 的影响。当其他因素都相同时，梁的受剪承载力随剪跨比 λ 的增加而减小。当 λ<2.2 时，梁受剪承载力随剪跨比增加下降幅度较大；当 λ>2.2 时，下降幅度减小。这主要是因为 λ 较小时，UHPC 梁中的拱效应较强，部分剪力可以直接传递到支座上；而 λ 较大的梁中，桁架效应更明显，λ 对受剪承载力的影响较弱。

2. 纵筋配筋率的影响。提高纵筋配筋率可提高钢筋 UHPC 矩形梁的受剪承载力。一方面，纵筋对混凝土有约束作用；另一方面，纵筋配筋率增加，截面的剪压区高度也随之增加，此时剪压区 UHPC 对梁受剪承载力的贡献增大，带来了受剪承载力的提高。

3. 箍筋配筋率。分析表明是否配置箍筋对梁的受剪承载力影响较大。

4. 钢纤维体积掺量。研究表明 UHPC 基体中钢纤维从无到有的增加会带来梁受剪承载力的极大提升。UHPC 基体中掺入钢纤维后，材料的拉压强度、弹性模量、钢筋与基体

之间的粘结强度等都可以得到明显提升，这些都有益于梁承载力的提高。

4.2 斜截面受剪承载力的计算
Calculation of Shear Capacity for Inclined Sections

4.2.1 基本假定
Basic Assumptions

如前所述，由于破坏机理的研究不够充分，许多学者对钢筋混凝土梁的斜截面受剪承载力提出了不同的计算公式，但均不能实际应用。我国规范目前采用的是半理论半经验的实用计算公式。

梁的三种受剪破坏都属脆性破坏类型，在工程中应尽量避免，但适用的处理方式各不相同。对于斜压破坏，通常用控制截面的最小尺寸来防止；对于斜拉破坏，则用满足箍筋的最小配筋率条件及构造要求来防止；对于剪压破坏，因其承载力变化幅度较大，必须通过计算，使构件满足一定的受剪承载力，从而防止剪压破坏。我国《混凝土结构设计标准》给出的计算公式，即是依据剪压破坏形态建立的，采用理论与试验相结合的方法，主要考虑力的平衡条件。其基本假定如下：

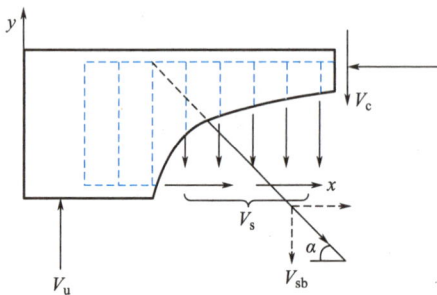

图 4-13 受剪承载力的组成

(1) 梁发生剪压破坏时，斜截面所承受的剪力设计值由三部分组成，见图 4-13，

即：
$$V_u = V_c + V_s + V_{sb} \tag{4-8}$$

(2) 梁剪压破坏时，与斜裂缝相交的箍筋和弯起钢筋的拉应力都达到其屈服强度，但要考虑拉应力可能不均匀，特别是靠近剪压区的箍筋有可能达不到屈服强度。

(3) 斜裂缝处的骨料咬合力和纵筋的销栓力，在无腹筋梁中的作用较显著，但在有腹筋梁中，由于箍筋的存在，其抗剪作用已大都被箍筋所代替。为了计算简便，将不计入咬合力和销栓力对受剪承载力的贡献。

(4) 截面尺寸主要对无腹筋梁产生影响，故仅在不配箍筋和弯起钢筋的厚板计算时才予以考虑。

(5) 剪跨比是影响斜截面承载力的重要因素之一，但为了计算简便，仅在计算受集中荷载为主的独立梁时才考虑了 λ 的影响。

4.2.2 斜截面受剪承载力计算公式
Shear Capacity Formulas for Inclined Sections

我国《混凝土结构设计标准》规定的受弯构件斜截面受剪承载力的计算公式主要是以无腹筋梁的试验结果为基础的。由图 4-14 可知，试验结果非常分散，为保证安全，对无腹筋梁受剪承载力的取值采用下包线方程，即偏于安全地取为：

均布荷载作用下：

$$V_c = 0.7 f_t b h_0 \tag{4-9}$$

集中荷载作用下

$$V_c = \frac{1.75}{\lambda+1} f_t b h_0 \tag{4-10}$$

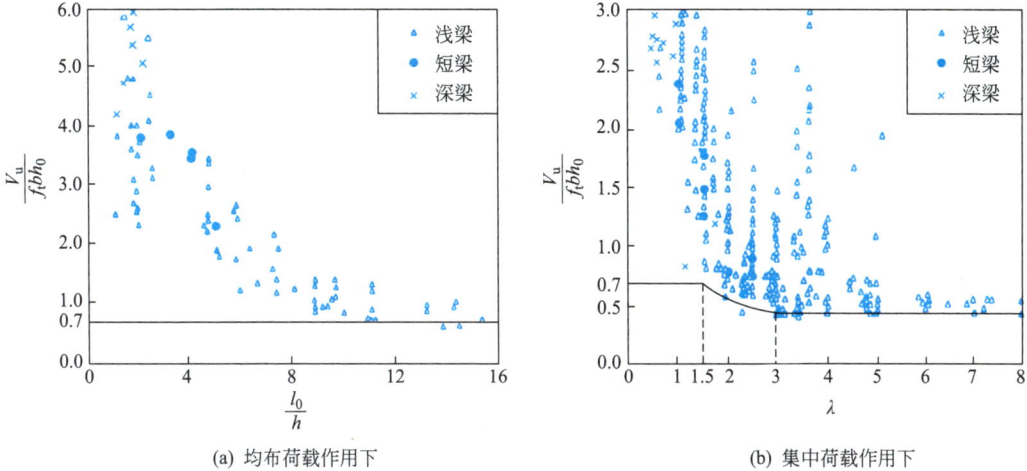

(a) 均布荷载作用下　　　　　　　　(b) 集中荷载作用下

图 4-14　无腹筋梁混凝土剪压区受剪承载力的试验结果

梁中配置腹筋，则可显著提高构件的受剪承载力。

1. 计算公式

（1）矩形、T 形和 I 形截面的一般受弯构件，当仅配置箍筋时，其截面受剪承载力的计算式为：

$$V_{cs} = \alpha_{cv} f_t b h_0 + f_{yv} \frac{A_{sv}}{s} h_0 \tag{4-11}$$

式中　V_{cs}——构件斜截面上混凝土和箍筋的受剪承载力设计值；

　　　α_{cv}——斜截面混凝土受剪承载力系数，对于一般构件取 0.7；对于集中荷载作用下（包括作用有多种荷载，其中集中荷载对支座截面或节点边缘所产生的剪力值占总剪力的 75% 以上的情况）的独立梁，取 α_{cv} 为 $1.75/(\lambda+1)$，λ 为计算截面的剪跨比，可取 λ 等于 a/h_0，当 λ 小于 1.5 时，取 1.5，当 λ 大于 3 时，取 3，a 取集中荷载作用点至支座截面或节点边缘的距离；

　　　f_{yv}——箍筋的抗拉强度设计值，按附表 1-3 取值；

　　　A_{sv}——配置在同一截面内箍筋各肢的全部截面面积，即 nA_{sv1}，此处 n 为同一截面内箍筋的肢数，A_{sv1} 为单肢箍筋的截面面积；

　　　s——沿构件长度方向的箍筋间距。

（2）矩形、T 形和 I 形截面的一般受弯构件，当配置箍筋和弯起钢筋时，其截面的受剪承载力的计算式为：

$$V = V_{cs} + V_b = V_{cs} + 0.8 f_y A_{sb} \sin\alpha_s \tag{4-12}$$

式中　A_{sb}——同一弯起平面内的弯起钢筋的截面面积；

　　　f_y——弯起钢筋的抗拉强度设计值；

　　　α_s——弯起钢筋与构件纵轴线间的夹角，一般为 45°，当梁截面超过 800 mm 时，通常为 60°。

（3）板类受弯构件的受剪承载力

不配置箍筋和弯起钢筋的一般板类受弯构件，其斜截面的受剪承载力应符合下列规定：

$$V \leqslant 0.7\beta_\mathrm{h} f_\mathrm{t} bh_0 \tag{4-13}$$

$$\beta_\mathrm{h} = \left(\frac{800}{h_0}\right)^{\frac{1}{4}} \tag{4-14}$$

式中　β_h——截面高度影响系数；

　　　h_0——当 $h_0 < 800$ mm 时，取 $h_0 = 800$ mm；当 $h_0 > 2000$ mm 时，取 $h_0 = 2000$ mm。

对计算公式的说明如下：

（1）V_cs 由两项组成，前一项是由混凝土剪压区承担的剪力，后一项中大部分是由箍筋承担的剪力，但有小部分属于混凝土的，因为配置箍筋后，箍筋将抑制斜裂缝的开展，从而提高了混凝土剪压区的受剪承载力，但很难把它从第二项中分离出来，并且也没有必要。因此，应该把 V_cs 理解为混凝土剪压区与箍筋共同承担的剪力。

（2）$\alpha_\mathrm{cv} = 0.7$ 或 $1.75/(\lambda + 1)$。与 $\lambda = 1.5 \sim 3.0$ 相对应的 $\alpha_\mathrm{cv} = 0.7 \sim 0.44$，这说明当 $\lambda > 1.5$ 时，均布荷载作用下的无腹筋独立梁，它的受剪承载力比其他梁的低，λ 越大，降低越多。

（3）现浇混凝土楼盖和装配整体式混凝土楼盖中的主梁虽然主要承受集中荷载，但不是独立梁，所以除吊车梁和试验梁以外，建筑工程中的独立梁是很少见的。

（4）试验研究表明，箍筋对受弯构件抗剪性能的提高优于弯起钢筋，故《混凝土结构设计标准》规定，"混凝土梁宜采用箍筋作为承受剪力的钢筋"，同时考虑到设计与施工的方便，现今建筑工程中的一般梁（除悬臂梁外）、板都已经基本上不再采用弯起钢筋了，但在桥梁工程中，弯起钢筋还是常用的。

（5）计算公式（4-11）和式（4-12）都适用于矩形、T 形和 I 形截面，并不说明截面形状对受剪承载力没有影响，只是影响不大。

对于厚腹的 T 形梁，其抗剪性能与矩形梁相似，但受剪承载力略高。这是因为受压翼缘使剪压区混凝土的压应力和剪应力减小，但翼缘的有效作用是有限的，且翼缘超过肋宽两倍时，受剪承载力基本上不再提高。

对于薄腹的 T 形梁，腹板中有较大的剪应力，在剪跨区段内常有均匀的腹剪裂缝出现，当裂缝间斜向受压混凝土被压碎时，梁属斜压破坏，受剪承载力要比厚腹梁低，此时翼缘不能提高梁的受剪承载力。

2. 受剪承载力的限值

上述梁的受剪承载力的计算公式是依据剪压破坏的情况得出的。为避免梁截面过小而产生斜压破坏，以及梁在使用阶段箍筋配置过少而导致斜拉破坏，《混凝土结构设计标准》规定了公式的上下限值。

（1）截面的最小尺寸（上限值）

当梁截面尺寸过小，而剪力较大时，梁往往发生斜压破坏。因而，为避免斜压破坏，梁截面尺寸不宜过小，这是主要的原因，其次也为了防止梁在使用阶段斜裂缝过宽（主要是薄腹梁）。矩形、T 形和 I 形截面的受弯构件，发生剪压破坏时斜截面的最大受剪承载力为：

当 $h_w/b \leqslant 4$ 时：

$$V \leqslant 0.25\beta_c f_c bh_0 \tag{4-15}$$

当 $h_w/b \geqslant 6$ 时：

$$V \leqslant 0.2\beta_c f_c bh_0 \tag{4-16}$$

当 $4 < h_w/b < 6$ 时，按直线内插法确定。

式中　β_c——混凝土强度影响系数，当混凝土强度等级不超过 C50 时，取 $\beta_c = 1.0$；当混凝土强度等级为 C80 时，取 $\beta_c = 0.8$；其间按线性内插法确定；

　　　f_c——混凝土轴心抗压强度设计值；

　　　b——矩形截面的宽度、T 形截面或 I 形截面的腹板宽度；

　　　h_0——截面的有效高度；

　　　h_w——截面的腹板高度，h_w 的取值方法如下：对矩形截面，取有效高度；对 T 形截面，取有效高度减去翼缘高度；对 I 形截面，取腹板净高。

(2) 箍筋的最小含量（下限值）

箍筋配置过少，一旦斜裂缝出现，箍筋中突然增大的拉应力很可能达到屈服强度，造成裂缝的加速开展，甚至箍筋被拉断，而导致斜拉破坏。《混凝土结构设计标准》规定，非板类受弯构件截面设计时，为使得斜截面的受剪承载力大于其下限值，应验算箍筋配筋率 $\rho_{sv} [\rho_{sv} = A_{sv}/(bs)] \geqslant \rho_{sv,min} = 0.24 f_t/f_{yv}$。

知识拓展——基于斜截面受弯性能分析的混凝土无腹筋梁受剪承载力计算[*]

Knowledge Expansion——Shear Capacity of Concrete Beams without Web Reinforcement Based on Flexural Behavior of Inclined Sections[*]

为避免混凝土构件发生具有脆性破坏特征的剪切破坏，在进行结构设计时多使构件的受剪承载力大于受弯承载力，以实现弯曲破坏先于剪切破坏发生。但对于混凝土构件的受剪承载力，由于剪切破坏影响因素较多，如纵筋销栓作用、骨料咬合作用、受压区混凝土压剪作用和混凝土残余拉应力作用等，目前国内外并未形成普遍认可的受剪承载力计算方法。通过分析剪切破坏截面的行为特征，一些学者认为受压区的混凝土强度是制约混凝土构件受剪性能的关键因素，由此提出了基于混凝土压剪强度的受剪承载力计算公式；还有学者通过分析破坏截面的弯剪性能，建立了截面剪力传递理论，继而分别定量确定了混凝土和纵向钢筋对受剪承载力的贡献；此外，还陆续发展出考虑破坏截面范围内纵向钢筋屈服强度、剪力传递区宽度和剪切裂缝发展等多种混凝土构件受剪承载力计算方法。但以上各类计算方法或仅考虑了单一因素影响，或采用了多种影响因素贡献的线性叠加，并未综合考虑在弯矩和剪力的共同作用下破坏截面内各影响因素的协同作用。

---

* 耿相日，黄小坤，刘璐，等. 基于斜截面受弯性能分析的混凝土无腹筋梁受剪承载力计算方法 [J]. 工程力学，41：1-13.

混凝土无腹筋梁作为分析混凝土构件受剪承载力的基础构件形式,以混凝土无腹筋梁作为主要研究对象,通过对发生剪切破坏的斜截面进行受弯性能分析,确定了由混凝土和纵向钢筋共同提供的混凝土无腹筋梁受剪承载力,继而以斜截面的开裂作为控制条件,提出了混凝土无腹筋梁受剪承载力的建议计算公式,最终结合数据验证和概率方法,分别对计算方法和建议计算公式进行了合理性和可靠度分析。在该计算方法中,首先定义混凝土无腹筋梁的斜截面,包括斜截面的截面尺寸和斜截面上的材料性能;其次分析斜截面的受弯性能,通过量化、对比斜截面的开裂弯矩和极限弯矩,判断混凝土无腹筋梁的剪切破坏形式,并确定与破坏形式对应的斜截面破坏弯矩;继而考虑混凝土无腹筋梁的加载形式,将斜截面的破坏弯矩转换为斜截面的等效荷载;最终结合混凝土无腹筋梁的支座约束形式,根据斜截面的等效荷载得到混凝土无腹筋梁的受剪承载力:

$$V \leqslant \frac{1}{6}\alpha_v\beta_h f_t b h_0, \ \alpha_v = 1 + \frac{2}{\lambda} \geqslant 1.8, \ \beta_h = \sqrt{\frac{2}{1+\frac{h_0}{a}}} \leqslant 1.0$$

式中,α_v 为考虑剪跨比对混凝土抗拉强度影响的计算系数;β_h 为考虑截面有效高度影响的尺寸效应折减系数,其中 a 为混凝土强度相关的标准截面有效高度,当混凝土强度等级不超过 C35 时,a 取为 500 mm,当混凝土强度等级不低于 C70 时,a 取为 250 mm,其间按线性内插法确定。

研究结果表明:基于斜截面受弯性能分析的计算方法适用于预测混凝土无腹筋梁的受剪承载力,建议计算公式的计算结果与美国和欧洲相关标准的计算结果相近、保守程度相当,由此确定的受剪承载力可满足安全等级为二级、脆性破坏结构构件的可靠指标要求。研究结果可为我国新版标准的制定提供理论依据和设计公式参考。

4.2.3 斜截面受剪承载力计算方法及实例
Methods and Case Studies for Shear Capacity Calculation

1. 计算方法

(1) 计算截面

1) 支座边缘处的截面,即图 4-15 (a) 中的截面 1-1。

2) 受拉区弯起钢筋弯起点处的斜截面,即图 4-15 (a) 中的截面 2-2。

3) 箍筋截面面积或间距改变处的斜截面,即图 4-15 (a) 中的截面 3-3。

4) 腹板宽度改变处的斜截面,例如薄腹梁在支座附近的截面变化处,即图 4-15 (b) 中的截面 4-4,由于腹板宽度变小,必然使梁的受剪承载力受到影响。

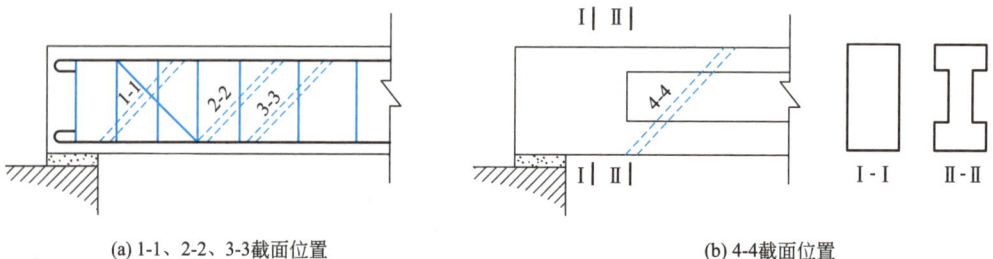

(a) 1-1、2-2、3-3截面位置   (b) 4-4截面位置

图 4-15 斜截面受剪承载力的计算截面位置

（2）计算步骤

经正截面受弯承载力计算，初步确定截面尺寸和纵向钢筋。利用受剪承载力的上限值验算截面尺寸，若不满足，应调整截面尺寸，满足则继续进行计算。根据计算结果配置合适的箍筋和弯起钢筋，箍筋的配筋率应满足最小配筋率的要求，以防发生斜拉破坏。当 $V \leqslant V_c$，说明不需要按计算进行配筋设计，根据有关构造要求按最小配筋率选配箍筋即可。

已知截面尺寸（b，h，h_0），梁的计算跨度 l_0 和净跨 l_n，材料强度（f_c，f_t，f_y），荷载作用情况，求 A_{sv}/s，A_{sb} 或 A_{sv1}，s，A_{sb}。为保证在已知荷载作用下不发生斜截面破坏，应使计算截面处的受剪承载力不低于其所受的剪力，即 $V_u \geqslant V$。因此，按下列步骤进行计算：

① 计算外加荷载引起的剪力设计值 V；

② 验算 $V \leqslant V_{u,max} = (0.2 \sim 0.25)\beta_c f_c b h_0$，若不满足，应调整截面尺寸，满足则继续下面的计算；

③ 验算 $V \leqslant V_c$，若满足，说明不需要按计算进行配筋设计，只需要按有关构造要求选配箍筋即可；

④ 若只配箍筋，由式（4-11）和 $V_u \geqslant V$ 确定箍筋用量 A_{sv}/s；

若既配箍筋又配弯筋，则先选定箍筋用量 A_{sv}/s，再由式（4-12）和 $V_u \geqslant V$ 求 A_{sb}；或先根据已配纵筋选定 A_{sb}，按式（4-12）和 $V_u \geqslant V$ 求 V_{cs}；

⑤ 验算 $\rho_{sv} = \dfrac{A_{sv}}{bs} \geqslant \rho_{sv,min} = 0.24 f_t/f_{yv}$，若满足，继续下面的计算，若不满足，取 $\rho_{sv} = \rho_{sv,min}$ 再继续下面的计算；

⑥ 选取箍筋直径得 A_{sv}，由 A_{sv}/s 求 s，或根据 4.3.5 节表 4-1 所示的最大间距要求确定 s，再由 A_{sv}/s 求 A_{sv1}（单肢箍筋的截面面积）。

2. 计算实例

【例 4-1】有一钢筋混凝土矩形截面简支梁，截面尺寸及纵筋数量等如图 4-16 所示。该梁承受均布荷载设计值 80 kN/m（包括自重），混凝土强度等级为 C30（$f_t = 1.43$ N/mm²、$f_c = 14.3$ N/mm²），箍筋为 HPB300 级钢筋（$f_{yv} = 270$ N/mm²），纵筋为

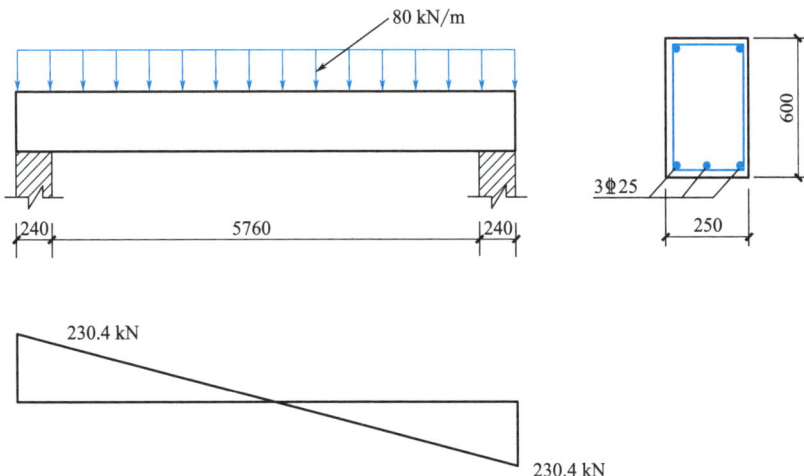

图 4-16　例 4-1 图

HRB400 级钢筋（$f_y = 360 \text{ N/mm}^2$）。

求：箍筋和弯起钢筋的数量。

【解】

（1）求剪力设计值

支座边缘处截面的剪力最大：

$$V = \frac{1}{2} q l_0 = \frac{1}{2} \times 80 \times 5.76 = 230.4 \text{ kN}$$

（2）验算截面尺寸

$h_w = h_0 = 560 \text{ mm}$，$\dfrac{h_w}{b} = \dfrac{560}{250} = 2.24 < 4$，属厚腹梁，应按式（4-15）验算，取 $\beta_c = 1$，则：

$0.25 \beta_c f_c b h_0 = 0.25 \times 1 \times 14.3 \times 250 \times 560 = 500.5 \text{ kN} > V = 230.4 \text{ kN}$，截面符合要求。

（3）验算是否需要按计算配置箍筋

$0.7 f_t b h_0 = 0.7 \times 1.43 \times 250 \times 560 = 140.14 \text{ kN} < V = 230.4 \text{ kN}$，故需按计算配置箍筋。

（4）只配箍筋而不用弯起钢筋

令 $V = V_u$，有：

$$\frac{n A_{sv1}}{s} = \frac{V - 0.7 f_t b h_0}{f_{yv} h_0}$$

$$= \frac{230.4 \times 10^3 - 0.7 \times 1.43 \times 250 \times 560}{270 \times 560}$$

$$= 0.597 \text{ mm}^2/\text{mm}$$

采用双肢箍筋 $\phi 8@150$，则有：

$$\frac{n A_{sv1}}{s} = \frac{2 \times 50.3}{150} = 0.670 \text{ mm}^2/\text{mm} > 0.597 \text{ mm}^2/\text{mm}，可以$$

箍筋配筋率：

$$\rho_{sv} = \frac{n A_{sv1}}{bs} = \frac{2 \times 50.3}{250 \times 150} = 0.268\% > \rho_{sv,min} = 0.24 \frac{f_t}{f_{yv}}$$

$$= 0.24 \times \frac{1.43}{270} = 0.127\%，可以$$

《混凝土结构设计标准》指出混凝土梁宜采用箍筋作为承受剪力的钢筋，因此，该例题的计算可以此结束。下面配弯起钢筋的计算是从教学目的出发的。

（5）若既配箍筋又配弯起钢筋

根据已配的 3Φ25 纵向钢筋，可利用 1Φ25 以 45° 弯起，则弯筋承担的剪力：

$$V_{sb} = 0.8 f_y A_{sb} \sin\alpha_s = 0.8 \times 360 \times 490.9 \times \frac{\sqrt{2}}{2} = 99.96 \text{ kN}$$

要求混凝土和箍筋承担的剪力：

$$V_{cs} = V - V_{sb} = 230.4 - 99.96 = 130.44 \text{ kN}$$

选 $\phi 6@150$：

$$\rho_{sv} = \frac{nA_{sv1}}{bs} = \frac{2 \times 28.3}{250 \times 150} = 0.151\% > \rho_{sv,\ min} = 0.127\%,\ 可以$$

$$V_{cs} = 0.7f_t b h_0 + f_{yv} \cdot \frac{nA_{sv1}}{s} \cdot h_0$$

$$= 140.14 \times 10^3 + 270 \times \frac{2 \times 28.3}{150} \times 560$$

$$= 197.19\ kN > 130.44\ kN,\ 可以$$

此题也可先选定箍筋，算出 V_{cs}，再利用 $V = V_{cs} + V_{sb}$ 求得 V_{sb}，然后确定弯起钢筋面积 A_{sb}。此处计算从略。

（6）验算弯筋弯起点处的斜截面受剪承载力

如图 4-17 所示，该处的剪力设计值（弯起点离梁端净距为 570 mm）：

$$V = 230.4 \times \frac{2.88 - 0.57}{2.88}$$

$$= 184.8\ kN < 197.19\ kN$$

可不必再弯起钢筋或加大箍筋。

【例 4-2】一钢筋混凝土 T 形截面独立简支梁，截面尺寸、跨度、纵向钢筋数量如图 4-18 所示，承受一集中荷载（梁自重不计），荷载设计值为 500 kN，混凝土采用 C30($f_t = 1.43$ N/mm^2、$f_c = 14.3$ N/mm^2)，箍筋用 HPB300 级钢筋（$f_y = 270$ N/mm^2），纵筋用 HRB400 级钢筋（$f_y = 360$ N/mm^2）。

求：配置腹筋。

【解】

（1）求剪力设计值，如图 4-18 所示。

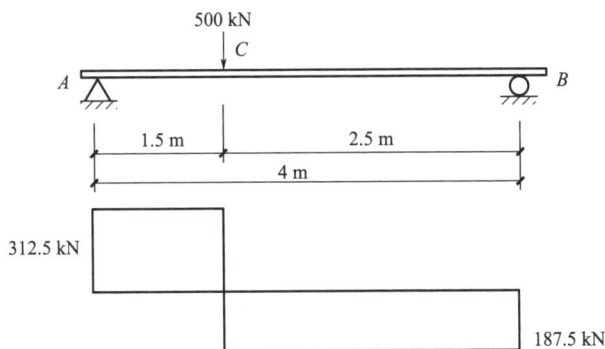

图 4-17　验算截面

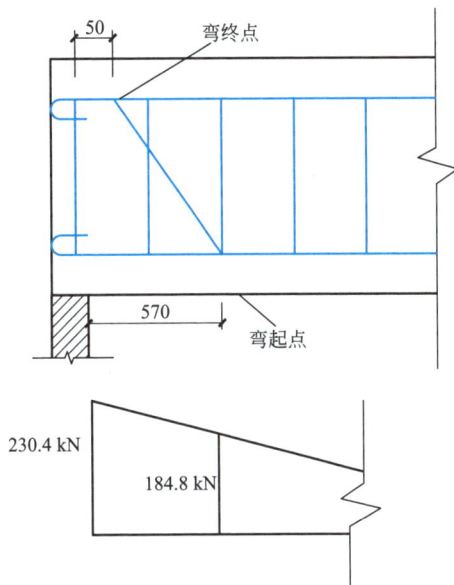

图 4-18　例 4-2 图

（2）验算截面条件

$$\frac{h_w}{b} = \frac{700 - 200 - 65}{250} = 1.74 < 4$$

属厚腹梁，混凝土强度等级为 C30，$f_{cu,k} < 50$ N/mm²，故 $\beta_c = 1$，则：

$$0.25\beta_c f_c bh_0 = 0.25 \times 1 \times 14.3 \times 250 \times 635$$
$$= 567.53 \text{ kN} > V_A = 312.5 \text{ kN}$$

截面符合要求。

（3）确定箍筋及弯起钢筋

AC 段：考虑到现有纵筋的配置情况，可在梁底第 2 层的 2 根 $\underline{\Phi}$ 25 中先弯起一根（$A_{sb} = 490.9$ mm²）。

$$V_{sb} = 0.8 A_{sb} f_y \sin\alpha_s$$
$$= 0.8 \times 490.9 \times 360 \times \frac{\sqrt{2}}{2}$$
$$= 99.96 \text{ kN}$$
$$V_{cs} = V_A - V_{sb} = 312.5 - 99.96 = 212.54 \text{ kN}$$
$$\lambda = \frac{a}{h_0} = \frac{1500}{635} = 2.36$$
$$\frac{1.75}{\lambda+1} f_t bh_0 = \frac{1.75}{2.36+1} \times 1.43 \times 250 \times 635 = 118.24 \text{ kN} < V_{cs} = 212.54 \text{ kN}$$

必须按计算配置箍筋：

$$\frac{nA_{sv1}}{s} = \frac{(212.54 - 118.24) \times 10^3}{300 \times 635} = 0.495 \text{ mm}^2/\text{mm}$$

选配双肢箍筋 $\phi 8@200$，则有：

$$\frac{nA_{sv1}}{s} = \frac{2 \times 50.3}{200} = 0.503 \text{ mm}^2/\text{mm} > 0.495 \text{ mm}^2/\text{mm}，可以；$$

$$\rho_{sv} = \frac{nA_{sv1}}{bs} = \frac{2 \times 50.3}{250 \times 200} = 0.2012\% > \rho_{sv,min} = 0.24 \cdot \frac{f_t}{f_{yv}} = 0.24 \times \frac{1.43}{270} = 0.127\%，可以。$$

该梁在 AC 段中剪力值均为 312.5 kN，故在弯起钢筋的弯起点处仅配双肢箍筋 $\phi 8@$ 200，必然不能满足受剪承载力，必须再弯起一根 $\underline{\Phi}$ 25，如图 4-19 所示。

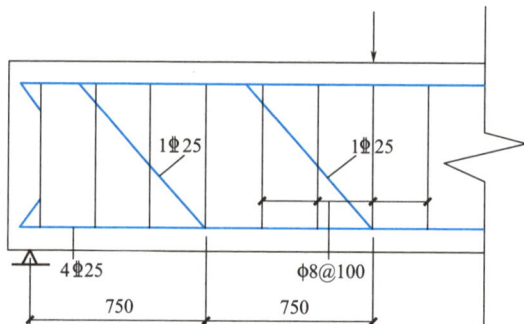

图 4-19

CB 段：

$$\lambda = \frac{a}{h_0} = \frac{2500}{635} = 3.94 > 3，取 \lambda = 3$$

$$\frac{1.75}{\lambda+1}f_tbh_0=\frac{1.75}{3+1}\times1.43\times250\times635=99.32\text{kN}<V_B=187.5\text{ kN}$$

必须按计算配置箍筋。

配双肢箍筋ϕ8@100：

$$V_{cs}=\frac{1.75}{\lambda+1}f_tbh_0+f_{yv}\frac{n\cdot A_{sv1}}{s}h_0$$

$$=\frac{1.75}{3+1}\times1.43\times250\times635+270\times\frac{2\times50.3}{100}\times635$$

$$=99.32+172.48$$

$$=271.80\text{ kN}>V_B=187.5\text{ kN}$$

故在 CB 段不需设置弯起钢筋。

【例 4-3】一钢筋混凝土外伸梁，如图 4-20 所示。混凝土强度等级为 C30($f_t=$ 1.43 N/mm²、$f_c=$14.3 N/mm²)，箍筋为 HPB300 级钢筋($f_{yv}=$270 N/mm²)，纵筋为 HRB400 级钢筋($f_y=$360 N/mm²)。

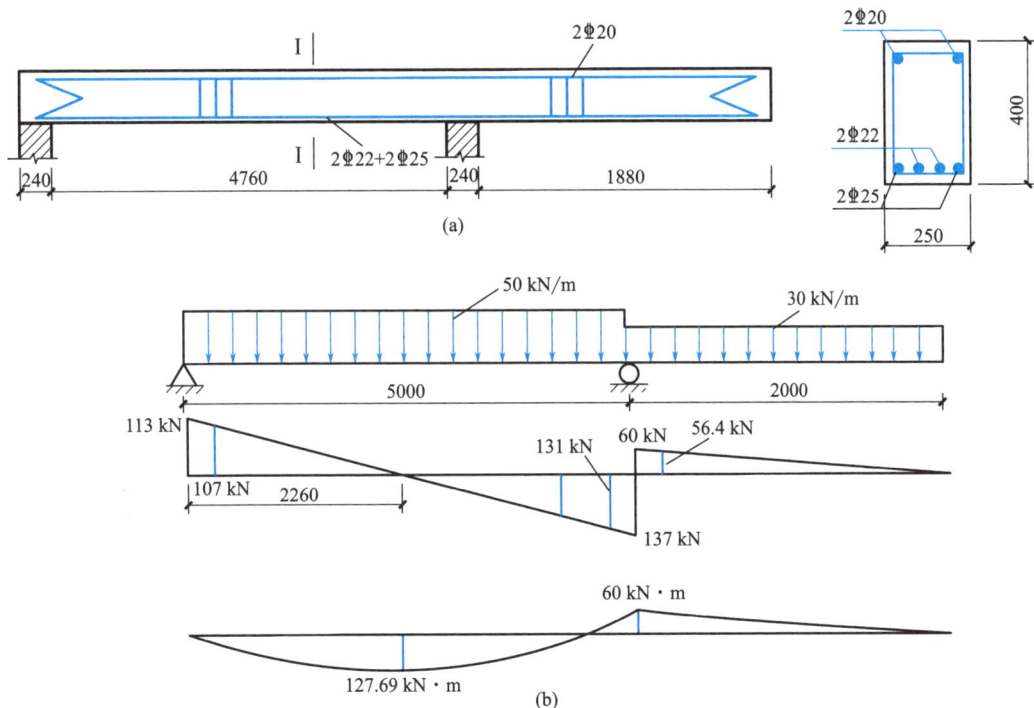

图 4-20　例 4-3 图

求：配置腹筋。

【解】

(1) 求剪力设计值

图 4-20 为该梁的计算简图和内力图。对斜截面受剪承载力而言，A 支座、B 支座左边、B 支座右边为三个计算截面，内力图已给出了它们的剪力设计值。

(2) 验算截面条件

$\beta_c = 1$，$0.25\beta_c f_c b h_0 = 0.25 \times 1 \times 14.3 \times 250 \times 360 = 321.75$ kN，此值大于三截面中最大的剪力值 $V_{B左} = 131$ kN，故截面尺寸都符合要求。

（3）配置腹筋

支座 A：$V_A = 107$ kN

$0.7 f_t b h_0 = 0.7 \times 1.43 \times 250 \times 360 = 90.09$ kN $< V_A = 107$ kN，故必须按计算配置箍筋。

$$V_A = 0.7 f_t b h_0 + f_{yv} \frac{n A_{sv1}}{s} h_0$$

$$\frac{n A_{sv1}}{s} = \frac{(107 - 90.09) \times 10^3}{270 \times 360} = 0.174 \text{ mm}^2/\text{mm}$$

选配双肢箍筋 $\phi 8@200$，则有：

$$\frac{n A_{sv1}}{s} = \frac{2 \times 50.3}{200} = 0.503 \text{ mm}^2/\text{mm} > 0.174 \text{ mm}^2/\text{mm}，可以；$$

$$\rho_{sv} = \frac{0.503}{250} = 0.2\% > \rho_{sv,\min} = 0.24 \frac{f_t}{f_y} = 0.24 \times \frac{1.43}{270} = 0.127\%，可以。$$

支座 B 左：$V_{B左} = 131$ kN

$$0.7 f_t b h_0 = 90.09 \text{ kN} < V_{B左} = 131 \text{ kN}$$

必须按计算配置箍筋，若仍配置双肢箍筋 $\phi 8@200$，则有：

$$V_{cs} = 0.7 f_t b h_0 + f_y \frac{n A_{sv1}}{s} h_0$$

$$= 90.09 \times 10^3 + 270 \times \frac{2 \times 50.3}{200} \times 360$$

$$= 90.09 \times 10^3 + 65.19 \times 10^3$$

$$= 155.28 \text{ kN} > V_{B左} = 131 \text{ kN}，可以。$$

支座 B 右：$V_{B右} = 56.4$ kN

$$0.7 f_t b h_0 = 90.09 \text{ kN} > V_{B右} = 56.4 \text{ kN}$$

仅需按构造配置箍筋，选配双肢箍筋 $\phi 8@250$，符合 4.3.5 节表 4-1 中最大箍筋间距的要求，$\rho_{sv} = \frac{2 \times 50.3}{250 \times 250} = 0.161\% > \rho_{sv,\min} = 0.24 \frac{f_t}{f_y} = 0.24 \times \frac{1.43}{360} = 0.095\%$，可以。

【例 4-4】已知材料强度设计值 f_t、f_c、f_y；截面尺寸 b、h_0；箍筋的 n、A_{sv1}、s 等，其数据全部与例 4-1 相同。要求复核斜截面所能承受的剪力设计值 V_u。

【解】此题为截面复核题，只需将已知数据代入公式计算即可。

根据例 4-1 的数据，不配弯筋，箍筋用 $\phi 8@200$，则：

$$V_u = 0.7 f_t b h_0 + f_{yv} \frac{n A_{sv1}}{s} h_0$$

$$= 0.7 \times 1.43 \times 250 \times 560 \times + 270 \times \frac{2 \times 50.3}{200} \times 560$$

$$= 216.19 \text{ kN} > V = 201.6 \text{ kN}，满足。$$

【例 4-5】求 h_0 为 1500 mm 的钢筋混凝土板在 1 m 宽度内的斜截面受剪承载力。混凝土采用 C60（$f_t = 2.04$ N/mm²）。

【解】

$$V_u = 0.7\beta_h f_t b h_0$$

$$\beta_h = \left(\frac{800}{1500}\right)^{1/4} = (0.533)^{1/4} = 0.854$$

b 取板宽 1 m，则：

$$
\begin{aligned}
V_u &= 0.7\beta_h f_t b h_0 \\
&= 0.7 \times 0.854 \times 2.04 \times 1000 \times 1500 \\
&= 1829.3 \text{ kN}
\end{aligned}
$$

知识拓展——基于机器学习的再生骨料混凝土梁受剪承载力预测[*]
Knowledge Expansion——Machine Learning-based Prediction of Shear Capacity in Recycled Aggregate Concrete Beams[*]

再生骨料混凝土（Recycled Aggregate Concrete，RAC）梁是指以再生骨料取代部分或全部天然骨料制得的混凝土梁。由于抗剪机理复杂且试验梁数量有限，国内外学者对 RAC 梁受剪承载力计算见解各异，导致 RAC 梁抗剪计算模型尚不统一，受剪承载力理论值与实际值误差较大，因此亟需提出一种高效准确的 RAC 梁受剪承载力模型预测方法。众多学者研究了再生骨料取代率、配箍率、配筋率等因素对 RAC 梁抗剪性能的影响并取得了丰富的研究成果。结果表明：RAC 梁斜截面破坏形态与普通混凝土梁基本相同；随着再生粗骨料取代率增加，RAC 梁受剪承载力降低；适当增加箍筋数量可以提高 RAC 梁抗剪强度；与普通混凝土梁相比，RAC 梁的受剪承载力略低。

近年来，机器学习在处理大规模、多维非线性数据中的能力得到增强，其应用范围由计算机科学领域延伸至建筑结构设计和性能评估等领域，为解决工程实际问题提供了一种新方法。目前，已有学者利用神经网络（Neural Networks，NN）等算法较好地实现了梁受剪承载力的预测，利用机器学习对 RAC 梁受剪承载力的预测研究还有待进一步完善。该研究在试验数据的基础上，运用机器学习对 RAC 梁进行承载力预测：基于现有相关文献，收集并整合了 2004～2021 年国内外既有 468 根 RAC 矩形梁加载试验数据，建立了数据库；采用基于机器学习的逻辑回归、决策树、AdaBoost（AB）、支持向量机和人工神经网络（ANN）算法分别构建以截面宽度、截面有效高度、再生粗骨料取代率、立方体抗压强度、轴心抗拉强度、剪跨比、配筋率和配箍特征值为输入参数，RAC 梁受剪承载力为输出参数的预测模型；通过机器学习建立模型并得到预测结果，根据预测结果与试验结果对比分析确定最佳预测模型。该研究可促进机器学习在 RAC 方面的应用。

建立基于机器学习算法的 RAC 梁受剪承载力预测模型后，对 5 种模型进行了精度对比与拟合对比，分析得出以下结论：

（1）机器学习模型的结果表明了其在 RAC 梁受剪承载力预测方面的适用性，利用有

---

[*] 王欣悦，李秀领，郭强，等 . 基于机器学习的再生骨料混凝土梁抗剪承载力预测 [J]. 混凝土，2024，（4）：71-76.

限的试验数据实现更高效、精准预测，在结构设计中可以与经验理论式相结合并作对照。

（2）在数据库基础上建立的人工神经网络和 AB 模型预测 RAC 梁的抗剪强度，具有较高精度，预测效果最好，在既有数据库测试集上离散程度优于其他三种模型，ANN 算法和 AB 算法泛化能力较强。通过比较均方根误差、平均绝对误差和决定系数，ANN 与 AB 的承载力预测模型精度优于 LR、DT、SVM 的预测模型。

（3）通过对我国《混凝土结构设计标准》计算式进行修正，得到了适用于 RAC 梁受剪承载力的建议式 $V_{cs} = (1 - 0.0044r) \left(\dfrac{1.75}{\lambda + 1} f_t b h_0 + f_{yv} \dfrac{n \cdot A_{svl}}{s} h_0 \right)$（$r$ 为再生骨料取代率）。

（4）ANN 和 AB 预测模型可以用于 RAC 梁的受剪承载力预测，并且可通过后续不断对数据集的扩充实现模型预测精度的进一步提高，进而有效减少试验工作量，为实际工程提供参考。

4.3 保证斜截面受弯承载力的构造措施
Bending Capacity and Resistance Moment Diagram

4.3.1 受弯构件斜截面受弯承载力及抵抗弯矩图
Flexural Capacity of Inclined Sections and Resisting Moment Diagram

抵抗弯矩图
相关概念与
绘制步骤

1. 斜截面受弯承载力

沿斜截面取隔离体如图 4-21 所示。对受压区合力作用点取矩，可得斜截面受弯承载力的计算公式如下：

$$M_u^{\text{斜}} = f_y A_{s1} z + f_y A_{sb} z_{sb} + \sum f_{yv} A_{sv} z_{sv} \tag{4-17}$$

相应正截面受弯承载力为：

$$M_u^{\text{正}} = f_y A_{s1} z + f_y A_{sb} z \tag{4-18}$$

比较式（4-17）和式（4-18）可知，当 $z_{sb} \geqslant z$ 时，$M_u^{\text{斜}} > M_u^{\text{正}}$。即一般情况下，只要通过计算保证了正截面的受弯承载力，则斜截面的受弯承载力总能满足。但若支座处纵筋锚固不足，纵筋弯起、切断不当则会导致斜截面受弯破坏。

因此，当纵筋弯起、切断和在支座上的锚固满足相应构造要求时，可不进行斜截面的受弯承载力计算。

2. 抵抗弯矩图

为更好地理解有关构造要求，先介绍抵抗弯矩图。抵抗弯矩图又称材料图，它是沿梁长各正截面按实际配置的纵筋所能抵抗的弯矩 M_R 的图形。在确定纵筋的弯起和截断时，要用到 M_R 图。

各截面总的 M_R 可按正截面受弯承载力分析的方法确定。M_R 由各钢筋的贡献组成。第 i 根钢筋对 M_R 的贡献 M_{Ri} 可近似按该钢筋的面积 A_{si} 与总钢筋面积 A_s 的比值乘以 M_R 求得，即：

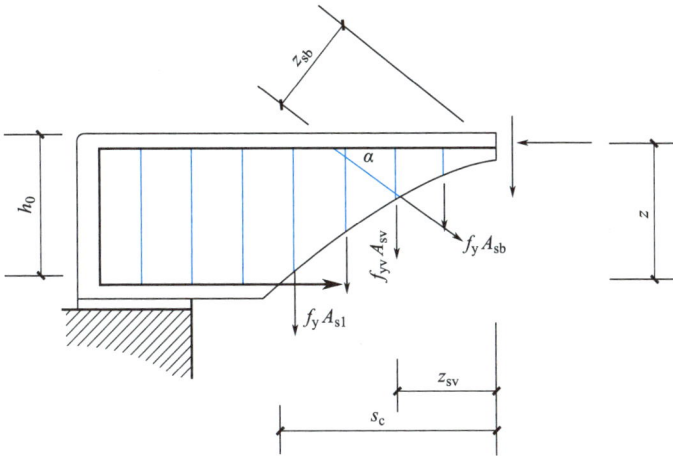

图 4-21　斜截面受弯承载力计算简图

$$M_{Ri} = \frac{A_{si}}{A_s} M_R \tag{4-19}$$

在图 4-22 所示的简支梁中，由于沿梁全长纵筋相同，其抵抗弯矩图 M_R 就是矩形 $abcd$。在梁的中部，所有钢筋都能充分发挥作用，因此抵抗弯矩最大，且各截面抵抗弯矩相等。假定钢筋和混凝土之间的粘结应力均匀分布，于是有图 4-22 所示的抵抗弯矩图。可以看出，在跨中 1 点处三根钢筋的强度被充分利用；在 2 点处①，②号钢筋的强度被充分利用，而③号钢筋在 2 点以外（向支座方向）理论上就不再需要了。同样，在 3 点处①号钢筋的强度被充分利用，②号钢筋在 3 点以外也就不再需要了。因此，点 1，2，3 分别称为③，②，①号钢筋的**充分利用点**；点 2，3，a 则分别称为③，②，①号钢筋的**不需要点**。

有纵筋弯起时，抵抗弯矩图的画法如图 4-23 所示。图中③号筋在 E，F 截面处弯起。弯起筋对正截面承载力的影响可按下列假定计算：以梁左端的弯起筋为例，设弯起筋与梁轴线的交点为 G，则在 G 点及其左部，弯起筋对正弯矩承载力的贡献为零（如图中的 g 点及其左部）；在 E 点，该筋对正弯矩承载力有全部贡献（如图中的 e 点）；在 G 点和 E 点之间，该筋对正弯矩承载力的贡献可按线性插值确定（如图中的直线段 ge）。

结构设计时，应尽量使抵抗弯矩图包住弯矩图，且二者越近越经济。

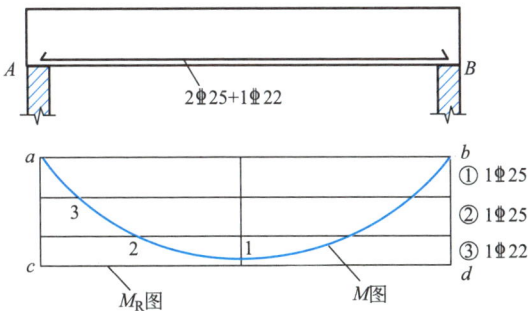

图 4-22　抵抗弯矩图

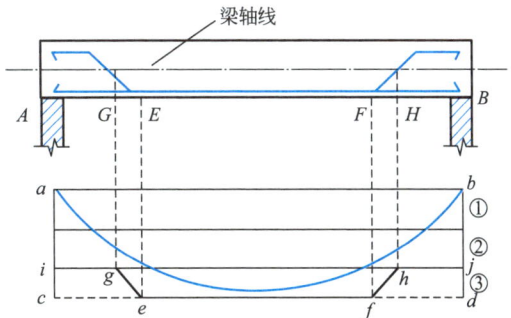

图 4-23　钢筋弯起时的抵抗弯矩图

4.3.2 纵筋弯起

Bending of Longitudinal Reinforcement

梁的纵筋弯起需满足以下三方面的要求：①保证正截面的受弯承载力，即满足 $M_R \geqslant M$，此时抵抗弯矩图应包住弯矩图；②保证斜截面的受剪承载力（一般用计算保证）；③保证斜截面的受弯承载力。

上述第③条是基于以下的认识：考虑图 4-24 所示的梁，在截面 CC'，按正截面受弯承载力需要配置纵筋 A_s，在 K 处弯起的一根（或一排）纵筋的面积为 A_{sb}；其余纵筋伸入支座，其面积为 $A_{sl} = A_s - A_{sb}$。可能的斜裂缝为图中的 JH。

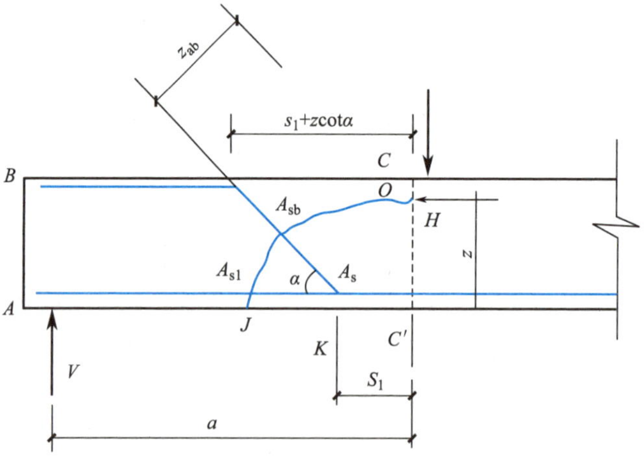

图 4-24 弯起钢筋对抗弯影响的分析

以 $ABCC'$ 为隔离体，对截面 CC' 压力合力作用点 O 取矩，得正截面受弯承载力：

$$M_u^{正} = f_y A_s z = f_y A_{sl} z + f_y A_{sb} z \tag{4-20}$$

式中，f_y 为纵筋的屈服强度。

再以斜裂缝左边的 $ABCHJ$ 为隔离体，并仍对 O 点取矩，则得斜截面受弯承载力：

$$M_u^{斜} = f_y A_{sl} z + f_y A_{sb} z_{sb} \tag{4-21}$$

若要使斜截面的受弯承载力不低于正截面的受弯承载力，需满足：

$$z_{sb} \geqslant z \tag{4-22}$$

上述条件的满足可用控制图 4-24 中的水平距离 s_1 来实现。s_1 是钢筋弯起点至其充分利用点的距离。由图 4-24 的几何关系，可得：

$$\frac{z_{sb}}{s_1 + z \cot\alpha} = \sin\alpha$$

即

$$z_{sb} = s_1 \sin\alpha + z \cos\alpha \tag{4-23}$$

将式（4-23）代入式（4-22）得：

$$s_1 \sin\alpha + z \cos\alpha \geqslant z$$

即

$$s_1 \geqslant (\csc\alpha - \cot\alpha) z \tag{4-24}$$

取 $z = (0.77 \sim 0.91) h_0$。当 $\alpha = 45°$ 时，上式给出 $s_1 \geqslant (0.319 \sim 0.372) h_0$；当 $\alpha =$

60°时，则 $s_1 \geqslant (0.445 \sim 0.525)h_0$。据此，可统一取：

$$s_1 \geqslant \frac{1}{2}h_0 \tag{4-25}$$

式（4-25）表明，弯起钢筋的弯起点至该筋的充分利用点的距离不小于 $h_0/2$。满足了这一条件，就满足了斜截面的受弯承载力。

另外，如图 4-25 所示，弯起钢筋的弯终点到支座边或到前一排弯起钢筋弯起点之间的距离，都不应大于箍筋的最大间距，其值见表 4-1 内 $V > 0.7f_t bh_0$ 一栏的规定。这一要求是为了使每根弯起钢筋都能与斜裂缝相交，以保证斜截面的受剪和受弯承载力。

弯起钢筋的端部，也应留有一定的锚固长度：在受拉区不应小于 $20d$，在受压区不应小于 $10d$，对于光面弯起钢筋，在末端还应设置弯钩，见图 4-26。

位于梁底或梁顶的角筋以及梁截面两侧的钢筋不宜弯起。

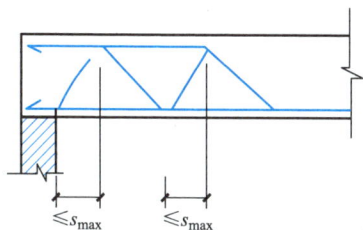

图 4-25 弯终点位置

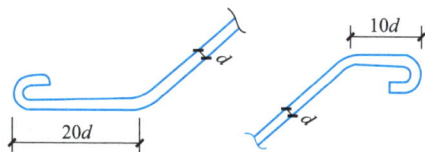

图 4-26 弯筋端部锚固

弯起钢筋除利用纵向筋弯起外，还可单独设置，如图 4-27（a）所示，称为鸭筋。由于弯筋的作用是将斜裂缝之间的混凝土斜压力传递给受压区混凝土，以加强混凝土块体之间的共同工作，形成一拱形桁架，因而不允许设置如图 4-27（b）所示的浮筋。

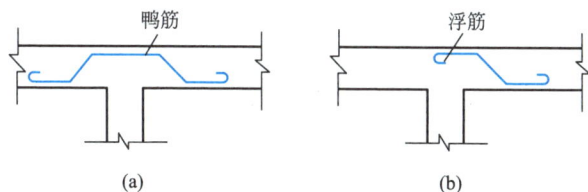

图 4-27 鸭筋和浮筋

4.3.3 纵筋切断
Cut off of Longitudinal Reinforcement

由于梁的正弯矩图形的范围比较大，受拉区几乎覆盖整个跨度，故梁底纵筋不宜截断。对于在支座附近的负弯矩区段内梁顶的纵向受拉钢筋，因为负弯矩区段的范围不大，故往往采用截断的方式来减少纵筋的数量，但不宜在受拉区截断。

当把承担负弯矩的部分负钢筋截断时，截断点应满足：

（1）从该钢筋充分利用的截面起到截断点的长度，满足伸出长度的要求。

（2）从不需要该钢筋的截面起到截断点的长度，满足延伸长度要求。

为了避免发生沿斜截面的弯曲破坏，纵筋应该从充分利用点外伸 l_a 处切断。为了避免发生沿斜截面的弯曲破坏，纵筋应从理论切断点外伸一定长度后再切断，如图 4-28 所示。

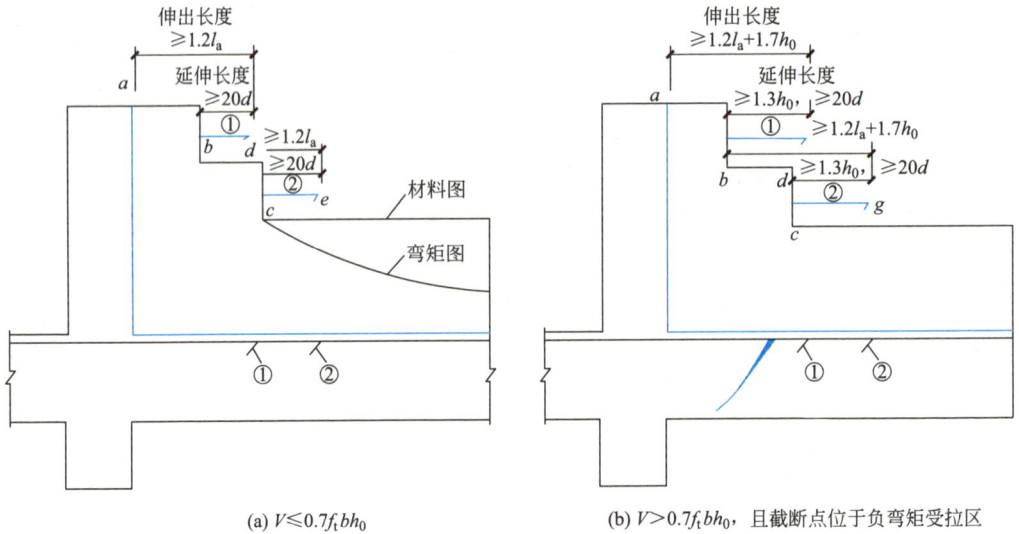

(a) $V \leqslant 0.7 f_t b h_0$　　　　　(b) $V > 0.7 f_t b h_0$，且截断点位于负弯矩受拉区

图 4-28　负弯矩区段纵向受拉钢筋的截断

《混凝土结构设计标准》规定，钢筋混凝土梁支座截面负弯矩纵向受拉钢筋不宜在受拉区截断。当必须截断时，应符合以下规定：①当 $V \leqslant 0.7 f_t b h_0$ 时，应延伸至按正截面受弯承载力计算不需要该钢筋的截面以外不小于 $20d$ 处切断，且从该钢筋强度充分利用截面伸出的长度不应小于 $1.2 l_a$。②当 $V > 0.7 f_t b h_0$ 时，应延伸至按正截面受弯承载力计算不需要该钢筋的截面以外不小于 h_0 且不小于 $20d$ 处切断，且从该钢筋强度充分利用截面伸出的长度不应小于 $1.2 l_a + h_0$。③若按上述规定确定的切断点仍位于负弯矩受拉区内，则应延伸至按正截面受弯承载力计算不需要该钢筋的截面以外不小于 $1.3 h_0$ 且不小于 $20d$ 处切断，且从该钢筋强度充分利用截面伸出的延伸长度不应小于 $1.2 l_a + 1.7 h_0$。当 $V \leqslant 0.7 f_t b h_0$ 时，梁中一般不会出现斜裂缝，剪力对纵向受力钢筋拉力的影响可以忽略，故对切断点的要求适当放松。

在钢筋混凝土悬臂梁中，应有不少于两根上部钢筋伸至悬臂梁外端，并向下弯折不小于 $12d$；其余钢筋不应在梁的上部切断，只能向下按 $45°$ 或 $60°$ 角弯折，此时应符合弯起钢筋的要求。梁下部的纵筋一般只能弯起，而不能切断。

如图 4-29 所示为一钢筋混凝土梁纵筋的弯起和切断的实例。注意图中的弯起钢筋同时作为负弯矩钢筋时对抵抗弯矩图的贡献。

4.3.4　纵筋锚固
Anchorage of Longitudinal Reinforcement
由前所知，若纵筋在支座内的锚固长度 l_{as} 不够，则纵筋容易被拔出而发生锚固破坏，故应规定 l_{as} 的取值。《混凝土结构设计标准》规定如下：

简支板和连续板下部纵筋伸入支座的长度 l_{as} 不应小于 $5d$，d 为纵向受力钢筋的直径。

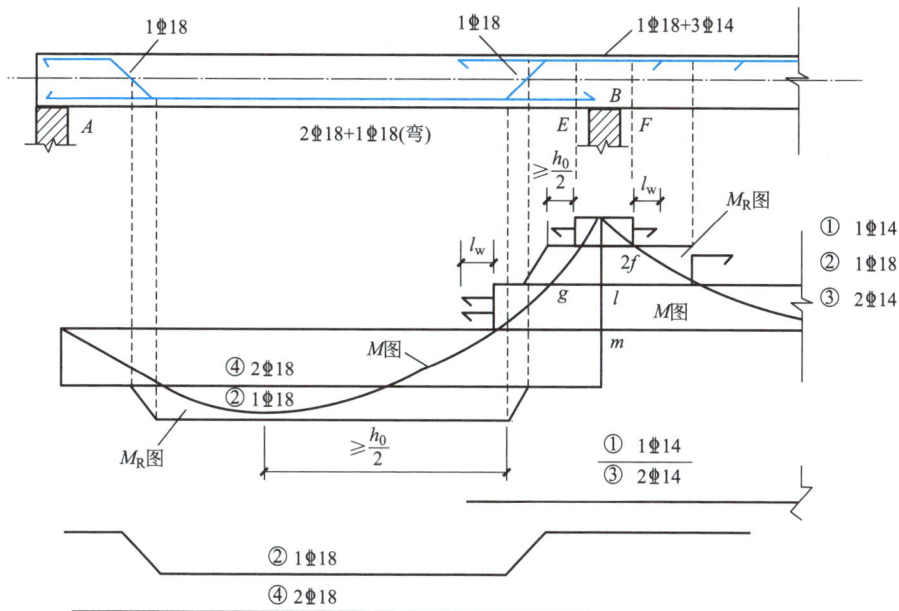

图 4-29 钢筋弯起和切断的综合示例

对简支梁和连续梁简支端下部纵筋，其伸入支座的长度 l_{as} 应符合下列要求：

当 $V \leqslant 0.7 f_t b h_0$ 时，$l_{as} \geqslant 5d$；

当 $V > 0.7 f_t b h_0$ 时，带肋钢筋 $l_{as} \geqslant 12d$，光圆钢筋 $l_{as} \geqslant 15d$。

此处，d 为纵向受力钢筋的最大直径。

如梁内支座处的锚固不能满足上述要求，应采取加焊锚固钢板或将钢筋端部焊接在梁端预埋构件上等有效的锚固措施。

钢筋锚固常见
通病高清案例

4.3.5 箍筋的配置

Arrangement of Stirrups

梁内箍筋的主要作用是：①提供斜截面受剪承载力和斜截面受弯承载力，抑制斜裂缝的开展；②联系梁的受压区和受拉区，构成整体；③防止纵向受压钢筋的压屈；④与纵向钢筋构成钢筋骨架。梁内箍筋的直径和设置应符合以下规定。

1. 直径

箍筋的最小直径有如下规定：

当梁高大于 800 mm 时，直径不宜小于 8 mm；

当梁高小于或等于 800 mm 时，直径不宜小于 6 mm；

当梁中配有计算需要的纵向受压钢筋时，箍筋直径尚不应小于 $d/4$（d 为纵向受压钢筋的最大直径）。

2. 箍筋的设置

按计算不需要箍筋的梁，当截面高度 $h > 300$ mm 时，应沿梁全长设置箍筋；当截面高度 $h = 150 \sim 300$ mm 时，可仅在构件端部各 $l_0/4$ 跨度范围内设置构造箍筋；但梁构件

中部 $l_0/2$ 跨度范围内有集中荷载作用时，则应沿梁全长设置箍筋；当截面高度小于 150 mm 时，可不设箍筋。

箍筋间距除满足计算要求外，其最大间距还应满足表 4-1 的规定，并满足最小配筋率的要求。

梁中箍筋的最大间距（mm）　　　　　　　　　　表 4-1

梁高 h（mm）	$V > 0.7f_tbh_0$	$V \leqslant 0.7f_tbh_0$
$150 < h \leqslant 300$	150	200
$300 < h \leqslant 500$	200	300
$500 < h \leqslant 800$	250	350
$h > 800$	300	400

知识拓展——配置新型封闭缠绕式 GFRP 箍筋混凝土梁受剪性能试验[*]
Knowledge Expansion——Experimental Study on Shear Behavior of Concrete Beams with Novel Closed-wrapped GFRP Stirrups[*]

对处于侵蚀性环境的钢筋混凝土结构，由于钢材锈蚀导致的结构性能劣化乃至过早破坏是普遍面临的重要问题。为克服这一问题，部分学者提出采用轻质高强和耐腐蚀性能优越的纤维增强树脂复合材料（FRP）筋代替钢筋以解决钢筋锈蚀问题，进而提高混凝土结构的耐久性。传统 FRP 筋主要通过拉挤成型工艺生产，FRP 箍筋则是在树脂固化之前，将拉挤成型的圆形截面 FRP 筋，弯折成有箍肢搭接的箍圈。

试验研究表明，混凝土构件破坏时，传统拉挤成型 FRP 箍筋虽未断裂，但其搭接段发生了粘结滑移破坏。与此同时，FRP 筋弯折过程也会造成弯曲段内侧纤维蜷曲，受拉时外侧纤维先于内侧纤维受力造成应力集中，进而导致 FRP 箍筋弯曲段受拉强度降低，也导致 FRP 筋混凝土梁受剪时的常见破坏模式为 FRP 箍筋在弯曲段断裂。若斜裂缝恰好经过 FRP 箍筋的弯曲段，则其受拉强度还可能进一步降低。

因此，为避免 FRP 箍筋的破坏，各国 FRP 筋混凝土结构设计规范也都有箍筋中的应力小于其弯曲段强度的规定。这也意味着传统拉挤成型 FRP 箍筋，在结构达到承载力极限状态时应力水平较低，材料抗拉强度高的性能未得到充分利用。为克服以上问题，有学者基于缠绕工艺提出了新型封闭缠绕式玻璃纤维增强树脂复合材料（GFRP）箍筋，如图 T-1 所示。其生产工艺主要是将浸润树脂的连续 GFRP 逐层缠绕在旋转的钢模具上，固化脱模后形成管材，再将管材按照一定宽度切割得到新型封闭缠绕式 GFRP 箍筋。新型封闭缠绕式 GFRP 箍筋弯曲段的纤维蜷曲现象得到了显著缓解，故箍筋弯曲段强度显著提升，而且新型封闭缠绕式 GFRP 箍筋连续封闭不存在搭接段，故也不会发生粘结滑移破坏。

目前，对新型封闭缠绕式 GFRP 箍筋混凝土构件抗剪性能的研究较少。对新型封闭缠

* 原野，王震宇，王代玉. 配置新型封闭缠绕式 GFRP 箍筋混凝土梁的受剪性能试验 [J]. 复合材料学报，2022，39（11）：5074-5085.

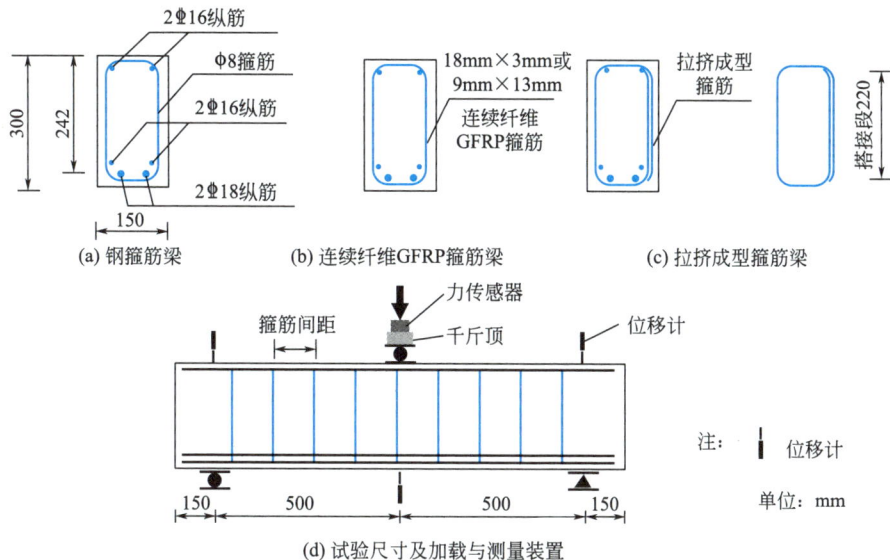

图 T-1　试件截面、箍筋形式与加载测量装置示意图

绕式 GFRP 箍筋混凝土梁进行了三点加载试验，考察新型封闭缠绕式 GFRP 箍筋受剪时的破坏模式和利用效率，明确箍筋形式、剪跨比、箍筋间距和纵筋配筋率等参数对配置新型 FRP 箍筋混凝土受剪性能的影响规律，并对已有规范中 FRP 筋混凝土构件受剪承载力计算公式计算结果与试验进行了对比分析。经过试验与分析的结论如下：

（1）新型封闭缠绕式 GFRP 箍筋的弯曲段强度与平直段受拉强度之比达到 0.81，而拉挤成型箍筋仅为 0.39，新型封闭缠绕式 GFRP 箍筋的弯曲段强度显著提高。

（2）当剪跨比和箍筋间距相同时，新型封闭缠绕式 GFRP 箍筋混凝土梁表现出更高的开裂后刚度，其受剪承载力可以达到拉挤成型箍筋混凝土梁的 1.16 倍，新型封闭缠绕式 GFRP 箍筋的材料利用效率达到拉挤成型箍筋的 1.3 倍以上，而拉挤成型箍筋的搭接段发生了滑移。

（3）剪跨比与箍筋间距对试件的平均箍筋应变有显著影响。

（4）各国规范均显著低估了新型封闭缠绕式 GFRP 箍筋混凝土梁的受剪承载力，建议适当提高新型封闭缠绕式 GFRP 箍筋的断裂应变限值。

4.4　梁、板内钢筋的其他构造要求
Additional Detailing Requirements for Beams and Slabs

4.4.1　纵向受力钢筋
Longitudinal Load-bearing Reinforcement

1. 锚固

（1）简支板和连续板中，下部纵向受力钢筋在支座上的锚固长度 l_{as} 不应小于 $5d$。当

连续板内温度、收缩应力较大时，伸入支座的锚固长度宜适当增加。

（2）连续梁的中间支座，通常上部受拉、下部受压。上部的纵向受拉钢筋应贯穿支座。下部的纵向钢筋在斜裂缝出现和粘结裂缝发生时，也有可能承受拉力，所以也应保证有一定的锚固长度，按以下的情况分别处理：

1）设计中不利用支座下部纵向钢筋强度时，其伸入的锚固长度可按简支支座中 $V>0.7f_tbh_0$ 时的规定取用；

2）设计中充分利用支座下部纵向钢筋的受拉强度时，其伸入的锚固长度不应小于锚固长度 l_a；

3）设计中充分利用支座下部纵向钢筋的抗压强度时，其伸入的锚固长度不应小于 $0.7l_a$。这是考虑在实际结构中，压力主要靠混凝土传递，钢筋作用较小，对锚固长度要求不高的缘故。

2. 钢筋的连接

钢筋的连接可分为三类：绑扎搭接、机械连接、焊接。轴心受拉及小偏心受拉构件，例如桁架和拱的拉杆的纵向钢筋不得采用绑扎搭接接头。当受拉钢筋直径 $d>28$ mm 及受压钢筋直径 $d>32$ mm 时，不宜采用绑扎搭接接头。

（1）绑扎搭接

当接头用搭接而不加焊时，其搭接长度规定如下：

1）受拉钢筋的搭接

受拉钢筋的搭接长度应根据位于同一连接范围内的搭接钢筋面积百分率进行修正计算，且不得小于 300 mm。

2）受压钢筋的搭接

搭接长度取受拉搭接长度的 0.7 倍。在任何情况下，受压钢筋的搭接长度都不应小于 200 mm。

（2）机械连接或焊接

机械连接，目前我国用得较多的是冷轧直螺纹套筒连接。

纵向受力钢筋的焊接接头应相互错开。钢筋焊接接头连接区段的长度为 35d（d 为纵向受力钢筋的较大直径），且不小于 500 mm，凡接头中点位于该连接区段内的焊接接头均属于同一区段。位于同一连接区段纵向受力钢筋的焊接接头面积百分率，对纵向受拉钢筋接头，不应大于 50%，纵向受压钢筋的接头面积百分率可不受限制。

4.4.2 架立钢筋及纵向构造钢筋
Stirrup Support Bars and Longitudinal Distribution Bars

1. 架立钢筋

梁内架立钢筋的直径，当梁的跨度小于 4 m 时，不宜小于 8 mm；当梁的跨度为 4～6 m 时，不宜小于 10 mm；当梁的跨度大于 6 m 时，不宜小于 12 mm。

2. 纵向构造钢筋

纵向构造钢筋又称腰筋。当梁的腹板高度 $h_w \geq 450$ mm，在梁的两个侧面应沿高度配置纵向构造钢筋，每侧纵向构造钢筋（不包括梁上、下部受力钢筋及架立钢筋）的截面面积不应小于腹板截面面积 bh_w 的 0.1%，且其间距不宜大于 200 mm。此处，腹板高度 h_w

按式（4-15）规定确定。配置腰筋是为了抑制梁的腹板高度范围内由荷载作用或混凝土收缩引起的垂直裂缝的开展。

知识拓展——翼缘尺寸对地聚物混凝土 T 形梁抗剪性能的影响[*]
Knowledge Expansion——Influence of Flange Dimensions on Shear Behavior of Geopolymer Concrete T-beams[*]

　　T 形梁是一类由翼缘和梁肋结合而成的梁，广泛应用于工程结构中。相较于矩形梁，T 形梁具有成本低、自重轻、承载力高的优势。研究表明：T 形梁的力学性能与混凝土有着密切关系。与普通混凝土（Portland Cement Concrete，PCC）相比，地聚物混凝土（Geopolymer Concrete，GPC）具有更高的早期强度，更好的耐高温、耐酸碱、耐磨性和抗冻融性，但 GPC 存在着收缩徐变较大，弹性模量和抗拉强度较低的问题。这说明 GPC 梁的结构性能与 PCC 梁存在着较大差异，分析 GPC 梁的性能对该构件推广具有积极作用。大量试验结果表明：**普通混凝土 T 形梁受剪承载力明显大于相同条件下的矩形梁，这是因为 T 形梁比矩形梁具有更有利于混凝土受压区压力传递的结构；随着翼缘宽度（厚度）增加，普通混凝土 T 形梁受剪承载力显著增大，但当翼缘宽度与腹板宽度比值大于一定限值时，其受剪承载力不再继续增大。**由此可见，翼缘尺寸是影响 T 形梁抗剪性能的重要因素之一。基于此，以 T 形梁的翼缘厚度和宽度为研究对象，研究了其对 GPC 梁抗剪性能的影响，并基于此讨论了现行设计规范的适用性。经过试验可知：

　　（1）GPC 梁在极限承载力下的跨中挠度比 PCC 梁大，挠度与刚度呈反比，GPC 梁刚度低于 PCC 梁。GPC 基体混凝土的弹性模量比 PCC 低，更高的弹性模量使得 PCC 梁在相同荷载下位移更小。

　　（2）GPC 的斜截面开裂荷载比 PCC 低，受剪承载力比 PCC 略高，这是因为矿渣-粉煤灰基的 GPC 抗拉强度低于 PCC，导致其斜截面开裂所需的荷载较低。

　　（3）与 PCC 相比，GPC 裂缝数量更多且更宽，这是因为 GPC 梁早期收缩大于 PCC 梁，导致其基体有更多的初始微裂缝，且 GPC 梁较低的弹性模量和抗拉强度使得这些微裂缝在受到剪力后将以更快的速度扩展延伸。

　　（4）比较各 T 形梁试件由混凝土提供的归一化抗剪强度，可知：GPC 的归一化抗剪强度比 PCC 要高。总体而言，GPC 梁的荷载-跨中挠度关系曲线、受剪承载力、裂缝扩展和破坏模式与 PCC 梁基本相似，但因为 GPC 梁因材料性能差异表现出更大的脆性，其刚度、斜截面开裂荷载较低，跨中纵筋应变和箍筋应变较大。

　　根据试验结果，翼缘的存在对 GPC 梁的受剪承载力影响显著。试验表明翼缘厚度增大能提高 GPC 对 GPC 梁抗剪强度的贡献。随着翼缘厚度增大，GPC 梁刚度增大，跨中纵筋应变减小，同时翼缘对临界斜裂缝向加载点扩展的阻碍作用增大，即抗裂性增强，故受

　　* 宋建雄，毛宇光，刘翼玮，等. 翼缘尺寸对地聚物混凝土 T 形梁抗剪性能的影响［J］. 重庆交通大学学报（自然科学版），2024，43（1）：1-9.

剪承载力增大。翼缘宽度过宽并不能继续提高 GPC 梁的抗剪强度，由于剪力滞效应，仅有部分翼缘宽度能有效承担剪力。

将试验结果与各规范计算值比较（表 T-1），计算值均远小于试验值，严重低估了 GPC 梁的受剪承载力，究其原因在于现行的规范均没有考虑翼缘对受剪承载力贡献。因为 GPC 梁受剪承载力与 PCC 梁基本相等，故在进行 GPC 梁抗剪设计时，基于 GPC 脆性更大和经济性考虑，建议采用《混凝土结构设计标准》的计算值。为进一步提高经济性，建议在混凝土的受剪承载力计算时增加翼缘有效部分来提供剪力项。

各规范计算公式   表 T-1

规范	抗剪承载力计算公式
GB/T 50010—2010（2024 年版）	$V_c = \dfrac{1.75}{\lambda + 1} f_t b h_0$ $V_s = f_{yv} \dfrac{A_{sv}}{s} h_0$ $V_n = V_c + V_s = V_{cs}$
ACI 318-19	$V_n = 0.17 \sqrt{f'_c} b h_0 + f_{yv} \dfrac{A_{sv}}{s} h_0$
Eurocode 2	$V_{Rd,max} = \alpha_{cw} \upsilon_1 f_{cd} b_w z \dfrac{\cot\theta + \cot\alpha}{1 + \cot^2\theta}$ $V_{Rd,s} = \dfrac{A_{sw} f_{ywd} z}{s} (\cot\theta + \cot\alpha) \sin\alpha$ $V_n = \min(V_{Rd,max}, V_{Rd,s})$

本章习题

一、选择题

1. 梁受弯矩、剪力的作用产生斜向裂缝是因为主拉应力超过了混凝土的（   ）。

A. 轴心抗拉强度   B. 抗剪强度

C. 拉压复合受力时的抗拉强度   D. 压剪复合受力时的抗剪强度

2. 无腹筋梁随着剪跨比由小到大，其斜截面的破坏形态将由（   ）。

A. 斜拉转变为剪压，再转变为斜压

B. 斜拉转变为斜压，再转变为剪压

C. 剪压转变为斜压，再转变为斜拉

D. 斜压转变为剪压，再转变为斜拉

3. 出现腹剪裂缝的梁，一般（   ）。

A. 剪跨比较大

B. 腹筋配置较多

C. 腹板较薄

D. 剪跨比较小，并且腹板较薄或腹筋较多

4. 板通常不配置箍筋，因为（　　　）。

A. 板很薄，没法设置箍筋

B. 板内剪力较小，通常混凝土本身就足以承担

C. 设计时不计算剪切承载力

D. 板内有拱作用，剪力由拱直接传给支座

5. 适当提高梁的配箍率可以（　　　）。

A. 显著提高斜裂缝开裂荷载

B. 防止斜压破坏的出现

C. 显著提高受剪承载力

D. 使斜压破坏转化为剪压破坏，从而改善斜截面破坏的脆性

6. 厚腹梁当 $V>0.25f_cbh_0$ 时，应（　　　）。

A. 增加配箍　　　　　　　　　　B. 增大截面面积

C. 减少弯筋　　　　　　　　　　D. 增大剪跨比

7. 梁在抗剪计算中要满足最小截面尺寸要求，其目的是（　　　）。

A. 防止斜裂缝过宽　　　　　　　B. 防止出现斜压破坏

C. 防止出现斜拉破坏　　　　　　D. 防止出现剪压破坏

8. 梁在斜截面设计中，要求箍筋间距，其目的是（　　　）。

A. 防止发生斜拉破坏　　　　　　B. 防止发生斜压破坏

C. 保证箍筋发挥作用　　　　　　D. 避免斜裂缝过宽

9. 梁中决定箍筋最小直径的因素是（　　　）。

A. 截面宽度 b　　　　　　　　　B. 截面高度 h

C. 剪力 V　　　　　　　　　　　D. 混凝土强度 f_c

10. 梁中决定箍筋间距最大值的因素是（　　　）。

A. 混凝土强度与截面高度　　　　B. 混凝土强度与剪力大小

C. 截面高度与剪力大小　　　　　D. 混凝土强度、截面高度以及剪力大小

11. 梁内配置箍筋后，受剪承载力明显提高，其原因是箍筋使得（　　　）。

A. 纵筋销栓力增大　　　　　　　B. 骨料啮合力增大

C. 混凝土剪压区抗剪能力增大　　D. 箍筋本身承担相当一部分的剪力

E. 以上各种抗力都增加

12. 在斜截面受剪承载力计算中，要考虑剪跨比影响的梁是（　　　）。

A. 矩形截面简支梁

B. 受集中荷载为主的梁

C. 受集中荷载为主的矩形截面独立梁

D. 受集中荷载为主的 T 形独立梁

13. 图 4-30 所示一矩形截面梁，当计算 CD 段斜截面受剪承载力并确定是否要考虑剪跨比影响时，应依据 $V_{集中荷载}/V_{总荷载}\geqslant 0.75$ 来判断，式中 $V_{集中荷载}$、$V_{总荷载}$ 指的截面是（　　　）。

A. A 支座中心　　　　　　　　　B. A 支座边缘

C. C 左截面　　　　　　　　　　D. C 右截面

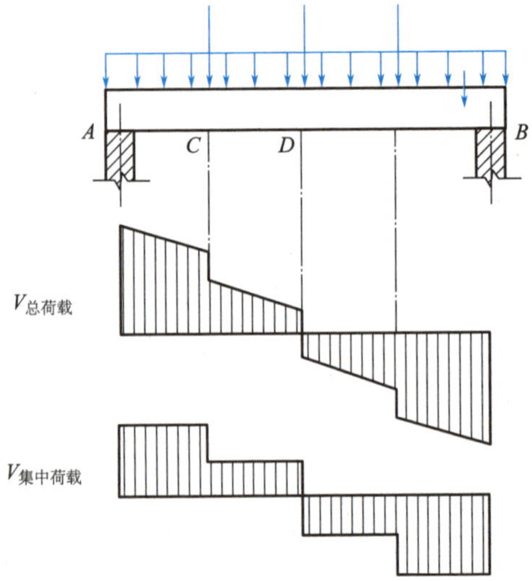

图 4-30

14. 在斜截面设计中，要考虑梁腹板的厚度，用腹板高度 h_w 与腹板厚度 b 的比值 h_w/b 来衡量。对于 T 形截面梁 h_w 是指（　　）。

A. $h_w = h_0$ B. $h_w = h_0 - h_f'$

C. $h_w = h - h_f'$ D. $h_w = h$

15. 悬臂梁在均布荷载作用下产生斜裂缝，图 4-31 中斜裂缝位置正确的是（　　）。

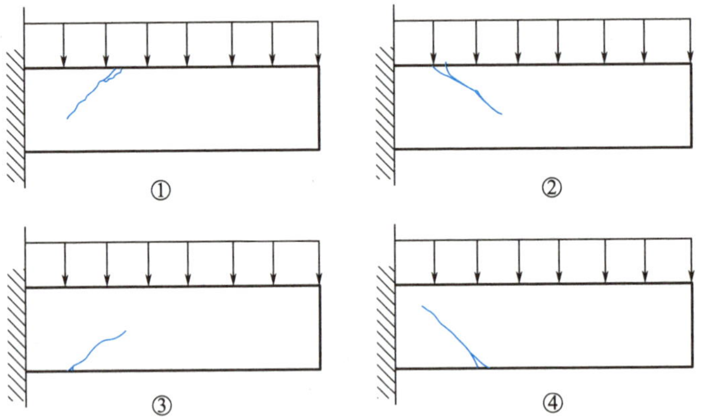

图 4-31

A. 图①　　　　　　B. 图②　　　　　　C. 图③　　　　　　D. 图④

16. 板内受力钢筋在简支支座处的锚固长度 l_{as}（　　）。

A. $\geqslant 5d$

B. $\geqslant 10d$

C. $\geqslant 12d$

D. 应根据剪力设计值 V 是否大于 $0.7f_t bh_0$ 确定。

二、填空题

1. 受弯构件的破坏形式有_____、_____。

2. 受弯构件的正截面破坏发生在梁的_____，受弯构件的斜截面破坏发生在梁的_____，受弯构件内配置足够的受力纵筋是为了防止梁发生_____破坏，配置足够的腹筋是为了防止梁发生_____破坏。

3. 梁内配置了足够的抗弯受力纵筋和足够的抗剪箍筋、弯起筋后，该梁并不意味着安全，因为还有可能发生_____、_____、_____；这些都需要通过绘制材料图，满足一定的构造要求来加以解决。

4. 斜裂缝产生的原因是：由于支座附近的弯矩和剪力共同作用，产生的_____超过了混凝土的极限抗拉强度而开裂的。

5. 斜截面破坏的主要形态有_____、_____、_____，其中属于材料未充分利用的是_____、_____。

6. 梁的斜截面承载力随着剪跨比的增大而_____。

7. 梁的斜截面破坏主要形态有 3 种，其中，以_____破坏的受力特征为依据建立斜截面承载力的计算公式。

8. 随着混凝土强度等级的提高，其斜截面承载力_____。

9. 随着纵向配筋率的提高，其斜截面承载力_____。

10. 当梁上作用的剪力满足：$V \leqslant$_____时，可不必计算抗剪腹筋用量，直接按构造配置箍筋满足 $S \leqslant S_{max}$，$d \geqslant d_{min}$；当梁上作用的剪力满足：$V \leqslant$_____时，仍可不必计算抗剪腹筋用量，除满足 $S \leqslant S_{max}$，$d \geqslant d_{min}$ 以外，还应满足最小配箍率的要求；当梁上作用的剪力满足：$V \geqslant$_____时，则必须计算抗剪腹筋用量。

11. 当梁的配箍率过小或箍筋间距过大并且剪跨比较大时，发生的破坏形式为_____；当梁的配箍率过大或剪跨比较小时，发生的破坏形式为_____。

12. 对于 T 形、工字形、倒 T 形截面梁，当梁上作用集中荷载时，需要考虑剪跨比影响的截面梁是_____。

13. _____对梁的斜截面承载力有有利影响，在斜截面承载力公式中没有考虑。

14. 设置弯起筋的目的是_____、_____。

15. 为了防止发生斜压破坏，梁上作用的剪力应满足：_____；为了防止发生斜拉破坏，梁内配置的箍筋应满足_____。

16. 梁内需设置多排弯起筋时，第二排弯起筋计算用的剪力值应取_____，当满足 $V \leqslant$_____时，可不必设置弯起筋。

17. 当梁内的配筋情况为_____时，则不需绘制材料图。

18. 材料图与该梁的弯矩图_____，说明材料的充分利用程度越好。

19. 绘制材料图时，_____纵筋承担的抵抗弯矩应排放在材料图的最外层，_____纵筋承担的抵抗弯矩应排放在材料图的最内层。

20. 确定弯起筋位置时，为了防止发生斜截面受弯破坏，应满足_____。

三、判断题

1. 无腹筋梁承受集中荷载时，梁的受剪承载力随剪跨比的增大而增大。（　　　）

2. 有腹筋梁承受集中力时，梁的受剪承载力随剪跨比的增大而增大。（　　　）

3. 有腹筋梁的力学模型可假设为桁架模型，箍筋相当于受拉腹杆。因此，它们只起拉杆作用，对周围混凝土没有约束作用。（　　　）

4. 梁发生斜截面弯曲破坏的可能是钢筋弯起位置有误。（　　）

5. 在梁的斜截面抗剪计算中，位于受压区的 T 形截面翼缘可以忽略不计。（　　）

6. 承受以集中荷载为主的、翼缘位于受压区的 T 形截面梁，在斜截面抗剪计算中不考虑剪跨比的影响。（　　）

7. 剪跨比对有腹筋梁的受剪承载力影响比对无腹筋梁的影响小。（　　）

8. 斜截面受剪承载力计算中，要考虑剪跨比的梁是以受集中荷载为主的简支梁。（　　）

9. 梁内的腹筋和吊筋都为斜截面受剪承载力而设。（　　）

10. 当梁的配箍量不变时，在满足构造要求的前提下，采用较小直径、较小间距的箍筋有利于减小斜裂缝宽度。（　　）

四、思考题

1. 梁的斜截面破坏状态有几种？破坏性质如何？

2. 为何梁一般在跨中产生垂直裂缝而在支座处产生斜裂缝？

3. 箍筋的作用有哪些？其主要构造要求有哪些？

4. 什么是剪跨比？什么情况下需要考虑剪跨比的影响？

5. 当 $V < V_c$ 时，理论上是否需要设置弯起筋和箍筋？

6. 斜截面受剪承载力计算时要满足 $\rho_{sv} \geqslant \rho_{svmin}$ 和 $V \leqslant 0.25 f_c b h_0$，其目的是什么？

7. 斜压破坏、斜拉破坏、剪压破坏都属于脆性破坏，为何却以剪压破坏的受力特征为依据建立计算公式？

8. 梁内设置弯起筋抗剪时应注意哪些问题？

9. 为什么弯起筋的设计强度取 $0.8 f_y$？

10. 绘制材料图时，支座负弯矩区段的每根纵筋承担的抵抗弯矩，按由外到里的次序如何排放？

11. 受弯构件设计时，何时需要绘制材料图？何时不必绘制材料图？

12. 受弯构件设计时，如何防止发生斜压破坏、斜拉破坏、剪压破坏？

五、计算题

1. 某钢筋混凝土矩形截面简支梁（图 4-32），两端支承在砖墙上，净跨度 $l_n = 3660$ mm；截面尺寸 $b \times h = 200$ mm$\times 500$ mm。该梁承受均布荷载，其中恒荷载标准值 $g_k = 25$ kN/m（包括自重），荷载分项系数 $\gamma_G = 1.3$，活荷载标准 $q_k = 38$ kN/m，荷载分项系数 $\gamma_Q = 1.5$；混凝土强度等级为 C25（$f_c = 11.9$ N/mm^2，$f_t = 1.27$ N/mm^2）；箍筋为 HPB300 钢筋（$f_{yv} = 270$ N/mm^2），按正截面受弯承载力计算已选配 HRB400 钢筋 3Φ25 为纵向受力钢筋（$f_y = 360$ N/mm^2）。试根据斜截面受剪承载力要求确定腹筋。

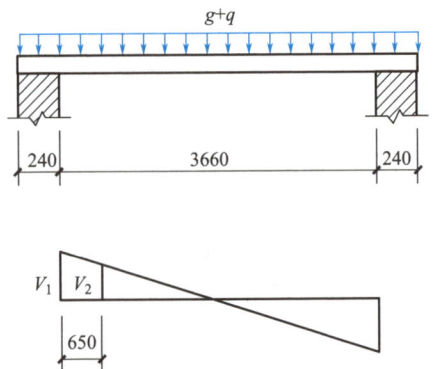

图 4-32

2. 某钢筋混凝土矩形截面简支梁承受荷载设计值如图 4-33 所示。其中集中荷载 $F = 92$ kN，均布荷载 $g + q = 7.5$ kN/m（包括自重）。梁截面尺寸 $b \times h = 250$ mm$\times 600$ mm，配有纵筋 4Φ25（纵筋级别 HRB400），混凝土强度等级为 C25，箍筋为 HPB300 级钢筋，试求所需箍筋数量并绘制配筋图。

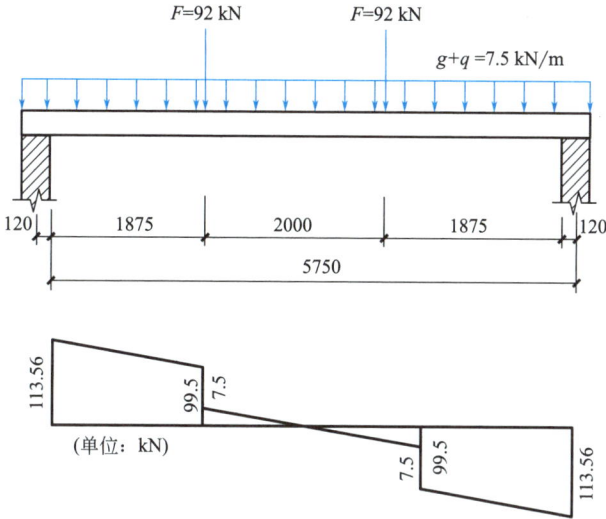

图 4-33

六、拓展题

1. 查阅文献资料，试论述提高 FRP 筋混凝土梁斜截面承载力的方法或技术手段。

2. 查阅文献资料，试论述提高装配式受弯构件的斜截面承载力的方法或技术手段，并结合思政谈谈"一带一路"倡议下我国负责或参与的国际工程项目中攻坚克难关键技术与开拓创新的意义。

七、伸臂梁设计实例

本实例将之前所述的受弯构件承载力计算与构造知识综合运用起来，对一根简单支撑的钢筋混凝土伸臂梁进行了设计，旨在让同学们对梁的设计有一个全面而清晰的认识。

设计条件：某支承在 370 mm 厚砖墙上的钢筋混凝土伸臂梁，其跨度 $l_1 = 7.0$ m，伸臂长度 $l_2 = 1.86$ m，由楼面传来的永久荷载设计值 $g = 40$ kN/m，活荷载设计值 $q_1 = 30$ kN/m，$q_2 = 100$ kN/m。采用混凝土强度等级 C25，纵向受力钢筋为 HRB400，箍筋和构造钢筋为 HPB300，如图 4-34 所示。试设计该梁并绘制配筋详图。

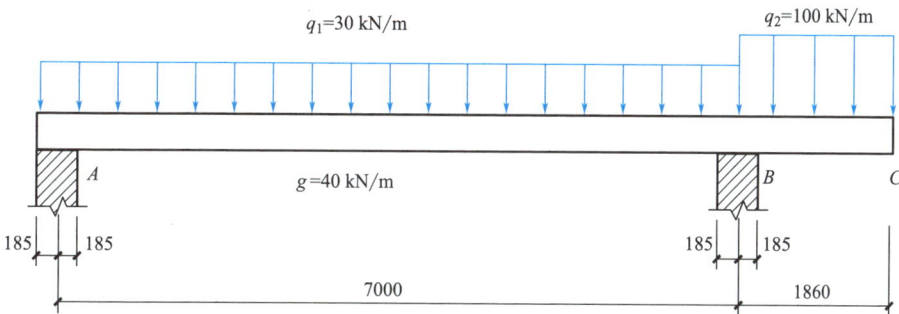

图 4-34

第5章

受压构件的截面承载力
Cross-sectional Bearing Capacity of Compression Members

本章学习目标

1. 理解轴心受压柱配筋的原理；
2. 理解二阶效应的基本概念及应用；
3. 深刻理解偏心受压构件的破坏形态和矩形截面受压承载力的计算简图和基本计算公式；
4. 熟练掌握矩形截面对称配筋偏心受压构件的受压承载力计算；
5. 领会受压构件中纵向钢筋和箍筋的主要构造要求。

本章专业术语

column　柱

compressed members　受压构件

axial compression　轴心受压

eccentric compression　偏心受压

short column　短柱

slender column　长柱

stability coefficient　稳定系数

compressed bearing capacity　受压承载力

tied column　普通箍筋柱

spiral column　螺旋箍筋柱

confined concrete　约束混凝土

indirect reinforcement　间接钢筋

large eccentric compression　大偏心受压

tension failure mode　受拉破坏形态

small eccentric compression　小偏心受压

compression failure mode　受拉破坏形态

reverse damage　反向破坏

second-order effect　二阶效应

additional bending moment　附加弯矩

asymmetric reinforcement　非对称配筋

symmetric reinforcement　对称配筋

N_u-M_u interaction diagram N_u-M_u　相关曲线

以承受轴向压力为主的构件属于受压构件。例如，单层厂房柱、拱、屋架上弦杆，多层和高层建筑中的框架柱、剪力墙、核心筒体墙，烟囱的筒壁，桥梁结构中的桥墩、桩等均属于受压构件。受压构件按其受力情况可分为：轴心受压构件、单向偏心受压构件和双向偏心受压构件。

对于单一匀质材料的构件，当轴向压力的作用线与构件截面形心轴线重合时为轴心受压，不重合时为偏心受压。钢筋混凝土构件由两种材料组成，混凝土是非匀质材料，钢筋可非对称布置，但为了方便，不考虑混凝土的不匀质性及钢筋非对称布置的影响，近似地用轴向压力的作用点与构件正截面形心的相对位置来划分受压构件的类型。当轴向压力的作用点位于构件正截面形心时，为轴心受压构件（图 5-1a）。当轴向压力的作用点只对构件正截面的一个主轴有偏心距时，为单向偏心受压构件（图 5-1b）。当轴向压力的作用点对构件正截面的两个主轴都有偏心距时，为双向偏心受压构件（图 5-1c）。

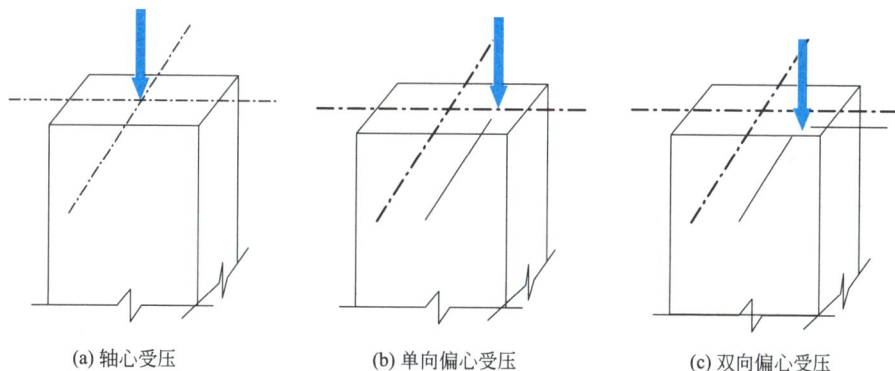

(a) 轴心受压   (b) 单向偏心受压   (c) 双向偏心受压

图 5-1 轴心受压与偏心受压示意图

5.1 受压构件的一般构造要求
General Detailing Requirements for Compression Members

5.1.1 截面形式及几何尺寸
Cross-sectional Shapes and Geometric Dimensions

解码中国古
建筑——"柱"

为便于施工，轴心受压构件截面一般采用方形或矩形，有时也采用圆形或多边形。偏心受压构件一般采用矩形截面，但为了节约混凝土和减轻柱的自重，特别是在装配式柱中，较大尺寸的柱常常采用 I 形截面。拱结构的肋常做成 T 形截面。采用离心法制造的柱、桩、电杆以及烟囱、水塔支筒等常采用环形截面。

方形柱的截面尺寸不宜小于 250 mm×250 mm。为了避免矩形截面轴心受压构件长细比过大，承载力降低过多，常取 $l_0/b \leqslant 30$，$l_0/h \leqslant 25$。此处 l_0 为柱的计算长度，b 为矩形截面短边边长，h 为长边边长。此外，为了施工支模方便，柱截面尺寸宜采用整数，800 mm 及以下的，宜取 50 mm 的倍数；800 mm 以上的，可取 100 mm 的倍数。

对于 I 形截面，翼缘厚度不宜小于 120 mm，因为翼缘太薄，会使构件过早出现裂缝，同时在靠近柱底处的混凝土容易在车间生产过程中碰坏，影响柱的承载力和使用年限。腹板厚度不宜小于 100 mm，地震区采用 I 形截面柱时，其腹板宜再加厚些。

5.1.2 材料强度要求

Material Strength Requirements

混凝土强度等级对受压构件的承载能力影响较大。为了减小构件的截面尺寸，节省钢材，宜采用较高强度等级的混凝土。一般采用 C30、C35、C40，对于高层建筑的底层柱，必要时可采用高强度等级的混凝土。

纵向钢筋一般采用 HRB400 级、RRB400 级和 HRB500 级钢筋，箍筋一般采用 HRB400 级，也可采用 HPB300 级钢筋。

5.1.3 钢筋的配置

Reinforcement Layout

（1）纵筋

柱中纵向钢筋直径不宜小于 12 mm；全部纵向钢筋的配筋率不宜大于 5%（详见 5.2.1 节末）；全部纵向钢筋配筋率不应小于附表 3-5 中给出的最小配筋率 ρ_{min}（%），且截面一侧纵向钢筋配筋率不应小于 0.20%。

轴心受压构件的纵向受力钢筋应沿截面的四周均匀放置，钢筋根数不得少于 4 根，见图 5-2（a）。钢筋直径通常在 16～32 mm 范围内选用。为了减少钢筋在施工时可能产生的纵向弯曲，宜采用较粗的钢筋。

圆柱中纵向钢筋宜沿周边均匀布置，根数不宜少于 8 根，且不应少于 6 根。

偏心受压构件的纵向受力钢筋应放置在偏心方向截面的两边。当截面高度 $h \geqslant 600$ mm 时，在侧面应设置直径不小于 10 mm 的纵向构造钢筋，并相应地设置附加箍筋或拉筋，见图 5-2（b）。

由附表 3-3 知，柱内纵筋的混凝土保护层厚度对一类环境取 20 mm。纵筋净距不应小于 50 mm。在水平位置上浇筑的预制柱，其纵筋最小净距可按梁的规定采用。纵向受力钢筋彼此间的中距不宜大于 300 mm。

纵筋的连接接头宜设置在受力较小处，同一根钢筋宜少设接头。钢筋的接头可采用机械连接接头，也可采用焊接接头和搭接接头。对于直径大于 25 mm 的受拉钢筋和直径大于 28 mm 的受压钢筋，不宜采用绑扎的搭接接头。

（2）箍筋

为了能箍住纵筋、防止纵筋压曲，柱及其他受压构件中的周边箍筋应做成封闭式；其间距在绑扎骨架中不应大于 15 d（d 为纵筋最小直径），且不应大于 400 mm，也不大于构件横截面的短边尺寸。

箍筋直径不应小于 $d/4$（d 为纵筋最大直径），且不应小于 6 mm。

当纵筋配筋率超过 3% 时，箍筋直径不应小于 8 mm，其间距不应大于 10 d（d 为纵向受力钢筋最小直径），且不应大于 200 mm；箍筋末端应做成 135° 弯钩且弯钩末端平直段长度不应小于箍筋直径的 10 倍。

当截面短边大于 400 mm 且各边纵筋多于 3 根时，或当柱截面短边尺寸不大于 400 mm，但各边纵筋多于 4 根时，应设置复合箍筋，见图 5-2（b）。

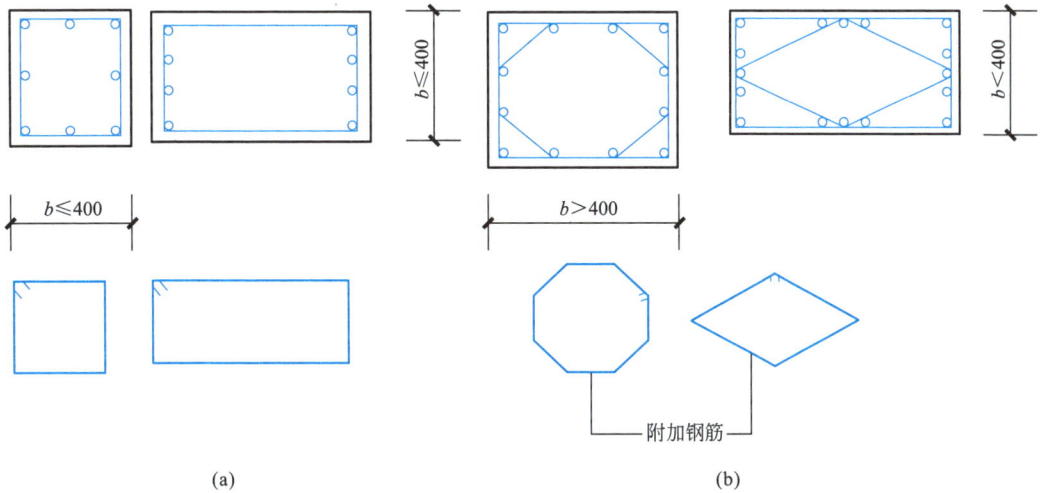

图 5-2 方形、矩形截面箍筋形式

设置柱内箍筋时，宜使纵筋每隔 1 根位于箍筋的转折点处。

在纵筋搭接长度范围内，箍筋的直径不宜小于搭接钢筋直径的 0.25 倍；其箍筋间距不应大于 $5d$，且不应大于 100 mm；d 为搭接钢筋中的较小直径。当搭接受压钢筋直径大于 25 mm 时，应在搭接接头两个端面外 100 mm 范围内各设置两道箍筋。

对于截面形状复杂的构件，不可采用具有内折角的箍筋，以避免产生向外的拉力，致使折角处的混凝土破损，见图 5-3。

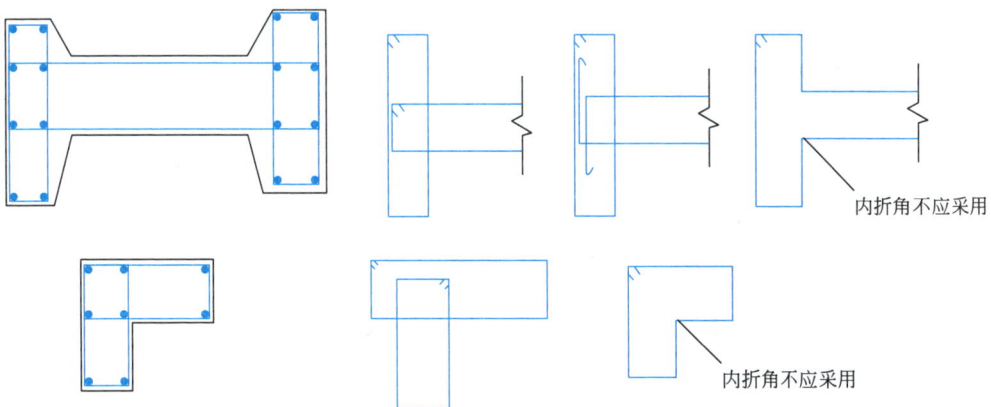

图 5-3 I 形、L 形截面箍筋形式

知识拓展——3D 打印结构加强混凝土柱[*]

Knowledge Expansion——Concrete Column Strengthened by 3D-printing Structure[*]

3D 打印作为一项新兴技术，正在被广泛地应用于制造业领域。3D 打印被称为"具有工业革命意义的制造技术"，其主要特征是利用计算机建立数字化三维模型，然后通过三维成型设备（俗称"3D 打印机"），打印出可复制、可控制的实体产品。和传统制造工艺相比，3D 打印技术具有精度高，数字建模无形状限制，制作速度快等优势。在建筑领域，Pegna 首次使用水泥基材料打印了建筑构件。发展到目前，建筑领域应用比较广泛的 3D 打印技术有：D 型工艺（D-shape），轮廓工艺和混凝土打印。在我国，3D 打印在建筑领域的研究和应用同样在快速发展。2014 年，10 幢通过 3D 打印技术建造的办公用房在上海张江高新青浦区正式交付使用。3D 打印技术给混凝土加固和建筑结构快速建造提供了一种新的思路。目前 3D 打印混凝土技术在建筑领域的应用主要受限于加强结构的制作方法，由于受到打印技术限制，同时打印加强结构和混凝土材料仍然无法实现。

为解决该问题，科学家尝试以韧性树脂（Somos GP Plus，SGP）为打印材料，采用光固化 3D 打印技术打印加筋结构，配置强度等级为 M2.5 的水泥砂浆作为混凝土基体，制作直径 100 mm，高度 200 mm 单轴压缩试件（图 T-1），通过试验分析发现采用 3D 打印结构加固的混凝土试件在力学性能上的提高效果。具体而言，当混凝土圆柱内部没有加筋结构时，试件呈现典型的劈裂破坏模式，试件上存在贯穿的大裂缝，破坏之后试件碎裂成离散的若干部分（图 T-2a）。敲掉 3D 打印结构加固试件表面的混凝土保护层，可以观察到内部加筋部分均沿着主裂缝方向发生断裂（图 T-2b），呈显著的剪切破坏模式。内部有加筋结构的试件破坏之后，虽然也存在贯穿的大裂纹，但是整个试件并没有碎裂成离散

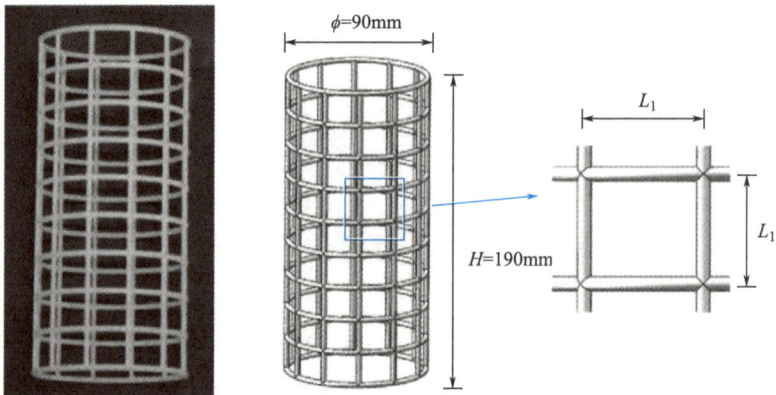

图 T-1　3D 打印技术制作的加筋结构

---

[*] 夏明杰，范立峰，马国伟. 3D 打印结构加强混凝土短柱抗压力学性能研究［J］. 实验力学，2018，33（04）：551-556.

的块体，仍旧呈一个整体，且试件的主裂纹比素混凝土试件的窄。和 3D 打印混凝土的目的不同，该技术主要针对混凝土加强结构难以快速、精确成型的特点，通过 3D 打印混凝土加强结构，评估加强结构和混凝土的协同作用。3D 打印混凝土加强结构可以改变传统人工绑扎钢筋的施工模式，减少建筑施工对环境的污染，为 3D 打印技术在未来的实际工程应用提供宝贵的试验研究基础。

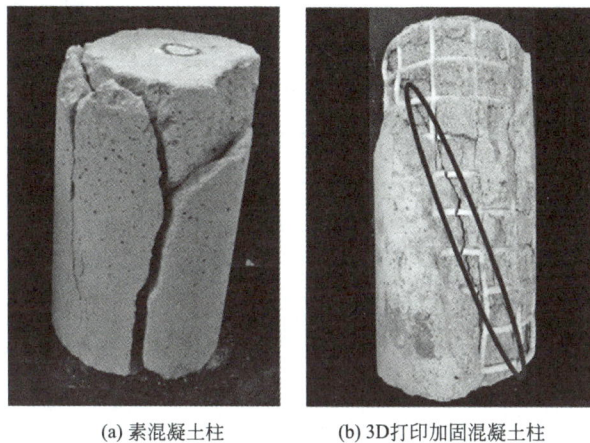

(a) 素混凝土柱　　　　(b) 3D打印加固混凝土柱

图 T-2　试件破坏形态

5.2　轴心受压构件正截面受压承载力
Axial Compression Capacity of Normal Sections

如前所述，由于材料、荷载作用及施工等原因，在实际工程结构中，真正的轴心受压构件几乎不存在。但在设计以承受恒荷载为主的多层房屋的内柱及桁架的受压腹杆等构件时，可近似地按轴心受压构件计算。另外，轴心受压构件正截面承载力计算还用于偏心受压构件垂直弯矩平面的承载力验算。

一般把钢筋混凝土柱按照箍筋的作用及配置方式的不同分为两种：配有纵向钢筋和普通箍筋的柱，简称普通箍筋柱；配有纵向钢筋和螺旋式或焊接环式箍筋的柱，统称螺旋箍筋柱。

5.2.1　轴心受压普通箍筋柱的正截面受压承载力计算
Bearing Capacity Calculation for Axially Loaded Columns with Ordinary Stirrups

轴心受压短柱破坏过程

最常见的轴心受压柱是普通箍筋柱，见图 5-4。纵筋的作用是提高柱的承载力，减小构件的截面尺寸，防止因偶然偏心产生的破坏，改善破坏时构件的延性和减小混凝土的徐变变形。箍筋能与纵筋形成骨架，并防止纵筋受力后外凸。

1. 受力分析和破坏形态

配有纵筋和箍筋的短柱，在轴心荷载作用下，整个截面的应变基本上是均匀分布的。

当荷载较小时，混凝土和钢筋都处于弹性阶段，柱子压缩变形的增大与荷载的增大呈正比，纵筋和混凝土的压应力的增加也与荷载的增大呈正比。当荷载较大时，由于混凝土塑性变形的发展，压缩变形增加的速度快于荷载增加速度；纵筋配筋率越小，这个现象越为明显。同时，在相同荷载增量下，钢筋的压应力比混凝土的压应力增加得快，见图 5-5。随着荷载的继续增加，柱中开始出现微细裂缝，在临近破坏荷载时，柱四周出现明显的纵向裂缝，箍筋间的纵筋发生压屈，向外凸出，混凝土被压碎，柱子即告破坏，见图 5-6。

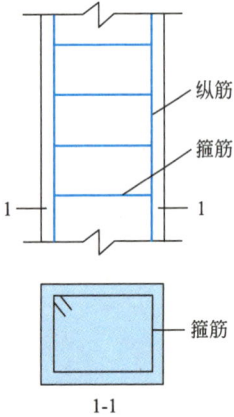

图 5-4　配有纵筋和普通箍筋的柱　　　　图 5-5　应力-荷载曲线示意图　　　　图 5-6　短柱的破坏

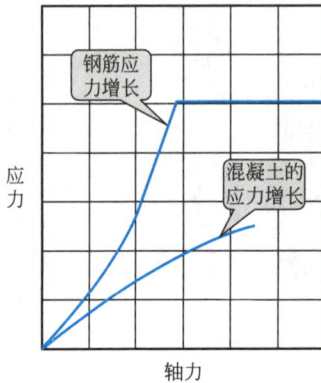

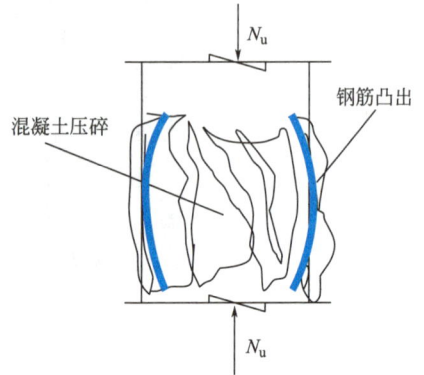

试验表明，素混凝土棱柱体构件达到最大压应力值时的压应变值为 $0.0015\sim0.002$，而钢筋混凝土短柱达到应力峰值时的压应变一般在 $0.0025\sim0.0035$ 之间。其主要原因是纵向钢筋起到了调整混凝土应力的作用，使混凝土的塑性得到了较好的发挥，改善了受压破坏的脆性。在破坏时，一般是纵筋先达到屈服强度，此时可继续增加一些荷载。最后混凝土达到极限压应变值，构件破坏。当纵向钢筋的屈服强度较高时，可能会出现钢筋没有达到屈服强度而混凝土达到了极限压应变值的情况。

在计算时，以构件的压应变达到 0.002 为控制条件，认为此时混凝土达到了棱柱体抗压强度 f_c，相应的纵筋应力值 $\sigma'_s = E_s\varepsilon'_s \approx 200\times10^3 \times 0.002 \approx 400 \text{ N/mm}^2$；对于 HRB400 级、HPB300 级和 RRB400 级热轧带肋钢筋，此值已大于其抗压强度设计值，故计算时可按 f'_y 取值。500 MPa 级钢筋，$f'_y = 400 \text{ N/mm}^2$。

上述是短柱的受力分析和破坏形态。对于长细比较大的柱子，试验表明，由各种偶然因素造成的初始偏心距的影响不可忽略。加载后，初始偏心距导致产生附加弯矩和相应的侧向挠度，而侧向挠度又增大了荷载的偏心距；随着荷载的增加，附加弯矩和侧向挠度将不断增大。这样相互影响的结果，使长柱在轴力和弯矩的共同作用下发生破坏。破坏时，首先在凹侧出现纵向裂缝，随后混凝土被压碎，纵筋被压屈向外凸出；凸侧混凝土出现垂直于纵轴方向的横向裂缝，侧向挠度急剧增大，柱子破坏，见图 5-7。

试验表明，长柱的破坏荷载低于其他条件相同的短柱破坏荷载，长细比越大，承载能力降低越多。其原因在于，长细比越大，由于各种偶然因素造成的初始偏心距将越大，从

而产生的附加弯矩和相应的侧向挠度也越大。对于长细比很
大的细长柱，还可能发生失稳破坏现象。此外，在长期荷载
作用下，由于混凝土的徐变，侧向挠度将增大更多，从而使
长柱的承载力降低得更多，长期荷载在全部荷载中所占的比
例越多，其承载力降低得越多。

《混凝土结构设计标准》采用稳定系数 φ 来表示长柱承
载力的降低程度，即：

$$\varphi = \frac{N_u^l}{N_u^s} \tag{5-1}$$

式中　　N_u^l、N_u^s——分别为长柱和短柱的承载力。

中国建筑科学研究院的试验资料及一些国外的试验数据
表明，稳定系数 φ 值主要与构件的长细比有关，见图 5-8。
长细比是指构件的计算长度 l_0 与其截面的回转半径 i 之比；
对于矩形截面为 l_0/b（b 为截面的短边尺寸）。

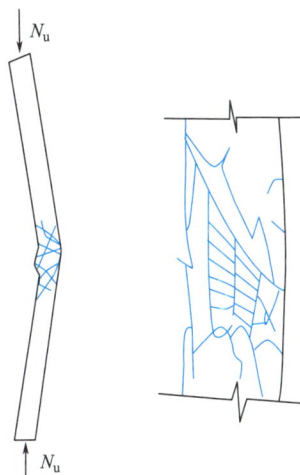

图 5-7　长柱破坏形态

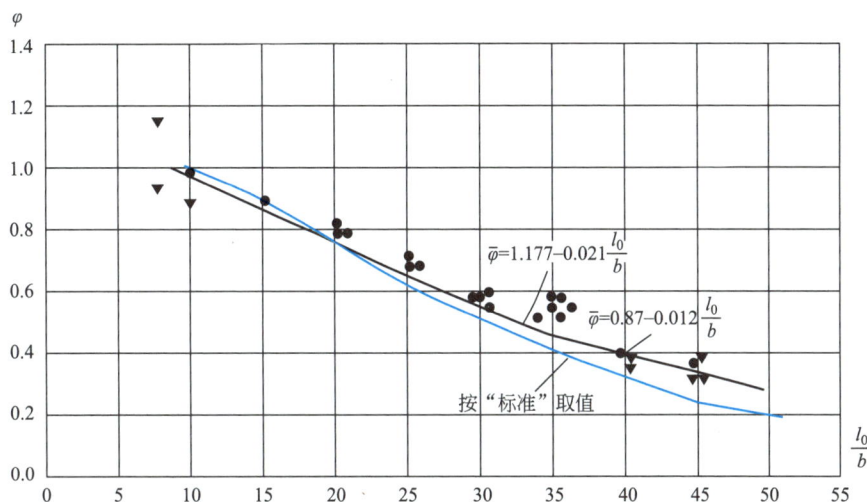

图 5-8　φ 值的试验结果及标准取值

由图 5-8 可以看出，l_0/b 越大，φ 值越小。当 $l_0/b < 8$ 时，柱的承载力没有降低，φ 值
可取为 1。对于具有相同 l_0/b 值的柱，由于混凝土强度等级和钢筋的种类以及配筋率的不
同，φ 值的大小还略有变化。根据试验结果及数理统计可得下列经验公式：

当 $l_0/b = 8 \sim 34$ 时：

$$\varphi = 1.177 - 0.021 l_0/b \tag{5-2}$$

当 $l_0/b = 35 \sim 50$ 时：

$$\varphi = 0.87 - 0.012 l_0/b \tag{5-3}$$

《混凝土结构设计标准》采用的 φ 值见表 5-1。表中，对于长细比 l_0/b 较大的构件，
考虑到荷载初始偏心和长期荷载作用对构件承载力的不利影响较大，φ 的取值比按经验公
式所得到的 φ 值还要降低一些，以保证安全。对于长细比 l_0/b 小于 20 的构件，考虑过去

的使用经验，φ 的取值略微提高一些。构件的计算长度 l_0 按《混凝土结构设计标准》有关规定确定。

钢筋混凝土构件的稳定系数 表 5-1

l_0/b	l_0/d	l_0/i	φ	l_0/b	l_0/d	l_0/i	φ
≤8	≤7	≤28	≤1.00	30	26	104	0.52
10	8.5	35	0.98	32	28	111	0.48
12	10.5	42	0.95	34	29.5	118	0.44
14	12	48	0.92	36	31	125	0.40
16	14	55	0.87	38	33	132	0.36
18	15.5	62	0.81	40	34.5	139	0.32
20	17	69	0.75	42	36.5	146	0.29
22	19	76	0.70	44	38	153	0.26
24	21	83	0.65	46	40	160	0.23
26	22.5	90	0.60	48	41.5	167	0.21
28	24	97	0.56	50	43	174	0.19

注：表中 l_0 为构件计算长度；b 为矩形截面的短边尺寸；d 为圆形截面的直径；i 为截面最小回转半径。

2. 承载力计算公式

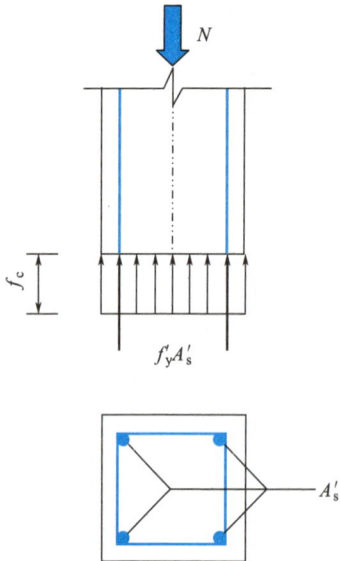

图 5-9 普通箍筋柱正截面受压承载力计算简图

根据以上分析，配有纵向钢筋和普通箍筋的轴心受压短柱破坏时，横截面的计算应力图形如图 5-9 所示。在考虑长柱承载力的降低和可靠度的调整因素后，规范给出的轴心受压构件承载力计算公式如下：

$$N_u = 0.9\varphi(f_c A + f_y' A_s') \tag{5-4}$$

式中　N_u ——轴向压力承载力设计值；

　　　0.9 ——可靠度调整系数；

　　　φ ——钢筋混凝土轴心受压构件的稳定系数，见表 5-1；

　　　f_c ——混凝土的轴心抗压强度设计值；

　　　A ——构件截面面积；

　　　f_y' ——纵向钢筋的抗压强度设计值；

　　　A_s' ——全部纵向钢筋的截面面积。

当纵向钢筋配筋率大于 3% 时，式（5-4）中 A 应改用（$A - A_s'$）。

构件计算长度与构件两端支承情况有关，当两端铰支时，取 $l_0 = l$（l 是构件实际长度）；当两端固定时，取 $l_0 = 0.5l$；当一端固定，一端铰支时，取 $l_0 = 0.7l$；当一端固定，一端自由时，取 $l_0 = 2l$。

在实际结构中，构件端部的连接不像上面几种情况那样理想、明确，计算时按《混凝土结构设计标准》相关具体规定执行。

轴心受压构件在加载后荷载维持不变的条件下，由于混凝土徐变，随着荷载作用时间的增加，混凝土的压应力逐渐变小，钢筋的压应力逐渐变大，一开始变化较快，经过一定时间后趋于稳定。在荷载突然卸载时，构件回弹，由于混凝土徐变变形的大部分不可恢复，故当荷载为零时，会使柱中钢筋受压而混凝土受拉，见图 5-10；若柱的配筋率过大，还可能将混凝土拉裂，若柱中纵筋和混凝土之间的粘结应力很大时，则能同时产生纵向裂缝。**为了防止出现这种情况，故要控制柱中纵筋的配筋率，要求全部纵筋配筋率不宜超过 5%。**

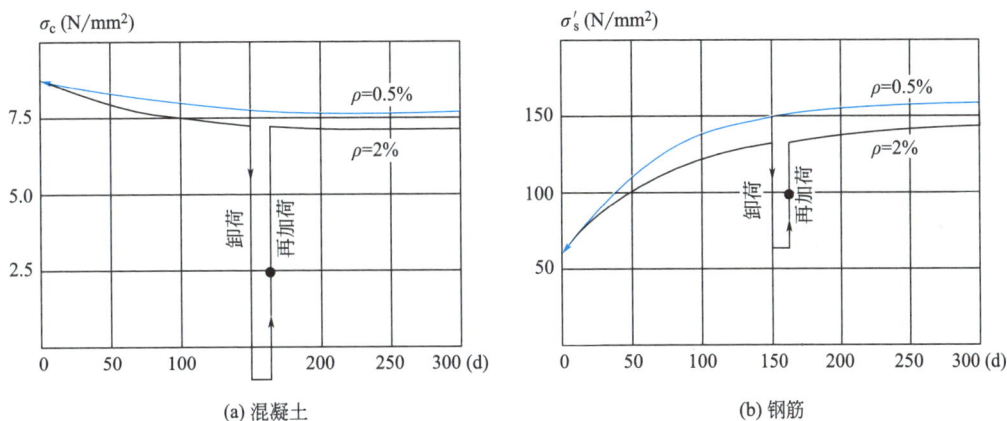

图 5-10　长期荷载作用下截面上混凝土和钢筋的应力重分布

3. 轴心受压构件正截面承载力计算公式的应用

轴心受压构件正截面受压承载力计算包括截面设计、截面复核两类问题。

（1）截面设计

一般已知截面尺寸 $b \times h$、计算高度 l_0、混凝土强度等级及钢筋强度等级、截面所受的轴心压力 N，求纵向钢筋截面面积 A_s'。可按下列步骤进行设计：

1）由 l_0/b 查表 5-1 得 φ。

2）令 $N = N_u$，由式 $N_u = 0.9\varphi(f_c A + f_y' A_s')$，求 A_s' 并选配钢筋。

3）若实际纵筋配筋率 $\rho' = A_s'/(bh) \leqslant 3\%$，则 $A = bh$；若 $\rho' = A_s'/(bh) > 3\%$，宜取 $A = bh - A_s'$ 重新计算。

4）验算纵筋最小配筋率（全部纵向钢筋的 $\rho_{min}' = 0.55\%$；一侧纵向钢筋的 $\rho_{min}' = 0.20\%$）。当算得的 $\rho' < \rho_{min}'$，可直接取 $\rho' = \rho_{min}'$。需注意：当截面设计时若求得的钢筋配筋率超过 5%，一般应加大截面再重新进行设计。

【例 5-1】已知一轴心受压柱，截面尺寸为 400 mm×400 mm，计算高度 $l_0 = 3.8$ m，轴心压力设计值 $N = 3090$ kN，混凝土强度等级为 C40，纵向钢筋为 HRB400 级。求：配置纵向钢筋。

【解】根据《混凝土结构设计标准》规定：

由 $l_0/b = 3800/400 = 9.5$，查表 5-1 得 $\varphi = 0.985$，

按式（5-4）求 A'_s：

$$A'_s = \frac{1}{f'_y}\left(\frac{N}{0.9\varphi} - f_cA\right) = \frac{1}{360} \times \left(\frac{3090 \times 10^3}{0.9 \times 0.985} - 19.1 \times 400 \times 400\right) = 1193 \text{ mm}^2$$

如果采用 4Φ20，$A'_s = 1256 \text{ mm}^2$。

$$\rho' = \frac{A'_s}{A} = \frac{1256}{400 \times 400} = 0.79\% < 3\%$$，故上述 A 的计算没有减去 A'_s 是正确的，且由附表 3-5 知，$\rho'_{min} = 0.55\%$，故 $\rho' > \rho'_{min}$，可以。

截面每一侧配筋率：

$$\rho' = \frac{0.5 \times 1256}{400 \times 400} = 0.39\% > 0.20\%$$，可以。

故满足受压纵筋最小配筋率（全部纵向钢筋的 $\rho'_{min} = 0.55\%$；一侧纵向钢筋的 $\rho'_{min} = 0.20\%$）的要求。选用 4Φ20，$A'_s = 1256 \text{ mm}^2$。

（2）截面复核

一般已知截面尺寸 $b \times h$、计算高度 l_0、纵向钢筋截面面积 A'_s、混凝土强度等级及钢筋强度等级、轴向力设计值 N，求 N_u。可按以下步骤进行计算：

1）由 l_0/b 查表 5-1 知 φ。

2）若纵筋配筋率 $\rho' = A'_s/(bh) \leqslant 3\%$，则 $A = bh$；若 $\rho' = A'_s/(bh) > 3\%$，宜取 $A = bh - A'_s$ 重新计算。

3）由式 $N_u = 0.9\varphi(f_cA + f'_yA'_s)$，求 N_u。若计算所得 $N_u \geqslant N$，则截面是安全的；若计算所得 $N_u < N$，则截面是不安全的。

【例 5-2】根据建筑的要求，某现浇柱截面尺寸定为 250 mm×250 mm。由两端支承情况决定其计算高度 $l_0 = 2.8$ m；柱内配有 4Φ22 的 HRB400 级钢筋（$A'_s = 1520 \text{ mm}^2$）作为纵筋；构件混凝土强度等级为 C40。柱的轴向力设计值 $N = 1700$ kN。

求：截面是否安全。

由 $l_0/b = 2800/250 = 11.2$，查表得 $\varphi = 0.962$。

按式（5-4），得：

$$0.9\varphi(f_cA + f'_yA'_s)/N = 0.9 \times 0.962 \times (19.1 \times 250 \times 250 + 360 \times 1520)/(1700 \times 10^3)$$
$$= 0.89 < 1.0$$

故截面是不安全的。

5.2.2 轴心受压螺旋箍筋柱的正截面受压承载力计算
Bearing Capacity Calculation for Axially Loaded Columns with Spiral Stirrups

当柱承受很大轴心压力，并且截面尺寸受到限制无法增大，若设计成普通箍筋柱，即使提高了混凝土强度等级和增加了纵筋配筋量也不足以承受该轴心压力时，可考虑采用螺旋箍筋或焊接环筋以提高承载力。这种柱的截面形状一般为圆形或多边形，图 5-11 给出了螺旋箍筋柱和焊接环筋柱的构造形式。

螺旋箍筋柱
实物图

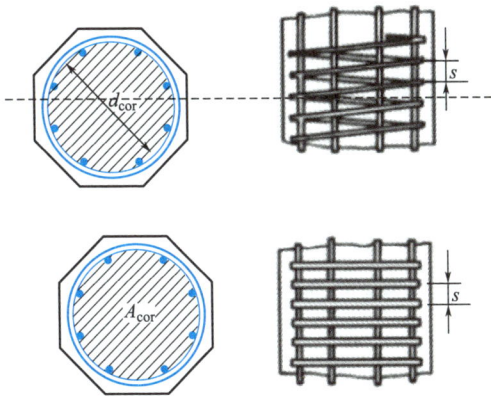

图 5-11　螺旋箍筋柱和焊接环筋柱

螺旋箍筋柱和焊接环筋柱的配箍率高，而且不会像普通箍筋那样容易"崩出"，因而能约束核心混凝土在纵向受压时产生的横向变形，从而提高了混凝土抗压强度和变形能力，这种受到约束的混凝土称为约束混凝土。同时，在螺旋箍筋或焊接环筋中产生了拉应力。当外力逐渐加大，它的应力达到抗拉屈服强度时，若继续加载就不再能有效地约束混凝土的横向变形，混凝土的抗压强度就不能再提高，这时构件破坏。可见，在柱的横向采用螺旋箍筋或焊接环筋也能像直接配置纵向钢筋那样起到提高承载力和变形能力的作用，故把这种配筋方式称为间接配筋。螺旋箍筋或焊接环筋外的混凝土保护层在螺旋箍筋或焊接环筋受到较大拉应力时就开裂或崩落，故在计算时不考虑此部分混凝土。

一般而言，箍筋用于抗剪、抗扭及抗冲切设计时，其抗拉强度设计值是受到限制的，不宜采用强度高于 500 MPa 级的钢筋。但是当用于约束混凝土的间接配筋（如连续螺旋箍或封闭焊接箍）时，其强度可以得到充分发挥，采用高强度的钢筋就具有一定的经济效益。

由本节相关内容可知，螺旋箍筋或焊接环筋所包围的核心截面混凝土因处于三向受压状态，故其轴心抗压强度高于单轴向的轴心抗压强度，可利用圆柱体混凝土周围加液压所得近似关系式进行计算：

$$f = f_c + \beta \sigma_r \tag{5-5}$$

式中　f ——被约束后的混凝土轴心抗压强度；

　　　σ_r ——当间接钢筋的应力达到屈服强度时，柱的核心混凝土受到的径向压应力值。

在间接钢筋间距 s 范围内，利用 σ_r 的合力与钢筋的拉力平衡，如图 5-12 所示，则可得：

$$\sigma_r = \frac{2f_y A_{ss1}}{s d_{cor}} = \frac{2f_y A_{ss1} d_{cor} \pi}{4 \cdot \frac{\pi d_{cor}^2}{4} s} = \frac{f_y A_{ss0}}{2A_{cor}} \tag{5-6}$$

$$A_{ss0} = \frac{\pi d_{cor} A_{ss1}}{s} \tag{5-7}$$

式中　A_{ss1} ——单根间接钢筋的截面面积；

　　　f_y ——间接钢筋的抗拉强度设计值；

　　　s ——沿构件轴线方向间接钢筋的间距；

　　　d_{cor} ——构件的核心直径，按间接钢筋内表面确定；

　　　A_{ss0} ——间接钢筋的换算截面面积，见式（5-7）；

　　　A_{cor} ——构件的核心截面面积。

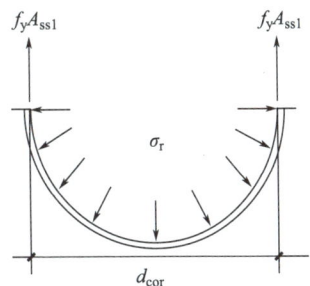

图 5-12　混凝土径向压力示意图

根据力的平衡条件，得：

$$N_u = (f_c + \beta\sigma_r) A_{cor} + f'_y A'_s$$

故
$$N_u = f_c A_{cor} + \frac{\beta}{2} f_y A_{ss0} + f'_y A'_s \tag{5-8}$$

令 $2\alpha = \beta/2$，代入上式，同时考虑可靠度的调整系数 0.9 后，《混凝土结构设计标准》规定螺旋式或焊接环式间接钢筋柱的承载力计算公式为：

$$N_u = 0.9(f_c A_{cor} + 2\alpha f_y A_{ss0} + f'_y A'_s) \tag{5-9}$$

式中 α 称为间接钢筋对混凝土约束的折减系数，当混凝土强度等级不超过 C50 时，取 $\alpha = 1.0$；当混凝土强度等级为 C80 时，取 $\alpha = 0.85$；当混凝土强度等级在 C50 与 C80 之间时，按直线内插法确定。

为使间接钢筋外面的混凝土保护层对抵抗脱落有足够的安全度，按式（5-9）算得的构件承载力不应比按式（5-4）算得的大 50%。

凡属下列情况之一者，不考虑间接钢筋的影响，按式（5-4）计算构件承载力：

（1）当 $l_0/b > 12$ 时，此时因长细比较大，有可能因纵向弯曲使得螺旋筋不起作用；

（2）当按式（5-9）算得的受压承载力小于按式（5-4）算得的受压承载力时；

（3）当间接钢筋换算截面面积 A_{ss0} 小于纵筋全部截面面积的 25% 时，可以认为间接钢筋配置得太少，约束混凝土的效果不明显。

如在正截面受压承载力计算中考虑间接钢筋的作用时，箍筋间距不应大于 80 mm 及 $d_{cor}/5$，也不应小于 40 mm。间接钢筋的直径按箍筋有关规定采用。

与轴心受压普通箍筋柱类似，螺旋箍筋柱的正截面受压承载力计算也包括截面设计和截面复核两类问题，此处仅给出螺旋箍筋柱的截面设计计算步骤。对于截面设计问题，一般已知圆形截面柱截面直径 d、计算长度 l_0、混凝土强度等级及钢筋强度等级、轴向力设计值 N，求柱的截面钢筋。可按以下步骤进行计算：

1）因纵筋和螺旋筋都未知，可按配有普通纵筋和箍筋柱计算。根据计算长度 l_0 确定稳定系数 φ。

2）由式 $N_u = 0.9\varphi(f_c A + f'_y A'_s)$ 计算纵筋截面面积 A'_s。若纵筋配筋率 $\rho' = A'_s/A > 5\%$，且 $l_0/d < 12$，说明不满足普通箍筋柱要求，可采用螺旋箍筋柱。

3）按螺旋箍筋柱来计算。假定一个合理范围内的纵筋配筋率 ρ'，重新求纵筋截面面积 A'_s 并选配钢筋。

4）根据实际选配钢筋情况，计算核心混凝土直径 d_{cor} 和面积 A_{cor}。

5）由式 $N_u = 0.9(f_c A_{cor} + 2\alpha f_y A_{ss0} + f'_y A'_s)$ 求螺旋箍筋的换算截面面积 A_{ss0}。若 $A_{ss0} > 0.25 A'_s$，满足构造要求。

6）假定螺旋箍筋直径 d，确定单肢螺旋箍筋面积 A_{ss1}。由式 $A_{ss0} = \dfrac{\pi d_{cor} A_{ss1}}{s}$ 求螺旋箍筋间距 s，根据相关间距要求配置间距 s。

7）按所配置的螺旋箍筋直径 d 与间距 s，重新计算螺旋箍筋柱与普通箍筋柱的正截面受压承载力，且须满足螺旋箍筋柱的承载力不比普通箍筋柱承载力大 50%。

【例 5-3】 已知某轴心受压螺旋箍筋柱，直径为 $d = 450$ mm，$l_0 = 5.1$ m，一类环境，承受轴心压力设计值 $N = 5600$ kN，混凝土强度等级为 C40，柱中纵筋用 HRB400 级钢筋，螺旋箍筋用 HPB300 级钢筋。

求：柱的截面钢筋。

【解】先按配有普通纵筋和箍筋柱计算。

（1）求计算长度 l_0

取钢筋混凝土现浇框架底层柱的计算长度 $l_0 = H = 5.1$ m。

（2）求稳定系数 φ

$$l_0/d = 5100/450 = 11.33$$

查表 5-1 得 $\varphi = 0.937$。

（3）求纵筋 A'_s

已知圆形混凝土截面面积为 $A = \pi d^2/4 = 3.14 \times 450^2/4 = 15.9 \times 10^4$ mm^2

由式（5-4）得：

$$A'_s = \frac{1}{f'_y}\left(\frac{N}{0.9\varphi} - f_c A\right) = \frac{1}{360} \times \left(\frac{5600 \times 10^3}{0.9 \times 0.937} - 19.1 \times 15.9 \times 10^4\right) = 10010 \text{ mm}^2$$

（4）求配筋率

$$\rho' = \frac{A'_s}{A} = \frac{10010}{15.9 \times 10^4} = 6.30\% > 5\%，\text{不可以}。$$

配筋率太高，若混凝土强度等级不再提高，并因 $l_0/d < 12$，可以采用螺旋箍筋柱。下面再按螺旋箍筋柱来计算。

（5）假定纵筋配筋率 $\rho' = 0.045$，则得 $A'_s = \rho' A = 7155$ mm^2，选用 16Φ25，$A'_s = 7854$ mm^2。混凝土的保护层厚度取用 20 mm，估计箍筋直径为 10 mm，得：

$$d_{cor} = d - 30 \times 2 = 450 - 60 = 390 \text{ mm}$$
$$A_{cor} = \pi d_{cor}^2/4 = 3.14 \times 390^2/4 = 11.93 \times 10^4 \text{ mm}^2$$

（6）混凝土强度等级小于 C50，$\alpha = 1.0$；按式（5-9）求螺旋箍筋的换算截面面积 A_{ss0} 得：

$$A_{ss0} = \frac{N/0.9 - (f_c A_{cor} + f'_y A'_s)}{2f_y}$$

$$= \frac{5600 \times 10^3/0.9 - (19.1 \times 11.93 \times 10^4 + 360 \times 7854)}{2 \times 270} = 2067 \text{ mm}^2$$

$A_{ss0} > 0.25 A'_s = 0.25 \times 7854 = 1963.5$ mm^2，满足构造要求。

（7）假定螺旋箍筋直径 $d = 10$ mm，则单肢螺旋箍筋面积 $A_{ss1} = 78.54$ mm^2。螺旋箍筋的间距 s 可通过式（5-7）求得：

$$s = \pi d_{cor} A_{ss1}/A_{ss0} = 3.14 \times 390 \times 78.54/2067 = 46.53 \text{ mm}$$

取 $s = 40$ mm，以满足不小于 40 mm，并不大于 80 mm 及 $0.2 d_{cor}$ 的要求。

（8）根据所配置的螺旋箍筋 $d = 10$ mm，$s = 40$ mm，重新用式（5-7）及式（5-9）求得间接配筋柱的轴向力设计值 N_u 如下：

$$A_{ss0} = \frac{\pi d_{cor} A_{ss1}}{s} = \frac{3.14 \times 390 \times 78.5}{40} = 2403 \text{ mm}^2$$

$$N_u = 0.9(f_c A_{cor} + 2\alpha f_y A_{ss0} + f'_y A'_s)$$
$$= 0.9(19.1 \times 11.93 \times 10^4 + 2 \times 1 \times 270 \times 2403 + 360 \times 7854)$$
$$= 5763.32 \text{ kN}$$

按式 (5-4) 得：

$$N_u = 0.9\varphi \left[f_c (A - A'_s) + f'_y A'_s \right]$$
$$= 0.9 \times 0.937 \times \left[19.1 \times (15.9 \times 10^4 - 7854) + 360 \times 7854 \right]$$
$$= 4818.90 \text{ kN}$$

且 $\qquad 1.5 \times 4818.90 = 7228.35 \text{ kN} > 5763.32 \text{ kN}$

满足要求。

知识拓展——型钢混凝土轴心受压柱承载力计算[*]
Knowledge Expansion—Load-carrying Capacity of Steel-reinforced Concrete Axial Compression Columns[*]

型钢混凝土柱又称钢骨混凝土柱，苏联称之为劲性钢筋混凝土柱。在型钢混凝土柱中，除了主要配置轧制或焊接的型钢外，还配有少量的纵向钢筋与箍筋。按配置的型钢形式，型钢混凝土柱分为实腹式和空腹式两类。实腹式型钢混凝土柱的截面形式如图 T-3 所示。

空腹式型钢混凝土柱中的型钢是不贯通柱截面的宽度和高度的，例如在柱截面的四角设置角钢，角钢间用钢缀条或钢缀板连接成钢骨架。震害表明，实腹式型钢混凝土柱有较好的抗震性能，而空腹式型钢混凝土柱的抗震性能较差。故工程中大多采用实腹式型钢混凝土柱。

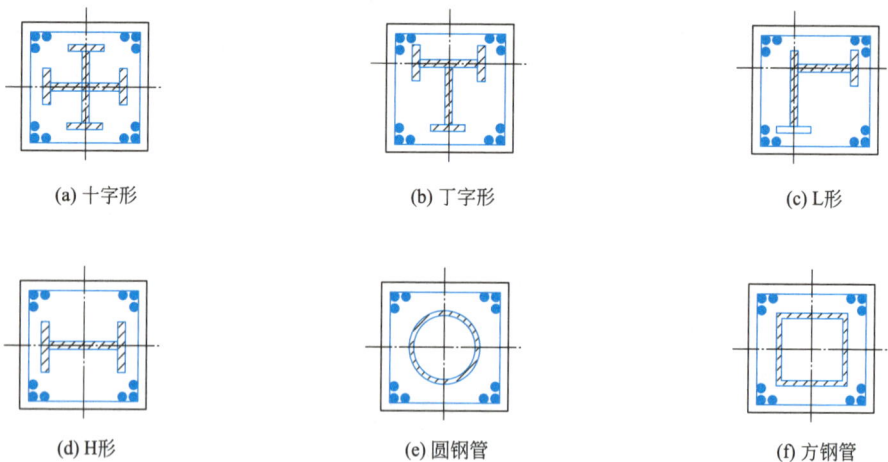

(a) 十字形　　　　　　(b) 丁字形　　　　　　(c) L形

(d) H形　　　　　　(e) 圆钢管　　　　　　(f) 方钢管

图 T-3　实腹式型钢混凝土柱的截面形式

由于含钢率较高，型钢混凝土柱与同等截面的钢筋混凝土柱相比，承载力大大提高。另外，混凝土中配置型钢以后，混凝土与型钢相互约束。钢筋混凝土包裹型钢使其受到约

* 东南大学，天津大学，同济大学．混凝土结构（上册）：混凝土结构设计原理 [M]．7 版．北京：中国建筑工业出版社，2020.

束,从而使型钢基本不发生局部屈曲;同时,型钢又对柱中核心混凝土起着约束作用。又因为整体的型钢构件比钢筋混凝土中分散的钢筋刚度大得多,所以型钢混凝土柱比钢筋混凝土柱的刚度明显提高。实腹式型钢混凝土柱,不仅承载力高,刚度大,而且有良好的延性及韧性。因此,它更加适合用于要求抗震和要求承受较大荷载的柱子。

在型钢混凝土柱轴心受压试验中,无论是短柱还是长柱,由于混凝土对型钢的约束,均未发现型钢有局部屈曲现象。因此,在设计中不予考虑型钢局部屈曲。其轴心受压柱的正截面承载力可按下式计算:

$$N_u = 0.9\phi(f_c A_c + f'_y A'_s + f'_s A_{ss}) \tag{T-1}$$

式中　　N_u ——轴心受压承载力设计值;

ϕ ——型钢混凝土柱稳定系数;

f_c ——混凝土轴心抗压强度设计值;

A_c ——混凝土的净面积;

A_{ss} ——型钢的有效截面面积,即应扣除因孔洞削弱的部分;

A'_s ——纵向钢筋的截面面积;

f'_y ——纵向钢筋的抗压强度设计值;

f_c ——型钢的抗压强度设计值;

0.9 ——系数,考虑到与偏心受压型钢柱正截面承载力计算具有相近可靠度。

5.3　偏心受压构件正截面受压破坏
Failure Modes of Eccentrically Compressed Normal Sections

偏心受压构件相当于作用轴向力 N 和弯矩 M 的压弯构件(图 5-13),其受力性能介于受弯构件与轴心受压构件之间。当 $N=0$,只有 M 时为受弯构件;当 $M=0$ 时为轴心受压构件,因此,受弯构件和轴心受压构件是偏心受压构件的特殊情况。

钢筋混凝土
柱偏心受压
试验

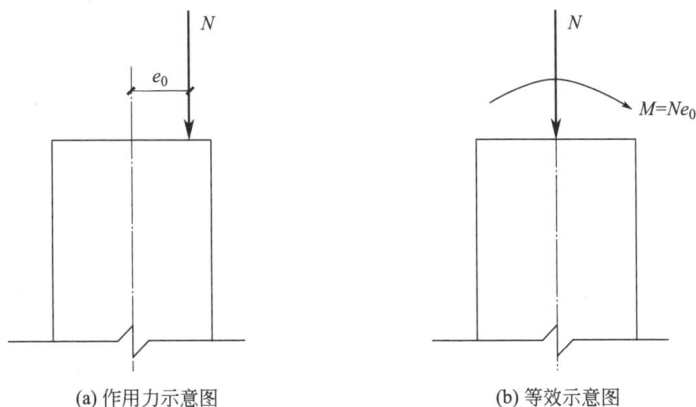

(a) 作用力示意图　　　　　　　　　(b) 等效示意图

图 5-13　偏心受压构件受力示意图

5.3.1 偏心受压短柱的破坏形态

Failure Modes of Short Eccentrically Compressed Columns

试验表明，钢筋混凝土偏心受压短柱的破坏形态有受拉破坏和受压破坏两种。偏心受压构件的破坏形态与偏心距 e_0 和纵向钢筋配筋率有关。

1. 受拉破坏形态

受拉破坏形态又称大偏心受压破坏。它发生于轴向压力 N 的相对偏心距较大，且受拉钢筋配置得不太多的情况。此时，在靠近轴向压力的一侧受压，另一侧受拉。随着荷载的增加，首先在受拉区产生横向裂缝，荷载再增加，拉区的裂缝不断地开展，在破坏前主裂缝逐渐明显，受拉钢筋的应力达到屈服强度，进入流幅阶段，受拉变形的发展大于受压变形，中和轴上升，使混凝土压区高度迅速减小，最后压区边缘混凝土达到其极限压应变值，出现纵向裂缝而混凝土被压碎，构件即告破坏。这种破坏属延性破坏类型，破坏时压区的纵筋也能达到受压屈服强度。**总之，受拉破坏形态的特点是受拉钢筋先达到屈服强度，最终导致受压区边缘混凝土被压碎，截面破坏，这种破坏形态与适筋梁的破坏形态相似。**构件破坏时，其正截面上的应力状态如图 5-14（a）所示，构件破坏时的立面展开图如图 5-14（b）所示。

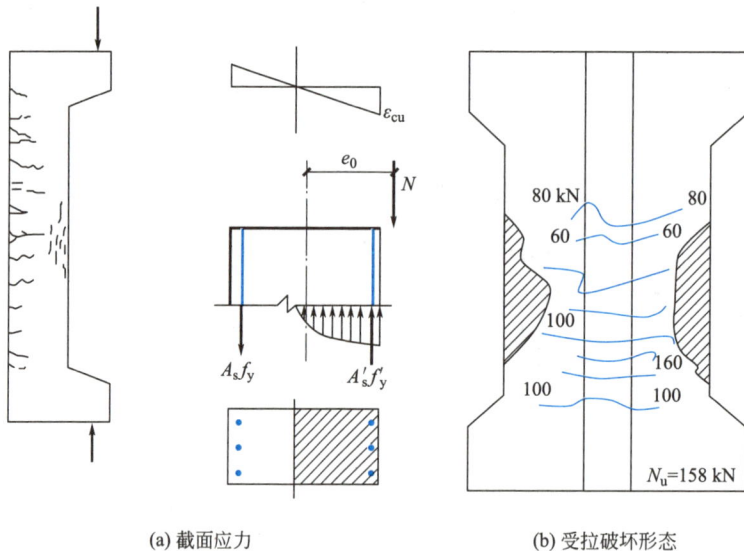

(a) 截面应力　　　　　　　(b) 受拉破坏形态

图 5-14　受拉破坏时的截面应力和受拉破坏形态

2. 受压破坏形态

受压破坏形态又称小偏心受压破坏，截面破坏是从受压区边缘开始的，发生于以下两种情况。

（1）第一种情况：当轴向力 N 的相对偏心距较小时，构件截面全部受压或大部分受压，如图 5-15（a）或（b）所示的情况。一般情况下截面破坏是从靠近轴向力 N 一侧受压区边缘处的压应变达到混凝土极限压应变值而开始的。破坏时，受压应力较大一侧的混凝土被压坏，同侧的受压钢筋的应力也达到抗压屈服强度。而离轴向力 N 较远一侧的钢筋

（以下简称"远侧钢筋"），可能受拉也可能受压，但都未达到受拉屈服，分别见图 5-15（a）和（b）。只有当偏心距很小（对矩形截面 $e_0 \leqslant 0.15h_0$）而轴向力 N 又较大（$N > \alpha_1 f_c bh_0$）时，远侧钢筋才可能受压屈服。另外，当相对偏心距很小时，由于截面的实际形心和构件的几何中心不重合，若纵向受压钢筋比纵向受拉钢筋多很多，也会发生离轴向力作用点较远一侧的混凝土先压坏的现象，这称为"反向破坏"。

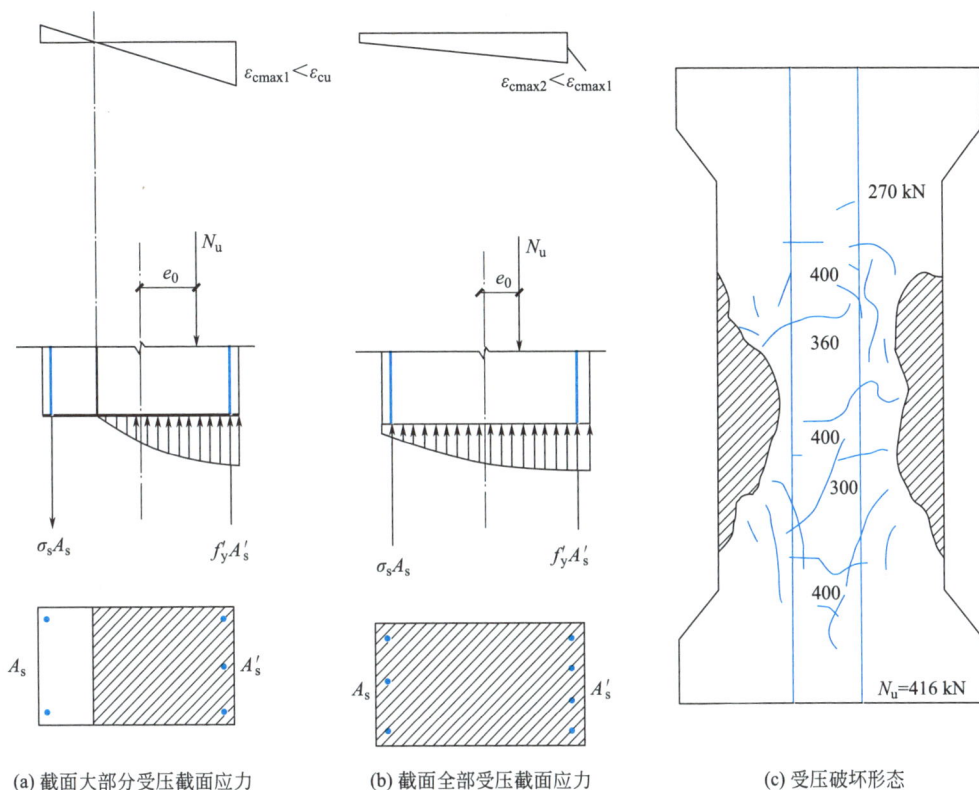

(a) 截面大部分受压截面应力　　　(b) 截面全部受压截面应力　　　(c) 受压破坏形态

图 5-15　受压破坏时的截面应力和受压破坏形态

（2）第二种情况：当轴向力 N 的相对偏心距虽然较大，但却配置了特别多的受拉钢筋，致使受拉钢筋始终不屈服。破坏时，受压区边缘混凝土达到极限压应变值，受压钢筋应力达到抗压屈服强度，而远侧钢筋受拉而不屈服，其截面上的应力状态如图 5-15（a）所示。破坏无明显预兆，压碎区段较长，混凝土强度越高，破坏越带突然性，见图 5-15（c）。

总之，受压破坏形态或称小偏心受压破坏形态的特点是混凝土先被压碎，远侧钢筋可能受拉也可能受压，受拉时不屈服，受压时可能屈服也可能不屈服，属于脆性破坏类型。

综上可知，受拉破坏形态与受压破坏形态都属于材料发生了破坏，它们相同之处是截面的最终破坏都是受压区边缘混凝土达到其极限压应变值而被压碎；不同之处在于截面破坏的起因，受拉破坏的起因是受拉钢筋屈服，受压破坏的起因是受压区边缘混凝土被压碎。

在受拉破坏形态与受压破坏形态之间存在着一种界限破坏形态，为"界限破坏"。它不仅有横向主裂缝，而且比较明显。其主要特征是：在受拉钢筋屈服的同时，受压区边缘混凝土被压碎。界限破坏形态也属于受拉破坏形态。

试验还表明，从加载开始到接近破坏为止，沿偏心受压构件截面高度，偏心受压构件的截面各处的平均应变值都较好地符合平截面假定。图 5-16 反映了两个偏心受压试件中，截面平均应变沿截面高度的变化规律。

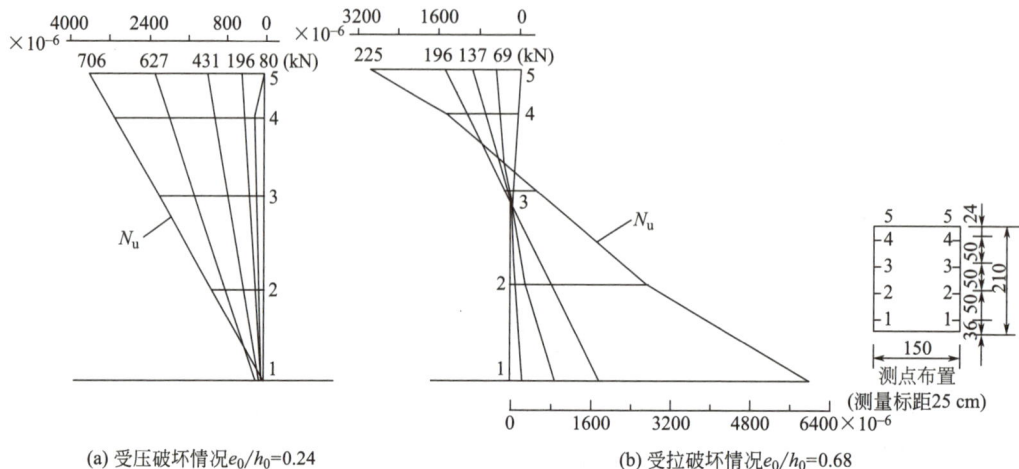

(a) 受压破坏情况 $e_0/h_0=0.24$ (b) 受拉破坏情况 $e_0/h_0=0.68$

图 5-16　偏心受压构件截面实测的平均应变分布

5.3.2　偏心受压长柱的破坏类型

Failure Types of Slender Eccentrically Compressed Columns

试验表明，钢筋混凝土柱在承受偏心受压荷载后，会产生纵向弯曲。但长细比小的柱，即所谓短柱，由于纵向弯曲小，其影响在设计时一般可忽略不计。对于长细比较大的柱则不同，会产生比较大的纵向弯曲，设计时必须考虑其影响。图 5-17 是一根长柱的荷载-侧向变形（N-f）试验曲线。

偏心受压长柱在纵向弯曲影响下，可能发生失稳破坏和材料破坏两种破坏类型。长细比很大时，构件的破坏不是由材料引起的，而是由于纵向弯曲导致构件失去平衡引起的，称为失稳破坏。当柱长细比在一定范围内时，虽然在承受偏心受压荷载后，偏心距由 e_i 增加到 e_i+f，使柱的承载能力比同样截面的短柱减小，但就其破坏特征来讲与短柱一样都属于材料破坏，即因截面材料强度耗尽而产生破坏。

图 5-18 展示了截面尺寸、配筋和材料强度等完全相同，但长细比不相同的三根柱，从加载到破坏的示意图。

图 5-18 中的曲线 $ABCD$ 表示某钢筋混凝土偏心受压构件截面材料破坏时的承载力 M 与 N 之间的关系。直线 OB 表示长细比小的短柱从加载到破坏点 B 时 N 和 M 的关系线，由于短柱的纵向弯曲很小，可假定偏心距自始至终是不变的，即 M/N 为常数，所以其变化轨迹是直线，属材料破坏。曲线 OC 是长柱从加载到破坏点 C 时 N 和 M 的关系曲线。在长柱中，偏心距是随着纵向力的加大而不断非线性增加的，也即 M/N 是变量，所以其变化轨迹呈曲线形状，但也属材料破坏。若柱的长细比很大时，则在没有达到 M、N 的材料破坏关系曲线 $ABCD$ 前，由于轴向力的微小增量 ΔN 可引起不收敛的弯矩 M 的增加

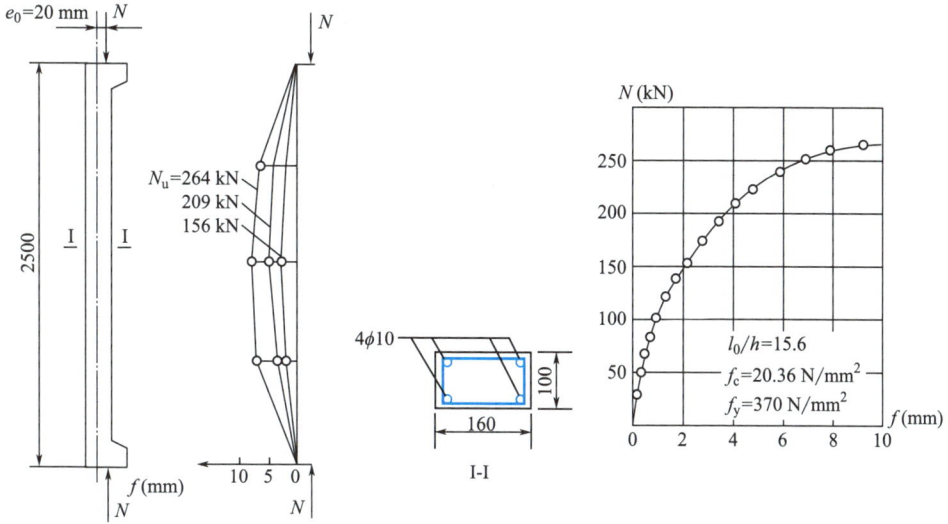

图 5-17　长柱实测 N-f 曲线

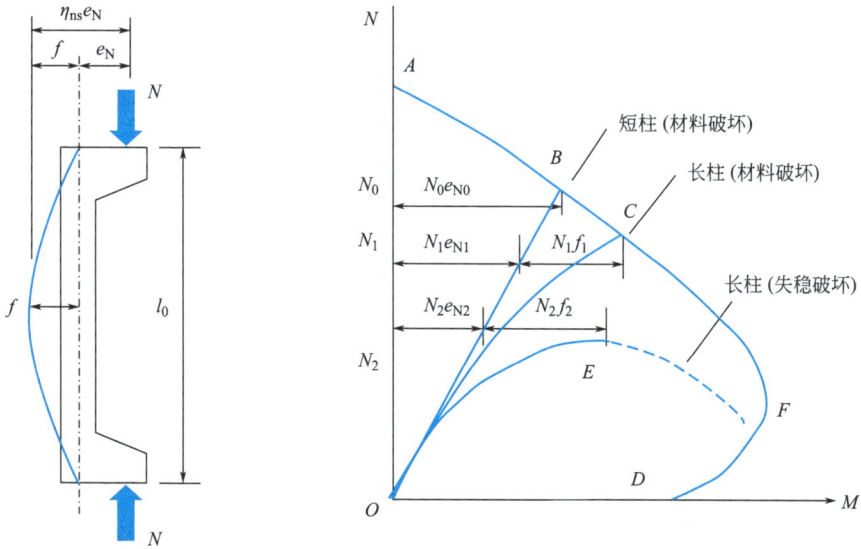

图 5-18　不同长细比柱从加荷到破坏的 N-M 关系

而破坏，即**失稳破坏**。曲线 OE 即属于这种类型；在 E 点的承载力已达最大，但此时截面内的钢筋应力并未达到屈服强度，混凝土也未达到极限压应变值。在图 5-18 中还能看出，这三根柱的轴向力偏心距 e_i 值虽然相同，但其承受纵向力 N 值的能力是不同的，分别为 $N_0 > N_1 > N_2$。这表明构件长细比的加大会降低构件的正截面受压承载力。产生这一现象的原因是，当长细比较大时，偏心受压构件的**纵向弯曲引起了不可忽略的附加弯矩或称二阶弯矩**。

5.3.3 偏心受压构件的二阶效应
Second-order Effects in Eccentrically Compressed Members

轴向压力对偏心受压构件的侧移和挠曲产生附加弯矩和附加曲率的荷载效应称为偏心受压构件的二阶荷载效应，简称二阶效应。其中，由侧移产生的二阶效应，习称 $P\text{-}\Delta$ 效应；由挠曲产生的二阶效应，习称 $P\text{-}\delta$ 效应。

1. 由受压构件自身挠曲产生的 $P\text{-}\delta$ 二阶效应

（1）杆端弯矩同号时的 $P\text{-}\delta$ 二阶效应

1）控制截面的转移

根据最不利控制原则，在偏心受压构件中，当轴向压力相差不多时，弯矩大的截面就是控制整个构件配筋的控制截面。

偏心受压构件在杆端同号弯矩 M_1、M_2（$M_2 > M_1$）和轴向力 P 的共同作用下，将产生单曲率弯曲，如图 5-19（a）所示。

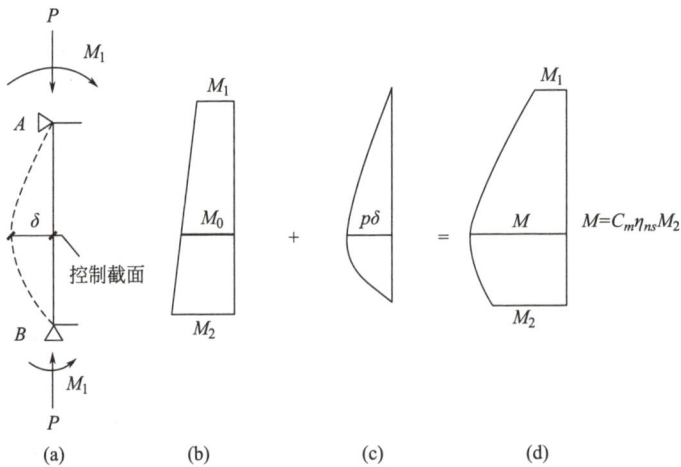

图 5-19　杆端弯矩同号时的二阶效应（$P\text{-}\delta$ 效应）

不考虑二阶效应时，杆件的弯矩图，即一阶弯矩图如图 5-19（b）所示，杆端 B 截面的弯矩 M_2 最大，因此整个杆件的截面承载力计算以它为控制截面来进行。

考虑二阶效应后，轴向压力 P 对杆件中部任一截面产生附加弯矩 $P\delta$，与一阶弯矩 M_0 叠加后，得合成弯矩：

$$M = M_0 + P\delta \tag{5-10}$$

式中　δ ——任意截面的挠度值。

图 5-19（c）为附加弯矩图，图 5-19（d）为合成弯矩图。可见，在杆件中部总有一个截面，它的弯矩 M 是最大的。如果附加弯矩 $P\delta$ 比较大，且 M_1 接近 M_2 的话，就有可能发生 $M > M_2$ 的情况。这时，**偏心受压构件的控制截面就由原来的杆端截面转移到杆件长度中部弯矩最大的那个截面**。例如，当 $M_1 = M_2$ 时，这个控制截面就在杆件长度的中点。

可见，**当控制截面转移到杆件中部时，要考虑 $P\text{-}\delta$ 二阶效应。**

2）考虑 $P\text{-}\delta$ 二阶效应的条件

杆端弯矩同号时，发生控制截面转移的情况是不普遍的，为了减少计算工作量，《混凝土结构设计标准》规定，当只要满足下述三个条件中的一个条件时，就要考虑 $P\text{-}\delta$ 二阶效应：

$$\text{端弯矩 } M_1/M_2 > 0.9 \text{ 或} \tag{5-11a}$$

$$\text{轴压比 } N/(f_cA) > 0.9 \text{ 或} \tag{5-11b}$$

$$\text{长细比 } \frac{l_c}{i} > 34 - 12(M_1/M_2) \tag{5-11c}$$

式中　M_1、M_2——分别为已考虑侧移影响的偏心受压构件两端截面按结构弹性分析确定的同一主轴的组合弯矩设计值，绝对值较大端为 M_2，绝对值较小端为 M_1，当构件按单曲率弯曲时，M_1/M_2 取正值；

l_c——构件的计算长度，可近似取偏心受压构件相应主轴方向上下支撑点之间的距离；

i——偏心方向的截面回旋半径，对于矩形截面 bh，$i = 0.289h$；

A——偏心受压构件的截面面积。

3）考虑 $P\text{-}\delta$ 二阶效应后控制截面的弯矩设计值

《混凝土结构设计标准》规定，除排架结构柱外，其他偏心受压构件考虑轴向压力在挠曲杆件中产生的 $P\text{-}\delta$ 二阶效应后控制截面的弯矩设计值，应按下列公式计算：

$$M = C_m \eta_{ns} M_2 \tag{5-12a}$$

$$C_m = 0.7 + 0.3\frac{M_1}{M_2} \tag{5-12b}$$

$$\eta_{ns} = 1 + \frac{1}{1300(M_2/N + e_a)/h_0}\left(\frac{l_c}{h}\right)^2 \zeta_c \tag{5-12c}$$

$$\zeta_c = \frac{0.5f_cA}{N} \tag{5-12d}$$

当 $C_m\eta_{ns}$ 小于 1.0 时取 1.0；对剪力墙及核心筒墙肢，因其 $P\text{-}\delta$ 效应不明显，可取 $C_m\eta_{ns}$ 等于 1.0。

式中　C_m——构件端截面偏心距调节系数，当小于 0.7 时取 0.7；

η_{ns}——弯矩增大系数，$\eta_{ns} = 1 + \dfrac{\delta}{e_i}$，$e_i = M_2/N + e_a$；

e_a——附加偏心距；

ζ_c——截面曲率修正系数，当计算值大于 1.0 时取 1.0；

h——截面高度；对环形截面，取外直径；对圆形截面，取直径；

h_0——截面有效高度；对环形截面，取 $h_0 = r_2 + r_s$；对圆形截面，取 $h_0 = r + r_s$；此处 r_2 是环形截面的外半径，r_s 是纵向钢筋所在圆周的半径，r 是圆形截面的半径；

A——构件截面面积。

（2）杆端弯矩异号时的 P-δ 二阶效应

这时杆件按双曲率弯曲，杆件长度中都有反弯点，最典型的是框架柱，如图 5-20 所示。

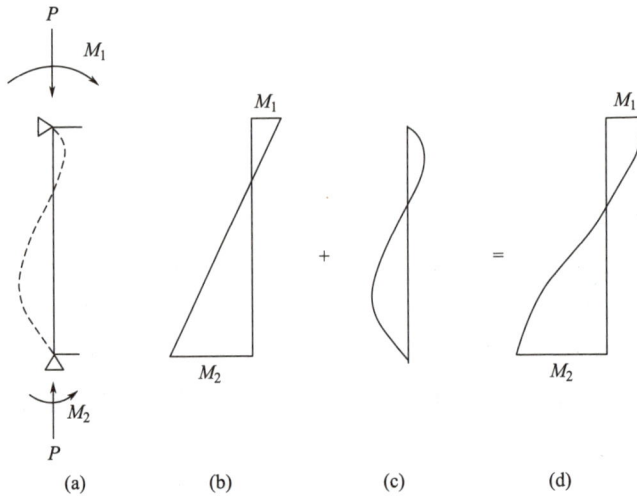

图 5-20　杆端弯矩异号时的二阶效应（P-δ 效应）

虽然轴向压力对杆件长度中部的截面将产生附加弯矩，增大其弯矩值，但弯矩增大后还是比不过端节点截面的弯矩值，即不会发生控制截面转移的情况，故不必考虑二阶效应。

2. 由侧移产生的 P-Δ 二阶效应

现以偏心受压的框架柱来说明。

图 5-21（a）为单层单跨框架在水平力 F 作用下框架柱的弯矩图；图 5-21（b）为轴向压力 对框架柱侧移产生的附加弯矩图；图 5-21（c）为上述两个弯矩图叠加后的合成弯矩图。可见，P-Δ 效应引起的附加弯矩将增大框架柱截面的弯矩设计值，故在框架柱的内力计算中应考虑 P-Δ 效应。

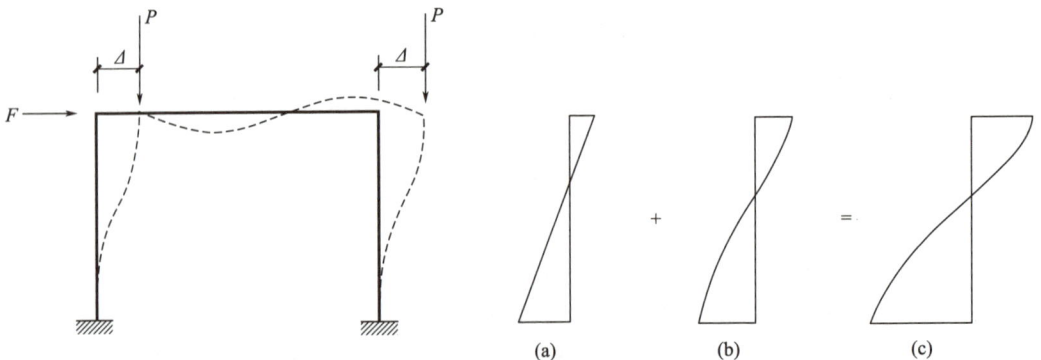

图 5-21　由侧移产生的二阶效应（P-Δ 效应）

不过，由 P-Δ 效应产生的弯矩增大属于结构分析中考虑几何非线性的内力计算问题，也就是说，在偏心受压构件截面计算时给出的内力设计值中已经包含了 P-Δ 效应，故不必在截面承载力计算中再考虑。

总之，P-Δ 效应是在结构内力计算中考虑的；P-δ 效应是在杆端弯矩同号或杆件长细比很大时，当满足式（5-11a）～（5-11c）三个条件中任一个条件的情况时，必须在截面承载力计算中予以考虑，其他情况则不予考虑。

知识拓展——3D 打印结构柱偏心受压破坏形态*
Knowledge Expansion——Failure Modes of 3D-printed Structural Columns under Eccentric Compression*

3D 打印建筑是未来建筑发展的方向，然而从概念提出到工程实践探索，仍有许多关键技术有待攻克。建筑物中结构构件的承载能力起着非常关键的作用，因此对 3D 打印结构柱的偏压承载力进行研究，并与普通钢筋混凝土柱的承载性能进行对比分析。

在小偏压情况下，普通钢筋混凝土柱在加载前期表现为全截面受压。随着荷载的增大，首先在下部牛腿处出现明显竖向裂缝，之后在受拉侧出现裂缝，最后试件中上部混凝土突然破碎崩出，左、右侧面及受拉侧出现贯通裂缝，试件从加载装置中"挤压弹出"。破坏时，受拉主筋远未达到屈服，受压主筋被压屈，混凝土压溃区段较长。

而 3D 打印结构柱首先在下部牛腿处出现明显裂缝，随着荷载增加，上端近牛腿处外壳出现竖向与斜向裂缝，荷载波动后缓慢上升，最后 3D 打印外壳完全压坏，此时受拉侧钢筋应变较小，远未达到屈服。试验结束后敲开 3D 打印外壳，发现内部混凝土也已压碎，其裂缝走向与 3D 打印外壳类似，但宽度较小，数目较少。

在大偏压情况下，普通钢筋混凝土柱首先在受拉侧出现裂缝，之后裂缝贯通。随着荷载增加，贯通裂缝逐渐增多，裂缝向受压侧扩展，宽度不断增大。最后受压侧混凝土压碎脱落，构件破坏，受拉钢筋屈服。而当 $e = 150$ mm 时，3D 打印结构柱的裂缝首先出现在受拉侧 3D 打印外壳的层间粘结处，表现为 3D 打印外壳层间脱开。随着荷载增大，裂缝数量逐步增多，宽度增大，并向受压侧发展。随后，受压侧 3D 打印壳体靠近牛腿处出现竖向、斜向裂缝。最后，3D 打印壳体块状脱落，构件失效破坏，此时受拉钢筋接近屈服。当 $e = 200$ mm 时，3D 打印结构柱的裂缝首先出现在受拉侧 3D 打印外壳的层间粘结处，表现为 3D 打印外壳层间脱开。随着荷载增大，裂缝数量逐步增多，宽度增大，并向受压侧发展。随后，受压侧 3D 打印壳体的跨中部分开始出现竖向、斜向裂缝，然后 3D 打印壳体块状脱落，受拉侧出现较大的贯穿裂缝，构件失效破坏。此时，试件的受拉钢筋接近屈服。随着偏心距的增大，3D 打印结构柱外壳更易脱落，导致结构柱刚度降低，变形增大。与普通钢筋混凝土柱相比，小偏心下，其跨中最大侧向挠度增加 5%左右，大偏心时跨中最大侧向挠度增加 30%左右。3D 打印结构柱的典型破坏模式如图 T-4 所示。

---

* 葛杰，白洁，杨燕，等 . 3D 打印结构柱偏压性能试验研究 ［J］. 建筑材料学报，2019，22（03）：424-430.

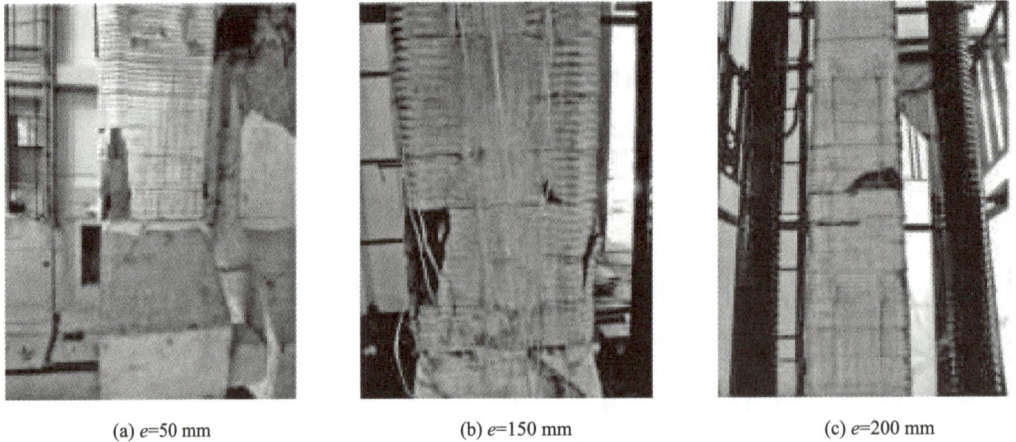

(a) e=50 mm   (b) e=150 mm   (c) e=200 mm

图 T-4 3D 打印结构柱大偏心受压破坏图

知识拓展——CFRP 配筋超高性能混凝土柱二阶效应研究[*]
Knowledge Expansion——Study on Second-order Effects of CFRP-reinforced UHPC Columns[*]

超高性能混凝土（Ultra-High Performance Concrete，UHPC）是基于最大密实度原理配制而成的一种新型水泥基材料。通过优化材料组分的细度与活性，使 UHPC 内部缺陷最小化，进而获得高致密的内部结构及由其组分材料所决定的最大承载力，加之微细钢纤维的添加，使得 UHPC 具有超高的抗压强度、较高的抗拉强度、良好的韧性和优异的耐久性，因此在土木工程中具有广阔的应用前景。纤维增强复合材料（Fiber-Reinforced Polymer，FRP）具有轻质高强、免锈蚀及抗疲劳性能优良的特征，其与高强耐久的 UHPC 组合，可形成一种具有良好力学性能和优异耐久性能的新型配筋混凝土结构。

近年来，国内外学者对 FRP 配筋普通混凝土柱的轴心受压和偏心受压性能进行了大量试验研究，结果表明：FRP 配筋普通混凝土轴压柱的受力破坏形态与普通钢筋混凝土轴压柱相似，但 FRP 筋对其承载能力的贡献较小；即使 FRP 纵筋配筋率低至 1%、偏心率高至 0.7，FRP 配筋普通混凝土偏压柱的破坏仍通常是受压侧混凝土压碎，而受拉侧具有较高抗拉强度的 FRP 筋并不会被拉断。由于 FRP 筋较低的弹性模量及 UHPC 较大的极限压应变，与钢筋 UHPC 柱相比，其他条件相同时，FRP 配筋 UHPC 柱的侧向变形会增大，二阶效应更趋明显，临界截面的裂缝宽度亦会增加，导致柱的偏心距增大系数会相应增大，受拉区 UHPC 对柱承载能力的贡献会相应降低。长柱受偏心荷载作用时侧向挠度较大，二阶弯矩对柱承载能力的影响不能忽略，现行规范一般通过偏心距增大系数或弯矩放大系数来考虑柱纵向弯曲的不利影响。根据试验结果，可得到偏心距增大系数或弯矩放

---

* 王启吾，方志，陈正. CFRP 配筋超高性能混凝土柱受压性能试验 [J]. 中国公路学报，2022，35（02）：52-62.

大系数计算公式如式（T-2）所示，由于 CFRP 筋的弹性模量较低，使得《混凝土结构设计标准》中分母中的系数由 1300 减小至 1100。

$$\eta_{ns} = 1 + \frac{1}{1100e_i/h_0}\left(\frac{l_0}{h}\right)^2 \zeta_c \tag{T-2}$$

5.4 矩形截面偏心受压构件正截面受压承载力计算
Bearing Capacity Calculation for Rectangular Eccentrically Compressed Sections

5.4.1 矩形截面区分大、小偏心受压破坏形态的界限
Boundary between Large and Small Eccentric Compression Failure Modes

对大小偏心
受压构件的
理解

第 3 章中介绍的正截面承载力计算的基本假定同样也适用于偏心受压构件正截面受压承载力的计算。

与受弯构件相似，利用平截面假定规定了受压区边缘极限压应变值的数值后，就可以求得偏心受压构件正截面在各种破坏情况下，沿截面高度的平均应变分布，如图 5-22 所示。

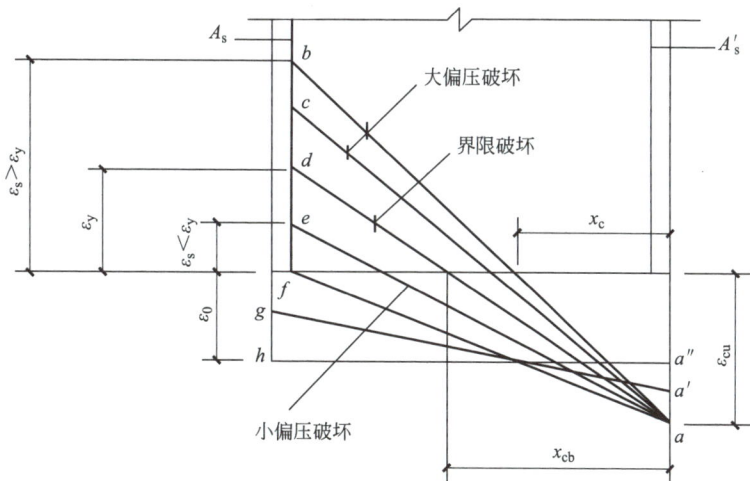

图 5-22　偏心受压构件正截面在各种破坏情况时沿截面高度的平均应变分布

在图 5-22 中，ε_{cu} 表示受压区边缘混凝土极限压应变值；ε_y 表示受拉纵筋屈服时的应变值；x_{cb} 表示界限状态时按应变得到的截面中和轴高度。

从图 5-22 可看出，当受压区达到 x_{cb} 时，受拉纵筋达到屈服。因此相应于界限破坏形态的相对受压区高度 ξ_b 可用第 3 章的式（3-15）确定。

当 $\xi \leqslant \xi_b$ 时，属大偏心受压破坏形态；$\xi > \xi_b$ 时，属小偏心受压破坏形态。

5.4.2　矩形截面偏心受压构件正截面承载力计算
Bearing Capacity Calculation for Rectangular Eccentrically Compressed Sections

1. 矩形截面大偏心受压构件正截面受压承载力计算

同受弯构件的计算原理，把受压区混凝土曲线压应力图用等效矩形应力图形来替代，其应力值取为 $\alpha_1 f_c$，受压区高度取为 x，故大偏心受压破坏的截面计算简图如图 5-23 所示。

（1）计算公式

由力的平衡条件及各力对受拉钢筋合力点取矩的力矩平衡条件，可以得到下面两个基本计算公式：

$$N_u = \alpha_1 f_c bx + f'_y A'_s - f_y A_s \tag{5-13}$$

$$N_u e = \alpha_1 f_c bx \left(h_0 - \frac{x}{2}\right) + f'_y A'_s (h_0 - a'_s) \tag{5-14}$$

$$e = e_i + \frac{h}{2} - a_s \tag{5-15}$$

$$e_i = e_0 + e_a \tag{5-16}$$

$$e_0 = M/N \tag{5-17}$$

式中　N_u ——受压承载力设计值；

α_1 ——系数，见表 3-4；

e ——轴向力作用点至受拉钢筋 A_s 合力点之间的距离；

e_i ——初始偏心距；

e_0 ——轴向力对截面重心的偏心距；

e_a ——附加偏心距，其值取偏心方向截面尺寸的 1/30 和 20 mm 中较大者；

M ——控制截面弯矩设计值，考虑 P-δ 二阶效应时，按式（5-12a）计算；

N ——与 M 相应的轴向压力设计值；

x ——混凝土受压区高度。

（2）适用条件

1）为了保证构件破坏时受拉区钢筋应力先达到屈服强度 f_y，要求：

$$x \leqslant x_b \tag{5-18}$$

式中　x_b ——界限破坏时的混凝土受压区

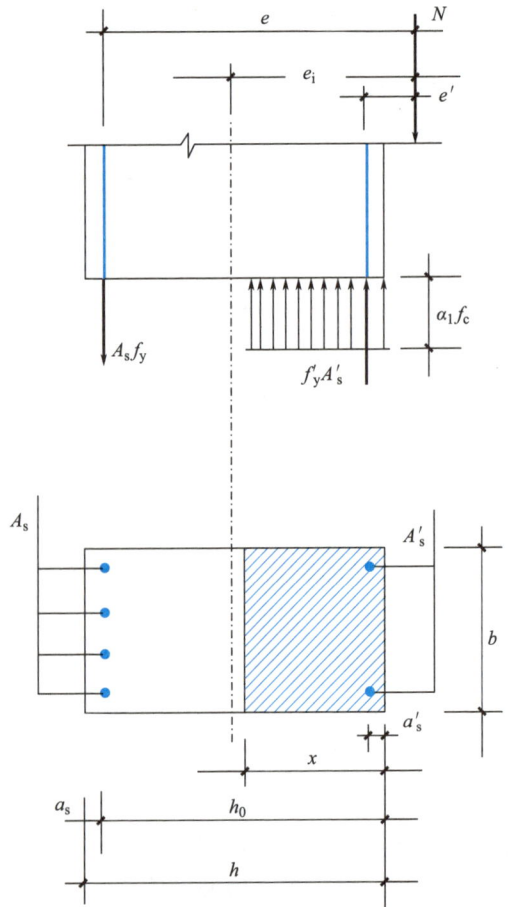

图 5-23　大偏心受压截面承载力计算简图

高度，$x_b = \xi_b h_0$，ξ_b 与受弯构件的相同。

2）为了保证构件破坏时，受压钢筋应力能达到屈服强度 f'_y，与双筋受弯构件一样，要求满足：

$$x \geqslant 2a'_s \tag{5-19}$$

式中　a'_s——纵向受压钢筋合力点至受压区边缘的距离。

（3）截面设计

计算时，首先要确定是否要考虑 $P\text{-}\delta$ 效应。构件截面上的内力设计值 N、M、材料及构件截面尺寸为已知。

计算步骤为先算出偏心距 e_i，初步判别截面的破坏形态，当 $e_i > 0.3h_0$ 时，可先按大偏心受压情况计算；当在 $e_i \leqslant 0.3h_0$ 时，则先按小偏心受压情况计算，然后应用有关计算公式求得钢筋截面面积 A_s 及 A'_s。求出 A_s 和 A'_s 后再计算 x，用 $x \leqslant x_b$，$x > x_b$ 来检查原先假定是否正确，如果不正确需要重新计算。在所有情况下，A_s 及 A'_s 还要满足最小配筋率的规定：同时（$A_s + A'_s$）不宜大于 bh 的 5%。最后，要按轴心受压构件验算垂直于弯矩作用平面的受压承载力。

悍马碳纤维布加固大偏心受压构件

计算分为 A_s 和 A'_s 为未知与 A'_s 为已知的两种情况。

Ⅰ. 已知：截面尺寸 $b \times h$，混凝土的强度等级，钢筋种类（在一般情况下 A_s 及 A'_s 取同一种钢筋），轴向力设计值 N 及弯矩设计值 M，长细比 l_c/h。求：钢筋截面面积 A_s 及 A'_s。

令 $N = N_u$，$M = Ne_0$，从式（5-13）和式（5-14）中可看出共有 x、A_s 及 A'_s 三个未知数，而只有两个方程式；所以与双筋受弯构件类似，为了使钢筋（$A_s + A'_s$）的总用量为最小，应取 $x = x_b = \xi_b h_0$（x_b 为界限破坏时受压区计算高度）。将 $x = x_b = \xi_b h_0$ 代入式（5-14），得钢筋 A'_s 的计算公式：

$$A'_s = \frac{Ne - \alpha_1 f_c b x_b (h_0 - 0.5 x_b)}{f'_y (h_0 - a'_s)} = \frac{Ne - \alpha_1 f_c b h_0^2 \xi_b (h_0 - 0.5\xi_b)}{f'_y (h_0 - a'_s)} \tag{5-20}$$

将求得的 $x = \xi_b h_0$ 及 A'_s 代入式（5-13），则得：

$$A_s = \frac{\alpha_1 f_c b h_0 \xi_b - N}{f_y} + \frac{f'_y}{f_y} A'_s \tag{5-21}$$

最后，按轴心受压构件验算垂直于弯矩作用平面的受压承载力，当其不小于 N 值时为满足，否则要重新设计。

此类问题的具体计算步骤可归纳如下：

1）根据端弯矩 M_1/M_2、轴压比 $N/(f_cA)$ 和长细比 l_c/i，判断是否要考虑 $P\text{-}\delta$ 二阶效应。

2）计算弯矩设计值 M。若考虑二阶效应，按 $C_m\text{-}\eta_{ns}$ 方法，根据式 $M = C_m \eta_{ns} M_2$ 求 M；若不考虑二阶效应，取 $M = M_2$。

3）判断偏心受压构件的类型。先算出偏心距 e_i，若 $e_i > 0.3 h_0$，可先按大偏心受压计算，由式 $e = e_i + h/2 - a_s$ 求轴向力作用点至受拉钢筋合力点之间的距离 e；若 $e_i \leqslant 0.3h_0$ 时，则先按小偏心受压计算。

4）按大偏心受压计算时，由式 $A'_s = \dfrac{Ne - \alpha_1 f_c b h_0^2 \xi_b (1 - 0.5\xi_b)}{f'_y (h_0 - a'_s)}$ 计算受压钢筋 A'_s，再由式 $A_s = \dfrac{\alpha_1 f_c b h_0 \xi_b - N}{f_y} + \dfrac{f'_y}{f_y} A'_s$ 求受拉钢筋 A_s。若 $A'_s \leqslant 0$，取 $A'_s = \rho'_{\min} bh$，按 A'_s 为已知的情况求 A_s。

5）配置受拉钢筋和受压钢筋，由式 $A'_s > \rho_{\min 单侧} bh$ 和 $A_s + A'_s > \rho_{\min} bh$ 验算最小配筋率。

6）验算适用条件。由式 $N_u = \alpha_1 f_c bx + f'_y A'_s - f_y A_s$ 求 x。用 $x \leqslant x_b = \xi_b h_0$ 检验原假定的大偏心受压是否准确，如不正确，则为小偏心受压。若 $x \geqslant 2a'_s$，满足适用条件；若 $x < 2a'_s$，对 A'_s 取矩，重新求 A_s。

7）验算垂直于弯矩作用平面的受压承载力。

【例 5-4】某钢筋混凝土矩形截面偏心受压柱承受轴向力设计值 $N = 400\ \text{kN}$，柱端弯矩设计值 $M_1 = 0.93 M_2$，$M_2 = 220\ \text{kN} \cdot \text{m}$，截面尺寸 $b \times h = 300\ \text{mm} \times 400\ \text{mm}$，$a_s = a'_s = 40\ \text{mm}$，计算长度 $l_c = 6h$。采用 C30 混凝土和 HRB400 级纵向受力钢筋。

求：钢筋截面面积 A'_s 及 A_s。

【解】令 $\dfrac{M_1}{M_2} = 0.93 > 0.9$，故需考虑 P-$\delta$ 效应。

$$C_m = 0.7 + 0.3 \frac{M_1}{M_2} = 0.979$$

$$\zeta_c = \frac{0.5 f_c A}{N} = 0.5 \times \frac{14.3 \times 300 \times 400}{400 \times 10^3} = 2.145 > 1，取 \zeta_c = 1。$$

$$e_a = 20\ \text{mm}$$

$$\eta_{ns} = 1 + \frac{1}{1300 \dfrac{(M_2/N + e_a)}{h_0}} \left(\frac{l_c}{h}\right)^2 \zeta_c = 1 + \frac{1}{1300 \times \dfrac{\left(\dfrac{220 \times 10^6}{400 \times 10^3} + 20\right)}{360}} \times 6^2 \times 1 = 1.017$$

$C_m \eta_{ns} = 0.979 \times 1.017 = 0.993 < 1$，故取 $C_m \eta_{ns} = 1$。

$M = C_m \eta_{ns} M_2 = M_2 = 220\ \text{kN} \cdot \text{m}$

则 $e_i = \dfrac{M}{N} + e_a = \dfrac{220 \times 10^6}{400 \times 10^3} + 20 = 570\ \text{mm}$

因 $e_i = 570\ \text{mm} > 0.3 h_0 = 0.3 \times 360 = 108\ \text{mm}$，先按大偏压情况进行计算。

$e = e_i + h/2 - a_s = 570 + 400/2 - 40 = 730\ \text{mm}$

由式（5-20）得：

$$A'_s = \frac{Ne - \alpha_1 f_c b h_0^2 \xi_b (1 - 0.5\xi_b)}{f'_y (h_0 - a'_s)}$$

$$= \frac{400 \times 10^3 \times 730 - 1.0 \times 14.3 \times 300 \times 360^2 \times 0.518 \times (1 - 0.5 \times 0.518)}{360 \times (360 - 40)}$$

$$= 682\ \text{mm}^2 > \rho'_{\min} bh = 0.002 \times 300 \times 400 = 240\ \text{mm}^2$$

由式（5-21）得：

$$A_s = \frac{\alpha_1 f_c b h_0 \xi_b - N}{f_y} + \frac{f'_y}{f_y} A'_s$$

$$= \frac{1.0 \times 14.3 \times 300 \times 360 \times 0.518 - 400 \times 10^3}{360} + 682 = 1793.1 \text{ mm}^2$$

受拉钢筋 A_s 选用 $3\Phi22 + 2\Phi20$（$A_s = 1768 \text{ mm}^2$），受压钢筋 A_s' 选用 $2\Phi18 + 1\Phi14$（$A_s' = 662.9 \text{ mm}^2$）。

由式（5-13），求出 x：

$$x = \frac{N - f_y'A_s' + f_yA_s}{\alpha_1 f_c b} = \frac{400 \times 10^3 - 360 \times 662.9 + 360 \times 1768}{1 \times 14.3 \times 300} = 186 \text{ mm}, \xi = \frac{x}{h_0} =$$

$186/360 = 0.517$，故前面假定为大偏心受压是正确的。

垂直于弯矩作用平面的承载力经验算满足要求，此处从略。

Ⅱ. 已知：b，h，N，M，f_c，f_y，f_y'，l_c/h 及受压钢筋 A_s' 的数量，求钢筋截面面积 A_s。

令 $N = N_u$，$M = Ne_0$，从式（5-13）及式（5-14）中可看出，仅有 x 及 A_s 两个未知数，完全可以通过式（5-13）和式（5-14）的联立，直接求算 A_s 值，但要解算 x 的二次方程，相当麻烦。对此可仿照第 3 章中双筋截面已知 A_s' 时的情况，令 $M_{u1} = \alpha_1 f_c bx(h_0 - x/2)$，由式（5-14）得 $M_{u2} = Ne - f_y'A_s'(h_0 - a_s')$，再算出 $\alpha_s = \dfrac{M_{u2}}{\alpha_1 f_c b h_0^2}$，于是 $\xi = 1 - \sqrt{1 - 2\alpha_s}$，代入式（5-13）求出 A_s。尚需注意，若求得 $x > \xi_b h_0$，就应改用小偏心受压重新计算；如果仍用大偏心受压计算，则要采取加大截面尺寸或提高混凝土强度等级，加大 A_s' 的数量等措施，也可按 A_s' 未知的情况来重新计算，使其满足 $x < \xi_b h_0$ 的条件。

最后也要按轴心受压构件验算垂直于弯矩作用平面的受压承载力。

此类问题的具体计算步骤可归纳如下：

1）根据端弯矩 M_1/M_2、轴压比 $N/(f_c A)$ 和长细比 l_c/i，判断是否要考虑 P-δ 二阶效应。

2）计算弯矩设计值 M。若考虑二阶效应，按 $C_m - \eta_{ns}$ 方法，根据式 $M = C_m \eta_{ns} M_2$ 求 M；若不考虑二阶效应，取 $M = M_2$。

3）判断偏心受压构件的类型。先算出偏心距 e_i，若 $e_i > 0.3h_0$，可先按大偏心受压计算，由 $e = e_i + h/2 - a_s$ 求轴向力作用点至受拉钢筋合力点之间的距离 e；若 $e_i \leqslant 0.3h_0$ 时，则先按小偏心受压计算。

4）按大偏压情况计算时，令 $N = N_u$，由式 $M_{u2} = Ne - f_y'A_s'(h_0 - a_s')$、$\alpha_s = \dfrac{M_{u2}}{\alpha_1 f_c b h_0^2}$、$\xi = 1 - \sqrt{1 - 2\alpha_s}$ 求 ξ。用 $x \leqslant x_b = \xi_b h_0$ 检验原假定的大偏心受压是否准确，如不正确，则为小偏心受压。

5）若 $x \geqslant 2a_s'$，满足适用条件，由式 $N_u = \alpha_1 f_c bx + f_y'A_s' - f_yA_s$ 求 A_s；若 $x < 2a_s'$，仿照双筋受弯构件的办法，对 A_s' 合力点取矩，可得下式：

$$A_s = \frac{N\left(e_i - \dfrac{h}{2} + a_s'\right)}{f_y(h_0 - a_s')} \tag{5-22}$$

另外再按不考虑受压钢筋 A_s' 情形，由式 $N_u = \alpha_1 f_c bx + f_y'A_s' - f_yA_s$ 和式 $N_u e = \alpha_1 f_c bx\left(h_0 - \dfrac{x}{2}\right) + f_y'A_s'(h_0 - a_s')$ 求 A_s 值，然后与考虑受压钢筋所求得的 A_s 值作比较，

取其中较小值配筋。

6）配置受拉钢筋，由式 $A'_s > \rho_{\min 单侧} bh$ 和 $A_s + A'_s > \rho_{\min} bh$ 验算最小配筋率。

7）验算垂直于弯矩作用平面的受压承载力。

【例 5-5】已知条件同例 5-4，并已知 $A'_s = 942 \ \mathrm{mm}^2$（3 Φ 20）。

求：受拉钢筋截面面积 A_s。

【解】令 $N = N_u$，由式（5-14）知：

$$M_{u2} = Ne - f'_y A'_s (h - a'_s) = 400 \times 10^3 \times 730 - 360 \times 942 \times (360 - 40) = 183 \ \mathrm{kN \cdot m}$$

$$\alpha_s = \frac{M_{u2}}{\alpha_1 f_c b h_0^2} = \frac{183 \times 10^6}{1 \times 14.3 \times 300 \times 360^2} = 0.329$$

$$\xi = 1 - \sqrt{1 - 2\alpha_s} = 1 - \sqrt{1 - 2 \times 0.329} = 0.42 < \xi_b = 0.518，是大偏心受压。$$

$$x = \xi h_0 = 0.42 \times 360 = 151.2 \ \mathrm{mm} > 2a'_s = 2 \times 40 = 80 \ \mathrm{mm}$$

由式（5-13）得：

$$A_s = \frac{\alpha_1 f_c b x + f'_y A'_s - N}{f_y} = \frac{1 \times 14.3 \times 300 \times 151.2 + 360 \times 942 - 400 \times 10^3}{360} = 1633 \ \mathrm{mm}^2$$

选用 2 Φ 22 + 2 Φ 25（$A_s = 1742 \ \mathrm{mm}^2$）

比较例 5-4 和例 5-5 可看出，当取 $\xi = \xi_b$ 时，总的用钢计算值为 682 + 1771 = 2453 mm^2，比例 5-5 求得的总用钢量 942 + 1633 = 2575 mm^2 少 5.59%。

【例 5-6】已知 $N = 150 \ \mathrm{kN}$，杆端弯矩设计值 $M_1 = M_2 = 240 \ \mathrm{kN \cdot m}$，$b = 250 \ \mathrm{mm}$，$h = 450 \ \mathrm{mm}$，$a_s = a'_s = 40 \ \mathrm{mm}$，受压钢筋用 4 Φ 22，$A'_s = 1520 \ \mathrm{mm}^2$（HRB400 级钢筋），混凝土强度等级为 C30，构件的计算长度 $l_c = 6 \ \mathrm{m}$。

求：受拉钢筋截面面积 A_s。

【解】由式（5-11c）：$\dfrac{l_c}{i} = \dfrac{l_c}{\sqrt{\dfrac{1}{12}} h} = \dfrac{6000}{0.289 \times 450} = 46.1 > 34 - 12 \left(\dfrac{M_1}{M_2} \right) = 22$，

故需考虑 P-δ 效应。

$$\frac{M_2}{N} = \frac{240 \times 10^6}{150 \times 10^3} = 1600 \ \mathrm{mm}$$

$$e_a = 20 \ \mathrm{mm}$$

$$\zeta_c = \frac{0.5 f_c A}{N} = \frac{0.5 \times 14.3 \times 250 \times 450}{150 \times 10^3} = 5.36 > 1，取$$

$$\zeta_c = 1。$$

$$\frac{l_c}{h} = \frac{6000}{450} = 13.3$$

$$\eta_{ns} = 1 + \frac{1}{1300 (M_2/N + e_a)} \left(\frac{l_c}{h} \right)^2 \zeta_c$$

$$= 1 + \frac{1}{1300 \times 3.95} \times 13.3^2 \times 1 = 1.034$$

$$C_{\mathrm{m}} = 0.7 + 0.3 \frac{M_1}{M_2} = 1$$

$$M = C_{\mathrm{m}} \eta_{\mathrm{ns}} M_2 = 1 \times 1.034 \times 240 = 248.2 \text{ kN} \cdot \text{m}$$

$e_{\mathrm{i}} = \dfrac{M}{N} + e_{\mathrm{a}} = 1655 + 20 = 1675 \text{ mm} > 0.3 h_0 = 0.3 \times 410 = 123 \text{ mm}$，可先按大偏心受压情况计算。

$$e = e_{\mathrm{i}} + \frac{h}{2} - a_{\mathrm{s}} = 1675 + 450/2 - 40 = 1860 \text{ mm}$$

$$M_{\mathrm{u2}} = Ne - f_{\mathrm{y}}' A_{\mathrm{s}}'(h - a_{\mathrm{s}}') = 150 \times 10^3 \times 1860 - 360 \times 1520 \times (410 - 40) = 76.54 \text{ kN} \cdot \text{m}$$

$$\alpha_{\mathrm{s}} = \frac{M_{\mathrm{u2}}}{\alpha_1 f_{\mathrm{c}} b h_0^2} = \frac{76.54 \times 10^6}{1 \times 14.3 \times 250 \times 410^2} = 0.127$$

$\xi = 1 - \sqrt{1 - 2 \times 0.127} = 0.136 < \xi_{\mathrm{b}} = 0.518$，说明假定大偏心受压是正确的。$x = \xi h_0 = 0.136 \times 410 = 55.76 \text{ mm} < 2a_{\mathrm{s}}' = 2 \times 40 = 80 \text{ mm}$

按式（5-22）计算 A_{s} 值：

$$A_{\mathrm{s}} = \frac{N(e_{\mathrm{i}} - h/2 + a_{\mathrm{s}}')}{f_{\mathrm{y}}(h_0 - a_{\mathrm{s}}')}$$

$$= \frac{150 \times 10^3 \times (1675 - 450/2 + 40)}{360 \times (410 - 40)} = 1678 \text{ mm}^2$$

如果按不考虑受压钢筋 A_{s}' 的情况进行计算：

$$M_{\mathrm{u2}} = Ne = 150 \times 10^3 \times 1860 = 279 \text{ kN} \cdot \text{m}$$

$$\alpha_{\mathrm{s}} = 0.464，\xi = 0.732，x = 300.12 \text{ mm}，A_{\mathrm{s}} = 2563 \text{ mm}^2$$

说明本题如不考虑受压钢筋，受拉钢筋 A_{s} 会得到较大数值。因此，本题取 $A_{\mathrm{s}} = 1678 \text{ mm}^2$ 来配筋，选用 2Φ22＋2Φ25（$A_{\mathrm{s}} = 1742 \text{ mm}^2$）。

【例 5-7】已知：$N = 600 \text{ kN}$，杆端弯矩设计值 $M_1 = M_2 = 180 \text{ kN} \cdot \text{m}$，$b = 250 \text{ mm}$，$h = 600 \text{ mm}$，$a_{\mathrm{s}} = a_{\mathrm{s}}' = 40 \text{ mm}$，采用 HRB400 级钢筋，$f_{\mathrm{y}} = f_{\mathrm{y}}' = 360 \text{ N/mm}^2$，混凝土强度等级为 C40，$f_{\mathrm{c}} = 19.1 \text{ N/mm}^2$，构件的计算长度 $l_{\mathrm{c}} = 5 \text{ m}$。

求：钢筋截面面积 A_{s}' 及 A_{s}。

【解】由式（5-11c）：$\dfrac{l_{\mathrm{c}}}{i} = \dfrac{l_{\mathrm{c}}}{\sqrt{\frac{1}{12}} h} = \dfrac{5000}{0.289 \times 600} = 28.8 > 34 - 12 \dfrac{M_1}{M_2} = 22$，故需要考虑 $P\text{-}\delta$ 效应。

$$C_{\mathrm{m}} = 0.7 + 0.3 \frac{M_1}{M_2} = 1$$

$$\zeta_{\mathrm{c}} = \frac{0.5 f_{\mathrm{c}} A}{N} = \frac{0.5 \times 19.1 \times 250 \times 600}{600 \times 10^3} = 2.4 > 1，\text{ 取 } \zeta_{\mathrm{c}} = 1。$$

$$e_{\mathrm{a}} = 600/30 = 20 \text{ mm}(= 20 \text{ mm})$$

$$\eta_{\mathrm{ns}} = 1 + \frac{1}{1300(M_2/N + e_{\mathrm{a}})} \left(\frac{l_{\mathrm{c}}}{h}\right)^2 \zeta_{\mathrm{c}}$$

$$=1+\frac{1}{1300\times0.5714}\times8.33^2\times1=1.093$$

$$M=C_m\eta_{ns}M_2=1\times1.093\times180=196.7\ \text{kN}\cdot\text{m}$$

$$e_0=\frac{M}{N}=\frac{196.7\times10^6}{600\times10^3}=328\ \text{mm}$$

则 $e_i=\dfrac{M}{N}+e_a=328+20=348\ \text{mm}>0.3h_0=0.3\times560=168\ \text{mm}$，

可以先按大偏心受压情况进行计算。

$$e=e_i+\frac{h}{2}-a_s=348+600/2-40=608\ \text{mm}$$

由式（5-20）得：

$$A'_s=\frac{Ne-\alpha_1f_cbh_0^2\xi_b(1-0.5\xi_b)}{f'_y(h_0-a'_s)}$$

$$=\frac{600\times10^3\times608-1.0\times19.1\times250\times560^2\times0.518\times(1-0.5\times0.518)}{360\times(560-40)}<0$$

取 $A'_s=\rho'_{min}bh=0.002\times250\times600=300\ \text{mm}^2$

选用 4Φ10（$A_s=314\ \text{mm}^2$），这样，该题就变成已知受压钢筋 $A'_s=312\ \text{mm}^2$，求受拉钢筋 A_s 的问题，下面计算从略。

由上可知，大偏心受压构件的截面设计方法，不论 A'_s 是未知还是已知，都基本上与双筋受弯构件的相仿。

2. 矩形截面小偏心受压构件正截面受压承载力的计算

小偏心受压破坏时，受压区边缘混凝土先被压碎，受压钢筋 A'_s 的应力达到屈服强度，而远侧钢筋 A_s 可能受拉或受压，可能屈服也可能不屈服。

小偏心受压分为 3 种情况：

1）$\xi_{cy}>\xi>\xi_b$，这时 A_s 受拉或受压，但不屈服，见图 5-24（a）；

2）$h/h_0>\xi>\xi_{cy}$，这时 A_s 受压屈服，但 $x<h$，见图 5-24（b）；

3）$\xi>\xi_{cy}$，且 $\xi\geqslant h/h_0$，这时 A_s 受压屈服，且全截面受压，见图 5-24（c）。

ξ_{cy} 为 A_s 受压屈服时的相对受压区高度，见下述。

假定 A_s 是受拉的，根据力的平衡条件及力矩平衡条件，见图 5-24（a），可得：

$$N_u=\alpha_1f_cbx+f'_yA'_s-\sigma_sA_s \tag{5-23}$$

$$N_ue=\alpha_1f_cbx\left(h_0-\frac{x}{2}\right)+f'_yA'_s(h_0-a'_s) \tag{5-24}$$

或

$$N_ue'=\alpha_1f_cbx\left(\frac{x}{2}-a'_s\right)-\sigma_sA_s(h_0-a'_s) \tag{5-25}$$

式中 　x——混凝土受压区高度，当 $x>h$ 时，取 $x=h$；

　　　σ_s——钢筋 A_s 的应力值，可根据截面应变保持平面的假定计算，亦可近似取：

$$\sigma_s=\frac{\xi-\beta_1}{\xi_b-\beta_1}f_y \tag{5-26}$$

要求满足 $-f'_y\leqslant\sigma_s\leqslant f_y$；

　　　ξ、ξ_b——分别为相对受压区高度和相对界限受压区高度；

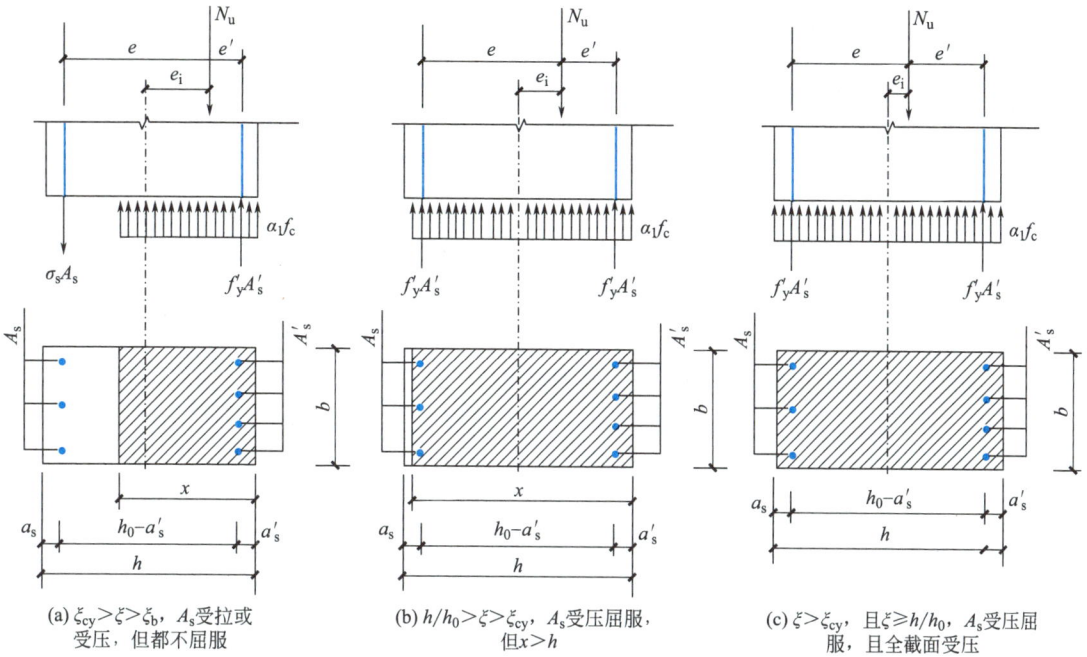

(a) $\xi_{cy}>\xi>\xi_b$，A_s受拉或受压，但都不屈服　　(b) $h/h_0>\xi>\xi_{cy}$，A_s受压屈服，但$x>h$　　(c) $\xi>\xi_{cy}$，且$\xi\geqslant h/h_0$，A_s受压屈服，且全截面受压

图 5-24　小偏心受压截面承载力计算简图

e、e'——分别为轴向力作用点至受拉钢筋 A_s 合力点和受压钢筋 A'_s 合力点之间的距离。

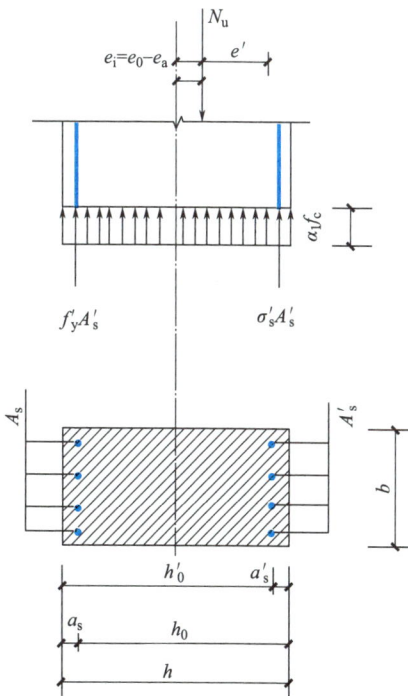

图 5-25　反向破坏时的截面承载力计算简图

$$e'=\frac{h}{2}-e_i-a'_s \qquad (5\text{-}27)$$

当偏心距很小，A'_s 比 A_s 大得多，且轴向力很大时，截面的实际形心轴偏向 A'_s，导致偏心方向的改变，有可能出现在离轴向力较远一侧的边缘混凝土先压坏的情况，称为**反向受压破坏**。此时截面承载力计算简图如图 5-25 所示。

这时，附加偏心距 e_a 反向了，使 e_0 减小，即：

$$e'=\frac{h}{2}-a'_s-(e_0-e_a) \qquad (5\text{-}28)$$

对 A'_s 合力点取矩，得：

$$A_s=\frac{N_u e'-\alpha_1 f_c bh\left(h'_0-\frac{h}{2}\right)}{f'_y(h'_0-a_s)} \qquad (5\text{-}29)$$

截面设计时，令 $N_u=N$，按式（5-29）求得的 A_s 应不小于 $\rho_{min}bh$，$\rho_{min}=0.2\%$，否则应取 $A_s=0.002bh$。

数值分析表明，只有当 $N>\alpha_1 f_c bh$ 时，按式（5-29）求得的 A_s 才有可能大于 $0.002bh$；当 $N\leqslant$

$\alpha_1 f_c bh$ 时，求得的 A_s 总是小于 $0.002bh$ 。所以《混凝土结构设计标准》规定，**当 $N >$ $f_c bh$ 时，尚应验算反向受压破坏的承载力。**

进行正截面承载力设计时，此时未知数有 x、A'_s 和 A_s 三个，而独立的平衡方程式只有两个，故必须补充一个条件才能求解。注意，式（5-26）并不是补充条件，因为式中的 $\xi = x/h_0$。因此，**小偏心受压构件的正截面承载力设计可按以下步骤进行计算：**

1）根据端弯矩 M_1/M_2、轴压比 $N/(f_c A)$、长细比 l_c/i，判断是否要考虑 P-δ 二阶效应。

2）计算弯矩设计值 M。若考虑二阶效应，按 $C_m - \eta_{ns}$ 方法，根据式 $M = C_m \eta_{ns} M_2$ 求 M；若不考虑二阶效应，取 $M = M_2$。

3）判断偏心受压构件的类型。先算出偏心距 e_i，若 $e_i > 0.3h_0$，先按大偏心受压计算；若 $e_i \leqslant 0.3h_0$，先按小偏心受压计算。

4）当按小偏心受压计算时，首先确定 A_s 作为补充条件：

当 $\xi_{cy} > \xi > \xi_b$ 时，不论 A_s 配置多少，它总是不屈服的，为了经济，可取 $A_s = \rho_{min}bh = 0.002bh$，同时考虑到防止反向破坏的要求，$A_s$ 按以下方法确定：

当 $N \leqslant f_c bh$ 时，取 $A_s = 0.002bh$。

当 $N > f_c bh$ 时，A_s 由反向受压破坏的公式 $A_s = \dfrac{N_u e' - \alpha_1 f_c bh \left(h'_0 - \dfrac{h}{2}\right)}{f'_y (h'_0 - a_s)}$ 求得，如果

$A_s < 0.002bh$，取 $A_s = 0.002bh$。

5）再求出 ξ 值，并按 ξ 的三种情况求出 A'_s：

把 A_s 代入力的平衡方程式 $N_u = \alpha_1 f_c bx + f'_y A'_s - \sigma_s A_s$ 和力矩平衡方程式 $N_u e = \alpha_1 f_c bx \left(h_0 - \dfrac{x}{2}\right) + f'_y A'_s (h_0 - a'_s)$ 中，消去 A'_s，得：

$$\xi = u + \sqrt{u^2 + v} \tag{5-30}$$

$$u = \frac{a'_s}{h_0} + \frac{f_y A_s}{(\xi_b - \beta_1)\alpha_1 f_c bh_0}\left(1 - \frac{a'_s}{h_0}\right) \tag{5-31}$$

$$v = \frac{2Ne'}{\alpha_1 f_c bh_0^2} - \frac{2\beta_1 f_y A_s}{(\xi_b - \beta_1)\alpha_1 f_c bh_0}\left(1 - \frac{a'_s}{h_0}\right) \tag{5-32}$$

得到 ξ 值后，按下述小偏心受压的三种情况分别求出 A'_s：

① $\xi_{cy} > \xi > \xi_b$ 时，把 ξ 代入力平衡方程式或力矩平衡方程式中，即可求 A'_s。

② $h/h_0 > \xi \geqslant \xi_{cy}$ 时，取 $\sigma_s = -f'_y$，按下式重新求 ξ：

$$\xi = \frac{a'_s}{h_0} + \sqrt{\left(\frac{a'_s}{h_0}\right)^2 + 2\left[\frac{Ne'}{\alpha_1 f_c bh_0^2} - \frac{A_s}{bh_0}\frac{f'_y}{\alpha_1 f_c}\left(1 - \frac{a'_s}{h_0}\right)\right]} \tag{5-33}$$

再按式 $N_u = \alpha_1 f_c bx + f'_y A'_s - \sigma_s A_s$ 求出 A'_s。

③ $\xi \geqslant \xi_{cy}$ 且 $\xi \geqslant \dfrac{h}{h_0}$ 时，取 $x = h$，$\sigma_s = -f'_y$，$\alpha_1 = 1$，由式 $N_u e = \alpha_1 f_c bx \left(h_0 - \dfrac{x}{2}\right) + f'_y A'_s (h_0 - a'_s)$ 得：

$$A'_s = \frac{Ne - f_c bh (h_0 - 0.5h)}{f'_y (h_0 - a'_s)} \tag{5-34}$$

如果以上求得的 A'_s 值小于 $0.002bh$ ，应取 $A'_s = 0.002bh$ 。

6）验算垂直于弯矩作用平面的受压承载力。

【例 5-8】已知柱的轴向压力设计值 $N = 4600$ kN，杆端弯矩设计值 $M_1 = 0.5M_2$，$M_2 = 120$ kN·m，截面尺寸为 $b = 400$ mm，$h = 600$ mm，$a_s = a'_s = 45$ mm，混凝土强度等级为 C35，$f_c = 16.7$ N/mm^2，采用 HRB400 级钢筋，$l_c = l_0 = 3$ m。

求：钢筋截面面积 A'_s 及 A_s。

【解】轴压比 $\dfrac{N}{f_c bh} = \dfrac{4600 \times 10^3}{16.7 \times 400 \times 600} = 1.15 > 0.9$，故需考虑 $P\text{-}\delta$ 二阶效应。

$$C_m = 0.7 + 0.3 \frac{M_1}{M_2} = 0.7 + 0.3 \times 0.5 = 0.85$$

$$\zeta_c = \frac{0.5 f_c A}{N} = \frac{0.5 \times 16.7 \times 400 \times 600}{4600 \times 10^3} = 0.463$$

$$e_a = \max\left\{\frac{600}{30}, \ 20\right\} = 20 \text{ mm}$$

$$\eta_{ns} = 1 + \frac{1}{\dfrac{1300(M_2/N + e_a)}{h_0}}\left(\frac{l_c}{h}\right)^2 \zeta_c$$

$$= 1 + \frac{1}{1300 \times \left(\dfrac{120 \times 10^6}{4600 \times 10^3} + 20\right)/555} \times \left(\frac{3.0}{0.6}\right)^2 \times 0.436 = 1.101$$

$C_m \eta_{ns} = 0.85 \times 1.101 = 0.936 < 1.0$，故取 $C_m \eta_{ns} = 1.0$。

故弯矩设计值 $M = C_m \eta_{ns} M_2 = 1 \times 120 = 120$ kN·m。

$$e_0 = \frac{M}{N} = \frac{120 \times 10^6}{4600 \times 10^3} = 26.09 \text{ mm}$$

$e_i = e_0 + e_a = 26.09 + 20 = 46.09$ mm $< 0.3h_0 = 0.3 \times 555 = 166.5$ mm

故初步按小偏心受压计算，并分为两个步骤。

（1）确定 A_s

$N = 4600$ kN $> f_c bh = 16.7 \times 400 \times 600 = 4008$ kN，故令 $N = N_u$，按反向破坏的式（5-28）、式（5-29）求解 A_s。

$$e' = \frac{h}{2} - a'_s - (e_0 - e_a) = \frac{600}{2} - 45 - (26.09 - 20) = 248.91 \text{ mm}$$

$$A_s = \frac{Ne' - \alpha_1 f_c bh\left(h'_0 - \dfrac{h}{2}\right)}{f_y(h_0 - a_s)} = \frac{4600 \times 10^3 \times 248.91 - 1 \times 16.7 \times 400 \times 600 \times (555 - 300)}{360 \times (555 - 45)}$$

$= 670 \text{ mm}^2 > 0.002bh = 0.002 \times 400 \times 600 = 480 \text{ mm}^2$

因此取 $A_s = 670$ mm^2 作为补充条件。

（2）求 ξ，并按 ξ 的情况求 A'_s

$$\xi = u + \sqrt{u^2 + v}$$

$$u = \frac{a'_s}{h_0} + \frac{f_y A_s}{(\xi_b - \beta_1)\alpha_1 f_c bh_0}\left(1 - \frac{a'_s}{h_0}\right)$$

$$= \frac{45}{555} + \frac{360 \times 670}{(0.518 - 0.8) \times 1 \times 16.7 \times 400 \times 555} \times \left(1 - \frac{45}{555}\right) = 0.0811 - 0.212 = -0.1309$$

$$v = \frac{2Ne'}{\alpha_1 f_c b h_0^2} - \frac{2\beta_1 f_y A_s}{(\xi_b - \beta_1) \alpha_1 f_c b h_0} \left(1 - \frac{a_s'}{h_0}\right)$$

$$= \frac{2 \times 4600 \times 10^3 \times 248.91}{1 \times 16.7 \times 400 \times 555^2} - \frac{2 \times 0.8 \times 360 \times 670}{(0.518 - 0.8) \times 1 \times 16.7 \times 400 \times 555^2} \times \left(1 - \frac{45}{555}\right)$$

$$= 1.114$$

$$\xi = -0.1309 + \sqrt{(-0.1309)^2 + 1.114} = 0.933 > \xi_b = 0.518$$

确属小偏压。

$\xi_{cy} = 2\beta_1 - \xi_b = 2 \times 0.8 - 0.518 = 1.082 > \xi = 0.933$，故属于小偏心受压的第一种情况：$\xi_{cy} > \xi > \xi_b$，由力的平衡方程式得：

$$A_s' = \frac{N - \alpha_1 f_c \xi b h_0 + \left(\frac{\xi - \beta_1}{\xi_b - \beta_1}\right) f_y A_s}{f_y'}$$

$$= \frac{4600 \times 10^3 - 1 \times 16.7 \times 0.933 \times 400 \times 555 + \frac{0.933 - 0.8}{0.518 - 0.8} \times 360 \times 670}{360} = 2853 \text{ mm}^2$$

对 A_s 采用 2ϕ16 + 1ϕ18，$A_s = 656.5 \text{ mm}^2$；对 A_s' 采用 8ϕ25，$A_s' = 3927 \text{ mm}^2$，再验算垂直于弯矩作用平面的轴心受压承载力：

由 $\frac{l_0}{b} = \frac{3000}{400} = 7.5$，查表 5-1，得 $\varphi = 1.0$，按式（5-4）得：

$$N_u = 0.9\varphi \left[f_c b h + f_y'(A_s' + A_s) \right]$$

$$= 0.9 \times 1.0 \times \left[16.7 \times 400 \times 600 + 360 \times (656.5 + 3927) \right]$$

$$= 5092.25 \text{ kN} > N = 4600 \text{ kN}$$

故满足。

以上是理论计算的结果，A_s 与 A_s' 相差太大了，为了实用，可加大 A_s，使 A_s' 减小，但 $(A_s + A_s')$ 的用量将增加。

3. 承载力复核

除了截面设计，有时也会进行承载力复核。承载力复核时一般已知 b、h、A_s 和 A_s'、混凝土强度等级及钢筋级别，构件长细比 l_c/h。分为两种情况：一种是已知轴向力设计值，求偏心距 e_0，即验算截面能承受的弯矩设计值 M；另一种是已知 e_0，求轴向力设计值。不论哪一种情况，都需要进行垂直于弯矩作用平面的承载力复核。

弯矩作用平面的承载力复核如下：

（1）已知轴向力设计值 N，求弯矩设计值 M

此类问题的具体计算步骤如下：

1）根据端弯矩 M_1/M_2、轴压比 $N/(f_c A)$ 或长细比 l_c/i，判断是否要考虑 P-δ 二阶效应。

2）将已知配筋参数和 ξ_b 代入式 $N_u = \alpha_1 f_c b x + f_y' A_s' - f_y A_s$ 计算界限情况下的受压承载力设计值 N_{ub}，若 $N \leqslant N_{ub}$，则为大偏心受压，由式 $N_u = \alpha_1 f_c b x + f_y' A_s' - f_y A_s$ 求出

x（或先假定 $\xi \leqslant \xi_b$，由式 $N_u = \alpha_1 f_c bx + f'_y A'_s - f_y A_s$ 求出 x，如果 $\xi = x/h_0 \leqslant \xi_b$，说明假定是正确的），再由式 $N_u e = \alpha_1 f_c bx \left(h_0 - \dfrac{x}{2}\right) + f'_y A'_s (h_0 - a'_s)$ 求 e；

3）若 $N > N_{ub}$（或 $\xi = \dfrac{x}{h_0} > \xi_b$），则应按小偏心受压情况求出 x，此时可先假定属于第一种小偏心受压情况，按式 $N_u = \alpha_1 f_c bx + f'_y A'_s - \sigma_s A_s$ 和式 $\sigma_s = \dfrac{\xi - \beta_1}{\xi_b - \beta_1} f_y$ 求 x，若 $x < \xi_{cy} h_0$，说明假定正确，再将 x 代入式 $N_u e = \alpha_1 f_c bx \left(h_0 - \dfrac{x}{2}\right) + f'_y A'_s (h_0 - a'_s)$ 求 e，由式 $e = e_i + h/2 - a_s$、式 $e_i = e_0 + e_a$ 求 e_0；若 $x < \xi_{cy} h_0$，则按式 $\xi = \dfrac{a'_s}{h_0} +$

$$\sqrt{\left(\dfrac{a'_s}{h_0}\right)^2 + 2\left[\dfrac{Ne'}{\alpha_1 f_c bh_0^2} - \dfrac{A_s}{bh_0}\dfrac{f'_y}{\alpha_1 f_c}\left(1 - \dfrac{a'_s}{h_0}\right)\right]}$$ 重新求 x；若 $x \geqslant h$，就取 $x = h$。

4）由式 $M = Ne_0$ 求该截面在 h 方向能承受的弯矩设计值 M。

【例 5-9】已知：$N = 1200$ kN，$b = 400$ mm，$h = 600$ mm，$a_s = a'_s = 40$ mm，混凝度等级为 C40，钢筋采用 HRB400 级，A_s 选用 4 ∯ 20（$A_s = 1256$ mm^2），A'_s 选用 4 ∯ 22（$A'_s = 1520$ mm^2）。构件计算长度 $l_c = 4$ m，两杆端弯矩设计值的比值为 $M_1 = 0.85 M_2$。

求：该截面在 h 方向能承受的弯矩设计值。

【解】因：$\dfrac{M_1}{M_2} = 0.8 < 0.9$，

$$\dfrac{N}{f_c A} = 0.27 < 0.9$$

$$\dfrac{l_c}{i} = 23.1 < 34 - 12\left(\dfrac{M_1}{M_2}\right) = 24.4$$

故不考虑 $P\text{-}\delta$ 二阶效应。

令 $N = N_u$，由式（5-13）得：

$$x = \dfrac{N_u - f'_y A'_s + f_y A_s}{\alpha_1 f_c b}$$

$$= \dfrac{1250 \times 10^3 - 360 \times 1520 + 360 \times 1256}{1 \times 19.1 \times 400}$$

$$= 151 \text{ mm} < \xi_b h_0 (= 0.518 \times 560 = 290 \text{ mm})$$

属于大偏心受压情况。$x = 151$ mm $> 2a'_s (= 2 \times 45 = 90$ mm），说明受压钢筋能达到屈服强度。由式（5-14）得：

$$e = \dfrac{\alpha_1 f_c bx \left(h_0 - \dfrac{x}{2}\right) + f'_y A'_s (h_0 - a'_s)}{N_u}$$

$$= \dfrac{1.0 \times 19.1 \times 400 \times 151 \times \left(560 - \dfrac{151}{2}\right) + 360 \times 1520 \times (560 - 40)}{1250 \times 10^3} = 675 \text{ mm}$$

$$e_i = e - \dfrac{h}{2} + a_s = 675 - \dfrac{600}{2} + 40 = 415 \text{ mm}$$

由：$e_i = e_0 + e_a$，$e_a = 20$ mm，则：

$$e_0 = e_i - e_a = 415 - 20 = 395 \text{ mm}$$
$$M = Ne_0 = 1250 \times 0.395 = 493.75 \text{ kN} \cdot \text{m}$$

该截面在 h 方向能承受弯矩设计值为 493.75 kN·m。

【例 5-10】已知：在荷载作用下框架柱的轴向力设计值 $N = 3600$ kN，柱截面尺寸 $b = 300$ mm，$h = 600$ mm，$a_s = a_s' = 45$ mm；混凝土强度等级为 C40，采用 HRB400 钢筋，A_s 选用 4Φ16（$A_s = 804 \text{ mm}^2$），A_s' 选用 4Φ25（$A_s' = 1964 \text{ mm}^2$）。构件计算长度 $l_c = l_0 = 7.2$m，$-M_1 = M_2$。

求：该截面 h 方向能承受的弯矩设计值。

【解】因 $\dfrac{M_1}{M_2} = -1$，反弯点在框架柱间，此时不考虑 P-δ 二阶效应。

先按大偏心受压计算式（5-13），求算 x 值：

$$x = \frac{N - f_y' A_s' + f_y A_s}{\alpha_1 f_c b} = \frac{3600 \times 10^3 - 360 \times 1964 + 360 \times 804}{1.0 \times 19.1 \times 300}$$

$= 555 \text{ mm} > \xi_b h_0 = 0.518 \times 555 = 287 \text{ mm}$

属于小偏心受压破坏情况。可先验算垂直于弯矩作用平面的承载力是否安全，该方向可视为轴心受压。

由已知条件 $l_0/b = 7200/300 = 24$，查表 5-1，得 $\varphi = 0.65$，按式（5-4）得：

$N = 0.9\varphi[f_c bh + f_y'(A_s' + A_s)]$

$= 0.9 \times 0.65 \times [19.1 \times 300 \times 600 + 360 \times (1964 + 804)]$

$= 2594.17 \text{ kN} < 3600 \text{ kN}$

上述结果说明该偏心受压构件在垂直弯矩平面的承载力是不安全的。可通过加宽截面尺寸、提高混凝土强度或加大钢筋截面来解决。然后再进行计算。

本题采用加宽 b 值，取 $b = 400$ mm，重算 φ 值。

由已知条件 $l_0/b = 7200/400 = 18$，查表 5-1，得 $\varphi = 0.81$，按式（5-4）得：

$N = 0.9\varphi[f_c bh + f_y'(A_s' + A_s)]$

$= 0.9 \times 0.81 \times [19.1 \times 400 \times 600 + 360 \times (1964 + 804)]$

$= 4068.17 \text{ kN} > 3600 \text{ kN}$

满足要求。

下面再求该截面在 h 方向能承受的弯矩设计值。

由式（5-13）求算 x 值：

$$x = \frac{N - f_y' A_s' + f_y A_s}{\alpha_1 f_c b} = \frac{3600 \times 10^3 - 360 \times 1964 + 360 \times 804}{1.0 \times 19.1 \times 400}$$

$= 416 \text{ mm} > \xi_b h_0 = 0.518 \times 555 = 287 \text{ mm}$

属于小偏心受压破坏情况。

重求 x 值，假定属于第一种小偏心受压，σ_s 采用式（5-26）：

$$\frac{x}{h_0} = \frac{N - f_y' A_s' - \dfrac{0.8}{\xi_b - 0.8} f_y A_s}{\alpha_1 f_c b h_0 - \dfrac{1}{\xi_b - 0.8} f_y A_s} = \frac{3600000 - 360 \times 1964 - \dfrac{0.8 \times 360 \times 804}{0.518 - 0.8}}{1.0 \times 19.1 \times 400 \times 555 - \dfrac{360 \times 804}{0.518 - 0.8}}$$

=0.705（注：这个计算式是由式5-24得来的）

$x=0.705h_0=0.705\times555=391.3$ mm

$\xi_{cy}=2\beta_1-\xi_b=2\times0.8-0.518=1.082$

$x<\xi_{cy}h_0=1.082\times555=600.51$ mm，证明假定是对的。

由式（5-24）求 e 值：

$$e=\frac{\alpha_1f_cbx(h_0-\dfrac{x}{2})+f'_yA'_s(h_0-a'_s)}{N}$$

$$=\frac{1.0\times19.1\times400\times391.3\times(555-\dfrac{391.3}{2})+360\times1964\times(555-45)}{3600\times10^3}$$

$=399$ mm

$e_i=e-\dfrac{h}{2}+a=399-\dfrac{600}{2}+45=144$ mm

$e_a=600/30=20$ mm

$e_i=e_0+e_a$

故 $e_0=e_i-e_a=144-20=124$ mm

求该截面在 h 方向能承受的弯矩设计值：

$M=Ne_0=3600\times10^3\times0.124=446.4$ kN·m

（2）已知偏心距 e_0 求轴向力设计值 N

一般而言，在进行弯矩作用平面的承载力复核时，与受弯构件正截面承载力复核一样，总是要求出 x 才能使问题得到解决。此类问题的具体计算步骤如下：

1）根据端弯矩 M_1/M_2、轴压比 $N/(f_cA)$、长细比 l_c/i，判断是否要考虑 P-δ 二阶效应。

2）由式 $e=e_i+h/2-a_s$ 和式 $e_i=e_0+e_a$ 求偏心距 e_i。

3）由于截面配筋参数已知，可在图 5-23 中，对 N 作用点取矩，由式 $\alpha_1f_cbx\left(e_i-\dfrac{h}{2}+\dfrac{x}{2}\right)=f_yA_s\left(e_i+\dfrac{h}{2}-a_s\right)-f'_yA'_s\left(e_i-\dfrac{h}{2}+a'_s\right)$ 求 x。若 $x\leqslant x_b$，为大偏心受压，且须满足 $x\geqslant2a'_s$ 的适用条件，将 x 及已知数据代入式 $N_u=\alpha_1f_cbx+f'_yA'_s-f_yA_s$ 可求解出轴向力设计值 N；若 $x>x_b$，为小偏心受压，由式 $N_u=\alpha_1f_cbx+f'_yA'_s-f_yA_s$、式 $N_ue=\alpha_1f_cbx\left(h_0-\dfrac{x}{2}\right)+f'_yA'_s(h_0-a'_s)$ 和式 $\sigma_s=\dfrac{\xi-\beta_1}{\xi_b-\beta_1}f_y$ 联立求解轴向力设计值 N。

【例 5-11】已知：框架柱截面尺寸 $b=500$ mm，$h=700$ mm，$a_s=a'_s=45$ mm，混凝土强度等级为 C35，采用 HRB400 钢筋，A_s 选用 6Φ25（$A_s=2954$ mm²），A'_s 选用 4Φ25（$A'_s=1964$ mm²）。构件计算长度 $l_c=12.25$ m，轴向力的偏心距 $e_0=600$ mm。

求：截面能承受的轴向力设计值 N_u。

【解】框架柱反弯点在柱间，故不考虑 P-δ 二阶效应。

$e_0=600$ mm，$e_a=700/30=23$ mm（>20 mm）

则 $e_i=e_0+e_a=600+23=623$ mm

由图 5-23，对 N_u 点取矩，得：

$$\alpha_1 f_c bx \left(e_i - \frac{h}{2} + \frac{x}{2}\right) = f_y A_s \left(e_i + \frac{h}{2} - a_s\right) - f'_y A'_s \left(e_i - \frac{h}{2} + a'_s\right)$$

代入数据，则：

$$1.0 \times 16.7 \times 500 \times x \left(623 - 350 + \frac{x}{2}\right)$$

$$= 360 \times 2945 \times (623 + 350 - 45) - 360 \times 1964 \times (623 - 350 + 45)$$

移项求解：

$$x^2 + 546x - 181803 = 0$$

$$x = \frac{1}{2}(-546 + \sqrt{546^2 + 4 \times 181803}) = 233 \text{ mm}$$

故 $2a'_s (= 2 \times 45 = 90 \text{ mm}) < x < x_b (= 0.518 \times 655 = 339 \text{ mm})$

由式（5-13）得：

$$N_u = \alpha_1 f_c bx + f'_y A'_s - f_y A_s$$

$$= 1.0 \times 16.7 \times 500 \times 233 + 360 \times 1964 - 360 \times 2954 = 1589.2 \text{ kN}$$

该截面能承受的轴向力设计值为：

$$N_u = 1589.2 \text{ kN}$$

知识拓展——型钢混凝土偏心受压柱正截面承载力计算[*]
Knowledge Expansion——Bearing Capacity Calculation for Steel-reinforced Concrete Eccentric Compression Columns[*]

对于配置实腹型钢的混凝土柱，其偏心受压柱正截面承载力的计算，可按《组合结构技术规程》JGJ 138—2016 进行，其计算方法如下。

1）基本假定

根据试验分析型钢混凝土偏心受压柱的受力性能及破坏特点，型钢混凝土柱正截面偏心承载力计算，采用如下基本假定：

① 截面中型钢、钢筋与混凝土的应变均保持平面；

② 不考虑混凝土的抗压强度；

③ 受压区边缘混凝土极限压应变 ε_{cu} 取 0.0033，相应的最大应力取混凝土轴心抗压强度设计值 f_c；

④ 受压区混凝土的应力图形简化为等效的矩形，其高度取按平截面假定中确定的中和轴高度乘以系数 0.8；

⑤ 型钢腹板的拉、压应力图形均为梯形，设计计算时，简化为等效的矩形应力图形；

⑥ 钢筋的应力等于其应变与弹性模量的乘积，但不应大于其强度设计值，受拉钢筋

* 东南大学，天津大学，同济大学. 混凝土结构（上册）：混凝土结构设计原理 [M]. 7 版. 北京：中国建筑工业出版社，2020.

和型钢受拉翼缘的极限拉应变取 $\varepsilon_{su} = 0.01$。

2）承载力计算公式

型钢混凝土柱正截面受压承载力计算简图如图 T-5 所示。

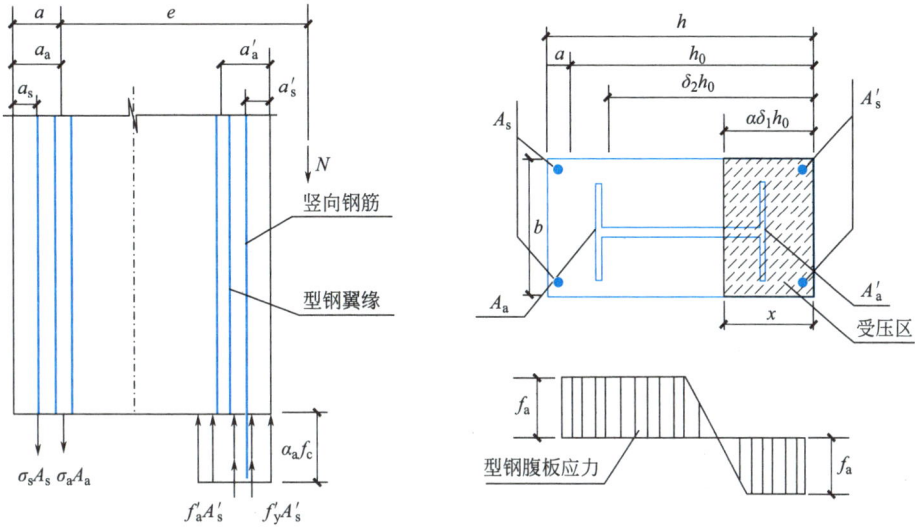

图 T-5　偏心受压柱的截面应力图

$$N_u = f_c bx + f'_y A'_s + f'_a A'_a - \sigma_s A_s - \sigma_a A_a + N_{aw} \quad\quad (\text{T-3})$$

$$N_u e = f_c bx \left(h - \frac{x}{2}\right) + f'_y A'_s (h - a) + f'_a A'_a (h - a) + M_{aw} \quad\quad (\text{T-4})$$

式中　　N——轴向压力设计值；

e——轴向力作用点至受拉钢筋和型钢受拉翼缘的合力点之间的距离，$e = \eta_s e_i + \dfrac{h}{2} -$

$\quad a_s$；

f'_y、f'_a——分别为受压钢筋、型钢的抗压强度设计值；

A'_s、A'_a——分别为竖向受压钢筋、型钢受压翼缘的截面面积；

A_s、A_a——分别为竖向受拉钢筋、型钢受拉翼缘的截面面积；

b、x——分别为柱截面宽度和柱截面受压区高度；

a'_s、a'_a——分别为受压纵筋合力点、型钢受压翼缘合力点到截面受压边缘的距离；

a_s、a_a——分别为受拉纵筋合力点、型钢受拉翼缘合力点到截面受拉边缘距离；

a——受拉纵筋和型钢受拉翼缘合力点到截面受拉边缘的距离。

N_{aw}、M_{aw} 按《组合结构技术规程》JGJ 138—2016 计算。

受拉边或受压较小边的钢筋应力 σ_s 和型钢翼缘应力 σ_a 可按下列条件计算：

当 $x \leqslant \xi_b h_0$ 时，为大偏心受压构件，取 $\sigma_s = f_y$，$\sigma_a = f_a$；

当 $x \geqslant \xi_b h_0$ 时，为小偏心受压构件，取：

$$\sigma_s = \frac{f_y}{\xi_b - 0.8}\left(\frac{x}{h_0} - 0.8\right) \quad\quad (\text{T-5})$$

$$\sigma_a = \frac{f_a}{\xi_b - 0.8}\left(\frac{x}{h_0} - 0.8\right) \quad\quad (\text{T-6})$$

其中，ξ_b 为柱混凝土截面的相对界限受压区高度，即：

$$\xi_b = \frac{0.8}{1 + \dfrac{f_y + f_a}{2 \times 0.003 E_s}} \tag{T-7}$$

知识拓展——非对称截面钢骨混凝土柱正截面承载力简化计算[*]
Knowledge Expansion——Simplified Calculation for Asymmetric Steel-encased Concrete Columns[*]

钢骨混凝土（SRC）结构是将钢骨构件埋置于钢筋混凝土构件中形成的一种组合结构形式。与纯钢结构相比，它具有刚度大、屈曲稳定问题不显著、无需使用防火涂料等优点；与钢筋混凝土结构相比，它具有更加优越的塑性变形与耗能能力，且可减小混凝土构件截面尺寸。此外，钢骨混凝土构件中的钢骨本身即可承担较大轴力，施工时可采用后浇混凝土的做法以加快施工进度。在我国，钢骨混凝土结构于 20 世纪 80 年代开始较多地应用于民用建筑结构。为适应工程应用的需求，我国于 1994 年开始编制相关设计规程，并于 1997 年颁布了行业标准《钢骨混凝土结构设计规程》YB 9082—97（简称《钢骨规程》）。针对实际工程中配置非对称钢骨的 SRC 柱（简称非对称 SRC 柱）应用较多的情况，在规程修订中改进了非对称 SRC 柱的受压承载力计算与设计方法。

图 T-6 为四种实腹式非对称 SRC 柱截面的典型形式。前三种为单轴非对称；第四种为双轴非对称。《钢骨规程》建议将非对称性不大的 SRC 柱截面（图 T-6a 和图 T-6b）偏于安全地置换为对称 SRC 柱截面进行计算。实际工程中，边柱和角柱中配置的钢骨往往具有较大的非对称性，不宜置换为对称 SRC 柱截面进行计算（图 T-6c 和 T-6d）。《钢骨规程》采用简单叠加法计算对称 SRC 柱的正截面压弯承载力。简单叠加法的基本思路是，通过轴力在钢筋混凝土部分与钢骨部分之间分配的近似关系，首先将全截面承受的轴力 N 分解为钢筋混凝土部分承担的轴力与钢骨部分承担的轴力两部分，再分别计算钢筋混凝土部分与钢骨部分在各自分配的轴力作用下的受弯承载力，将二者相加作为给定轴力下全截面的受弯承载力 M。该简单叠加方法以塑性理论的下限定理为基础。根据下限定理，非对称 SRC 柱截面所承受的轴力不论以何种比例分配给钢骨部分和钢筋混凝土部分，根据平衡条件得到的截面受弯承载力不会大于实际的受弯承载力，即总是偏于安全的。

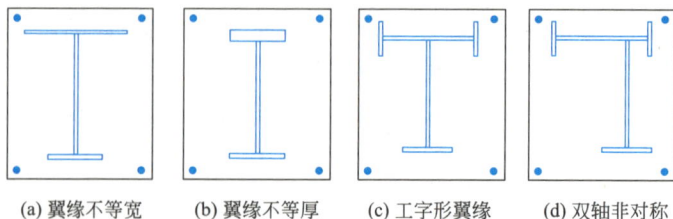

| (a) 翼缘不等宽 | (b) 翼缘不等厚 | (c) 工字形翼缘 | (d) 双轴非对称 |

图 T-6 实腹式非对称 SRC 柱钢骨配置的典型形式

---

[*] 曲哲，王鹏，叶列平，等．非对称截面钢骨混凝土柱正截面承载力简化计算 [J]．建筑结构，2014，44（07）：99-104.

5.5 矩形截面对称配筋偏心受压构件正截面受压承载力计算
Bearing Capacity Calculation for Symmetrically Reinforced Rectangular Eccentric Compression Sections

在实际工程中，偏心受压构件在不同内力组合下，可能有相反方向的弯矩。当其数值相差不大时，或即使相反方向的弯矩值相差较大，但按对称配筋设计求得的纵向钢筋的总量比按不对称配筋设计所得纵向钢筋的总量增加不多时，均宜采用对称配筋。装配式柱为了保证吊装不会出错，一般采用对称配筋。

5.5.1 截面设计
Section Design

对称配筋时，截面两侧的配筋相同，即 $A_s = A'_s$，$f_y = f'_y$。

1. 大偏心受压构件的计算

令 $N = N_u$，由式（5-13）可得：

$$x = \frac{N}{\alpha_1 f_c b} \tag{5-35}$$

代入式（5-14），可以求得：

$$A_s = A'_s = \frac{Ne - \alpha_1 f_c b x \left(h_0 - \dfrac{x}{2}\right)}{f'_y(h_0 - a'_s)} \tag{5-36}$$

此类问题的具体计算步骤可归纳如下：

1）根据端弯矩 M_1/M_2、轴压比 $N/(f_c A)$ 和长细比 l_c/i，判断是否要考虑 $P\text{-}\delta$ 二阶效应。

2）计算弯矩设计值 M。若考虑二阶效应，按 $C_m - \eta_{ns}$ 方法，根据式 $M = C_m \eta_{ns} M_2$ 求 M；若不考虑二阶效应，取 $M = M_2$。

3）判断偏心受压构件的类型。先算出偏心距 e_i，若 $e_i > 0.3h_0$，可先按大偏心受压计算，由式 $e = e_i + h/2 - a_s$ 求轴向力作用点至受拉钢筋合力点之间的距离 e；若 $e_i \leqslant 0.3h_0$ 时，则先按小偏心受压计算。

4）按大偏心受压计算时，由式 $x = \dfrac{N}{\alpha_1 f_c b}$ 求 x。用 $x \leqslant x_b = \xi_b h_0$ 检验原假定的大偏心受压是否正确，如不正确，则为小偏心受压。若 $x \geqslant 2a'_s$，满足适用条件；若 $x < 2a'_s$，对 A'_s 取矩，重新计算。

5）由式 $A_s = A'_s = \dfrac{Ne - \alpha_1 f_c b x \left(h_0 - \dfrac{x}{2}\right)}{f'_y(h_0 - a'_s)}$ 求受压钢筋 A'_s 和受拉钢筋 A_s。

6）配置钢筋，由式 $A'_s > \rho_{\min\text{单侧}} bh$ 和式 $A_s + A'_s > \rho_{\min} bh$ 验算最小配筋率。

7）验算垂直于弯矩作用平面的受压承载力。

【例 5-12】 已知条件同例 5-4，设计成对称配筋。

求：钢筋截面面积 $A_s = A'_s$。

【解】 由例 5-4 得已知条件，可求得 $e_i = 571$ mm $> 0.3h_0$，属于大偏心受压情况。由式（5-35）及式（5-36）得：

$$x = \frac{N}{\alpha_1 f_c b} = \frac{396 \times 10^3}{1.0 \times 14.3 \times 300} = 92.3 \text{ mm} \begin{array}{l} < 0.518h_0 \\ > 2a'_s \end{array}$$

$$A_s = A'_s = \frac{Ne - \alpha_1 f_c bx(h_0 - x/2)}{f'_y(h_0 - a'_s)}$$

$$= \frac{396 \times 10^3 \times 731 - 1.0 \times 14.3 \times 300 \times 92.3 \times (360 - 92.3/2)}{360 \times (360 - 40)}$$

$$= 1434 \text{ mm}^2$$

每边配置 3Φ20+1Φ18（$A_s = A'_s = 1451$ mm^2）。

配筋比较：例 5-4 中，$A_s + A'_s = 1780 + 662.9 = 2442.9$ mm^2

本题中 $\qquad\qquad A_s + A'_s = 2 \times 1434 = 2868$ mm^2

可见，采用对称配筋时，钢筋用量稍微大一些。

2. 小偏心受压构件的计算

由于是对称配筋，即 $A_s = A'_s$，可以由式（5-23）、式（5-24）和式（5-25）直接计算 x 和 $A_s = A'_s$。取 $f_y = f'_y$，由式（5-26）代入式（5-23），并取 $x = \xi h_0$，$N = N_u$，得：

对称配筋钢筋混凝土小偏心受压构件简化计算

$$N = \alpha_1 f_c bh_0 \xi + (f'_y - \sigma_s)A'_s$$

也即：

$$f'_y A'_s = \frac{N - \alpha_1 f_c bh_0 \xi}{\dfrac{\xi_b - \xi}{\xi_b - \beta_1}}$$

代入式（5-24），得：

$$Ne = \alpha_1 f_c bh_0^2 \xi(1 - \frac{\xi}{2}) + \frac{N - \alpha_1 f_c bh_0 \xi}{\dfrac{\xi_b - \xi}{\xi_b - \beta}}(h_0 - a'_s)$$

也即：

$$Ne(\frac{\xi_b - \xi}{\xi_b - \beta_1}) = \alpha_1 f_c bh_0^2 \xi(1 - \frac{\xi}{2})(\frac{\xi_b - \xi}{\xi_b - \beta_1}) + (N - \alpha_1 f_c bh_0 \xi) \cdot (h_0 - a'_s) \quad (5-37)$$

由式（5-37）可知，求 x（$x = \xi h_0$）需要求解三次方程，手算十分不便，可采用下述简化方法：

令 $\qquad\qquad\qquad \overline{y} = \xi(1 - 0.5\xi)\frac{\xi - \xi_b}{\beta - \xi_b} \qquad\qquad\qquad (5-38)$

代入式（5-37），得：

$$\frac{Ne}{\alpha_1 f_c bh_0^2}(\frac{\xi_b - \xi}{\xi_b - \beta}) - (\frac{N}{\alpha_1 f_c bh_0^2} - \xi/h_0)(h_0 - a'_s) = \overline{y} \qquad (5-39)$$

对于给定的钢筋级别和混凝土强度等级，ξ_b、β_1 为已知，则由式（5-39）可画出 $\overline{y}$ 与 ξ 的关系曲线。在小偏心受压（$\xi_b < \xi \leqslant \xi_{cy}$）的区段内，$\overline{y} - \xi$ 逼近于直线关系。对于

HPB300、HRB400（或 RRB400）级钢筋，$\overline{y}$ 与 ξ 的线性方程可近似取为：

$$\overline{y} = 0.43 \frac{\xi - \xi_b}{\beta - \xi_b} \tag{5-40}$$

将式（5-40）代入式（5-39），经整理后可得到《混凝土结构设计标准》给出的 ξ 的近似公式：

$$\xi = \frac{N - \xi_b \alpha_1 f_c b h_0}{\dfrac{Ne - 0.43 \alpha_1 f_c b h_0^2}{(\beta_1 - \xi_b)(h_0 - a'_s)} + \alpha_1 f_c b h_0} + \xi_b \tag{5-41}$$

代入式（5-36）即可求得钢筋面积：

$$A_s = A'_s = \frac{Ne - \alpha_1 f_c b h_0^2 \xi (1 - 0.5\xi)}{f'_y (h_0 - a'_s)} \tag{5-42}$$

一般而言，该近似计算式的误差不会很大，在工程设计中可以忽略。

此类问题的具体计算步骤可归纳如下：

1) 根据端弯矩 M_1/M_2、轴压比 $N/(f_c A)$ 和长细比 l_c/i，判断是否要考虑 $P\text{-}\delta$ 二阶效应。

2) 计算弯矩设计值 M。若考虑二阶效应，按 $C_m - \eta_{ns}$ 方法，根据式 $M = C_m \eta_{ns} M_2$ 求 M；若不考虑二阶效应，取 $M = M_2$。

3) 判断偏心受压构件的类型。先算出偏心距 e_i，若 $e_i > 0.3h_0$，可先按大偏心受压计算，由式 $e = e_i + h/2 - a_s$ 求轴向力作用点至受拉钢筋合力点之间的距离 e；若 $e_i \leqslant 0.3h_0$ 时，则先按小偏心受压计算。

4) 由式 $x = \dfrac{N}{\alpha_1 f_c b}$，求 x。用 $x \leqslant x_b = \xi_b h_0$ 检验原假定的大偏心受压是否正确，如不正确，则为小偏心受压。

5) 对于小偏心受压情况，采用简化计算方法（近似公式法），由式 $\xi = \dfrac{N - \xi_b \alpha_1 f_c b h_0}{\dfrac{Ne - 0.43 \alpha_1 f_c b h_0^2}{(\beta_1 - \xi_b)(h_0 - a'_s)} + \alpha_1 f_c b h_0} + \xi_b$ 求相对受压区高度 ξ。

6) 由式 $A_s = A'_s = \dfrac{Ne - \alpha_1 f_c b x \left(h_0 - \dfrac{x}{2}\right)}{f'_y (h_0 - a'_s)}$ 求受压钢筋 A'_s 和受拉钢筋 A_s，配置受拉钢筋和受压钢筋，利用式 $A'_s > \rho_{\min 单侧} bh$ 和 $A_s + A'_s > \rho_{\min} bh$ 验算最小配筋率。

7) 验算垂直于弯矩作用平面的受压承载力。

【例 5-13】 已知轴向力设计值 $N = 3500 \text{ kN}$，弯矩 $M_1 = 0.88 M_2$，$M_2 = 350 \text{ kN} \cdot \text{m}$，截面尺寸 $b = 400 \text{ mm}$，$h = 700 \text{ mm}$，$a_s = a'_s = 45 \text{ mm}$；混凝土强度等级为 C40，钢筋用 HRB400 钢筋，构件计算长度 $l_c = l_0 = 3.3 \text{ m}$。

求：对称配筋时 $A'_s = A_s$ 的数值。

【解】 因：$M_1/M_2 = 0.88 < 0.9$

$$N/f_c A = \frac{3600 \times 10^3}{19.1 \times 400 \times 700} = 0.67 < 0.9$$

$$\frac{l_c}{i} = \frac{3300}{0.289 \times 700} = 16.3 < 34 - 12 \frac{M_1}{M_2} = 23.4$$

故不考虑 $P\text{-}\delta$ 二阶效应。

$M = M_2 = 350 \text{ kN} \cdot \text{m}$

$e_a = 700/30 = 23 \text{ mm} > 20 \text{ mm}$

$e_0 = M/N = (350 \times 10^6) \div (3600 \times 10^3) = 97 \text{ mm}$

$e_i = e_0 + e_a = 97 + 23 = 120 \text{ mm}$

$e_i = 120 \text{ mm} < 0.3h_0 = 0.3 \times 655 = 196.5 \text{ mm}$

$e = e_i + h/2 - a_s = 120 + 700/2 - 45 = 425 \text{ mm}$

$x = \dfrac{N}{\alpha_1 f_c b} = \dfrac{360 \times 10^4}{1.0 \times 19.1 \times 400} = 471 \text{ mm} > x_b = 0.518 \times 655 = 339 \text{ mm}$

属于小偏心受压。按简化计算方法（近似公式法）计算。

由 $\beta_1 = 0.8$ 和式（5-41）得：

$$\xi = \frac{N - \xi_b \alpha_1 f_c b h_0}{\dfrac{Ne - 0.43\alpha_1 f_c b h_0^2}{(\beta_1 - \xi_b)(h_0 - a')} + \alpha_1 f_c b h_0} + \xi_b$$

$$= \frac{3600 \times 10^3 - 0.518 \times 1.0 \times 19.1 \times 400 \times 655}{\dfrac{3600 \times 10^3 \times 425 - 0.43 \times 1.0 \times 19.1 \times 400 \times 655^2}{(0.8 - 0.518) \times (655 - 45)} + 1.0 \times 19.1 \times 400 \times 655} + 0.518$$

$$= 0.6927$$

$x = \xi h_0 = 0.6927 \times 655 = 454 \text{ mm}$

$$A_s = A'_s = \frac{Ne - \alpha_1 f_c b x \left(h_0 - \dfrac{x}{2}\right)}{f'_y (h_0 - a'_s)}$$

$$= \frac{3600 \times 10^3 \times 425 - 1.0 \times 19.1 \times 400 \times 454 \times \left(655 - \dfrac{454}{2}\right)}{360 \times (655 - 45)}$$

$= 207 \text{ mm}^2 < \rho'_{\min} bh = 0.2\% \times 400 \times 700 = 560 \text{ mm}^2$

取 $A'_s = A_s = 560 \text{ mm}^2$ 配筋。同时满足整体配筋率不小于 0.55% 的要求，每边选用 2Φ14+2Φ18，$A'_s = A_s = 817 \text{ mm}^2$。

此外，还需以轴心受压验算垂直于弯矩作用方向的承载能力。

由 $\dfrac{l_0}{b} = \dfrac{3300}{400} = 8.25$ 查表 5-1 得 $\varphi = 0.998$。

按式（5-4）得：

$N = 0.9\varphi [f_c bh + f'_y (A'_s + A_s)]$

$= 0.9 \times 0.998 \times [19.1 \times 400 \times 700 + 360 \times (817 + 817)]$

$= 5332 \text{ kN} > 3600 \text{ kN}$

计算结果安全。

5.5.2 截面复核
Section Verification

可按不对称配筋的截面复核方法和计算步骤进行验算，但取 $A_s = A'_s$，$f_y = f'_y$。

　　综上可知，**在矩形截面偏心受压构件的正截面受压承载力计算中，能利用的只有力与力矩两个平衡方程式，故当未知数多于 2 个时，就要采用补充条件**(小偏心受压时 σ_s 的近似计算公式 5-26 中也含有未知数 x，所以不是补充条件)；当未知数不多于 2 个时，计算也必须采用适当方法才能顺利求解。表 5-2 给出了矩形截面偏心受压构件正截面承载力计算的分析和对策，供参考。这里，矩形截面非对称配筋和对称配筋大偏心受压时的截面设计方法是重点，必须熟练掌握，相对受压区高度的简化计算公式不必死记。

矩形截面偏心受压构件正截面承载力计算的分析和对策　　　　　　表 5-2

配筋	题型	破坏形态或情况	未知数	补充条件或对策	注意事项
非对称配筋	截面设计	大偏压	A_s、A'_s、x	令 $\xi = \xi_b$	
			A_s、x（A'_s 已知）	令 $M_{u2} = Ne - f'_y A'_s (h_0 - a'_s)$ $\alpha_s = \dfrac{M_{u2}}{\alpha_1 f_c b h_0^2}$，求出 x	$x < 2a'_s$ 时，对 A'_s 取矩，求出 A_s；$x > x_b$ 时，可加大截面或增大 A'_s，或把 A'_s 作为未知
		小偏压	A_s、A'_s、x、σ_s	$\sigma_s = \dfrac{\xi - \beta_1}{\xi_b - \beta_1} f_y$ 令 $A_s = \rho_{min} bh$ 用 $\sum M_{A'_s} = 0$，求 ξ	$\xi > h/h_0$ 且 $\xi > \xi_{cy}$ 时，ξ 取 h/h_0 与 ξ_{cy} 两者中的小值
	截面复核	e_0 未知，N 已知	e_i、x、σ_s	令 $x = \xi b h_0$ 求 N_{ub}，或假定是大偏压，直接求 x	$N \leqslant N_{ub}$ 或 $x \leqslant x_b$ 时，按大偏压求 x；$N > N_{ub}$ 或 $x > x_b$ 时，按小偏压求 x，都用 $\sum X = 0$ 来求 x，求出 x 后再求 e
		e_0 已知，N 未知	N、x、σ_s	令 $\sigma_s = f_y$，$\sum M_{N_u} = 0$，求 ξ	$\xi > \xi_b$ 时，改用 σ_s 公式，用 $\sum M_{N_u} = 0$，重新求 ξ，再用 $\sum X = 0$，求出 N_u
对称配筋	截面设计	大偏压	$A_s = A'_s$、x	直接求 x	$x < 2a'_s$ 时，对 A'_s 取矩，求出 $A_s = A'_s$
		小偏压	$A_s = A'_s$、x、σ_s	取 $\xi(1 - 0.5\xi) = 0.43$，得 ξ 的近似公式	要求满足 $\xi \leqslant \xi_{cy}$，$\xi_{cy} = 2\beta_1 - \xi_b$

知识拓展——钢管混凝土轴心与偏心受压柱正截面承载力计算[*]
Knowledge Expansion—Bearing Capacity Calculation for Concrete-filled Steel Tube Columns under Axial and Eccentric Compression[*]

1. 钢管混凝土柱概述

钢管混凝土（CFST）柱是指在钢管中填充混凝土而形成的构件。按钢管截面形式的不同，分为方钢管混凝土柱、圆钢管混凝土柱和多边形钢管混凝土柱。常用的钢管混凝土组合柱为圆钢管混凝土柱，其次为方形截面、矩形截面钢管混凝土柱，如图 T-7 所示。

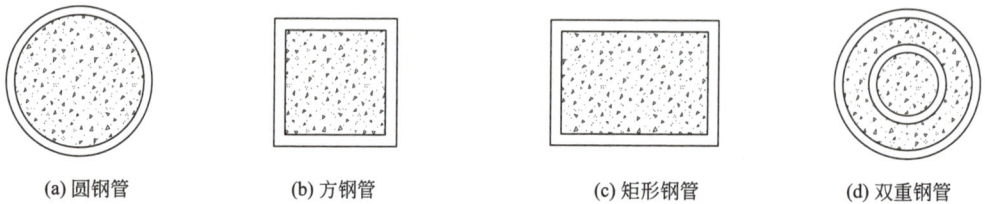

| (a) 圆钢管 | (b) 方钢管 | (c) 矩形钢管 | (d) 双重钢管 |

图 T-7　钢管混凝土柱的截面形式

为了提高抗火性能，有时还在钢管内设置纵向钢筋和箍筋。钢管混凝土的基本原理是：首先借助内填混凝土增强钢管壁的稳定性；其次借助钢管对核心混凝土的约束（套箍）作用，使核心混凝土处于三向受压状态，从而使混凝土具有更高的抗压强度和压缩变形能力，不仅使混凝土的塑性和韧性性能大为改善，而且可避免或延缓钢管发生局部屈曲。因此，与钢筋混凝土柱相比，钢管混凝土柱具有承载力高、重量轻、塑性好、耐疲劳、耐冲击、省工、省料、施工速度快等优点。

对于钢管混凝土柱，最能发挥其特长的是轴心受压，因此，钢管混凝土柱最适合轴心受压或小偏心受压构件。当轴力偏心较大时或采用单肢钢管混凝土柱不够经济合理时，宜采用双肢或多肢钢管混凝土组合柱结构，如图 T-8 所示。

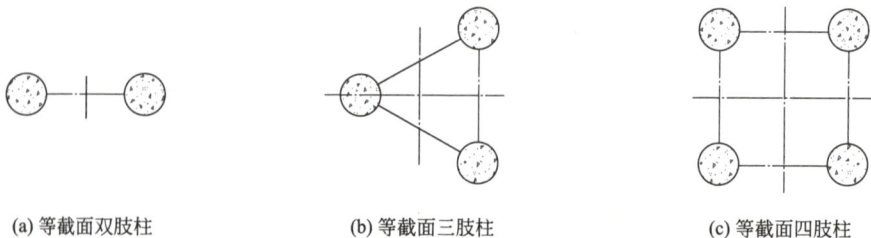

| (a) 等截面双肢柱 | (b) 等截面三肢柱 | (c) 等截面四肢柱 |

图 T-8　双肢或多肢截面形式

---

[*]　东南大学，天津大学，同济大学. 混凝土结构（上册）：混凝土结构设计原理 [M]. 7 版. 北京：中国建筑工业出版社，2020.

2. 钢管混凝土受压柱承载力计算公式

钢管混凝土轴心受压柱的承载力设计值按下式计算：

$$N_u = \phi(f_s A_s + k_1 f_c A_c) \tag{T-8}$$

式中　N_u ——轴心受压承载力设计值；

　　　　ϕ ——钢管混凝土轴心受压稳定系数；

　　　　A_s ——钢管截面面积；

　　　　f_s ——钢管钢材抗压强度设计值；

　　　　A_c ——钢管内核心混凝土截面面积；

　　　　f_c ——混凝土轴心抗压强度设计值；

　　　　k_1 ——核心混凝土轴心抗压强度提高系数。

钢管混凝土偏心受压柱正截面承载力按下式计算：

$$N_u = \gamma \phi_e(f_s A_s + k_1 f_c A_c) \tag{T-9}$$

式中　N_u ——轴向力设计值；

　　　　ϕ_e ——钢管混凝土偏心受压杆件设计承载力折减系数；

　　　　k_1 ——核心混凝土强度提高系数；

　　　　γ —— ϕ_e 的修正值，按下式计算：

$$\gamma = 1.124 \frac{2t}{D} - 0.0003f \tag{T-10}$$

式中　D、t ——分别为钢管的外直径和厚度；

　　　　f ——钢管钢材抗压强度设计值。

钢管混凝土偏心受压杆件在外荷载作用下的设计计算偏心距 e_i 按下列公式计算：

$$e_i = \eta e_1 \tag{T-11}$$

$$e_1 = e_0 + e_a \tag{T-12}$$

$$e_0 = \frac{M}{N_e} \tag{T-13}$$

$$e_a = 0.12(0.3D - \frac{M}{N_e}) \tag{T-14}$$

式中　e_a ——杆件附加偏心距，当 $\dfrac{M}{N_e} \geqslant 0.3D$ 时，取 $e_a = 0$；

　　　　e_0 ——杆件初始偏心距；

　　　　η ——偏心距增大系数，按式（T-15）计算；

　　　　M ——荷载作用下在杆件内产生的最大弯矩设计值。

钢管混凝土偏心受压杆件偏心距增大系数 η 按下式计算：

$$\eta = \frac{1}{1 - \dfrac{N_e}{N_k}} \tag{T-15}$$

$$N_k = \phi(A_s f_{sk} + k_1 A_c f_{ck}) \tag{T-16}$$

式中　N_e ——钢管混凝土偏心受压杆件纵向压力设计值；

　　　　N_k ——相同杆件在轴心受压下极限承载力；

　　　　ϕ ——钢管混凝土轴心受压稳定系数；

　　　　f_{sk} ——钢材抗压、抗拉、抗弯强度设计值。

5.6 Ⅰ形截面对称配筋偏心受压构件正截面受压承载力计算
Bearing Capacity Calculation for Symmetrically Reinforced Ⅰ-shaped Eccentric Compression Sections

为了节省混凝土和减轻柱的自重，对于较大尺寸的装配式柱往往采用Ⅰ形截面柱。Ⅰ形截面柱的正截面破坏形态和矩形截面相同。

5.6.1 大偏心受压
Large Eccentric Compression

1. 计算公式

（1）当 $x > h'_f$ 时，受压区为 T 形截面，见图 5-26（a），按下列公式计算：

$$N_u = \alpha_1 f_c [bx + (b'_f - b)h'_f] \tag{5-43}$$

$$N_u e = \alpha_1 f_c \left[bx(h_0 - \frac{x}{2}) + (b'_f - b)h'_f(h_0 - \frac{h'_f}{2}) \right] + f'_y A'_s (h_0 - a'_s) \tag{5-44}$$

（2）当 $x \leqslant h'_f$ 时，则按宽度 b'_f 的矩形截面计算，见图 5-26（b）。

$$N_u = \alpha_1 f_c b'_f x \tag{5-45}$$

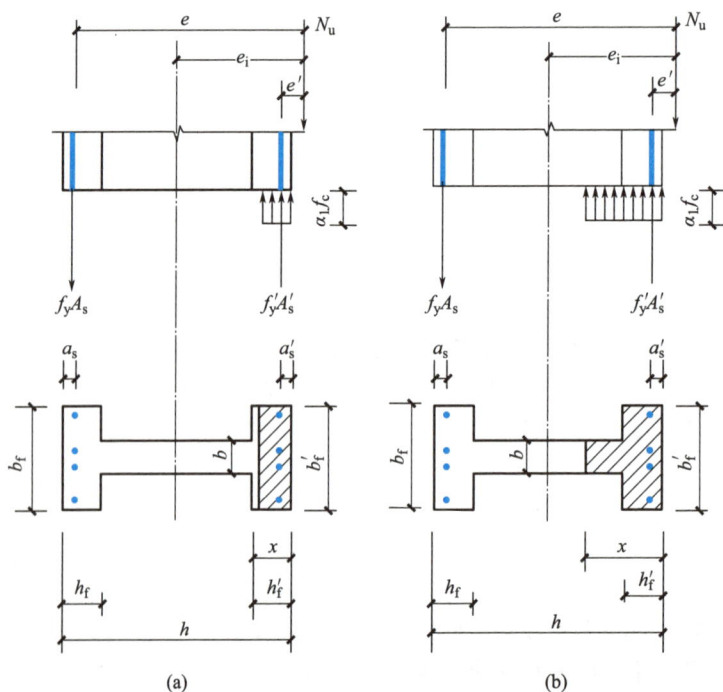

工字形与十字形截面钢筋混凝土柱实物图

图 5-26 Ⅰ形截面大偏心受压构件截面应力计算图形

$$N_u e = \alpha_1 f_c b'_f x \left(h_0 - \frac{x}{2} \right) + f'_y A'_s (h_0 - a'_s) \tag{5-46}$$

式中　　b'_f——I 形截面受压翼缘宽度；

　　　　h'_f——I 形截面受压翼缘高度。

2. 适用条件

为了保证上述计算公式中的受拉钢筋 A_s 及受压钢筋 A'_s 均能达到屈服强度，要满足下列条件：$x \leqslant x_b$ 及 $x \geqslant 2a'_s$，其中 x_b 为界限破坏时受压区计算高度。

3. 计算方法

将 I 形截面假想为宽度是 b'_f 的矩形截面，由式（5-45）得：

$$x = \frac{N_u}{\alpha_1 f_c b'_f} \tag{5-47}$$

此类问题的具体计算步骤可归纳如下：

1）根据端弯矩 M_1/M_2、轴压比 $N/(f_c A)$、长细比 l_c/i，判断是否要考虑 $P - \delta$ 二阶效应。

2）计算弯矩设计值 M。若考虑二阶效应，按 $C_m - \eta_{ns}$ 方法，根据式 $M = C_m \eta_{ns} M_2$ 求 M，若不考虑二阶效应，取 $M = M_2$。

3）由式 $e_i = M/N + e_a$ 计算偏心距 e_i。

4）将 I 形截面假想为宽度是 b'_f 的矩形截面，先按大偏心受压计算，由式 $x = \dfrac{N_u}{\alpha_1 f_c b'_f}$，求受压区高度 x。

按 x 值的不同，分成三种情况：

① 当 $x > h'_f$ 时，用式 $N_u = \alpha_1 f_c [bx + (b'_f - b) h'_f]$ 和式 $N_u e = \alpha_1 f_c \left[bx \left(h_0 - \dfrac{x}{2} \right) + (b'_f - b) h'_f \left(h_0 - \dfrac{h'_f}{2} \right) \right] + f'_y A'_s (h_0 - a'_s)$，可求得钢筋截面面积。此时必须验算是否满足 $x \leqslant x_b$ 的条件。

② 当 $2a'_s \leqslant x \leqslant h'_f$ 时，用式 $N_u e = \alpha_1 f_c b'_f x \left(h_0 - \dfrac{x}{2} \right) + f'_y A'_s (h_0 - a'_s)$，求得钢筋截面面积。

③ 当 $x < 2a'_s$ 时，则如同双筋受弯构件一样，取 $x = 2a'_s$，用已给的公式 $A_s = \dfrac{N \left(e_i - \dfrac{h}{2} + a'_s \right)}{f_y (h_0 - a'_s)}$ 求钢筋截面面积，且 $A'_s = A_s$。另外，暂不考虑受压钢筋 A'_s，即取 $A'_s = 0$，按非对称配筋构件计算 A_s 值；然后与用式（5-22）计算出来的 A_s 值作比较，取用小值配筋（具体配筋时，仍取用 $A'_s = A_s$ 配置，但此 A_s 值是上面所求得的小的数值）。

5）配置受拉钢筋和受压钢筋，由式 $A'_s > \rho_{\min 单侧} bh$ 验算最小配筋率。

6）验算垂直于弯矩作用平面的受压承载力。

I 形截面非对称配筋的计算方法与前述矩形截面的计算方法并无本质上的区别，只需注意翼缘的作用，本章从略。

【例 5-14】已知 I 形截面边柱，$l_c = l_0 = 7.0$ m，柱截面控制内力 $N = 853.5$ kN，$M_1 = M_2 = 352.5$ kN·m，截面尺寸如图 5-27 所示。混凝土强度等级为 C40，采用 HRB400 级

钢筋，对称配筋。

求：所需钢筋截面面积 $A_s=A_s'$。

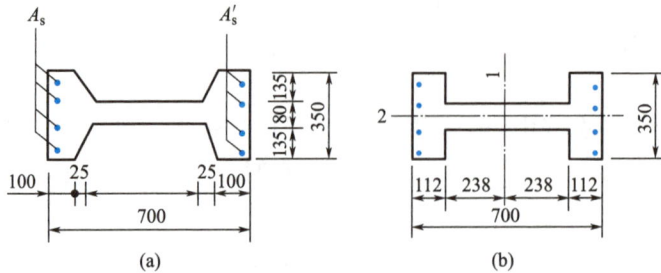

图 5-27　截面尺寸和配筋布置

【解】在计算时，可近似地把图 5-27（a）简化成图 5-27（b）。

由于 $l_c/h=\dfrac{7000}{700}=10>6$，要考虑挠曲二阶效应对偏心距的影响，即需要计算 η_{ns}。

取 $a_s=a_s'=50$ mm，$C_m=0.7+0.3\dfrac{M_1}{M_2}=1$，则 $h_0=700-50=650$ mm。

$e_a=700/30=23$ mm >20 mm，$\zeta_c=\dfrac{0.5f_cA}{N}>1$，取 $\zeta_c=1$。

$$\eta_{ns}=1+\cfrac{1}{1300\dfrac{\left(\dfrac{M_2}{N}+e_a\right)}{h_0}}\left(\dfrac{l_c}{h}\right)^2\zeta_c=1+\cfrac{1}{1300\times\dfrac{\dfrac{352.5\times10^6}{853.5\times10^3}+23}{650}}\times10^2\times1$$

$$=1.115$$

$e_i=M/N+e_a=C_m\eta_{ns}M_2/N+e_a=483.37$ mm

可按大偏心受压计算先求出受压区计算高度：

$$x=\dfrac{N}{\alpha_1f_cb_f'}=\dfrac{853.5\times10^3}{1.0\times19.1\times350}=128\text{ mm}>h_f'=112\text{ mm}$$

表明中和轴在腹板内，应重新计算 x 值：

$$x=\dfrac{N-\alpha_1f_ch_f'(b_f'-b)}{\alpha_1f_cb}=\dfrac{853.5\times10^3-19.1\times112\times(350-80)}{19.1\times80}$$

$$=180.57\text{ mm}<x_b=0.518\times650=336.7\text{ mm}$$

采用大偏心受压公式计算钢筋截面面积：

$e=e_i+h/2-a=483.37+700/2-50=783.37$ mm

最后采用式（5-44）求得：

$$A_s=A_s'=\dfrac{Ne-\alpha_1f_c\left[bx\left(h_0-\dfrac{x}{2}\right)+(b_f'-b)h_f'\left(h_0-\dfrac{h_f'}{2}\right)\right]}{f_y'(h_0-a_s')}$$

$$=\dfrac{853.5\times10^3\times783.37-1\times19.1\times80\times180.57\times\left(650-\dfrac{180.57}{2}\right)}{360\times(650-50)}$$

$$=792\text{ mm}^2>\rho_{min}'bh=0.002\times80\times700=112\text{ mm}^2$$

每边实取 $4\oplus16$，$A_s=A'_s=804\ mm^2$。

5.6.2　小偏心受压
Small Eccentric Compression
1. 计算公式

对于小偏心受压 I 形截面，一般不会发生 $x<h'_f$ 的情况，这里仅列出 $x>h'_f$ 的计算公式。由图 5-28 知：

$$N_u=\alpha_1 f_c[bx+(b'_f-b)h'_f]+f'_yA'_s-\sigma_sA_s \tag{5-48}$$

$$N_ue=\alpha_1 f_c[bx(h_0-\frac{x}{2})+(b'_f-b)h'_f(h_0-\frac{h'_f}{2})]+f'_yA'_s(h_0-a'_s) \tag{5-49}$$

式中　x ——混凝土受压区高度，当 $x>h-h_f$ 时，在计算中应考虑翼缘 h_f 的作用，可改用式（5-50）、式（5-51）计算。

$$N_u=\alpha_1 f_c[bx+(b'_f-b)h'_f+(b_f-b)(h_f+x-h)]+f'_yA'_s-\sigma_sA_s \tag{5-50}$$

$$N_ue=\alpha_1 f_c\left[bx\left(h_0-\frac{x}{2}\right)+(b'_f-b)h'_f\left(h_0-\frac{h'_f}{2}\right)+(b_f-b)(h_f+x-h)\right.$$
$$\left.\left(h_f-\frac{h_f+x-h}{2}-a_s\right)\right]+f'_yA'_s(h_0-a'_s) \tag{5-51}$$

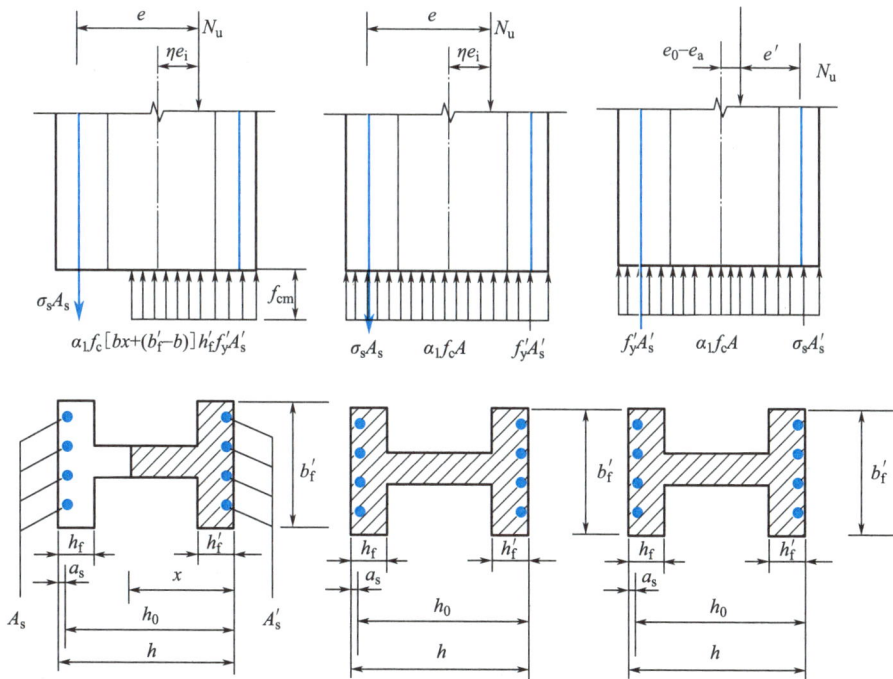

图 5-28　I 形截面小偏心受压计算图形 $[A=bh+2(b'_f-b)h'_f]$

式中 x 值大于 h 时，取 $x=h$ 计算。σ_s 仍可近似用式（5-26）计算。

对于小偏心受压构件，尚应满足下列条件：

$$N_u\left[\frac{h}{2}-a'_s-(e_0-e_a)\right]\leqslant \alpha_1 f_c\left[bh\left(h'_0-\frac{h}{2}\right)+(b_f-b)h_f\left(h'_0-\frac{h_f}{2}\right)\right.$$
$$\left.+(b'_f-b)h'_f\left(\frac{h'_f}{2}-a'_s\right)\right]+f'_yA'_s(h'_0-a_s) \tag{5-52}$$

式中 h'_0——钢筋 A'_s 合力点至离纵向力 N 较远一侧边缘的距离，即 $h'_0=h-a_s$。

2. 适用条件

小偏心受压的适用条件为 $x>x_b$。

3. 计算方法

I 形截面对称配筋的计算方法与矩形截面对称配筋的计算方法基本相同，一般可采用迭代法和近似公式法两种方法。采用迭代法时，σ_s 仍用式（5-26）计算；而式（5-23）和式（5-24）分别用式（5-48）、式（5-49）或式（5-50）、式（5-51）来替代即可，详见下例。

此类问题的具体计算步骤可归纳如下：

1）根据端弯矩 M_1/M_2、轴压比 $N/(f_cA)$、长细比 l_c/i，判断是否要考虑 $P\text{-}\delta$ 二阶效应。

2）计算弯矩设计值 M。若考虑二阶效应，按 $C_m-\eta_{ns}$ 方法，根据式 $M=C_m\eta_{ns}M_2$ 求 M，若不考虑二阶效应，取 $M=M_2$。

3）由式 $e_i=M/N+e_a$ 计算偏心距 e_i。

4）将 I 形截面假想为宽度是 b'_f 的矩形截面，先由式 $x=\dfrac{N_u}{\alpha_1 f_c b'_f}$ 求受压区高度 x。当 $x>h'_f$ 时，由式 $N_u=\alpha_1 f_c[bx+(b'_f-b)h'_f]$ 重新计算 x，检验是否满足小偏心受压的适用条件 $x>x_b$。

5）对于 I 形小偏心受压，采用近似公式法或迭代法计算受拉钢筋 A_s 和受压钢筋截面面积 A'_s，配置受拉钢筋和受压钢筋，最后采用式 $A'_s>\rho_{min单侧}bh$ 验算最小配筋率。

6）验算垂直于弯矩作用平面的受压承载力。

【例 5-15】 I 形柱的截面控制内力设计值为 $N=1500\ kN$，$M=248\ kN\cdot m$，其他条件与例 5-14 的柱相同。求：所需钢筋截面面积（对称配筋）。

【解】 由图 5-27 计算截面尺寸相关参数：$I_{2-2}=817\times10^6\ mm^4$，$A=116700\ mm^2$，$i_{2-2}=\sqrt{\dfrac{I_{2-2}}{A}}=\sqrt{\dfrac{817\times10^6}{116700}}=83.7\ mm$。

可按大偏心受压考虑：

$$x=\frac{N}{\alpha_1 f_c b'_f}=\frac{1500000}{1.0\times19.1\times350}=224\ mm$$

表明中和轴已进入腹板，应重新计算 x 值：

$$x=\frac{N-\alpha_1 f_c h'_f(b'_f-b)}{\alpha_1 f_c b}=\frac{1500000-19.1\times112\times(350-80)}{1.0\times19.1\times80}$$
$$=604\ mm>x_b=0.518\times650=336.7\ mm$$

需采用小偏心受压公式计算钢筋。

因 $l_c/h=\dfrac{7000}{700}=10>6$，需考虑二阶效应的影响，应采用 $C_m-\eta_{ns}$ 法计算考虑二阶效

应后的偏心距。

此时可取 $a_s = a'_s = 50$ mm，$C_m = 0.7 + 0.3 \dfrac{M_1}{M_2} = 1$，则 $h_0 = 700 - 50 = 650$ mm。

$e_a = 700/30 = 23$ mm > 20 mm，$\zeta_c = \dfrac{0.5 f_c A}{N} = 0.743$

$$\eta_{ns} = 1 + \frac{1}{1300 \dfrac{\left(\dfrac{M_2}{N} + e_a\right)}{h_0}} \left(\frac{l_c}{h}\right)^2 \zeta_c = 1 + \frac{1}{1300 \times \dfrac{\left(\dfrac{248}{1.5} + 23\right)}{650}} \times (10)^2 \times 0.743$$

$$= 1.197$$

$e_i = M/N + e_a = C_m \eta_{ns} M_2/N + e_a = 220.95$ mm

$e = e_i + h/2 - a_s = 220.95 + 700/2 - 60 = 510.95$ mm

对于 I 形小偏心受压，可采用下列近似公式求相对受压区高度 ξ：

$$\xi = \frac{N - \alpha_1 f_c (b'_f - b_f) h'_f - \xi_b \alpha_1 f_c b h_0}{\dfrac{Ne - \alpha_1 f_c (b'_f - b_f) h'_f (h_0 - h'_f/2) - 0.43 \alpha_1 f_c b h_0^2}{(0.8 - \xi_b)(h_0 - a'_s)} + \alpha_1 f_c b h_0} + \xi_b$$

把本题的数据代入求得 ξ：

$$\xi = 0.738$$

$$x = \xi h_0 = 0.738 \times 650 = 479.68 \text{ mm}$$

代入式（5-49）得：

$A_s = A'_s = 569$ mm^2，每边实取 3 Φ 16，$A_s = A'_s = 603$ mm^2。

最后，进行垂直于弯矩平面方向的轴心受压承载力验算：

由于 $\dfrac{l_0}{i_{2-2}} = \dfrac{7000}{83.7} = 83.63$

查表 5-1 得 $\varphi = 0.646$。

因此可采用普通箍筋柱轴向受压承载能力计算公式（5-4）计算：

$N = 0.9 \varphi [f_c A + f'_y (A'_s + A_s)]$

$= 0.9 \times 0.646 \times [19.1 \times 116700 + 360 \times (603 + 603)] = 1549$ kN > 1500 kN

验算结果表明该方向是安全的。

I 形截面偏心受压构件正截面承载力复核可参照矩形截面的计算步骤进行，不再赘述。

知识拓展——预制拼接槽型 UHPC 柱偏心受压承载力研究[*]

Knowledge Expansion——Study on Eccentric Compression Capacity of Precast UHPC Columns with Slot Connections[*]

目前关于装配式 UHPC 柱的研究主要集中于钢纤维含量、配箍率等对柱体受力性能

[*] 周云，周易，李剑，等．预制拼接槽型 UHPC 柱偏心受压性能试验研究［J］．湖南大学学报（自然科学版），2024，51（01）：55-66.

的影响，且柱体局限于传统混凝土的设计方式，往往采用实心截面，对于中空截面形式的柱体研究较少，由于材料强度高，截面未充分利用，浪费较大，不能充分发挥 UHPC 的特性。将 UHPC 引入装配式建筑结构中，为了避免现场湿作业，采取模块化的思想，将柱体分割为槽型预制构件，利用螺栓连接，将槽型子构件正向和反向拼接组装成不同形式的柱（回字形和工字形），选用中空截面柱并设置加劲肋，以充分利用 UHPC 强度，同时避免柱体失稳，形成全装配式结构体系的一部分。

预制拼接槽型 UHPC 柱由两片槽型子构件组成，子构件预制槽型空心，同时为防止失稳，等间距设置加劲肋，并在加劲肋截面两侧预留螺栓孔。通过螺栓将两片子构件相连，形成槽型空腔相对的柱体（回字形柱体）或槽型空腔相背的柱体（工字形柱体），如图 T-9 所示。偏心受压预制拼接槽型 UHPC 柱正截面受力状态如图 T-10 所示，分别按下式计算其承载力：

$$N_e = \alpha_1 f_c A_c + f'_y A'_s - \sigma_s A_s$$
$$N_e e = \alpha_1 f_c S_c + f'_y A'_s (h_0 - a'_s)$$

$$(T-17)$$

式中 N_e 为偏心受压下柱的理论极限承载力；α_1 为受压区等效矩形应力图系数；σ_s、A_s 分别为纵向受拉钢筋应力和截面面积；e 为压力作用点至纵向受拉钢筋合力点的距离；S_c 为 UHPC 受压区对受拉钢筋合力处的面积矩；h_0 为截面有效高度；a_s、a_s' 分别为受拉区、受压区纵向钢筋合力点至截面受拉边缘、受压边缘的距离。参考规范中 $C_m - \eta_{ns}$ 法，通过试件的偏心距增大系数可考虑偏心受压构件二阶效应。将偏心受压试件的极限承载力试验值与理论值进行对比分析，结果表明，在仅考虑二阶效应的影响下，实际承载力比理论值平均低 3.35%；在同时考虑二阶效应及附加偏心距的影响后，实际承载力比理论值平均高 26.20%。说明规范建议的附加偏心距偏大，可以偏安全地计算偏心受压柱的承载力。尤其是对于大偏心受压试件，其承载能力受偏心距的影响更加显著，在考虑附加偏心距的影响后有较大的安全冗余。

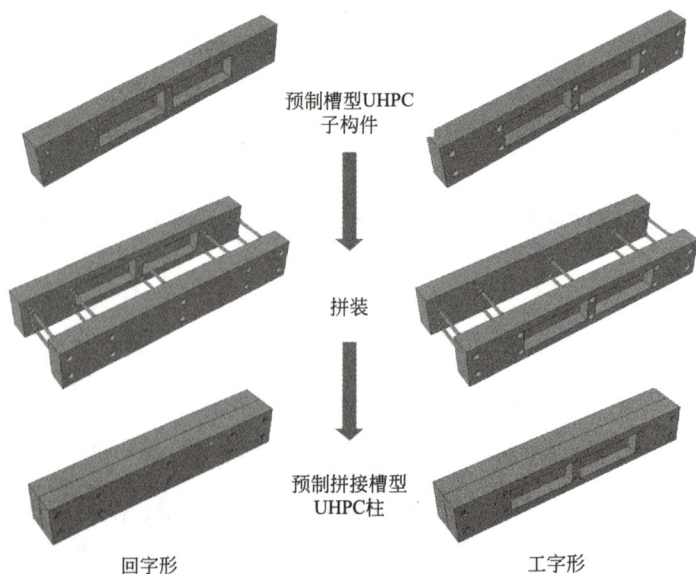

图 T-9　预制拼接槽型 UHPC 柱示意图

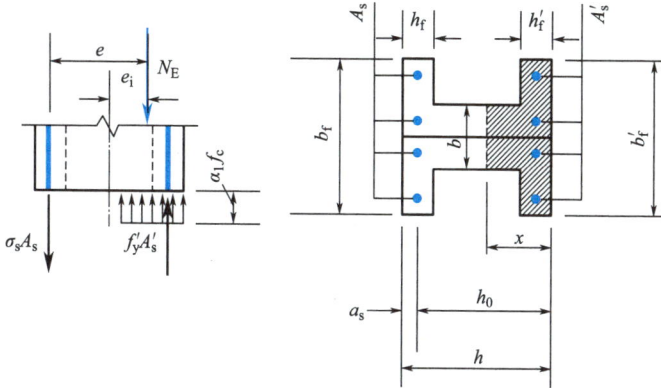

图 T-10　预制拼接槽型 UHPC 偏心受压试件截面受力状态

5.7　正截面承载力 N_u-M_u 相关曲线及其应用

N_u-M_u Interaction Curves and Their Applications

对于给定的偏心受压构件正截面，它的受压承载力设计值 N_u 与正截面受弯承载力设计值 M_u 之间的关系（$N_u e_i = M_u$）是值得关注的。试验表明，小偏心受压情况下，正截面受弯承载力随着轴向压力的增加而减小；但在大偏心受压情况下，轴向压力的存在反而使构件正截面受弯承载力提高。在界限破坏时，正截面受弯承载力达到最大值。

5.7.1　矩形截面对称配筋大偏心受压构件的 N_u-M_u 相关曲线

N_u-M_u Interaction Curves for Symmetrically Reinforced Rectangular Sections under Large Eccentric Compression

将 N_u、$A_s = A'_s$、$f_y = f'_y$ 代入式（5-13），得：

$$N_u = \alpha_1 f_c b x \tag{5-53}$$

$$x = \frac{N_u}{\alpha_1 f_c b} \tag{5-54}$$

将式（5-54）、式（5-15）代入式（5-14），得：

$$N_u\left(e_i + \frac{h}{2} - a_s\right) = \alpha_1 f_c b \frac{N_u}{\alpha_1 f_c b}\left(h_0 - \frac{N_u}{2\alpha_1 f_c b}\right) + f'_y A'_s (h_0 - a'_s) \tag{5-55}$$

整理后得：

$$N_u e_i = -\frac{N_u^2}{2\alpha_1 f_c b} + \frac{N_u h}{2} + f'_y A'_s (h_0 - a'_s) \tag{5-56}$$

这里，$N_u e_i = M_u$，故有：

$$M_u = -\frac{N_u^2}{2\alpha_1 f_c b} + \frac{N_u h}{2} + f'_y A'_s (h_0 - a'_s) \tag{5-57}$$

这就是矩形截面大偏心受压构件对称配筋条件下 N_u-M_u 的相关曲线方程。从式

（5-57）可以看出 M_u 是 N_u 的二次函数，并且随着 N_u 的增大 M_u 也增大，如图 5-29 中水平虚线以下的曲线所示。

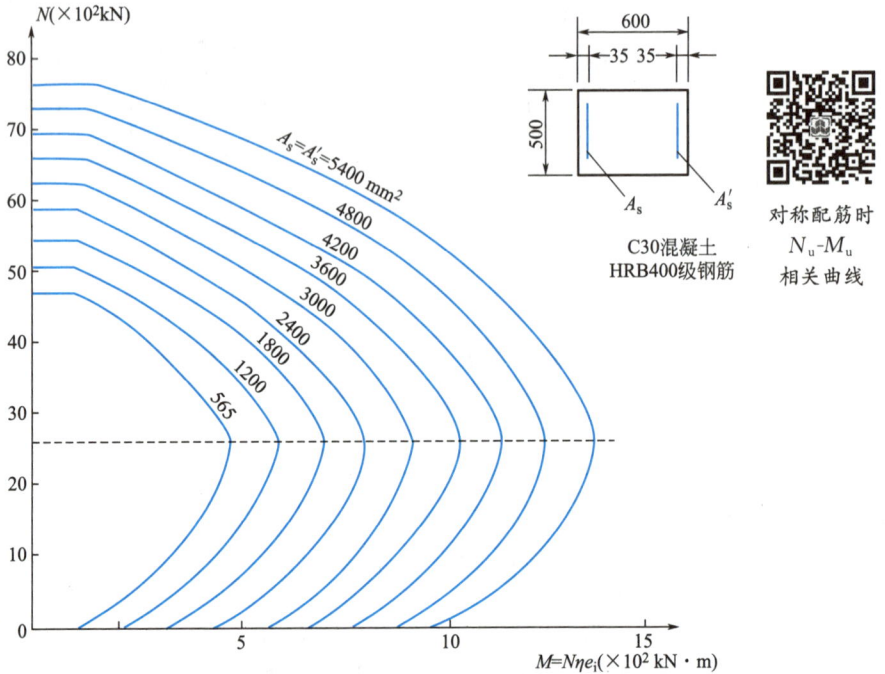

图 5-29　对称配筋时 N_u-M_u（N-M）相关曲线

5.7.2　对称配筋矩形截面小偏心受压构件的 N_u-M_u 相关曲线

N_u-M_u Interaction Curves for Symmetrically Reinforced Rectangular Sections under Small Eccentric Compression

假定截面为局部受压，将 N_u、σ_s、$x=\xi h_0$ 代入式（5-24），将 N_u、$x=\xi h_0$ 代入式（5-25），可得：

$$N_u = \alpha_1 f_c b h_0 \xi + f'_y A'_s - \left(\frac{\xi-\beta_1}{\xi_b-\beta_1}\right) f_y A_s \tag{5-58}$$

$$N_u e = \alpha_1 f_c b h_0^2 \xi(1-0.5\xi) + f'_y A'_s(h_0-a'_s) \tag{5-59}$$

将 $A_s=A'_s$、$f_y=f'_y$ 代入式（5-58）整理后则得：

$$N_u = \frac{\alpha_1 f_c b h_0(\xi_b-\beta_1) - f'_y A'_s}{\xi_b-\beta_1}\xi - \left(\frac{\xi_b}{\xi_b-\beta_1}\right) f'_y A'_s$$

由上式解得：

$$\xi = \frac{\beta_1-\xi_b}{\alpha_1 f_c b h_0(\beta_1-\xi_b) + f'_y A'_s} N_u - \frac{\xi_b f'_y A'}{\alpha_1 f_c b h_0(\beta_1-\xi_b) + f'_y A'} \tag{5-60a}$$

令：

$$\lambda_1 = \frac{\beta_1-\xi_b}{\alpha_1 f_c b h_0(\beta_1-\xi_b) + f'_y A'_s} \tag{5-60b}$$

$$\lambda_2 = -\frac{\xi_b f'_y A'_s}{\alpha_1 f_c b h_0 (\beta_1 - \xi_b) + f'_y A'_s} \tag{5-60c}$$

则：

$$\xi = \lambda_1 N_u + \lambda_2$$

将式（5-60b）、式（5-60c）、式（5-15）代入式（5-59）可得：

$$N_u\left(e_i + \frac{h}{2} - a_s\right) = \alpha_1 f_c b h_0^2 (\lambda_1 N_u + \lambda_2)\left(1 - \frac{\lambda_1 N_u + \lambda_2}{2}\right) + f'_y A'_s (h_0 - a'_s)$$

整理后并注意 $N_u e_i = M_u$，则得：

$$M_u = \alpha_1 f_c b h_0^2 \left[(\lambda_1 N_u + \lambda_2) - 0.5(\lambda_1 N_u + \lambda_2)^2\right] - \left(\frac{h}{2} - a_s\right)N_u + f'_y A'_s (h_0 - a'_s) \tag{5-61}$$

这就是矩形截面小偏心受压构件对称配筋条件下 N_u-M_u 的相关方程。从式（5-61）可以看出 M_u 也是 N_u 的二次函数，但随着 N_u 的增大而 M_u 将减小，如图 5-29 中水平虚线以上的曲线所示。

5.7.3　相关曲线的特点和应用
Characteristics and Applications of Interaction Curves

整个曲线分为大偏心受压破坏和小偏心受压破坏两个曲线段，其特点是：

（1）$M_u = 0$ 时，N_u 最大；$N_u = 0$ 时，M_u 不是最大；界限破坏时，M_u 最大。

（2）小偏心受压时，N_u 随 M_u 的增大而减小；大偏心受压时，N_u 随 M_u 的增大而增大。

（3）对称配筋时，如果截面形状和尺寸相同，混凝土强度等级和钢筋级别也相同，但配筋数量不同，则在界限破坏时，它们的 N_u 是相同的（因为 $N_u = \alpha_1 f_c b x_b$）。因此，各条 N_u-M_u 曲线的界限破坏点在同一水平处，如图 5-29 中的虚线所示。

曲线还表明，对于给定截面尺寸、配筋和材料强度的偏心受压构件，可以在无数组不同的 N_u 和 M_u 的组合下到达承载能力极限状态，或者说当给定轴力 N_u 时就有唯一的 M_u，反之，也一样。

应用 N_u-M_u 的相关方程，可以对一些特定的截面尺寸、混凝土强度等级和钢筋类别的偏心受压构件，通过计算机预先绘制出一系列图表，设计时可直接查图表求得所需的配筋面积，以简化计算，节省大量的计算工作。

知识拓展——FRP 布环向约束矩形钢筋混凝土偏压柱简化 N_u-M_u 曲线研究[*]

Knowledge Expansion——Simplified N_u-M_u Curve Study for FRP-confined Rectangular RC Eccentric Compression Columns[*]

FRP 在土木工程中的应用大致始于 20 世纪 60 年代。FRP 复合材料具有高强、轻质、

---

[*] 李贤，沙士钰，吕恒林，等.FRP 布环向约束矩形钢筋混凝土偏压柱的简化 N_u-M_u 曲线研究［J］.建筑结构，2013，43（12）：47-51.

抗腐蚀和耐疲劳、温度作用下稳定性好等特点，因而受到土木工程界的关注，正被越来越广泛地运用于柱结构的修复加固中，取得了良好的经济效益和建筑效果。在现有的建筑结构中，由于矩形截面的混凝土柱在建筑使用功能以及施工方便性方面均优于圆形截面柱，因而得到越来越广泛的运用。对于方形截面约束混凝土柱，纤维核心混凝土的横向膨胀在挤压作用下发生向平面外凸出变形，纤维的应力和应变沿环向变化，因而核心混凝土的约束应力不是均匀分布，应力状态复杂。FRP 布环向约束钢筋混凝土偏心受压柱可以不同程度地提高柱的受压承载力，且小偏心受压柱承载力的提高更为显著。而 FRP 布环向约束钢筋混凝土偏压柱采用本章的方法计算会有如下难处：

（1）对于 FRP 布约束混凝土，系数 α_1 和 β_1 的计算值与 FRP 布对核心混凝土约束的强弱密切相关，因此其计算表达式较复杂。另外，如果加固前柱的破坏模式为大偏心受压，则 FRP 布约束加固效果不明显，一般偏于安全而不考虑 FRP 布约束对混凝土本构模型的影响，这样在未加固柱的界限破坏点处，由于分别采用约束混凝土和无约束混凝土本构模型计算的系数 α_1 和 β_1 不同，从而使得该点处的 N_u 和 M_u 产生突变。

（2）当混凝土柱为全截面受压时，受压区混凝土压应力图的形状将随着轴力增大而变化，即求解系数 α_1 和 β_1 时的积分区间发生改变，从而使得系数 α_1 和 β_1 与轴力具有相关性，这样就很难确定系数 α_1 和 β_1，而混凝土规范中忽略了此问题。

（3）对于小偏心受压情况，在 FRP 布约束钢筋混凝土柱中 σ_s 和 β_1 的关系也将更复杂。对于 FRP 布约束钢筋混凝土柱承载力计算主要是在初步确定 FRP 布加固量的前提下验算柱的承载力，采用简化 N_u-M_u 曲线验算承载力更为简单。

图 T-11 为简化的 FRP 布环向约束钢筋混凝土柱 N_u-M_u 曲线。该简化曲线为由 5 个特殊点控制的折线组成，控制点的应变分布如图 T-12 所示。当钢筋混凝土柱加固前的破坏模式为大偏心破坏时，采用 FRP 布环向约束钢筋混凝土柱的承载力提高不明显，故这里偏于保守地采用未加固柱的承载力，即图 T-11 中 AB 段采用加固前钢筋混凝土柱的承载力，这样 A 点为未加固柱在纯弯状态下的受弯承载力，B 点为未加固柱的界限破坏点。图 T-11 中 C 点为加固后柱的界限破坏点，D 点为离加载点较远侧钢筋应力为零时的状态点，E 点为轴心受压状态时的受压承载力值。

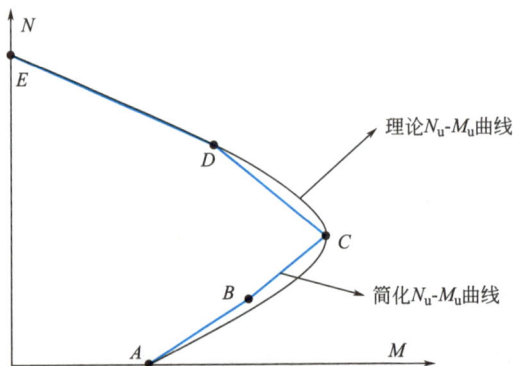

图 T-11 简化的 FRP 布环向约束钢筋混凝土柱的正截面承载力 N_u-M_u 曲线

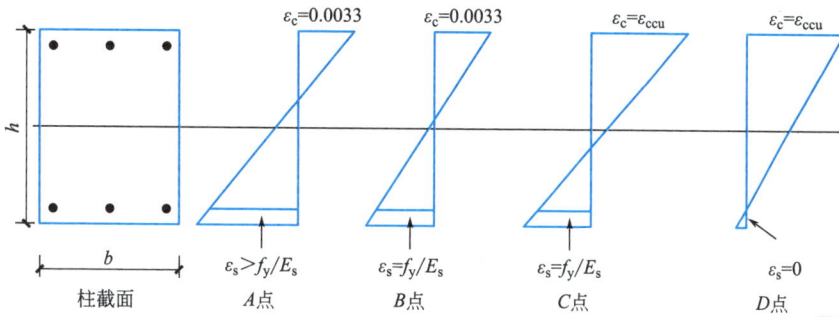

图 T-12　简化的 N_u-M_u 曲线关键点的应变分布图

柱斜截面受剪
承载力计算软件

5.8　偏心受压构件斜截面受剪承载力计算
Shear Capacity Calculation for Inclined Sections in Eccentric Compression Members

5.8.1　轴向力对偏心受压构件斜截面受剪承载力的影响
Influence of Axial Force on Shear Capacity

一般情况下偏心受压构件所受剪力值相对较小，可不进行斜截面受剪承载力的计算。但对于较大水平力作用下的框架柱，横向力作用下的桁架上弦压杆，剪力影响相对较大，必须予以考虑。

试验表明，轴向压力的存在能推迟垂直裂缝的出现，并使裂缝宽度减小，产生压区高度增大、斜裂缝倾角变小而水平投影长度基本不变、纵筋拉力降低的现象，使得构件斜截面受剪承载力要高一些。但是承载力的提高有一定限度，当轴压比 $N/(f_cbh)$ 为 $0.3 \sim 0.5$ 时，再增加 N，将变为带有斜裂缝的小偏压破坏，斜截面受剪承载力达到最大值，如图 5-30 所示。

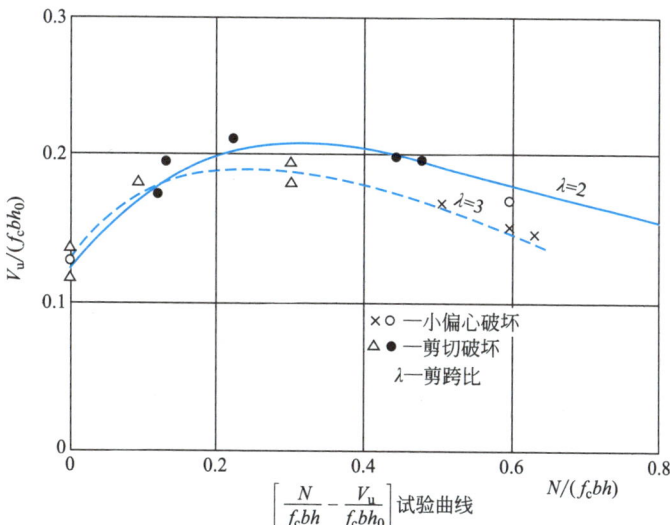

图 5-30　轴压比对柱受剪承载力的影响

试验还表明，当轴压比小于 0.3 时，不同剪跨比构件的轴压力影响相差不多，如图 5-31 所示。

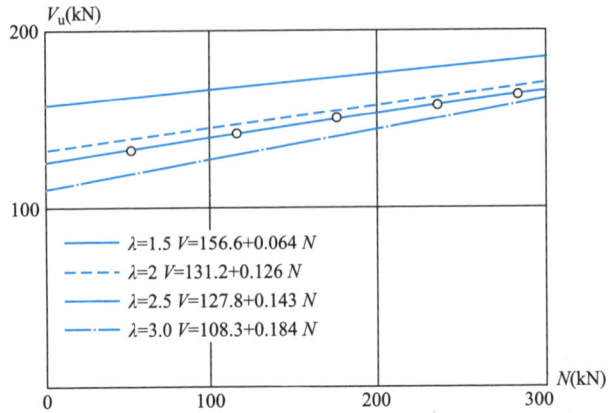

图 5-31　不同剪跨比下柱受剪承载力与轴向力的线性回归公式对比

5.8.2　偏心受压构件斜截面受剪承载力的计算公式
Shear Capacity Formulas for Eccentrically Compressed Inclined Sections

《混凝土结构设计标准》规定，矩形、T 形和 I 形截面的钢筋混凝土偏心受压构件，其斜截面受剪承载力应按下式计算：

$$V \leqslant V_{\mathrm{u}} = \frac{1.75}{\lambda + 1.0} f_{\mathrm{t}} b h_0 + f_{\mathrm{yv}} \frac{A_{\mathrm{sv}}}{s} h_0 + 0.07N \tag{5-62}$$

式中　　λ ——偏心受压构件计算截面的剪跨比，取为 $M/(Vh_0)$；

　　　　N ——与剪力设计值 V 相应的轴向压力设计值，当 $N > 0.3 f_{\mathrm{c}} A$ 时，取 $N = 0.3 f_{\mathrm{c}} A$，此处 A 为构件的截面面积。

计算截面的剪跨比 λ 应按下列规定取用：

（1）对各类结构的框架柱，宜取 $\lambda = M/(Vh_0)$；对框架结构中的框架柱，当其反弯点在层高范围内时，可取 $\lambda = H_{\mathrm{n}}/(2h_0)$；当 $\lambda < 1$ 时，取 $\lambda = 1$；当 $\lambda > 3$ 时，取 $\lambda = 3$；此处，M 为计算截面上与剪力 V 相应的弯矩，H_{n} 为柱净高。

（2）对其他偏心受压构件，当承受均布荷载时，取 $\lambda = 1.5$；当承受集中荷载时（包括作用有多种荷载，其中集中荷载对支座截面或节点边缘所产生的剪力值占总剪力值的 75% 以上的情况），取 $\lambda = a/h_0$，当 $\lambda < 1.5$ 时，取 $\lambda = 1.5$；当 $\lambda > 3$ 时，取 $\lambda = 3$；此处，a 为集中荷载至支座或节点边缘的距离。

当符合下列公式的要求时，则可不进行斜截面受剪承载力计算，而仅需按构造要求配置箍筋：

$$V \leqslant \frac{1.75}{\lambda + 1} f_{\mathrm{t}} b h_0 + 0.07N \tag{5-63}$$

偏心受压构件的受剪截面尺寸尚应符合《混凝土结构设计标准》的有关规定。

知识拓展——HRB400E 钢筋混凝土梁柱边节点的抗剪性能 [*]
Knowledge Expansion——Shearing Performance of Concrete Exterior Beam-column Joints with HRB400E Reinforcement

为了防止边节点因承载能力不足或变形过大而破坏，应确保节点核心区具备足够的抗剪能力。HRB400E 钢筋是一种高强度的热轧带肋钢筋，其中"400"表示其屈服强度不小于 400MPa，属于高强度钢筋；"E"表示其具有优良的抗震性能，适用于有高抗震要求的结构。该类钢筋主要用于房屋建筑、桥梁、道路、机场等各类钢筋混凝土结构工程中，尤其适用于对抗震要求较高的结构部位，如梁柱节点、剪力墙等。研究 HRB400E 钢筋混凝土梁柱边节点的抗剪性能对于保障结构安全、提高抗震能力、完善设计规范、优化工程实践以及延长结构使用寿命都具有重要意义。

采用正交试验法设计 9 个试件并完成了梁柱边节点的抗剪试验，探究混凝土强度、水平纵筋锚固方式、梁纵筋配筋率对 HRB400E 钢筋混凝土梁柱边节点抗剪性能的影响，可为复杂的节点设计提供参考。节点的破坏类型主要有 3 种：梁端弯曲破坏；节点核心区剪切破坏；梁端弯曲-节点核心区剪切破坏。HRB400E 钢筋混凝土梁柱边节点试件的破坏模式主要为梁端弯曲破坏和梁端弯曲-节点核心区剪切破坏。图 T-13 为边节点的受力示意图，框架边节点核心区受到梁柱传递的弯矩、剪力和轴力等共同作用。由图 T-13（a）梁上部钢筋力的平衡条件可得节点力计算公式为：

$$V_j = T_{s1} - V_c = C_{c1} + C_{s1} - V_c'$$
（T-18）

式中，T_{s1} 为梁上部纵筋所受拉力；V_c、V_c' 分别为柱子上端、下端剪力；C_{s1} 为梁下部纵筋传入节点的压力，C_{c1} 为梁受压区混凝土压力。

由梁的弯矩平衡条件可得：

$$FL = T_{s1}(h_{b0} - a_s')$$
（T-19）

式中，F 为梁端施加的荷载值；L 为梁有效长度；h_{b0} 为梁有效截面高度；a_s' 为纵筋受压合力点到梁边缘的距离。

由力矩平衡条件可得：

$$FL = V_c(H_c - h_b)$$
（T-20）

式中，H_c 为节点上柱和下柱反弯点之间的距离；h_b 为梁截面高度。

将式（T-19）和式（T-20）代入式（T-18）中，得到水平剪力 V_j 的计算公式为：

$$V_j = \frac{FL}{h_{b0} - a_s'} \times \left(1 - \frac{h_{b0} - a_s'}{H_c - h_b}\right)$$
（T-21）

试验结果表明：试件多发生梁端弯曲和核心区剪切破坏，但采用弯折锚固方式可有效减少节点核心区裂缝数量；混凝土强度对初裂时节点核心区剪切变形影响最大，混凝土强度等级越高，初裂阶段的节点剪切变形角越小；水平纵筋锚固方式对极限状态时节点核心

* 赵卫平，程倩倩，李雪菡，等. HRB400E 钢筋混凝土梁柱边节点的抗剪性能［J］. 哈尔滨工业大学学报，2022，54（10）：20-30.

区剪切变形影响最大，当采用 90°弯折锚固方式时节点的剪切变形角最小；梁纵筋配筋率对节点水平剪力影响最大，配筋率越大，节点水平剪力越大。

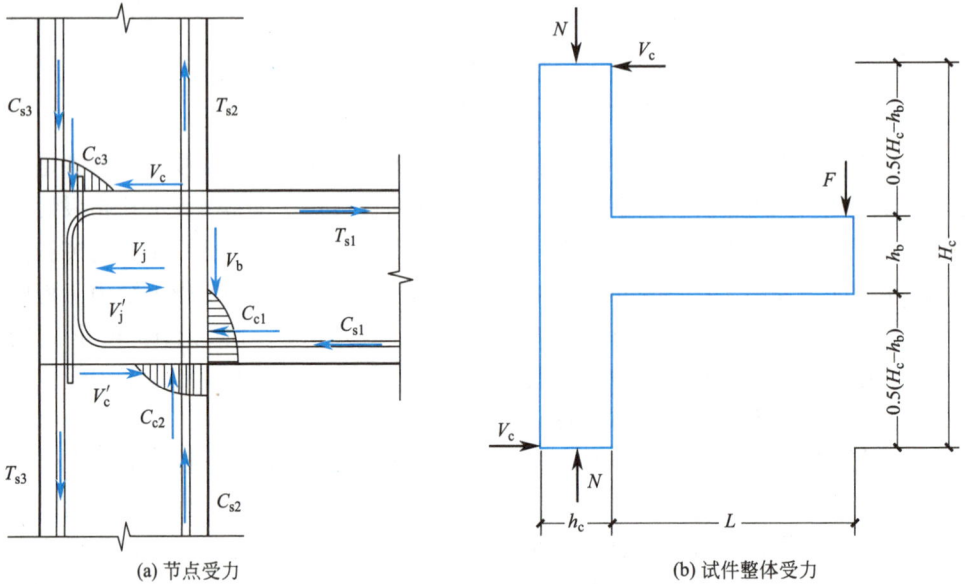

图 T-13　节点受力示意图

本章习题

一、选择题

1. 在钢筋混凝土轴心受压构件中，由混凝土徐变引起的塑性应力重分布现象与纵向钢筋配筋百分率 ρ 的关系是（　　）。

A. ρ 越大，塑性应力重分布现象越明显

B. ρ 越小，塑性应力重分布现象越明显

C. 塑性应力重分布现象与 ρ 无关

D. 塑性应力重分布仅与 ρ 有关

2. 对于轴心受压短柱，在长期荷载作用下，由于混凝土发生徐变，使得（　　）。

A. 混凝土压应力增大，钢筋压应力减小

B. 混凝土压应力减小，钢筋压应力增大

C. 混凝土压应力增大，钢筋拉应力增大

D. 混凝土压应力减小，钢筋拉应力减小

3. 螺旋箍筋柱核心截面的直径 d_{cor} 是按（　　）确定的。

A. 螺旋箍筋的内表面　　　　　　　B. 螺旋箍筋的外表面

C. 螺旋箍筋的形心　　　　　　　　D. 受压钢筋的形心

4. 柱的 $\dfrac{l_0}{b}$ 或 $\dfrac{l_0}{d}$ 或 $\dfrac{l_0}{h}$ 中，l_0 为（　　）。

A. 柱的总长度

B. 楼层的层高

C. 视柱两端约束情况而定的柱的计算长度

D. 偏心受力方向上下支承点之间柱的长度

5. 某一钢筋混凝土柱，在（ N_{1u} 、M_{1u} ）与（ N_{2u} 、M_{2u} ）作用下都发生大偏心受压破坏，且 $N_{1u} > N_{2u}$，则 M_{1u} 与 M_{2u} 的关系是（　　）。

A. $M_{1u} > M_{2u}$　　　　　　　　　　B. $M_{1u} = M_{2u}$

C. $M_{1u} < M_{2u}$　　　　　　　　　　D. 两者无关

6. 某一钢筋混凝土柱，在（ N_{1u} 、M_{1u} ）与（ N_{2u} 、M_{2u} ）作用下都发生小偏心受压破坏，且 $N_{1u} > N_{2u}$，则 M_{1u} 与 M_{2u} 的关系是（　　）。

A. $M_{1u} > M_{2u}$　　　　　　　　　　B. $M_{1u} = M_{2u}$

C. $M_{1u} < M_{2u}$　　　　　　　　　　D. 两者无关

7. 对于矩形截面偏心受压构件，当 $e_i > 0.3h_0$ 时，可初判为大偏心受压，当 $e_i \leqslant 0.3h_0$ 时，可初判为小偏心受压，这种初判方法主要用于（　　）。

A. 非对称配筋和对称配筋截面设计时　　B. 非对称配筋截面设计时

C. 对称配筋截面设计时　　　　　　　　D. 截面复核时

8. 以下（　　）种情况的矩形截面偏心受压构件的正截面承载力计算与双筋矩形截面受弯构件正截面受弯承载力计算是相似的。

A. 非对称配筋大偏心受压截面设计时　　B. 非对称配筋小偏心受压截面设计时

C. 大偏心受压截面复核时　　　　　　　D. 小偏心受压截面复核时

9. 大偏心受压破坏形态与小偏心受压破坏形态的根本区别是（　　）。

A. 受压区边缘纤维的压应变是否达到混凝土的极限压应变值

B. 离轴向力较远一侧的纵向钢筋是否受拉屈服

C. 离轴向力较近一侧的纵向钢筋是否受压屈服

D. 离轴向力较远一侧的纵向钢筋是否受拉

10. 偏心受压构件计算中，通过哪个因素来考虑二阶效应的影响（　　）。

A. e_0　　　　　　　　　　　　　　　B. e_a

C. e_i　　　　　　　　　　　　　　　D. η_{ns}

二、判断题

1. 轴心受压构件中，采用强度很高的高强钢筋是经济的。（　　）

2. 采用强度等级高的混凝土，在受压构件中比在受弯构件中更加有效。（　　）

3. 螺旋箍筋柱与普通箍筋柱相比，承载能力有所提高，变形能力却没有提高。（　　）

4. 对于大偏心受压构件可以不考虑附加偏心距 e_a 的影响。（　　）

5. 对于 $l_c/h \leqslant 8$ 的短柱，可以不考虑弯矩增大系数，取 $\eta_{ns} = 1.0$。（　　）

6. 对于截面、材料、配筋及 e_0/h_0 等因素都相同，但 l_c/h 不同的两个偏心受压构件，l_c/h 大的正截面受压承载力大。（　　）

7. 偏心受压构件正截面的相对界限受压区高度 ξ_b 与受弯构件正截面的相对界限受压区高度 ξ_b 是相同的。（　　）

8. 对于长柱，不论是大偏心受压破坏，还是小偏心受压破坏，都要考虑弯矩增大系数 η_{ns}。（　　）

9. 当 $e_i \leqslant 0.3h_0$ 时，可初步判定为小偏心受压破坏形态。（　　）

10. 当 $e_i > 0.3h_0$ 时，可初步判定为大偏心受压破坏形态。（　　）

11. 当 $x \leqslant x_b$ 时，必为大偏心受压；当 $x > x_b$ 时，必为小偏心受压。（　　）

12. 小偏心受压构件的 σ_s 是未知的，可以是拉应力也可以是压应力，因此在截面内力的平衡方程式中，例如在 $\sum X = 0$ 中，可以取为拉应力，即 $N_u = \alpha_1 f_c b x + f'_y A'_s - \sigma_s A_s$，也可以取为压应力，即 $N_u = \alpha_1 f_c b x + f'_y A'_s + \sigma_s A_s$。（　　）

13. 轴心受压构件正截面承载力的计算公式应是 $N_u = 0.9\varphi(\alpha_1 f_c A + f'_y A'_s)$，而不是 $N_u = 0.9\varphi(f_c A + f'_y A'_s)$。（　　）

14. 不论是大偏心受压还是小偏心受压，不论是截面设计还是截面复核都必须验算垂直弯矩作用平面的承载力。（　　）

15. 受压构件纵向受力钢筋（HRB400 级配筋）的最小配筋百分率，对全部纵向钢筋是 0.55%；对一侧纵向钢筋是 0.20%。（　　）

三、计算题

1. 框架结构的中间柱，截面尺寸为 350 mm×350 mm，已配有 4⏀20 的 HRB400 级纵向钢筋，$l_0 = 3.2$ m，混凝土强度等级为 C30，求该柱能负担的轴向压力 N。

2. 底层现浇钢筋混凝土圆形柱承受轴向压力 $N = 5550$ kN，从基础顶面到二层楼面的高度为 5.5m，混凝土强度等级为 C30（$f_c = 14.3$ N/mm²），纵筋采用 HRB400 级钢筋，箍筋采用 HPB300 级钢筋，柱直径为 500 mm，试为该柱配筋。

3. 钢筋混凝土柱，截面尺寸 300 mm×500 mm，该柱处于一类环境，取 $a_s = a'_s = 50$ mm，计算长度 $l_c = l_0 = 3.9$ mm，混凝土强度等级为 C25，受力纵筋为 HRB400 级，其控制截面的轴向压力设计值为 $N = 305$ kN，弯矩设计值为 $M_1 = M_2 = 280$ kN·m。

（1）当采用非对称配筋时，试计算 A_s 和 A'_s；

（2）若受压钢筋配置 4⏀18，计算 A_s。

4. 处于一类环境的钢筋混凝土偏心受压构件，截面尺寸 400 mm×500 mm，计算长度 $l_c = l_0 = 6.8$ m，混凝土强度等级为 C30，受力钢筋采用 HRB400 级，其控制截面的轴向压力设计值 $N = 410$ kN，弯矩设计值取 $M_1 = 150$ kN·m，$M_2 = 165$ kN·m，$a_s = a'_s = 45$ mm，试计算钢筋 A_s 和 A'_s。

5. 已知柱的截面尺寸为 300 mm×600 mm，取 $a_s = a'_s = 45$ mm，混凝土的强度等级为 C25（$f_c = 11.9$ N/mm²），采用 HRB400 钢筋（$f_y = f'_y = 360$ N/mm²），柱的计算长度 $l_c = l_0 = 7.2$ m，承受的轴力 $N = 561$ kN，弯矩 $M_1 = M_2 = 460$ kN·m，求所需纵向受力钢筋面积 A_s 和 A'_s。

6. 偏心受压构件，截面尺寸 250 mm×550 mm，构件处于一类环境，取 $a_s = a'_s = 50$ mm，计算长度 $l_c = l_0 = 5$ m，混凝土强度等级为 C30，受力钢筋采用 HRB400 级，其控制截面设计轴向压力 $N = 3000$ kN，设计弯矩 $M_1 = 80$ kN·m，$M_2 = 98.3$ kN·m，试计算所需钢筋 A_s 和 A'_s。

7. 处于一类环境的钢筋混凝土偏心受压构件，截面尺寸 400 mm×500 mm，计算长

度 $l_c = l_0 = 6.8$ m，混凝土强度等级为 C30，受力钢筋为 HRB400，其控制截面的轴向压力设计值 $N = 410$ kN，弯矩设计值 $M_1 = 150$ kN·m，$M_2 = 165$ kN·m，取 $a_s = a'_s = 45$ mm，对称配筋，试计算所需钢筋 $A_s = A'_s$。

8. 对称工字形截面柱，柱计算长度 $l_c = l_0 = 4.5$ m，$b_f = b'_f = 400$ mm，$b = 100$ mm，$h_f = h'_f = 100$ mm，$h = 600$ mm，该柱处于一类环境，取 $a_s = a'_s = 45$ mm，混凝土强度等级为 C25，采用 HRB400 级钢筋，承受设计轴向压力 $N = 700$ kN，计算弯矩 $M_1 = M_2 = 400$ kN·m，试按对称配筋计算钢筋截面面积。

9. 某多层现浇框架，底层柱的截面尺寸为 400 mm×400 mm，承受的轴向力 $N = 2000$ kN，楼层高 $H = 5.5$ m，混凝土强度等级为 C30（$f_c = 14.3$ N/mm²），配有 4Φ20 的 HRB400 级纵向受力钢筋（$f'_y = 360$ N/mm²，$A'_s = 1256$ mm²），试复核此柱的承载力是否足够。

10. 对称配筋的偏心受压短柱，截面尺寸 800 mm×1000 mm，承受轴力设计值 $N = 8000$ kN，弯矩设计值 $M_1 = M_2 = 2000$ kN·m，混凝土的强度等级为 C30（$f_c = 14.3$ N/mm²），采用 HRB400 钢筋为纵向受力钢筋（$f_y = f'_y = 360$ N/mm²），不考虑二阶弯矩的影响，求所需钢筋面积 A_s 和 A'_s。

四、拓展题

1. 自然界中有名的轴心受压柱有哪些？为什么它们能屹立不倒？在工程设计中能否借鉴自然的智慧？

2. 对于体育场馆、歌舞剧院等大跨度层高较高建筑，如何保障柱子的受力性能？

3. 中国第一、世界第二高楼的上海中心大厦彰显了我国超高工程建造技术国际领先的综合实力，那么其框筒结构中有哪些结构类型的承重柱？其截面类型设计需要考虑的影响因素有哪些？

第6章

受拉构件的截面承载力
Cross-sectional Capacity of Tension Members

> **本章学习目标**
> 熟悉轴心受拉和偏心受拉构件正截面承载力的计算。
> **本章专业术语**
> tension members 受拉构件
> ultimate tensile bearing capacity 极限受拉承载力

轴心受拉构件
试验研究

6.1 轴心受拉构件正截面承载力计算
Axial Tension Capacity Calculation for Normal Sections

与正截面受弯适筋破坏相似，轴心受拉构件从加载开始到破坏为止，其受力全过程也可分为三个受力阶段：第 I 阶段为从加载到混凝土受拉开裂前，第 II 阶段为混凝土开裂后至钢筋即将屈服，第 III 阶段为受拉钢筋开始屈服到全部受拉钢筋达到屈服。第 III 阶段时，混凝土裂缝开展很大，可认为构件达到了破坏状态，即达到极限荷载 N_u。

轴心受拉构件破坏时，混凝土早已被拉裂，全部拉力由钢筋来承受，至钢筋受拉屈服。 故轴心受拉构件正截面受拉承载力计算公式如下：

$$N_u = f_y A_s \tag{6-1}$$

式中　N_u——轴心受拉承载力设计值；

　　　f_y——钢筋的抗拉强度设计值；

　　　A_s——受拉钢筋的全部截面面积。

【例 6-1】 已知某钢筋混凝土屋架下弦，截面尺寸 $b \times h = 200\ mm \times 150\ mm$，其所受的轴心拉力设计值为 350 kN，混凝土强度等级为 C30，钢筋为 HRB400。求截面配筋。

【解】 HRB400 级钢筋，$f_y = 360\ N/mm^2$，代入式（6-1）得：

$A_s = N/f_y = 350 \times 10^3/360 = 972.22\ mm^2$

选用 4Φ18，$A_s = 1017\ mm^2$。

常见的偏心
受拉构件

6.2　偏心受拉构件正截面受拉承载力计算
Eccentric Tension Capacity Calculation for Normal Sections

偏心受拉构件轴向拉力作用偏离截面形心，或截面上既有拉力又有弯矩作用。偏心受拉构件正截面的承载力计算，**按纵向拉力 N 的位置不同，可分为大偏心受拉与小偏心受拉两种情况**：当纵向拉力 N 作用在钢筋 A_s 合力点及 A'_s 的合力点范围以外时，属于大偏心受拉的情况 $(e_0 > h/2 - a_s)$；当纵向拉力 N 作用在钢筋 A_s 合力点及 A'_s 合力点范围以内时，属于小偏心受拉的情况 $(e_0 < h/2 - a_s)$。

6.2.1　小偏心受拉构件正截面承载力计算
Capacity Calculation for Small Eccentric Tension

在小偏心拉力作用下，临近破坏前，一般情况是截面全部裂通，拉力完全由钢筋承担，其计算简图如图 6-1 所示。

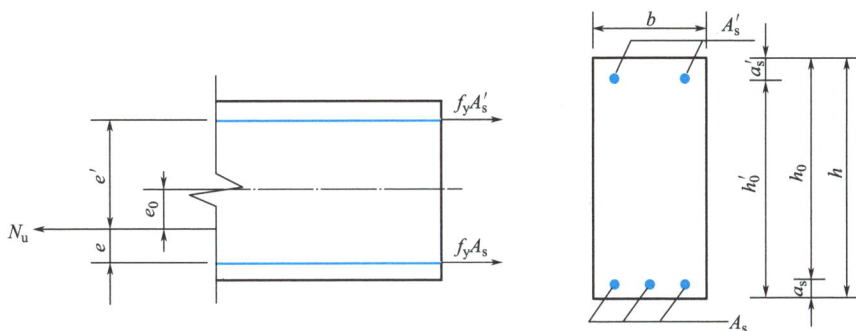

图 6-1　小偏心受拉构件截面受拉承载力计算简图

在这种情况下，不考虑混凝土的受拉。设计时，可假定构件破坏时钢筋 A_s 及 A'_s 的应力都达到屈服强度。根据内外力分别对钢筋 A_s 及 A'_s 的合力点取矩的平衡条件，可得：

$$N_u e = f_y A'_s (h_0 - a'_s) \tag{6-2}$$

$$N_u e' = f_y A_s (h'_0 - a_s) \tag{6-3}$$

$$e = \frac{h}{2} - e_0 - a_s \tag{6-4}$$

$$e' = \frac{h}{2} + e_0 - a'_s \tag{6-5}$$

对称配筋时可取：

$$A'_s = A_s = \frac{N_u e'}{f_y (h_0 - a'_s)} \tag{6-6}$$

$$e' = e_0 + \frac{h}{2} - a'_s \tag{6-7}$$

《混凝土结构设计标准》规定：**轴心受拉及小偏心受拉杆件的纵向受力钢筋不得采用**

绑扎接头。

6.2.2 大偏心受拉构件正截面承载力计算
Capacity Calculation for Large Eccentric Tension

当轴向拉力作用在 A_s 合力点及 A'_s 合力点以外时，截面虽开裂，但还有受压区，否则拉力 N 得不到平衡。既然还有受压区，截面不会裂通，这种情况称为大偏心受拉。

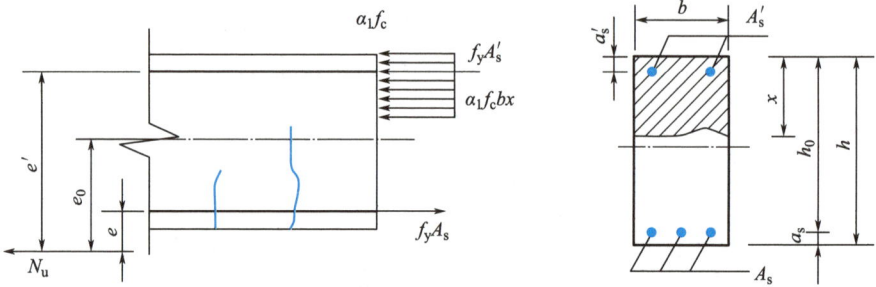

图 6-2 大偏心受拉构件截面受拉承载力计算简图

矩形截面大偏心受拉构件的计算简图见图 6-2。构件破坏时，钢筋 A_s 及 A'_s 的应力都达到屈服强度，受压区混凝土强度达到 $\alpha_1 f_c$。

基本公式如下：

$$N_{tu} = f_y A_s - \alpha_1 f_c bx - f'_y A'_s \tag{6-8}$$

$$N_{tu}e = \alpha_1 f_c bx\left(h_0 - \frac{x}{2}\right) + f'_y A'_s(h_0 - a'_s) \tag{6-9}$$

$$e = e_0 - \frac{h}{2} + a_s \tag{6-10}$$

受压区的高度应当符合 $x \leqslant x_b$ 的条件，计算中考虑受压钢筋时，还要符合 $x \geqslant 2a'_s$ 的条件。设计时为了使钢筋总用量 $(A_s + A'_s)$ 最少，与偏心受压构件一样，应取 $x \leqslant x_b$，代入式（6-8）及式（6-9），可得：

$$A'_s = \frac{N_u e - \alpha_1 f_c bx_b\left(h_0 - \frac{x_b}{2}\right)}{f'_y(h_0 - a'_s)} \tag{6-11}$$

$$A_s = \frac{\alpha_1 f_c bx_b + N_u}{f_y} + \frac{f'_y}{f_y}A'_s \tag{6-12}$$

式中　x_b——界限破坏时受压区高度，$x_b = \xi_b h_0$ 的计算式见第 3 章式（3-14）。

对称配筋时，由于 $A_s = A'_s$ 和 $f_y = f'_y$，将其代入基本公式（6-2）后，必然会求得 x 为负值，即属于 $x < 2a'_s$ 的情况。这时候，可按偏心受压的相应情况类似处理，即取 $x = 2a'_s$，并对 A'_s 合力点取矩和取 $A'_s = 0$ 分别计算 A_s 值，最后按所得较小值配筋。

其他情况的设计题和复核题的计算与大偏心受压构件相似，所不同的是轴向力为拉力。

【例 6-2】如图 6-3 所示，已知某矩形水池，壁厚为 300 mm，可通过内力分析，求得跨中水平方向每米宽度上最大弯矩计算值 $M = 130$ kN·m，相应的每米宽度上的轴向拉力设计值 $N = 250$ kN，该水池的混凝土强度等级为 C25，钢筋用 HRB400 钢筋。求：水池

在该处需要的 A_s 及 A'_s 值。

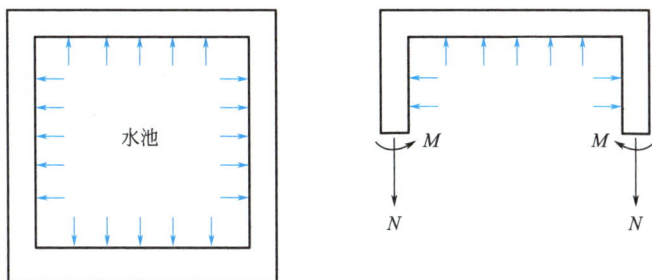

图 6-3　矩形水池池壁弯矩 M 和拉力 N 的示意图

【解】令 $N = N_u$，$M = N_u e_0$，$b \times h = 1000 \ \text{mm} \times 300 \ \text{mm}$；取 $a_s = a'_s = 35 \ \text{mm}$。

$$e_0 = \frac{M}{N} = \frac{130 \times 1000}{250} = 520 \ \text{mm} > \frac{h}{2} - a_s = \frac{300}{2} - 35 = 115 \ \text{mm}$$

为大偏心受拉。

$$e = e_0 - \frac{h}{2} + a_s = 520 - 150 + 35 = 405 \ \text{mm}$$

先假定 $x = x_b = 0.518 h_0 = 0.518 \times 265 = 137 \ \text{mm}$ 来计算 A'_s 值，使总用钢量为最少。

$$A'_s = \frac{N_u e - \alpha_1 f_c b x_b \left(h_0 - \dfrac{x_b}{2}\right)}{f'_y (h_0 - a'_s)}$$

$$= \frac{250 \times 10^3 \times 405 - 1.0 \times 11.9 \times 1000 \times 137 \times \left(265 - \dfrac{137}{2}\right)}{360 \times (265 - 35)} < 0$$

取 $A'_s = \rho'_{\min} bh = 0.002 \times 1000 \times 300 = 600 \ \text{mm}^2$，选用 $\Phi 12 @ 180 \ \text{mm}$（$A'_s = 628 \ \text{mm}^2$）。

该题由求算 A'_s 及 A_s 的问题转化为已知 A'_s 求 A_s 的问题。此时 x 不再是界限值 x_b 了，必须重新求算 x 值，计算方法和偏心受压构件计算类同。由式（6-3）计算 x 值。

将式（6-3）转化成下式：

$$\alpha_1 f_c b x^2 / 2 - \alpha_1 f_c b h_0 x + Ne - f'_y A'_s (h_0 - a'_s) = 0$$

代入数据得：

$$1.0 \times 11.9 \times 1000 \times x^2 / 2 - 1.0 \times 11.9 \times 1000 \times 265 x$$
$$+ 250 \times 10^3 \times 405 - 360 \times 628 \times (265 - 35) = 0$$
$$5.95 x^2 - 3153.5 x + 49251.6 = 0$$

$$x = \frac{+3153.5 - \sqrt{3153.5^2 - 4 \times 5.95 \times 49251.6}}{2 \times 5.95} = 16.1 \ \text{mm}$$

$x = 16.1 \ \text{mm} < 2a'_s = 70 \ \text{mm}$，取 $x = 2a'_s$，并对 A'_s 合力点取矩，可求得：

$$A_s = \frac{Ne'}{f_y(h_0 - a'_s)} = \frac{250000 \times (520 + 150 - 35)}{360 \times (265 - 35)} = 1917.3 \ \text{mm}^2$$

另外，当不考虑 A'_s，即取 $A'_s = 0$，由式（6-3）重新求 x 值：

$$\alpha_1 f_c b x^2 / 2 - \alpha_1 f_c b h_0 x + Ne = 0$$

代入数据得：

$$1.0 \times 11.9 \times 1000 \times x^2/2 - 1.0 \times 11.9 \times 1000 \times 265x + 250 \times 10^3 \times 405 = 0$$

$$5.95x^2 - 3153.5x + 101250 = 0$$

$$x = \frac{+3153.5 - \sqrt{3153.5^2 - 4 \times 5.95 \times 101250}}{2 \times 5.95} = 34.33 \text{ mm}$$

由式（6-2）重新求得 A_s 值：

$$A_s = \frac{N + f'_y A'_s + \alpha_1 f_c bx}{f_y} = \frac{250 \times 10^3 + 1.0 \times 11.9 \times 1000 \times 34.33}{360} = 1829 \text{ mm}^2$$

从上面计算中取小者配筋（即在 $A_s = 1917.3$ mm^2 和 1829 mm^2 中取小的值配筋），即取 $A_s = 1829$ mm^2 来配筋，选用直径Φ14@80 mm（$A_s = 1924$ mm^2）。

6.3 偏心受拉构件斜截面受剪承载力计算
Shear Capacity Calculation for Inclined Sections in Eccentric Tension Members

轴向拉力对抗剪不利，承载力降低的幅度随轴向拉力的增大而增加。 由于存在轴向拉力，斜裂缝与构件纵轴之间的夹角增大，混凝土剪压区高度减小。当轴拉力较大时也可能不出现混凝土受压区。

剪力墙偏
拉问题

因此，矩形、T形和I形截面的钢筋混凝土偏心受拉构件，其斜截面受剪承载力可按下式计算：

$$V_u = \frac{1.75}{\lambda + 1} f_t bh_0 + f_{yv} \frac{A_{sv}}{s} h_0 - 0.2N_t \qquad (6\text{-}13)$$

式中　N_t——作用在构件上的轴向拉力；

λ——计算截面的剪跨比（其取法与偏心受压构件相同）。

当式（6-13）右边的计算值小于 $f_{yv}A_{sv}h_0/s$ 时，应取等于 $f_{yv}A_{sv}h_0/s$，且 $f_{yv}A_{sv}h_0/s$ 的值不得小于 $0.36f_t bh_0$。

偏心受拉构件的斜截面受剪承载力的上、下限值以及截面设计时的限制条件与偏心受压构件类似。

知识拓展——工程水泥基复合材料（ECC）与应用[*][†]
Knowledge Expansion—Engineered Cementitious Composites（ECC）and Applications[*][†]

工程水泥基复合材料（Engineered Cementitious Composite，ECC）是一种高性能纤

[*]　江世永，龚宏伟，姚未来，等.ECC 材料力学性能与本构关系研究进展 [J]. 材料导报，2018，32（23）：4192-4204.

[†]　汪潮源，李晰.塑性铰区 ECC-钢管混凝土组合截面柱抗震性能研究 [J]. 青岛理工大学学报，2024，45（05）：10-17+26.

维增强水泥基复合材料，以其显著的延性和裂缝控制能力而受到广泛关注。普通混凝土由于抗拉强度较低，仅为抗压强度的 10％左右，在拉应力作用下容易产生贯穿性裂缝，其极限拉应变仅为 0.01％左右，且一旦开裂便迅速失去承载能力，表现出显著的脆性特征。而ECC 凭借其独特的应变硬化特性，极限拉应变可超过 3％，展现出大幅优于普通混凝土的抗拉性能，如图 T-1 所示。在受拉条件下，ECC 能够形成均匀分布的细小裂缝，裂缝宽度通常控制在 100 μm 以下，这得益于纤维桥联作用对裂缝扩展的有效抑制。正因如此，ECC 在裂缝控制、抗裂性能和能量耗散能力方面表现出显著优势，同时具备极高的抗震性能和耐久性，使其成为现代土木工程中解决混凝土构件抗拉性能不足问题的一种重要创新材料。

图 T-1　ECC 材料变形能力

研究表明，ECC 的应用可以显著改善混凝土结构的延性和承载性能。例如，在桥墩塑性铰区试验中，采用 ECC 材料的结构在承载力、耗能能力以及裂缝控制方面均表现出显著优势，同时其残余位移也得到了有效控制。此外，ECC 还与其他材料（如钢管和超高性能混凝土）协同使用，进一步提升了复合结构的整体性能。尽管 ECC 成本较高，但通过优化材料设计和施工技术，其经济性有望改善。未来，ECC 凭借优异的抗震性能和延性，在桥梁、隧道等领域将展现更广阔的应用前景，为土木工程发展提供重要支撑。

本章习题

一、思考题

1. 当轴心受拉杆件的受拉钢筋强度不同时，怎样计算其正截面的承载力？
2. 怎样区别偏心受拉构件所属的类型？
3. 怎样计算小偏心受拉构件的正截面承载力？
4. 大偏心受拉构件的正截面承载力计算中，x_b 为什么取与受弯构件相同的值？
5. 偏心受拉和偏心受压杆件斜截面承载力计算公式有何不同？为什么？

二、计算题

已知某构件承受轴向拉力设计值 $N=600$ kN，弯矩 $M=540$ kN·m，混凝土强度等级为 C40，采用 HRB400 级钢筋。柱截面尺寸为 $b=450$ mm，$h=450$ mm，$a_s=a'_s=45$ mm。求所需纵筋面积。

第 7 章

受扭构件的扭曲截面承载力
Torsional Bearing Capacity of
Torsion Members

本章学习目标
1. 了解受扭构件的破坏及扭曲截面承载力。
2. 会做矩形、 T 形、工字形和箱形截面弯剪扭构件的配筋计算。
3. 领会受扭构件的截面限制条件，构造配筋条件和配筋构造。
本章专业术语
equilibrium torsion　平衡扭转
compatibility torsion　协调扭转
pure torsion member　纯扭构件
shear torsion member　剪扭构件
bending shear torsion member　弯剪扭构件
plastic resistance moment　塑性抵抗矩
variable angle spatial truss model　变角度空间桁架模型

7.1　概述
Overview

　　扭转是构件的基本受力方式之一。图 7-1（a）所示的雨篷梁和图 7-1（b）所示的框架边梁就是两个典型的构件受扭的例子。实际工程中纯受扭构件很少，构件在承受扭矩的同时通常还会受到弯矩和剪力的作用，有的甚至还要受到轴力的作用（同时受扭矩和其他外力作用的构件称作复合受扭构件）。但是弄清纯扭构件的性能有助于进一步认识复合受扭构件的性能。因此，本章先研究纯扭构件的性能，再介绍复合受扭构件的性能。

　　平衡扭转又称静定扭转，是由荷载作用直接引起的，其截面扭矩可由平衡条件求得，即构件所受的扭矩大小与构件扭转刚度无关。例如图 7-1（a）所示的雨篷梁就是典型的平衡扭转情况。显然，无论该雨篷梁的抗扭刚度如何变化，其承受的扭矩是不变的，且可通过平衡关系求得（此处仅考虑等截面构件）。

　　协调扭转又称超静定扭转，是由超静定结构中相邻构件间的变形协调引起的，其截面扭矩须由静力平衡条件和变形协调条件才能求得，即构件所受的扭矩的大小与构件扭转刚

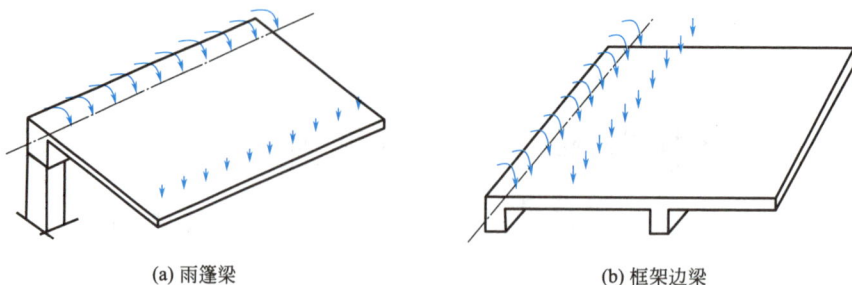

(a) 雨篷梁　　　　　　　　　　(b) 框架边梁

图 7-1　受扭构件典型实例

度相关。例如，图 7-1（b）所示的框架边梁就是典型的协调扭转情况。在这种情况下，如果边梁因开裂而导致扭转刚度降低，则其承受的扭矩也会降低。因此，即使不对边梁进行受扭承载力设计，结构的承载力也可能满足，但要以构件的开裂和较大的变形为代价。

　　本章介绍的受扭承载力计算公式主要针对平衡扭转而言。协调扭转的钢筋混凝土构件开裂以后，受扭刚度降低，由于内力重分布将导致作用于构件上的扭矩减小。我国《混凝土结构设计标准》规定宜考虑内力重分布的影响，将扭矩设计值降低，按弯剪扭构件进行承载力计算。

知识拓展——现实生活中的受扭案例
Knowledge Expansion——Practical Case Studies of Torsion in Engineering Structures

　　坡屋面折梁、厂房中受吊车横向刹车力作用的吊车梁、曲线桥梁和螺旋楼梯都属于受扭矩作用的构件。如图 T-1（a）所示，折梁在坡屋面结构中是框架梁的一种，可由一跨或多跨组成，且在折点处可以有支座也可以无支

钢筋混凝土
梁纯扭试验

(a) 折梁

(b) 吊车梁

(c) 曲线桥梁

(d) 螺旋楼梯

图 T-1　现实生活中的受扭案例

座。当在折点处无支座时，要增加抗扭腰筋来抵抗扭矩。如图 T-1（b）所示，吊车梁承受竖向荷载（系统自重和重物）和横向水平荷载（刹车力及卡轨力）产生的扭矩。如图 T-1（c）所示，曲线桥梁即使在对称荷载作用下，弯梁截面内也会产生较大的扭矩。当梁端配设有抗扭支座时，在扭矩作用下，一般外侧支座反力大于内侧支座反力，因此梁体在端部截面上可能会出现翘曲现象。如图 T-1（d）所示，螺旋楼梯有两种基本结构形式：扭板式和扭梁式。螺旋楼梯受到弯、扭、剪、压等多种组合荷载的作用。

7.2 纯扭构件的试验研究
Experimental Study on Pure Torsion Members

试件为配有纵筋和箍筋的矩形截面构件，两端加有扭矩使其处于纯扭状态。

试件开裂前，其性能符合弹性扭转理论。钢筋的应力很小，扭矩-扭转角之间呈线性关系。

初始裂缝发生在截面长边的中点附近，其方向与构件轴线呈 45°角。此裂缝在后来的加载中向两端发展成螺旋状，并仍与构件轴线呈 45°角，同时出现许多新的螺旋形裂缝。长边的裂缝方向与构件轴线基本上呈 45°角，而短边的裂缝方向则较不规则。

开裂后，试件的抗扭刚度大幅下降，扭矩-扭转角曲线出现明显的转折。在开裂后的试件中，混凝土受压，纵筋和箍筋则均受拉，形成了新的受力机制。随着扭矩的继续增加，此受力机制基本保持不变，而混凝土和钢筋的应力则不断增加，直至试件破坏。

典型的扭矩-扭转角曲线如图 7-2 所示，破坏后试件裂缝分布展开图如图 7-3 所示。由图 7-2 可见，开裂时构件的扭矩-扭转角曲线有明显的转折并呈现"屈服平台"。这是因为在螺旋形裂缝出现而形成扭曲裂面后，原来的平衡状态不再成立，代之的是在扭面平衡的机理上建立的新的平衡。这种新的平衡机理的建立必须在一定的变形过程中完成，这就形

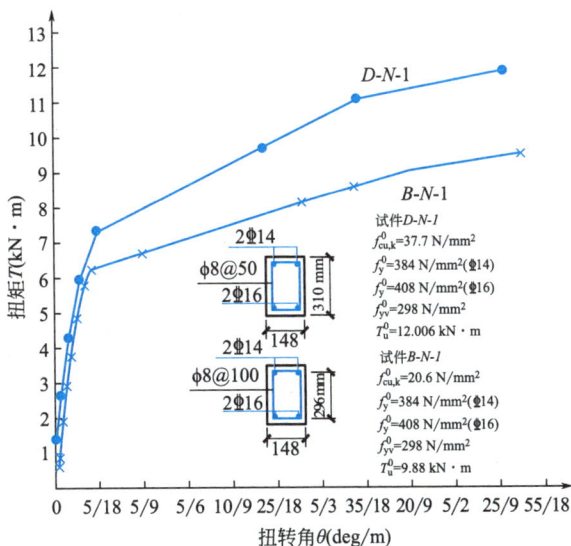

试件D-N-1
$f_{cu,k}^0$=37.7 N/mm²
f_y^0=384 N/mm²(Φ14)
f_y^0=408 N/mm²(Φ16)
f_{yv}^0=298 N/mm²
T_u^0=12.006 kN·m

试件B-N-1
$f_{cu,k}^0$=20.6 N/mm²
f_y^0=384 N/mm²(Φ14)
f_y^0=408 N/mm²(Φ16)
f_{yv}^0=298 N/mm²
T_u^0=9.88 kN·m

图 7-2　典型的扭矩-扭转角曲线图

成了曲线上的屈服台阶。这说明受扭构件在开裂后其平衡机理有根本的改变。图 7-4 给出了纵筋与箍筋的扭矩-钢筋拉应变关系曲线。

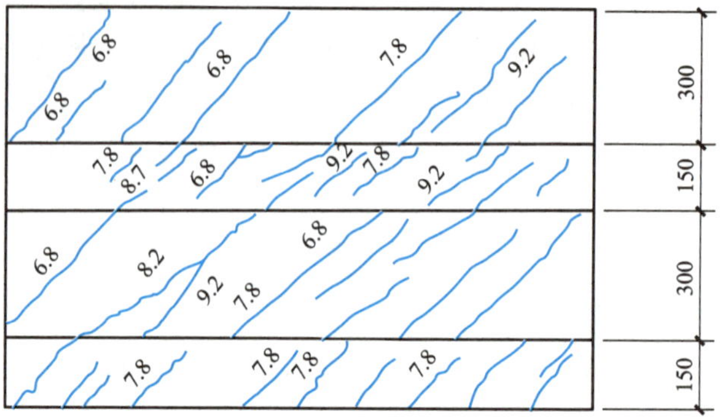

图中所注的数字是该裂缝出现的扭矩(kN·m)值；
未注数字的裂缝是破坏时出现的裂缝。

图 7-3　破坏后试件裂缝情况的表面展开图

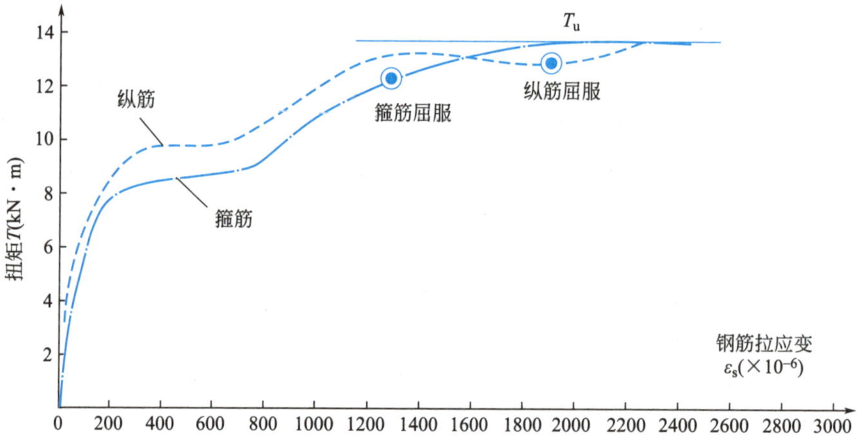

图 7-4　纯扭构件纵筋和箍筋的扭矩-钢筋拉应变曲线

　　随着纵筋和箍筋配筋量的不同，试件会呈现不同的破坏模式。

　　当纵筋和箍筋的配置量适中时，纵筋和箍筋先后达到屈服强度，然后斜裂缝间的混凝土被斜向压碎而破坏。这种试件呈现较好的延性，与适筋梁类似，称为适筋受扭构件。

　　当纵筋配得较少、箍筋配得较多时，破坏时纵筋屈服而箍筋不屈服。反之，当箍筋配得较少、纵筋配得较多时，破坏时箍筋屈服而纵筋不屈服。这两种类型的构件统称为部分超筋受扭构件。部分超筋受扭构件亦有一定的延性，但其延性比适筋受扭构件小。

　　当纵筋和箍筋均配得很多时，破坏时二者均不会屈服。构件的破坏始于混凝土的斜向压碎，属脆性破坏。这种构件称为超筋受扭构件，与超筋梁类似。

　　当纵筋和箍筋均配得过少时，一旦裂缝出现，构件随即破坏，纵筋和箍筋迅速屈服甚至进入强化段，但仍无力阻止构件的迅速开裂和破坏。这种构件称为少筋受扭构件，与少筋梁类似。

　　少筋和超筋受扭构件在设计中应予以避免。

知识拓展——基于 ABAQUS 的纯扭构件力学性能数值仿真研究 [*][†]

Knowledge Expansion——Numerical Simulation of Mechanical Behavior of Pure Torsion Members Based on ABAQUS [*][†]

ABAQUS 是一套功能强大的工程模拟有限元软件，利用其强大的求解分析能力和后处理优化能力对构件受扭全过程进行分析，是对结构试验的有效补充。在此介绍基于 ABAQUS 的钢筋混凝土受扭构件力学性能仿真研究，具体包括以下步骤：

（1）选择单元类型及定义材料属性。混凝土、钢筋与箍筋分别选用不同的特征建模，常用的特征包括实体特征、线特征、桁架特征。将纵筋和箍筋组成的钢筋骨架融合成为一个新的部件，并将钢筋骨架嵌入到混凝土模型中，如图 T-2 所示。

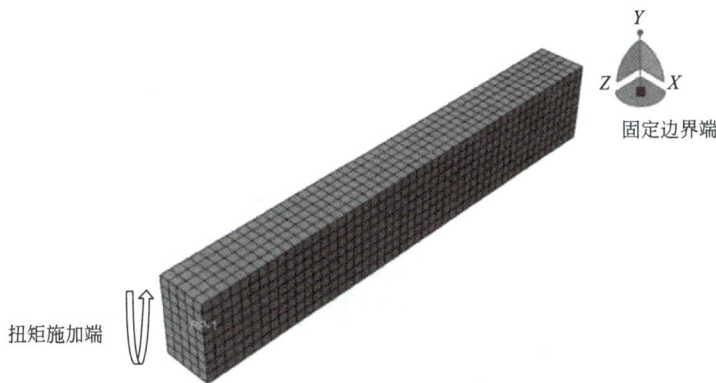

图 T-2　矩形钢筋混凝土受扭梁有限元模型

（2）设立钢筋和混凝土的本构关系和破坏准则。本构关系是用来描述材料力学行为的数学模型。它建立了应力和应变之间的关系，以及其他可能需要考虑的物理效应，如温度和时间依赖性等。

（3）设置边界条件与加载方式。有限元模型只受纯扭矩作用，因此，模型的边界条件为一端固定，一端自由。在模型自由端施加荷载，首先在自由端截面内创建一个参考点，然后将该点和自由端截面通过耦合约束在一起，最后在耦合约束后的参考点上施加一个平面外的弯矩荷载。

（4）计算结果及分析。在纯扭矩作用下钢筋混凝土梁的位移从固定端到加载端逐渐增大，构件截面的变形在角部达到最大，中部最小。当扭剪应力产生的最大主拉应力达到混凝土抗拉强度时，梁中将产生与纵轴方向大致达到 45° 的斜裂缝。混凝土损伤塑性模型在材料积分点处不会演化出现裂纹，在 ABAQUS 中直接观察裂缝比较困难，可以通过等效塑性应

　＊ 艾腾腾，刘继明，宋晨晨，等 . 中空箱形型钢混凝土纯扭构件承载特性数值模拟分析 [J]. 青岛理工大学学报，2018，39（1）：8-13＋19.

　† 刘宝兴，邵永健，杨文成 . 钢筋混凝土纯扭构件的非线性有限元分析 [J]. 混凝土与水泥制品，2014，213（1）：70-73.

变、最大和最小主应力方向近似查看裂缝的分布及发展情况。利用 ABAQUS 后处理程序导出构件在各个荷载步下的应力情况和变形情况等，如图 T-3～图 T-5 所示。

图 T-3　纯扭构件应变云图

图 T-4　纯扭构件应力云图

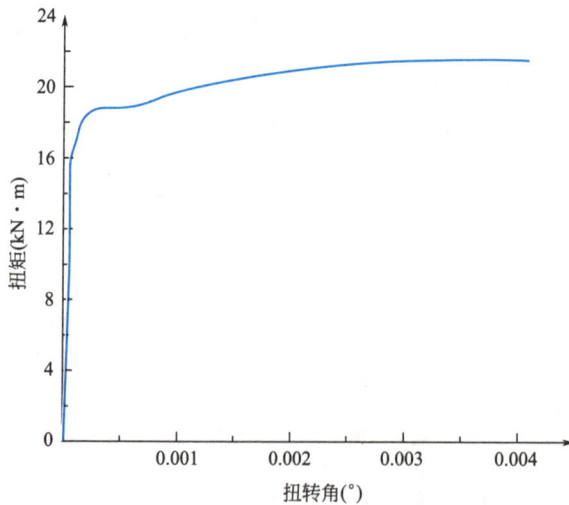

图 T-5　扭矩-扭转角曲线

7.3　纯扭构件的扭曲截面承载力
Torsional Bearing Capacity of Pure Torsion Members

7.3.1　开裂扭矩
Cracking Torque

为避免形成少筋受扭构件，适筋构件的受扭承载力至少应大于素混凝土构件的受扭承载力，而素混凝土构件的受扭承载力也就是它的开裂扭矩。因此，需要计算构件的开裂扭矩以作为确定最小抗扭配筋的依据。由于钢筋在构件开裂前的应力很小，故在开裂扭矩的计算中可不计钢筋的作用。

图 7-5 所示为一在扭矩 T 作用下的矩形截面构件，扭矩使截面上产生扭剪应力 τ。由于扭剪应力作用，在与构件轴线呈 $45°$ 和 $135°$ 角的方向，相应地产生主拉应力 σ_{tp} 和主压应力 σ_{cp}，并有 $|\sigma_{tp}| = |\sigma_{cp}| = \tau$。

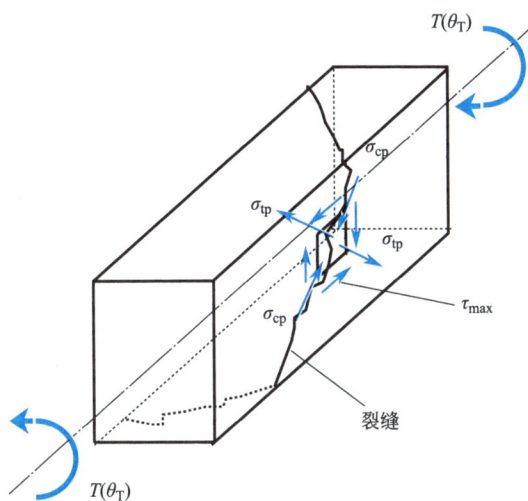

图 7-5　矩形截面受扭构件

若混凝土为理想弹塑性材料，在弹性阶段，构件截面上的剪应力分布如图 7-6（a）所示。最大扭剪应力 τ_{max} 及最大主应力，均发生在长边中点。当最大扭剪应力值或者说最大主拉应力值达到混凝土抗拉强度值时，荷载还可少量增加，直到截面边缘的拉应变达到混凝土的极限拉应变值后，构件开裂。此时，截面承受的扭矩称为开裂扭矩设计值 T_{cr}，见图 7-6（b）。

根据塑性力学理论，可把截面上的扭剪应力划分为四个部分，如图 7-6（c）所示。计算各部分扭剪应力的合力及相应组成的力偶，其总和则为 T_{cr}，见图 7-6（b），即

$$T_{cr} = \tau_{max} W_t = \tau_{max} \frac{b^2}{6}(3h - b) = f_t \cdot \frac{b^2}{6}(3h - b) \tag{7-1}$$

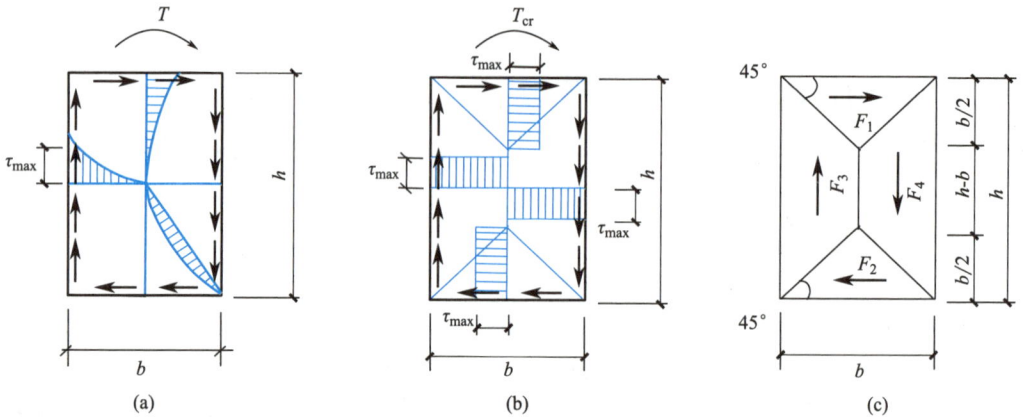

图 7-6　抗剪应力分布

式中　　h、b——分别为矩形截面的长边和短边尺寸；

　　　　W_t——受扭构件的截面受扭塑性抵抗矩，对矩形截面，$W_t = \dfrac{b^2}{6}(3h - b)$。

若混凝土为弹性材料，则当最大扭剪应力或最大主拉应力达到混凝土抗拉强度 f_t 时，构件开裂，从而开裂扭矩 T_{cr} 为：

$$T_{cr} = f_t \cdot \alpha \cdot b^2 h \tag{7-2}$$

式中　　α——与比值 $\dfrac{h}{b}$ 有关的系数，当比值 $\dfrac{h}{b} = 1 \sim 10$ 时，$\alpha = 0.208 \sim 0.313$。

实际上，混凝土既非弹性材料又非理想弹塑性材料，而是介于两者之间的弹塑性材料。试验表明，当按式（7-1）计算开裂扭矩时，计算值总比试验值高；而按式（7-2）计算时，则计算值比试验值低。

为实用方便，开裂扭矩可近似采用理想弹塑性材料的应力分布图形进行计算，但混凝土抗拉强度要适当降低。试验表明，对高强度混凝土，其降低系数约为 0.7，对低强度混凝土，降低系数接近 0.8。

《混凝土结构设计标准》取混凝土抗拉强度降低系数为 **0.7**，故开裂扭矩设计值的计算公式为：

$$T_{cr} = 0.7 f_t W_t \tag{7-3}$$

7.3.2　纯扭构件受扭承载力计算方法
Calculation Methods for Torsional Bearing Capacity of Pure Torsion Members

构件受扭时，截面周边的扭转变形和应力较大，而扭转中心截面的扭转变形和应力较小。如果设想将截面中间部分挖去，即忽略该部分截面的抗扭影响，则截面可以用空心杆件替代。空心杆件每个面上的受力情况相当于一个平面桁架，纵筋为桁架的弦杆，箍筋相当于桁架的竖杆，斜裂缝间混凝土相当于桁架的斜腹杆，斜裂缝和杆件轴线的夹角会随着纵筋和箍筋的强度比值 ζ 而变化。因此，整个简化的杆件犹如一变角度空间桁架。《混凝土结构设计标准》基于变角度空间桁架模型分析和试验资料的统计分析，并考虑可靠度的要求，

变角度空间桁架模型法

分别给出了矩形截面、I 形、T 形及箱形截面纯扭构件受扭承载力计算公式。

（1）矩形截面钢筋混凝土纯扭构件受扭承载力计算公式

《混凝土结构设计标准》采用的矩形截面钢筋混凝土纯扭构件的受扭承载力计算公式为：

$$T_u = 0.35 f_t W_t + 1.2 \sqrt{\zeta}\, \frac{f_{yv} A_{st1} A_{cor}}{s} \tag{7-4}$$

$$\zeta = \frac{f_y A_{stl} s}{f_{yv} A_{st1} u_{cor}} \tag{7-5}$$

式中　ζ——受扭纵向钢筋与箍筋的配筋强度比值，按式（7-5）采用，其值不应小于 0.6，当 $\zeta > 1.7$ 时，取 $\zeta = 1.7$；

A_{stl}——受扭计算中取对称布置的全部纵向普通钢筋截面面积；

A_{st1}——受扭计算中沿截面周边配置的箍筋单肢截面面积；

f_{yv}——受扭箍筋的抗拉强度设计值，按附表 1-3 采用，但取值不应大于 360N/mm²；

A_{cor}——截面核心部分的面积，$A_{cor} = b_{cor} h_{cor}$，此处，$b_{cor}$、$h_{cor}$ 分别为箍筋内表面范围内截面核心部分的短边、长边尺寸；

u_{cor}——截面核心部分的周长，$u_{cor} = 2(b_{cor} + h_{cor})$；

s——受扭箍筋间距。

式中，右边第一项为混凝土的抵抗扭矩，第二项为钢筋的抵抗扭矩。

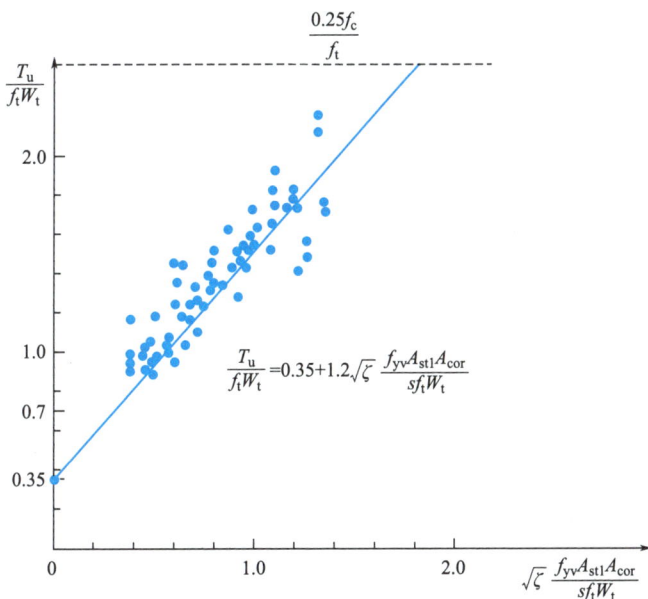

图 7-7　式（7-4）与试验结果的比较

式（7-4）与试验结果的比较如图 7-7 所示。式（7-4）假定构件的极限扭矩为混凝土的抵抗扭矩与钢筋的抵抗扭矩之和。在承载力极限状态时，构件已严重开裂，故取钢筋混凝土构件中混凝土部分的抗扭强度为开裂扭矩的一半，即取式（7-4）中混凝土项的系数为 0.35。**公式中的系数 1.2 是在统计试验资料的基础上，考虑了可靠度指标的要求，在试验点偏下限得出的。**

试验研究表明，配筋强度比 ζ 在 0.5～2.0 的范围内时，纵筋和箍筋的应力在构件破坏时均可达到屈服强度，且能保证使用荷载下裂缝宽度不超过限制。**《混凝土结构设计标准》则偏于安全地规定 ζ 的取值范围为 0.6≤ζ≤1.7。** 当 ζ＞1.7 时，按 ζ=1.7 计算。

对于在轴向压力和扭矩共同作用下的矩形截面钢筋混凝土构件，其受扭承载力应按下列公式计算：

$$T_{\mathrm{u}} = 0.35 f_{\mathrm{t}} W_{\mathrm{t}} + 1.2 \sqrt{\zeta} f_{\mathrm{yv}} \frac{A_{\mathrm{st1}} A_{\mathrm{cor}}}{s} + 0.07 \frac{N}{A} W_{\mathrm{t}} \tag{7-6}$$

此处，ζ 应按公式（7-5）计算，且应符合 0.6≤ζ≤1.7 的要求；N 为扭矩设计值 T 相应的轴向压力设计值，当 N＞0.3 f_{\mathrm{c}} A 时，取 N=0.3 f_{\mathrm{c}} A；A 为构件截面面积。

（2）箱形截面钢筋混凝土纯扭构件受扭承载力计算公式

对图 7-8 所示的箱形截面，其受扭承载力的计算方法和矩形截面类似，只需对混凝土的贡献进行适当修正，承载力计算公式为：

$$T_{\mathrm{u}} = 0.35 \alpha_{\mathrm{h}} f_{\mathrm{t}} W_{\mathrm{t}} + 1.2 \sqrt{\zeta} f_{\mathrm{yv}} \frac{A_{\mathrm{st1}} A_{\mathrm{cor}}}{s} \tag{7-7}$$

式中　α_{h}——箱形截面壁厚影响系数，$\alpha_{\mathrm{h}} = (2.5 t_{\mathrm{w}} / b_{\mathrm{h}})$，当 $\alpha_{\mathrm{h}} > 1$ 时，取 $\alpha_{\mathrm{h}} = 1$，其中，t_{w} 为箱形截面壁厚，其值不应小于 $b_{\mathrm{h}}/7$；b_{h} 为箱形截面的宽度。

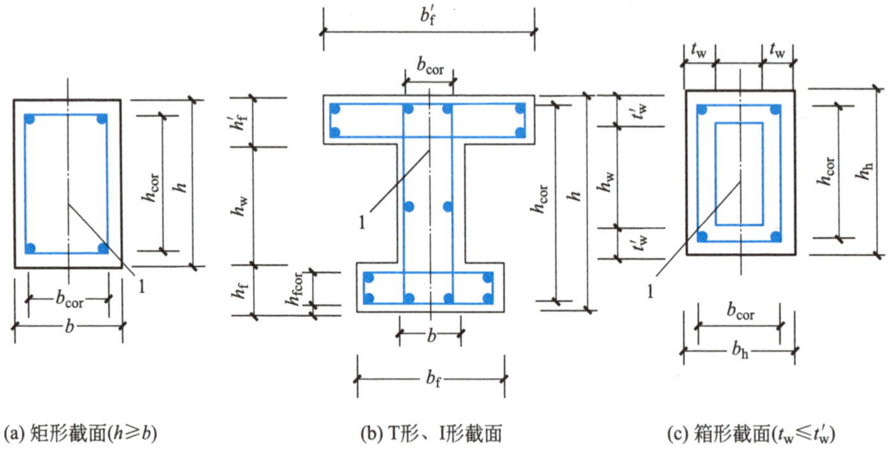

图 7-8　受扭构件截面
1—弯矩、剪力作用平面

(a) 矩形截面(h≥b)　　(b) T形、I形截面　　(c) 箱形截面(t_w≤t'_w)

ζ 应按公式（7-5）计算。且应符合 0.6≤ζ≤1.7 要求。

箱形截面受扭塑性抵抗矩为：

$$W_{\mathrm{t}} = \frac{b_{\mathrm{h}}^2}{6} (3 h_{\mathrm{h}} - b_{\mathrm{h}}) - \frac{(b_{\mathrm{h}} - 2 t_{\mathrm{w}})^2}{6} [3 h_{\mathrm{w}} - (b_{\mathrm{h}} - 2 t_{\mathrm{w}})] \tag{7-8}$$

式中　b_{h}、h_{h}——箱形截面的宽度和高度；

h_{w}——箱形截面的腹板净高；

t_{w}——箱形截面壁厚。

（3）I 形及 T 形截面钢筋混凝土纯扭构件受扭承载力计算公式

对于 T 形和 I 形截面纯扭构件，可将其截面划分为几个矩形截面进行配筋计算，矩形截面划分的原则是首先按截面的总高度划分出腹板截面并保持其完整性，然后再划出受压翼缘和受拉翼缘的面积，如图 7-9 所示。划出的各矩形截面所承担的扭矩值，按各矩形截面的受扭塑性抵抗矩与截面总的受扭塑性抵抗矩的比值进行分配的原则确定，并分别按式（7-4）计算受扭钢筋。

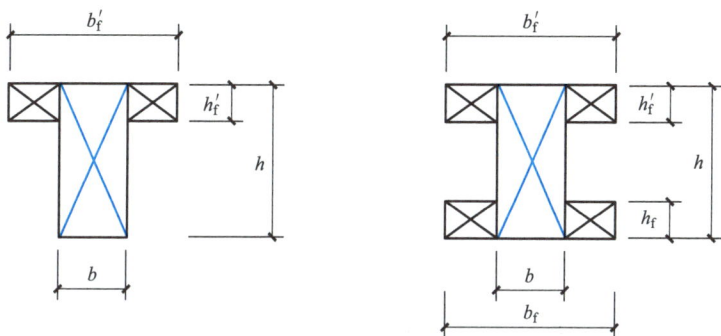

图 7-9　常见组合截面抗扭计算的最优划分方法

T 形和 I 形截面分解为腹板、受压翼缘和受拉翼缘后，腹板、受压翼缘和受拉翼缘的受扭塑性抵抗矩 W_{tw}，W'_{tf} 和 W_{tf} 可分别按式（7-10）、式（7-11）和式（7-12）计算，即有：

$$T_w = \frac{W_{tw}}{W_t} T$$

$$T'_f = \frac{W'_{tf}}{W_t} T$$

$$T_f = \frac{W_{tf}}{W_t} T$$

（7-9）

沙堆比拟塑性抵抗矩计算法

其中，

$$W_{tw} = \frac{b^2}{6}(3h - b) \tag{7-10}$$

$$W'_{tf} = \frac{h'^2_f}{2}(b'_f - b) \tag{7-11}$$

$$W_{tf} = \frac{h^2_f}{2}(b_f - b) \tag{7-12}$$

式中　　h ——截面高度；

　　　　b ——腹板宽度；

　h'_f、h_f ——受压翼缘、受拉翼缘的高度；

　b'_f、b_f ——受压翼缘、受拉翼缘的宽度，如图 7-9 所示。

截面总的受扭塑性抵抗矩为：

$$W_t = W_{tw} + W'_{tf} + W_{tf} \tag{7-13}$$

T 形和 I 形截面分解后，A_{cor} 和 u_{cor} 可按分解后的截面分别计算。计算受扭塑性抵抗矩时取用的翼缘宽度尚应符合 $b'_f \leqslant b + 6h'_f$ 及 $b_f \leqslant b + 6h_f$ 的要求。

知识拓展——再生混凝土构件的抗扭性能[*]
Knowledge Expansion——Torsional Behavior of Recycled Aggregate Concrete Members[*]

由于再生骨料表面有残余浆体，且在破碎时会产生微裂缝，使得再生骨料的孔隙率大、吸水性高、强度和弹性模量低，从而使再生混凝土的本身强度以及耐久性能较普通混凝土相比具有很大差异，并且随着再生粗骨料破碎方式、配合比不同，原材料来源不同的再生混凝土所表现出的材料特性、受力性能也有一定的差异，所以实际工程使用再生混凝土时会存在很多问题，进而制约了再生混凝土的应用和推广。此处将介绍再生混凝土梁抗扭性能，为再生混凝土结构设计提供依据。在抗扭性能方面，再生混凝土梁呈现如下特点：

（1）再生混凝土梁和普通混凝土梁的破坏过程分为四个阶段：开裂前的弹性阶段、开裂阶段、屈服阶段以及破坏阶段，两种构件的破坏形态基本一致，破坏荷载差值约在 5% 左右。

（2）随着再生混凝土粗骨料取代率的增大，受扭构件的极限荷载和开裂荷载都有所降低，但降低的幅度较小，且破坏形态的脆性增强。

（3）再生混凝土梁的延性及耗能能力相比普通混凝土梁较强；二者的滞回曲线及骨架曲线形态大致相同，滞回曲线有明显的"捏拢"现象。

（4）在取代率 0~50% 时，再生混凝土构件极限承载力没有特别明显的变化，而在取代率达到 100% 时，构件的极限承载力有很明显的下降趋势。因此，认为粗骨料取代率在 0~50% 的再生混凝土抗扭构件可以在相同的设计条件下替代普通混凝土抗扭构件。

我国有关于再生混凝土的相关规范相对不完善，在现行再生混凝土的设计规程中，对于结构复合受扭设计，仍然要求符合《混凝土结构设计标准》的规定，即没有针对再生混凝土本身有相对应的设计标准。

7.4 弯剪扭构件的扭曲截面承载力
Torsional Bearing Capacity of Members under Combined Bending，Shear and Torsion

7.4.1 破坏形态
Failure Modes

受扭构件一般同时受弯矩和剪力共同作用，此时分析其受力状态是较复杂的。截面受弯矩 M、剪力 V 和扭矩 T 作用时，对 M、V 和 T 的任一组合比例，都会得到一个独特的

---

[*] 黄铭. 再生混凝土梁剪扭复合受力性能研究 [D]. 哈尔滨：哈尔滨工业大学，2017.

截面破坏结果。因此，一个截面的所有破坏情况的总和，在 M、V、T 三维空间中可以形成一个封闭的破坏曲面。曲面内部的点代表未达到破坏的状态，曲面上的点代表极限状态，曲面外部的点则代表已经破坏的状态，一般是不可达到的。通过试验研究，可得到破坏曲面的形状。对相同的一组试件，以不同的 M、V、T 的比例加载至破坏。每做一个试件，就得到破坏曲面上的一点。试验点足够多时，就得到破坏曲面的大致形状。

试验中，通常以扭弯比 $\psi = T/M$ 和扭剪比 $\chi = T/(Vb)$ 来控制构件的受力状态，其中 b 是截面的宽度。

对不同的扭弯比和扭剪比，截面表现出三种破坏形态，分别称为第Ⅰ、Ⅱ、Ⅲ类型破坏。

第Ⅰ类型破坏也叫弯型破坏，发生在扭弯比 ψ 较小且剪力不起控制的条件下。此时弯矩是主要的，且配筋量适当，扭转斜裂缝首先在弯曲受拉的底面出现，然后发展到两侧面。弯曲受压的顶面无裂缝。构件破坏时与螺旋形裂缝相交的纵筋和箍筋均受拉，并达到屈服强度，构件顶部受压，如图 7-10（a）所示。

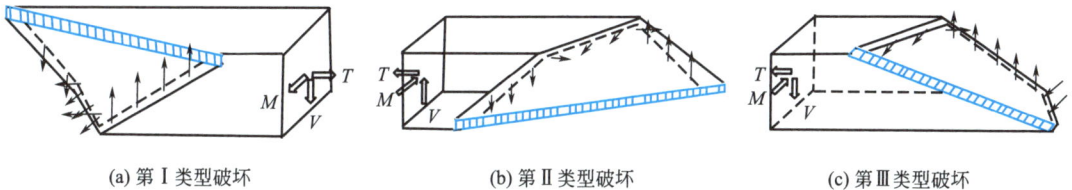

(a) 第Ⅰ类型破坏　　　　　(b) 第Ⅱ类型破坏　　　　　(c) 第Ⅲ类型破坏

图 7-10　弯剪扭构件的破坏类型

第Ⅱ类型破坏也叫扭型破坏，发生在扭弯比 ψ 和扭剪比 χ 均较大并且构件顶部纵筋少于底部纵筋的条件下。此时由于弯矩较小，其在构件顶部引起的压应力也较小，而构件顶部的纵筋也少于底部。综合作用的结果，使得在构件顶部，弯矩引起的压应力不足以抵消由于配筋较少而造成的较大的钢筋拉应力，并且这种构件顶部"受压"钢筋的拉应力比构件底部"受拉"钢筋的拉应力还要大。这使得扭转斜裂缝首先出现在构件顶部，并向两侧面扩展，而构件底部则受压。破坏情况如图 7-10（b）所示。

第Ⅲ类型破坏也叫剪扭破坏，发生在弯矩较小而由剪力和扭矩起控制的条件下。此时剪力和扭矩均引起截面的剪应力。这两种剪应力叠加的结果，使得截面一侧的剪应力增大，而截面另一侧的剪应力减小。因此，扭转斜裂缝首先在剪应力较大的侧面出现，然后向顶面和底面扩展，构件的另一侧面则受压。破坏时与螺旋形裂缝相交的纵筋和箍筋均受拉并达到屈服强度。破坏情况如图 7-10（c）所示。

除上述三种破坏形态外，当剪力很大且扭矩较小时，则会发生剪切型破坏形态，与剪压破坏相近。

7.4.2　弯剪扭构件受扭承载力计算方法
Calculation Methods for Torsional Bearing Capacity
of Flexure-Shear-Torsion Members

对于剪扭、弯扭和弯剪扭共同作用下的构件，采用按斜弯理论和变角度空间桁架模型得出的计算公式来进行配筋计算是十分烦琐的。在国内大量试验研究和按变角度空间桁架模型分析的基础上，《混凝土结构设计标

斜弯破坏模型

准》规定了剪扭、弯扭及弯剪扭构件扭曲截面的实用配筋计算方法。

1. 剪扭相关性

《混凝土结构设计标准》中受剪和受扭承载力计算公式都考虑了混凝土的作用，因此剪扭承载力计算公式中，**应考虑扭矩对混凝土受剪承载力和剪力对混凝土受扭承载力的相互影响**。试验表明，若构件中同时有剪力和扭矩作用，剪力的存在，会降低构件的受扭承载力；同样，由于扭矩的存在，也会引起构件受剪承载力的降低。这便是剪力和扭矩的相关性。

试验研究表明，无腹筋构件和有腹筋构件的剪扭相关曲线均服从 1/4 圆的规律（图 7-11a、图 7-11b）。但是采用 1/4 圆的相关关系会增加计算的复杂性。为简化计算且与 1/4 圆较为符合，假定混凝土承载力的剪扭相关关系如图 7-11（c）中的折线所示，并取单独受剪和单独受扭时混凝土的承载力分别为 $0.7f_t bh_0$ 和 $0.35f_t W_t$。

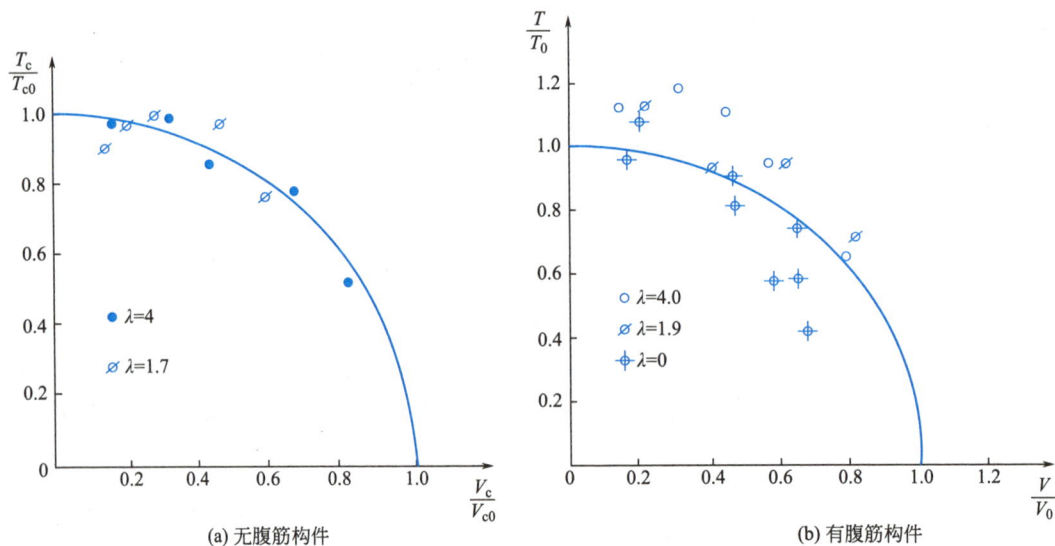

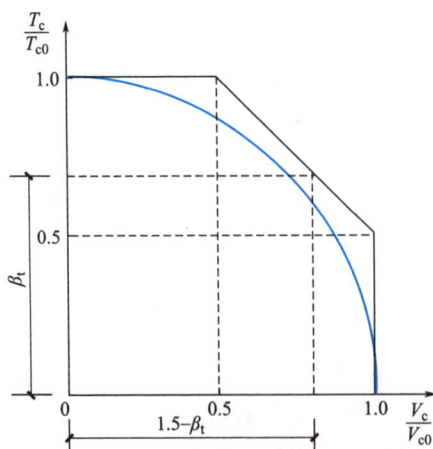

(a) 无腹筋构件

(b) 有腹筋构件

(c) 简化模型

图 7-11 混凝土承载力的剪扭相关曲线

由图 7-11 所示的三折线关系，记 T_c 和 T_{c0} 分别为剪扭和纯扭构件的混凝土受扭承载力，记 V_c 和 V_{c0} 分别为剪扭和无扭矩作用时混凝土构件的受剪承载力，可得：

$$\frac{V_c}{V_{c0}} \leqslant 0.5 \text{ 时}, \frac{T_c}{T_{c0}} = 1.0 \tag{7-14}$$

$$\frac{T_c}{T_{c0}} \leqslant 0.5 \text{ 时}, \frac{V_c}{V_{c0}} = 1.0 \tag{7-15}$$

$$\frac{V_c}{V_{c0}} > 0.5 \text{ 且 } \frac{T_c}{T_{c0}} > 0.5 \text{ 时}, \frac{T_c}{T_{c0}} + \frac{V_c}{V_{c0}} = 1.5 \tag{7-16}$$

在式（7-16）中，记：
$$\beta_t = \frac{T_c}{T_{c0}} \tag{7-17}$$

则有：
$$\frac{V_c}{V_{c0}} = 1.5 - \beta_t \tag{7-18}$$

对式（7-18）略作处理，并引入式（7-15）可得：

$$\beta_t = \frac{1.5}{1 + \dfrac{V_c/V_{c0}}{T_c/T_{c0}}} \tag{7-19}$$

在式（7-19）中，取 $T_{c0} = 0.35 f_t W_t$，取 $V_{c0} = 0.7 f_t b h_0$，则得 β_t 的计算公式为：

$$\beta_t = \frac{1.5}{1 + 0.5 \dfrac{V_c W_t}{T_c b h_0}} \tag{7-20}$$

根据图 7-11，**当 $\beta_t > 1.0$ 时，应取 $\beta_t = 1.0$，可不考虑剪力对混凝土受扭承载力的影响；当 $\beta_t < 0.5$ 时，则取 $\beta_t = 0.5$，可不考虑扭矩对混凝土受剪承载力的影响。即 β_t 应符合：$0.5 \leqslant \beta_t \leqslant 1.0$**，故称 β_t 为**剪扭构件混凝土受扭承载力降低系数**。

2. 矩形截面一般剪扭构件

（1）受剪承载力

$$V_u = 0.7(1.5 - \beta_t) f_t b h_0 + f_{yv} \frac{A_{sv}}{s} h_0 \tag{7-21}$$

（2）受扭承载力

$$T_u = 0.35 \beta_t f_t W_t + 1.2 \sqrt{\zeta} f_{yv} \frac{A_{st1} A_{cor}}{s} \tag{7-22}$$

$$\beta_t = \frac{1.5}{1 + 0.5 \dfrac{V}{T} \dfrac{W_t}{b h_0}} \tag{7-23}$$

对集中荷载作用下的独立剪扭构件，其受剪承载力计算式（7-21）应改为：

$$V_u = \frac{1.75}{\lambda + 1}(1.5 - \beta_t) f_t b h_0 + f_{yv} \frac{A_{sv}}{s} h_0 \tag{7-24}$$

受扭承载力仍按式（7-22）计算，但式（7-22）和式（7-24）中的剪扭构件混凝土受扭承载力降低系数应改为下列公式：

$$\beta_t = \frac{1.5}{1 + 0.2(\lambda + 1) \dfrac{V \cdot W_t}{T \cdot b h_0}} \tag{7-25}$$

3. 箱形截面一般剪扭构件

（1）剪扭构件的受剪承载力

$$V_u = 0.7(1.5 - \beta_t) f_t bh_0 + f_{yv} \frac{A_{sv}}{s} h_0 \tag{7-26}$$

（2）剪扭构件的受扭承载力

$$T_u = 0.35\alpha_h \beta_t f_t W_t + 1.2\sqrt{\zeta} f_{yv} \frac{A_{stl} A_{cor}}{s} \tag{7-27}$$

此处，α_h 值和 ζ 值应按箱形截面钢筋混凝土纯扭构件的受扭承载力计算规定要求取值。

箱形截面一般剪扭构件混凝土受扭承载力降低系数 β_t 近似按公式（7-25）计算，但式中的 W_t 应以 $\alpha_h W_t$ 代替，即：

$$\beta_t = \frac{1.5}{1 + 0.2(\lambda + 1) \dfrac{V\alpha_h W_t}{Tb_h h_0}} \tag{7-28}$$

对集中荷载作用下独立的箱形截面剪扭构件，其受剪承载力计算公式与式（7-24）相同，但其中的 β_t 应按式（7-28）计算。

集中荷载作用下独立箱形截面剪扭构件的受扭承载力仍按式（7-27）计算，但式中的 W_t 应以 $\alpha_h W_t$ 代替，β_t 应按（7-28）计算。

4. T 形和 I 形截面剪扭构件

（1）剪扭构件的受剪承载力，按公式（7-21）与式（7-23）或按式（7-24）与式（7-25）进行计算，但计算时应将 T 及 W_t 分别以 T_w 及 W_{tw} 代替，即假设剪力全部由腹板承担；

（2）剪扭构件的受扭承载力，可按纯扭构件的计算方法，将截面划分为几个矩形截面分别进行计算；腹板为剪扭构件，可按式（7-22）以及式（7-23）或式（7-25）进行计算，但计算时应将 T 及 W_t 分别以 T_w 及 W_{tw} 代替；受压翼缘及受拉翼缘为纯扭构件，可按矩形截面纯扭构件的规定进行计算，但计算时应将 T 及 W_t 分别以 T'_f 及 W'_{tf} 和 T_f 及 W_{tf} 代替。

综上，矩形、T 形、I 形和箱形截面的弯扭构件的配筋计算，《混凝土结构设计标准》采用按纯弯矩和纯扭矩分别计算所需的纵筋和箍筋，然后将相应的钢筋截面面积叠加的计算方法。因此，弯扭构件的纵筋为受弯所需的纵筋和受扭所需的纵筋之和，箍筋则仅为受扭所需的箍筋。

矩形、T 形、I 形和箱形截面的弯剪扭构件配筋计算的一般原则：其纵向钢筋截面面积应分别按受弯构件的正截面受弯承载力和剪扭构件的受扭承载力计算确定，并应配置在相应的位置；箍筋截面面积应分别按剪扭构件的受剪承载力和受扭承载力计算确定，并配置在相应的位置。

《混凝土结构设计标准》规定，在弯矩、剪力和扭矩共同作用下但剪力或扭矩较小的矩形、T 形、I 形和箱形钢筋混凝土截面弯剪扭构件，当符合下列条件时，可按下列规定进行承载力计算：

（1）当 $V \leqslant 0.35 f_t bh_0$ 或 $V \leqslant 0.875 f_t bh_0/(\lambda + 1)$ 时，可忽略剪力的作用，仅按受弯构件的正截面受弯承载力和纯扭构件扭曲截面受扭承载力分别进行计算；

（2）当 $T \leqslant 0.175 f_t W_t$ 或对于箱形截面构件 $T \leqslant 0.175\alpha_h f_t W_t$ 时，可忽略扭矩的作

用，仅按受弯构件的正截面受弯承载力和斜截面受剪承载力分别进行计算。

知识拓展——钢纤维混凝土构件的抗扭性能[*]
Knowledge Expansion—Torsional Behavior of Steel Fiber-reinforced Concrete Members[*]

由于高强混凝土的应用和推广，构件尺寸减小、结构跨度加大，扭转在受力构件中的作用已不容忽视。由于钢纤维的增强阻裂作用，其均匀分布在高强混凝土中，能有效提升高强混凝土构件的抗扭性能。钢纤维高强混凝土构件在抗扭性能方面有如下特点：

（1）钢纤维高强混凝土构件扭曲破坏形态与普通混凝土和高强混凝土构件基本相同。钢纤维高强混凝土中的纤维与水泥浆的粘结使破坏的进程大为延缓。构件继第一条斜裂缝之后，又陆续出现了少许未贯通的斜向裂缝。最终，形成三面受拉、一面受压的空间扭曲裂面，纤维拔出、构件完全断裂。

（2）钢纤维对扭曲裂缝的形成和发展起着很大的抑制作用，与同等级的高强混凝土构件相比，刚度加大，极限变形增加，延性较大提高，开裂扭矩也随之有所提高。

（3）开裂以后由于钢纤维的存在，裂缝处混凝土应力并未完全转由钢筋承担，钢纤维分担了裂缝处的混凝土应力。钢纤维高强混凝土构件钢筋应力的不均匀程度得到缓解，从而间接地提高了钢筋的抗扭能力，构件极限扭矩进一步增大。

（4）与普通混凝土和高强混凝土构件相似，钢纤维高强混凝土构件的抗扭强度随配筋率和钢筋配筋强度比的增大而增大。并且，钢纤维含量越大，混凝土抗扭能力越强、钢筋应力越均匀，构件抗扭强度越高。

7.5　轴力、弯矩、剪力和扭矩共同作用下钢筋混凝土矩形截面框架柱受扭承载力计算
Torsional Capacity Calculation for RC Rectangular Frame Columns under the Combined Action of Axial Force-Flexure-Shear-Torsion

1. 轴向力为压力时

由图 7-5 所示的受扭构件的裂缝发展情况可知，受扭构件的破坏源于扭剪应力过大而产生的斜裂缝。和受剪构件类似，轴向压力在一定程度上可抑制斜裂缝的产生与发展，但压力过大又会使构件的破坏形态发生变化。试验研究表明，轴向压力对纵筋的应变影响显著；轴向压力能使混凝土较好地参与工作，同时又能改善裂缝处混凝土的咬合作用和纵向钢筋的销栓作用。因此，在一定程度上，轴向力能提高构件的受剪承载力。《混凝土结构设计标准》考虑了这一有利因素，提出了如下的有轴向压力 N_c 作用时复合受力状态下矩形截面框架柱受扭承载力的计算公式：

---

　　[*]　林旭健. 钢纤维高强混凝土构件纯扭试验 ［J］. 福州大学学报（自然科学版），2002，（01）：89-91.

（1）受剪承载力

$$V_u = (1.5 - \beta_t)\left(\frac{1.75}{\lambda + 1}f_t bh_0 + 0.07N_c\right) + f_{yv}\frac{A_{sv}}{s}h_0 \qquad (7\text{-}29)$$

（2）受扭承载力

$$T_u = \beta_t\left(0.35f_t + 0.07\frac{N_c}{A}\right)W_t + 1.2\sqrt{\zeta}f_{yv}\frac{A_{stl}A_{cor}}{s} \qquad (7\text{-}30)$$

式中　λ——计算截面的剪跨比，按第 4 章有关规定取用；

　　　β_t——按式（7-23）计算，不考虑轴向力的影响；

　　　N_c——构件所受的轴向压力，若 $N_c > 0.3f_cA$，取 $N_c = 0.3f_cA$。

在轴向压力、弯矩、剪力和扭矩共同作用下的钢筋混凝土矩形截面框架柱，其纵向普通钢筋截面面积应分别按偏心受压构件正截面承载力和剪扭构件的受扭承载力计算确定，并应配置在相应的位置。箍筋截面面积应分别按剪扭构件的受剪承载力和受扭承载力计算确定，并应配置在相应的位置。

在轴向压力、弯矩、剪力和扭矩共同作用下的钢筋混凝土矩形截面框架柱，当 $T \leqslant \left(0.175f_t + 0.035\frac{N}{A}\right)W_t$ 时，可仅计算偏心受压构件的正截面承载力和斜截面受剪承载力。

2. 轴向力为拉力时

和轴向压力的影响效果相反，轴向拉力会削弱构件的受剪扭承载力。考虑到轴向拉力的不利影响，《混凝土结构设计标准》提出了如下的有轴向拉力 N_t 作用时复合受力状态下矩形截面框架柱受剪扭承载力的计算公式：

（1）受剪承载力

$$V_u = (1.5 - \beta_t)\left(\frac{1.75}{\lambda + 1}f_t bh_0 - 0.2N_t\right) + f_{yv}\frac{A_{sv}}{s}h_0 \qquad (7\text{-}31)$$

（2）受扭承载力

$$T_u = \beta_t\left(0.35f_t - 0.2\frac{N_t}{A}\right)W_t + 1.2\sqrt{\zeta}f_{yv}\frac{A_{stl}A_{cor}}{s} \qquad (7\text{-}32)$$

计算 β_t 时不考虑轴向拉力的影响。当式（7-31）右边的计算值小于 $f_{yv}\frac{A_{sv}}{s}h_0$ 时，取 $f_{yv}\frac{A_{sv}}{s}h_0$；当式（7-32）右边的计算值小于 $1.2\sqrt{\zeta}f_{yv}\frac{A_{stl}A_{cor}}{s}$ 时，取 $1.2\sqrt{\zeta}f_{yv}\frac{A_{stl}A_{cor}}{s}$。

在轴向拉力、弯矩、剪力和扭矩作用下的钢筋混凝土矩形截面框架柱，当 $T \leqslant \left(0.175f_t - 0.1\frac{N}{A}\right)W_t$ 时，可仅计算偏心受拉构件的正截面承载力和斜截面承载力。《混凝土结构设计标准》还规定，在轴向拉力、弯矩、剪力和扭矩共同作用下的钢筋混凝土矩形截面框架柱，其纵向普通钢筋截面面积应分别按偏心受拉构件的正截面承载力和剪扭构件的受扭承载力计算确定，并应配置在相应的位置；箍筋截面面积应分别按剪扭构件的受剪承载力和受扭承载力计算确定，并应配置在相应的位置。

知识拓展——基于纤维增强复合材料的混凝土抗扭构件加固[*]

Knowledge Expansion——Strengthening of Concrete Torsional Members Using Fiber Reinforced Polymer (FRP) Composites[*]

　　随着高强材料的发展及建筑多样化的需求，构件的尺寸逐渐变小，结构的跨度和高度不断增大，使得扭转问题变得越来越突出。目前，纤维增强复合材料（Fiber Reinforced Plastics，简称 FRP）粘贴于混凝土构件表面，能有效提高构件的受扭极限承载力、极限扭转变形能力和抗裂性能。这是因为 FRP 材料对混凝土构件形成有效约束，FRP 纵横向条带共同作用时，约束效果最好，材料强度发挥得比较充分。

　　目前主要的混凝土受扭构件加固粘贴形式可以采用纤维片材在梁顶面、底面和侧面均全面连续封闭粘贴（图 T-6a），或梁的侧面粘贴可以是全面连续粘贴，也可以是条带形式间隔粘贴（图 T-6b），又可以斜贴，使之大致垂直于剪切裂缝，或者两种粘贴方法进行组合（图 T-6c）。纤维的粘贴和锚固方式对构件的抗扭加固影响显著，在锚固良好的前提下，粘贴的纤维方可发挥抗扭加固效果，显著提高构件的受扭承载力和延性。在结构侧面粘贴纵向纤维压条是最常见的锚固措施。影响 FRP 加固混凝土受扭构件加固效果的因素有很多，除了纤维种类、用量、加固形式等加固参数，还有原梁的各种条件，包括混凝土强度、截面尺寸和形状、配筋率、受力状态（纯扭、弯扭、剪扭、弯剪扭和压弯剪扭）以及边界约束条件等。

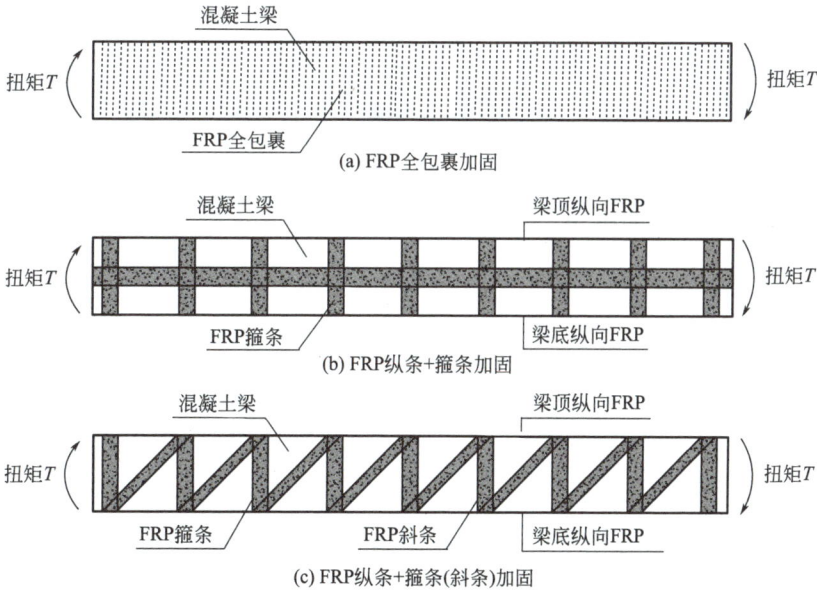

图 T-6　FRP 片材抗扭加固形式

* 兰树伟，周东华，陈旭，等. 纤维增强复合材料加固混凝土受扭构件研究综述 [J]. 混凝土，2022，（09）：38-43.

知识拓展——基于数据驱动的钢管混凝土柱抗扭设计[*]

Knowledge Expansion——Torsional Design of Concrete Filled Steel Tube (CFST) Columns Based on a Data-driven Optimization Approach[*]

钢管混凝土柱作为一种主要承力构件，实际工程中，在自重、风、地震等荷载的共同作用下，大多处于压弯扭复合受力状态。此外，从震后勘察得知，扭转破坏对构件的损害更加严重。然而，要建立复合受力状态下钢管混凝土柱扭转强度预测理论模型难度较大。数据驱动模型可以帮助解决特定结构工程问题，比如一些问题十分复杂，无法使用传统的力学模型来预测，机器学习模型可以作为补充以代替或辅助力学驱动的模型解决实际问题。基于数据驱动的钢管混凝土柱抗扭设计步骤包括：（1）分析钢管混凝土受扭承载力的影响因素，比如钢管强度，钢管直径，轴压比，截面形式，荷载组合等，确定最有影响力的影响参数作为下一步机器学习模型输入。将钢管混凝土柱的极限扭转强度作为机器学习模型的输出。（2）基于机器学习算法对上述实验数据进行预测，确定最适合钢管混凝土受扭承载力预测的机器学习模型。并且将最佳的机器学习模型预测结果和现有的理论公式进行对比分析，评估现有机器模型预测精确度及泛化性能。（3）基于优化算法对钢管混凝土柱设计参数进行优化设计，尽可能在材料成本不变的前提下，提高钢管混凝土柱扭转强度。

7.6 受扭构件的构造要求
Detailing Requirements for Torsional Members

1. 受扭纵向钢筋的构造要求

（1）为了防止发生少筋破坏，梁内受扭纵向钢筋的配筋率 ρ_{tl} 应不小于其最小配筋率 $\rho_{stl,\min}$，即：

$$\rho_{tl} = \frac{A_{stl}}{bh} \geqslant \rho_{stl,\min}$$

$$\rho_{tl,\min} = \frac{A_{stl,\min}}{bh} = 0.6\sqrt{\frac{T}{Vb}} \cdot \frac{f_t}{f_y} \tag{7-33}$$

式中，当 $\dfrac{T}{Vb} > 2$ 时，取 $\dfrac{T}{Vb} = 2$。

（2）受扭纵向受力钢筋的间距不应大于 200mm 和梁的截面宽度。

（3）在截面四角必须设置受扭纵向受力钢筋，并沿截面周边均匀对称布置；当支座边作用有较大扭矩时，受扭纵向钢筋应按充分受拉锚固在支座内。

（4）在弯剪扭构件中，配置在截面弯曲受拉边的纵向受力钢筋，其截面面积不应小于

* Xue C L. 基于数据驱动的钢管混凝土柱抗扭设计 [D]. 西安：长安大学，2023.

按受弯构件受拉钢筋最小配筋率计算的截面面积与按受扭纵向钢筋最小配筋率计算并分配到弯曲受拉边的钢筋截面面积之和。

2. 受扭箍筋的构造要求

（1）为了防止发生少筋破坏，弯剪扭构件中，箍筋的配筋率 ρ_{sv} 不应小于 $0.28\dfrac{f_t}{f_{yv}}$，即：

$$\rho_{sv} = \frac{nA_{svl}}{bs} \geqslant 0.28\frac{f_t}{f_{yv}} \tag{7-34}$$

（2）受扭所需的箍筋应做成封闭式，且应沿截面周边布置。当采用复合箍时，位于截面内部的箍筋不应计入受扭所需的截面面积。

（3）受扭所需箍筋的末端应做成 135°弯钩，弯钩平直段长度不应小于 10d，d 为箍筋直径。

对于箱形截面构件，式（7-33）和式（7-34）中的 b 均应以 b_h 代替。

3. 截面尺寸的构造要求

为了使弯剪扭构件不发生在钢筋屈服前混凝土先压碎的超筋破坏，《混凝土结构设计标准》规定，在弯矩、剪力和扭矩的共同作用下，h_w/b 不大于 6 的矩形、T 形、I 形截面和 h_w/t_w 不大于 6 的箱形截面构件（图 7-8），其截面尺寸应符合下列条件：

当 h_w/b（或 h_w/t_w）不大于 4 时：

$$\frac{V}{bh_0} + \frac{T}{0.8W_t} \leqslant 0.25\beta_c f_c \tag{7-35}$$

当 h_w/b（或 h_w/t_w）等于 6 时：

$$\frac{V}{bh_0} + \frac{T}{0.8W_t} \leqslant 0.2\beta_c f_c \tag{7-36}$$

当 h_w/b（或 h_w/t_w）大于 4 但小于 6 时，按线性内插法确定。

当 h_w/b（或 h_w/t_w）大于 6 时，受扭构件的截面尺寸要求及扭曲截面承载力计算应符合专门规定。

式中　b——矩形截面的宽度，T 形或 I 形截面取腹板宽度，箱形截面取两侧壁总厚度 $2t_w$；

　　　t_w——箱形截面壁厚，其值不应小于 $b_h/7$，此处，b_h 为箱形截面宽度。

4. 按构造要求配置受扭纵向钢筋和受扭箍筋的条件

在弯矩、剪力和扭矩作用下的构件，当符合下列条件时，可不进行构件受剪扭承载力的计算，而按构造要求配置纵向受扭钢筋和受扭箍筋：

$$\frac{V}{bh_0} + \frac{T}{W_t} \leqslant 0.7f_t \tag{7-37}$$

或

$$\frac{V}{bh_0} + \frac{T}{W_t} \leqslant 0.7f_t + 0.07\frac{N}{bh_0} \tag{7-38}$$

式中　N——与剪力、扭矩设计值 V、T 相应的轴向压力设计值，当 $N > 0.3f_c A$ 时，取 $N = 0.3f_c A$。

7.7　受扭构件的计算实例
Calculation Examples for Torsional Members

1. 纯扭构件截面设计步骤

此类问题一般是已知截面尺寸、材料强度及作用在构件上的扭矩 T，求配筋。为保证构件在给定扭矩 T 的作用下不发生破坏，应要求扭曲截面的受扭承载力不低于其所受到的扭矩，即 $T_u \geqslant T$。因此，按下列步骤进行设计：

（1）验算截面尺寸 $T \leqslant (0.2 \sim 0.25)\beta_c W_t f_c$，以避免出现超筋破坏，若不满足应增大截面尺寸。

（2）当 $T \leqslant T_{cr}$ 时，可不进行受扭承载力计算，仅需按构造配置箍筋和纵筋。

（3）若是 T 形或 I 形截面，将截面分成若干个矩形，求每个矩形所承担的扭矩。

（4）选定 $\zeta = 1.0 \sim 1.3$。

（5）由 $T = T_u$，根据相应的承载力计算公式（7-4）或公式（7-7）求 A_{st1}/s。

（6）验算 $\rho_{sv} = \dfrac{nA_{svl}}{bs} \geqslant 0.28\dfrac{f_t}{f_{yv}}$。若不满足，取 $\dfrac{A_{sv}}{bs} = 0.28\dfrac{f_t}{f_{yv}}$。

（7）由 ζ，A_{st1} 根据式（7-5）求 A_{stl}。

（8）验算 $\rho_{tl} \geqslant \rho_{tl,\min} = \dfrac{A_{stl,\min}}{bh} = 0.6\sqrt{\dfrac{T}{Vb}} \cdot \dfrac{f_t}{f_y}$。若不满足，取 $\rho_{tl} = \rho_{tl,\min}$。

2. 弯剪扭构件截面设计步骤

此类问题一般是已知截面尺寸，材料强度及作用在构件上的弯矩 M、剪力 V 和扭矩 T，求纵筋和箍筋的用量。

为保证构件在给定的外力作用下不发生破坏，应要求截面的受弯、受剪、受扭承载力大于相应的内力，即 $M_u \geqslant M$，$V_u \geqslant V$，$T_u \geqslant T$。根据弯剪扭构件承载力的计算原则，对受弯单独进行计算，对扭剪应考虑混凝土的相关性。下面以矩形截面弯、剪、扭构件为例，介绍截面设计的步骤。

（1）验算截面尺寸：若 $\dfrac{V}{bh_0} + \dfrac{T}{0.8W_t} \leqslant (0.2 \sim 0.25)\beta_c f_c$，截面尺寸满足要求，否则应增大截面尺寸。

（2）验算是否需要计算配置扭剪钢筋：若 $\dfrac{V}{bh_0} + \dfrac{T}{W_t} \leqslant 0.7f_t$，可按构造要求（最小配筋率、最小配箍率）配筋，否则应按计算要求配置钢筋。

（3）计算 β_t。矩形截面采用式（7-23）或式（7-25），箱形截面采用式（7-28）。

（4）分别按照受扭、受剪承载力计算公式，按 $T = T_u$ 及 $V = V_u$ 的原则求相应的配筋。

（5）按照单筋矩形截面的设计方法求受弯纵筋的数量。

（6）分别验算受弯纵筋、受扭纵筋和扭剪箍筋是否大于最小配筋（箍）率。若不满足，应按最小配筋（箍）率进行配筋。

（7）进行截面配筋。这里应特别注意：受弯纵筋应布置在弯曲受拉区，受扭纵筋应沿截面周边均匀布置。

【例 7-1】已知：均布荷载作用下 T 形截面构件，截面尺寸 $b \times h = 300$ mm $\times 500$ mm，$b'_f = 400$ mm，$h'_f = 100$ mm；弯矩设计值 $M = 110$ kN·m，剪力设计值 $V = 120$ kN，扭矩设计值 $T = 15$ kN·m。混凝土强度等级 C30；纵筋采用 HRB400 级钢筋；箍筋采用 HPB300 级钢筋。环境类别为一类。

求：受弯、受剪及受扭所需的钢筋

【解】$f_c = 14.3$ N/mm^2，$f_t = 1.43$ N/mm^2，$f_y = 360$ N/mm^2，$f_{yv} = 270$ N/mm^2

（1）验算构件截面尺寸

$$h_0 = h - a_s = 500 - 40 = 460 \text{ mm}$$

$$W_{tw} = \frac{b^2}{6}(3h - b) = \frac{300^2}{6} \times (3 \times 500 - 300) = 1800 \times 10^4 \text{ mm}^3$$

$$W'_{tf} = \frac{h'^2_f}{2}(b'_f - b) = \frac{100^2}{2} \times (400 - 300) = 50 \times 10^4 \text{ mm}^3$$

$$W_t = W_{tw} + W'_{tf} = (1800 + 50) \times 10^4 = 1850 \times 10^4 \text{ mm}^3$$

按 $\dfrac{V}{bh_0} + \dfrac{T}{0.8W_t} \leqslant 0.25\beta_c f_c$ 和 $\dfrac{V}{bh_0} + \dfrac{T}{W_t} \leqslant 0.7f_t$ 有：

$$\frac{V}{bh_0} + \frac{T}{0.8W_t} = \frac{120 \times 10^3}{300 \times 460} + \frac{15 \times 10^6}{0.8 \times 1850 \times 10^4}$$
$$= 1.88 \text{ N/mm}^2 \leqslant 0.25\beta_c f_c = 0.25 \times 1.0 \times 14.3 = 3.58 \text{ N/mm}^2$$

$$\frac{V}{bh_0} + \frac{T}{W_t} = \frac{120 \times 10^3}{300 \times 460} + \frac{15 \times 10^6}{1850 \times 10^4}$$
$$= 1.68 \text{ N/mm}^2 > 0.7f_t = 0.7 \times 1.43 = 1.0 \text{ N/mm}^2$$

截面尺寸满足要求，但需按计算配置钢筋。

（2）确定计算方法

$$T = 15 \text{ kN·m} > 0.175f_t W_t = 0.175 \times 1.43 \times 1850 \times 10^4 = 4.63 \text{ kN·m}$$
$$V = 120 \text{ kN} > 0.35f_t bh_0 = 0.35 \times 1.43 \times 300 \times 460 = 69.07 \text{ kN}$$

须考虑扭矩和剪力对构件受剪和受扭承载力的影响。

（3）计算受弯纵筋

$$\alpha_1 f_c b'_f h'_f \left(h_0 - \frac{h'_f}{2}\right) = 1.0 \times 14.3 \times 400 \times 100 \times \left(460 - \frac{100}{2}\right)$$
$$= 234.52 \text{ kN·m} > 110 \text{ kN·m}$$

故属于第一类型的 T 形梁。

求 α_s：$\alpha_s = \dfrac{M}{\alpha_1 f_c b'_f h_0^2} = \dfrac{110 \times 10^6}{1.0 \times 14.3 \times 400 \times 460^2} = 0.091$

得出：$\gamma_0 = 0.5(1 + \sqrt{1 - 2\alpha_s}) = 0.5 \times (1 + \sqrt{1 - 2 \times 0.091}) = 0.952$

$$A_s = \frac{M}{f_y \gamma_0 h_0} = \frac{110 \times 10^6}{360 \times 0.952 \times 460} = 698 \text{ mm}^2$$

（4）计算受扭及受剪钢筋

1）腹板和受压翼缘承受的扭矩

腹板 $T_w = \dfrac{W_{tw}}{W_t} T = \dfrac{1800 \times 10^4}{1850 \times 10^4} \times 15 \times 10^6 = 14.59 \text{ kN} \cdot \text{m}$

受压翼缘 $T_f' = \dfrac{W_{tf}'}{W_t} T = \dfrac{50 \times 10^4}{1850 \times 10^4} \times 15 \times 10^6 = 0.405 \text{ kN} \cdot \text{m}$

2）腹板配筋计算

$$A_{cor} = b_{cor} \times h_{cor} = 244 \times 444 = 108336 \text{ mm}^2$$
$$u_{cor} = 2(b_{cor} + h_{cor}) = 2 \times (244 + 444) = 1376 \text{ mm}$$

① 受扭箍筋计算

$$\beta_t = \frac{1.5}{1 + 0.5 \dfrac{V}{T_w} \dfrac{W_{tw}}{bh_0}} = \frac{1.5}{1 + 0.5 \times \dfrac{120 \times 10^3}{14.59 \times 10^6} \times \dfrac{1800 \times 10^4}{300 \times 460}} = 0.9763 < 1.0,$$

取 $\beta_t = 0.9763$。

取 $\zeta = 1.2$，$T = T_u$，按式（7-22）求得

$$\frac{A_{stl}}{s} = \frac{T_w - 0.35 \beta_t f_t W_{tw}}{1.2 \sqrt{\zeta} f_{yv} A_{cor}}$$
$$= \frac{14.59 \times 10^6 - 0.35 \times 0.9763 \times 1.43 \times 1800 \times 10^4}{1.2 \times \sqrt{1.2} \times 270 \times 108336}$$
$$= 0.1507 \text{ mm}^2/\text{mm}$$

受剪箍筋计算由式（7-21）得：

$$\frac{A_{sv}}{s} = \frac{V_u - 0.7(1.5 - \beta_t) f_t bh_0}{f_{yv} h_0}$$
$$= \frac{120 \times 10^3 - 0.7 \times (1.5 - 0.9763) \times 1.43 \times 300 \times 460}{270 \times 460}$$
$$= 0.276 \text{ mm}^2/\text{mm}$$

腹板所需单肢箍筋总面积：

$$\frac{A_{stl}}{s} + \frac{A_{sv}}{2s} = 0.1507 + \frac{0.276}{2} = 0.2887 \text{ mm}^2/\text{mm}$$

取箍筋直径为 8 mm 的 HPB300 级钢筋，其截面面积为 50.3 mm²，得箍筋间距为：

$$s = \frac{50.3}{0.2887} = 174.2293 \text{ mm}, \ \text{取} \ s = 170 \text{ mm}。$$

② 受扭纵筋计算

由式（7-5）求得，$A_{stl} = \dfrac{\zeta f_{yv} A_{stl} u_{cor}}{f_y s} = \dfrac{1.2 \times 270 \times 0.1507 \times 1376}{360} = 207.38 \text{ mm}^2$

腹板底面所需受弯和受扭纵筋截面面积：

$$A_s + A_{stl} \frac{(b_{cor} + h_{cor}/3)}{u_{cor}} = 698 + 207.38 \times \frac{(244 + 444/3)}{1376} = 757.08 \text{ mm}^2$$

选用 3 根直径 20 mm 的 HRB400 级钢筋，其截面面积为 942 mm²。

腹板两侧边所需受扭纵筋截面面积：

$$A_{stl} \frac{2h_{cor}/3}{u_{cor}} = 207.38 \times \frac{2 \times 444/3}{1376} = 44.61 \text{ mm}^2$$

　　选用 2 根直径为 12 mm 的 HRB400 级钢筋，其截面面积为 226 mm²。注意，根据最小配筋率选择的钢筋面积大于计算所需的钢筋。

　　腹板顶面所需受扭纵筋的截面面积：

$$A_{stl} \frac{(b_{cor} + h_{cor}/3)}{u_{cor}} = 207.38 \times \frac{(244 + 444/3)}{1376} = 59.08 \text{ mm}^2$$

　　选用 2 根直径为 12 mm 的 HRB400 级钢筋，其截面面积为 226 mm²。注意，根据最小配筋率选择的钢筋面积大于计算所需的钢筋。

　　3）受压翼缘配筋计算

$$A'_{cor} = b'_{cor} \times h'_{cor} = 144 \times 44 = 6336 \text{ mm}^2$$
$$u'_{cor} = 2(b'_{cor} + h'_{cor}) = 2 \times (144 + 44) = 376 \text{ mm}$$

　　① 受扭箍筋计算

　　取 $\zeta = 1.2$，按式（7-4）求得：

$$\frac{A'_{stl}}{s} = \frac{T'_f - 0.35 f_t W'_{tf}}{1.2\sqrt{\zeta} f_{yv} A'_{cor}} = \frac{0.405 \times 10^6 - 0.35 \times 1.43 \times 50 \times 10^4}{1.2 \times \sqrt{1.2} \times 270 \times 6336} = 0.069 \text{ mm}^2/\text{mm}$$

　　取箍筋为直径 8 mm 的双肢箍，采用 HPB300 级钢筋，单肢 $A'_{sv1} = 50.3$ mm²，则箍筋间距为：

$$s = \frac{50.3}{0.069} = 731 \text{ mm}, \quad \text{按规范规定的箍筋最小间距要求，取 } s = 250 \text{ mm}。$$

　　② 受扭纵筋计算

$$A_{stl} = \frac{\zeta f_{yv} A'_{stl} u'_{cor}}{f_y s} = \frac{1.2 \times 270 \times 0.069 \times 376}{360} = 23.35 \text{ mm}^2$$

　　选用 4 根直径为 8 mm 的 HRB400 级钢筋，其截面面积为 201 mm²。注意，根据最小配筋率选择的钢筋面积大于计算所需的钢筋。

　　（5）验算腹板最小箍筋配筋率

$$\rho_{sv,min} = 0.28 \frac{f_t}{f_{yv}} = 0.28 \times \frac{1.43}{270} = 0.0015$$

　　实有配筋率为：

$$\rho_{sv} = \frac{n A_{sv1}}{bs} = \frac{2 \times 50.3}{300 \times 170} = 0.0028 > 0.0015$$

　　（6）验算腹板弯曲受拉纵筋配筋量

$$\rho_{stl,min} = \frac{A_{stl,min}}{bh} = 0.6 \sqrt{\frac{T_w}{Vb}} \cdot \frac{f_t}{f_y} = 0.6 \times \sqrt{\frac{14.59 \times 10^6}{120 \times 10^3 \times 300}} \times \frac{1.43}{360} = 0.0015$$

　　受弯构件纵筋最小配筋率：

$$\rho_{s,min} = 0.45 \frac{f_t}{f_y} = 0.45 \times \frac{1.43}{360} = 0.178\% < 0.2\%, \quad \text{取 } \rho_{s,min} = 0.2\%。$$

　　截面弯曲受拉边的纵向受力钢筋最小配筋量为

$$\rho_{s,min} bh_0 + \rho_{stl,min} bh \frac{(b_{cor} + h_{cor}/3)}{u_{cor}}$$

$$= 0.002 \times 300 \times 444 + 0.0015 \times 300 \times 500 \times \frac{(244 + 444/3)}{1376} \text{（实配 3 Φ 20 的截面面积）}$$

$$= 330.5 \text{ mm}^2 < 942 \text{ mm}^2$$

（7）翼缘受扭的最小纵筋和最小箍筋配筋率、腹板受扭的最小纵筋配筋率的验算均已满足，验算过程略。截面配筋见图 7-12。

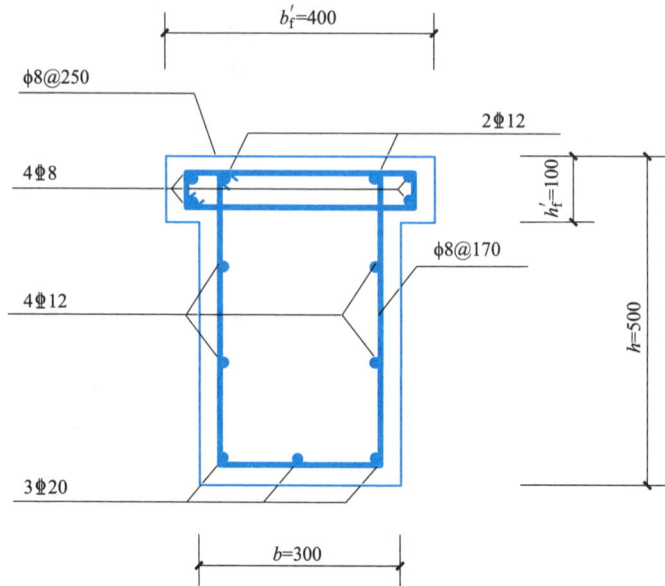

图 7-12　例 7-1 中的截面配筋图

本章习题

一、选择题

1. T 形、I 形截面剪扭构件可分成矩形计算，此时：（　　　）。

A. 剪力由腹板承担，扭矩由翼板承担

B. 扭矩由腹板、翼板共同承担

C. 剪力、扭矩由腹板、翼板共同承担

D. 剪力、扭矩均由腹板承担

2. 剪扭构件承载力计算中，当 $\beta_t = 1$ 时，（　　　）。

A. 受扭和受剪承载力计算公式中混凝土项承载力都不变

B. 受扭和受剪承载力计算公式中混凝土项承载力都降低

C. 受扭承载力计算公式中混凝土项承载力不变，受剪承载力计算公式中混凝土项承载力降低

D. 受剪承载力计算公式中混凝土项承载力不变，受扭承载力计算公式中混凝土项承载力降低

3. 关于梁内箍筋的主要作用，以下说法不正确的是（　　　）。

A. 抵抗斜截面上的剪力

B. 固定纵筋位置以形成钢筋骨架

C. 增强受压钢筋的稳定性

D. 使核心区混凝土处于三向受压状态

4. 受扭构件的配筋方式可为（　　　）。

A. 仅配置抗扭箍筋

B. 配置抗扭箍筋和抗扭纵筋

C. 仅配置抗扭纵筋

D. 仅配置与裂缝方向垂直、呈 45°方向的螺旋状钢筋

二、填空题

1. 钢筋混凝土受扭构件的破坏形式有_____、_____、_____及_____。

2. 抗扭纵向钢筋应沿截面的_____比较均匀地布置，且要符合_____的原则。

3. 受扭构件中，当配筋强度比 ζ 满足 $0.6 \leqslant \zeta \leqslant 1.7$ 时，说明_____。

4. 剪扭构件承载力计算中，当 $\beta_t = 0.5$ 时，其剪扭相关性为_____。

三、判断题

1. 抗扭钢筋主要由箍筋承担。（　　　）

2. 对于无腹筋梁，剪跨比越大受剪承载力越高。（　　　）

3. 在钢筋混凝土纯扭构件的变角空间桁架模型中，箍筋的作用相当于腹杆。（　　　）

4. 矩形截面钢筋混凝土受扭构件的初始裂缝一般发生在截面短边的中点附近。（　　　）

四、计算题

1. 已知一钢筋混凝土矩形截面纯扭构件，环境类别为一类，设计使用年限为 50 年，截面尺寸 $b \times h = 200 \text{ mm} \times 400 \text{ mm}$，配置 4 根直径为 14 mm 的 HRB400 级纵向钢筋。箍筋为直径 8 mm 的 HPB300 钢筋，间距为 100 mm。混凝土强度等级为 C30，求解该纯扭构件截面的受扭承载力。

2. 已知一均布荷载作用下钢筋混凝土矩形截面弯剪扭构件，环境类别为一类，设计使用年限为 50 年。截面尺寸 $b \times h = 150 \text{ mm} \times 300 \text{ mm}$，作用于构件上的扭矩设计值 $T = 4 \text{ kN} \cdot \text{m}$，弯矩设计值 $M = 50 \text{ kN} \cdot \text{m}$，$V = 15 \text{ kN}$。采用 C30 混凝土，箍筋采用 HPB300 级钢筋，纵筋采用 HRB400 级钢筋。试计算纵筋和箍筋的配筋量。

第 8 章

混凝土结构的裂缝、变形及耐久性
Cracks，Deformation，and Durability of Concrete Structures

本章学习目标
1. 理解混凝土构件抗裂验算及构件正截面裂缝宽度计算；
2. 理解混凝土受弯构件的变形验算；
3. 了解混凝土耐久性设计和评估；
4. 了解混凝土构件裂缝控制及变形控制的目标和要求；
5. 了解影响混凝土结构耐久性的因素。

本章专业术语
bending stiffness　抗弯刚度
average crack spacing　平均裂缝间距
deflection　挠度
average crack width　平均裂缝宽度
steel reinforcement corrosion　钢筋锈蚀
concrete carbonization　混凝土碳化
concrete shrinkage　混凝土收缩
creep　徐变
bond slip　粘结滑移
bond strength　粘结强度
deformation control　变形控制
durability　耐久性
uneven strain coefficient of tensile steel bars　受拉钢筋应变不均匀系数

设计混凝土结构或评价既有混凝土结构的性能时，对所有的受力构件都要进行承载能力计算，因为构件可能由于强度不足或失稳等原因而达到承载能力极限状态。此外，结构构件还可能由于开裂或裂缝宽度、变形过大，而到达正常使用极限状态。为使结构的使用性能满足要求，根据使用条件还要对某些构件的裂缝和变形进行控制验算。进行结构构件裂缝和变形控制验算时，应按各类工程结构（房屋建筑、桥梁、港口工程等）规范规定的荷载效应组合值进行，其计算值应不超过相应的限值。

8.1　混凝土结构的裂缝

Cracks in Concrete Structures

8.1.1　构件的裂缝控制

Crack Control in Structural Members

1. 混凝土结构裂缝的分类和成因

裂缝有很多种。从工程实际应用角度研究的裂缝，主要是指对混凝土强度及工程结构物的适用性和耐久性等结构功能有不利影响的宏观裂缝。

混凝土裂缝产生的原因很多，分类也各不相同，概括如下：

（1）施工期间产生的裂缝。如塑性裂缝、温度裂缝、收缩裂缝、施工质量问题引起的裂缝、早期冻融作用引起的裂缝等。

（2）使用期间随时间发展的裂缝。如钢筋锈蚀引起的纵向裂缝、温度变化和收缩作用引起的裂缝、不均匀沉降引起的裂缝、冻融循环等环境作用引起的裂缝等。

（3）荷载作用引起的裂缝。构件在荷载作用下都可能发生裂缝，受力状态不同（如受弯、受剪、组合作用、局部荷载作用等），其裂缝形状和分布也不同，前述各有关章节中已予说明。

2. 裂缝控制的目的和要求

混凝土的抗拉强度远低于抗压强度，构件在不大的拉应力下就可能开裂。总的来说，对裂缝控制的目的之一，是保证结构的耐久性。各种工程结构设计规范规定，对钢筋混凝土结构的正截面裂缝需进行宽度验算。采用高性能混凝土和施加预应力有利于改善构件的抗裂性能。

混凝土结构构件的裂缝控制等级一般分为三级。

（1）一级——严格要求不出现裂缝的构件。即按荷载效应标准组合计算，要求在荷载标准组合下，构件受拉边缘混凝土应不产生拉应力。

（2）二级——一般要求不出现裂缝的构件。即在荷载标准组合下，构件受拉边缘混凝土应不开裂（混凝土拉应力应不大于混凝土抗拉强度标准值）。

（3）三级——允许出现裂缝的构件。钢筋混凝土构件的最大裂缝宽度 w_{max} 按荷载准永久组合并考虑长期效应的影响，要求其计算值不应超过规定的最大裂缝宽度限值 w_{lim}。

《混凝土结构设计标准》规定的荷载引起的最大裂缝宽度限值见附表 3-2。

8.1.2　构件正截面裂缝宽度计算

Crack Width Calculation for Normal Sections

1. 裂缝宽度的计算理论

混凝土构件裂缝的成因很多，即使仅限于研究静力荷载作用下产生的裂缝，影响其宽度的因素仍然相当复杂，要建立一个裂缝宽度通用计算公式是困难的。本节主要讨论轴心受拉、受弯构件正截面裂缝宽度的

计算方法。

粘结滑移理论是根据轴心受拉构件的试验结果提出的，认为裂缝的开展主要取决于钢筋与混凝土之间的粘结性能。当裂缝出现后，裂缝截面处钢筋与混凝土之间发生局部粘结破坏，钢筋伸长、混凝土回缩，其相对滑移值就是裂缝的宽度。实际上，该理论假设混凝土应力沿构件截面均匀分布，应变服从平截面假定，构件表面的裂缝宽度与钢筋处相等（图 8-1 中的虚线）。因而，可根据粘结应力的传递规律，先确定裂缝的间距，进而得到与裂缝间距呈比例的裂缝宽度计算公式。

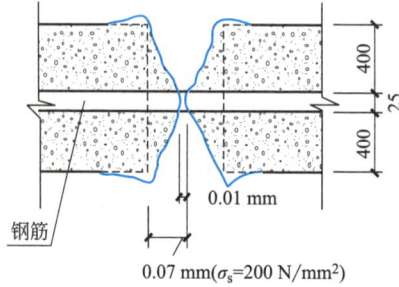

图 8-1　轴心受拉构件裂缝出现后的混凝土回缩变形

（1）裂缝间距

在使用阶段，构件的裂缝经历了从出现到开展、稳定的过程（图 8-2）。裂缝出现以前，沿构件的纵向，混凝土和钢筋的拉应力和应变基本上是均匀分布的。当混凝土的拉应变接近其极限拉应变时，各截面均进入即将出现裂缝的状态。第一条（批）裂缝出现在最薄弱截面（例如图中截面 1），开裂位置是随机的。裂缝出现后，开裂截面处的混凝土退出工作、钢筋承担了全部拉力，应力 σ_s 突然增大（增量为 $\Delta\sigma_s$）。同时，原来受拉的混凝土则向开裂截面两侧回缩，混凝土与钢筋表面出现了粘结应力 τ 和相对滑移，故裂缝一旦出

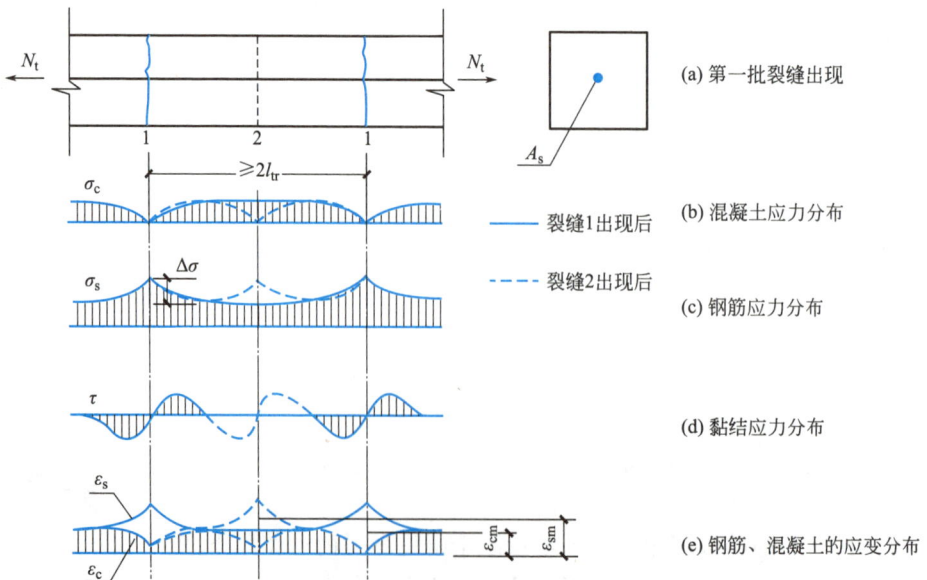

图 8-2　裂缝发展过程

现就有一定的宽度。开裂截面钢筋的应力，又通过粘结应力逐步传递给混凝土。随着离开裂截面距离的增大，粘结应力逐步积累，钢筋的应力 σ_s 和应变 ε_s 则相应地逐步减小，混凝土的拉应力及应变逐渐增大，直到在离开开裂截面一定的距离 l_{tr} 处（这段距离称为传递长度），二者的应变相等，粘结应力和相对滑移消失，钢筋和混凝土的应力又恢复到未开裂状态。

显然，在距第一批开裂截面的两侧 l_{tr} 或间距小于 $2l_{tr}$ 的第一批裂缝之间的范围内，都不可能再出现裂缝了。因为在这些范围内，通过粘结作用的积累，混凝土的拉应变值再也不可能达到极限拉应变值。所以，理论上的最小裂缝间距为 l_{tr}，最大裂缝间距为 $2l_{tr}$，平均裂缝间距为 $l_m = 1.5 l_{tr}$。

随着荷载的继续增大，裂缝将不断出现，钢筋与混凝土的应力、应变以及粘结力的变化重复上述规律，直到裂缝的间距处于稳定状态。 所以，沿构件纵向，钢筋和混凝土的应变都是不均匀的。平均裂缝间距为 l_m 可用平衡条件求得。若构件的截面面积为 A，钢筋截面面积为 A_s，直径为 d，在 l 长度内的平均粘结应力为 τ_m，则由图 8-3 中隔离体力的平衡条件得到 $\Delta\sigma_s A_s = f_t A$ 及 $\Delta\sigma_s A_s = \tau_m \pi d l_{tr}$。于是 $l_{tr} = f_t A / \tau_m \pi d$，$A_s = \pi d^2 / 4$，配筋率 $\rho = A_s / A$，平均裂缝间距表达为：

$$l_m = 1.5 l_{tr} = \frac{1.5}{4} \cdot \frac{f_t}{\tau_m} \cdot \frac{d}{\rho} = k_1 \frac{d}{\rho} \tag{8-1}$$

试验研究表明，粘结应力平均值 τ_m 与混凝土的抗拉强度 f_t 呈正比，比值可取为常数，故 k_1 为一常数。所以，按照粘结滑移理论，平均裂缝间距 l_m 与混凝土的强度无关。此外，试验还表明，平均裂缝间距 l_m 与混凝土保护层厚度 c 有较大关系，且与钢筋表面特征有关。

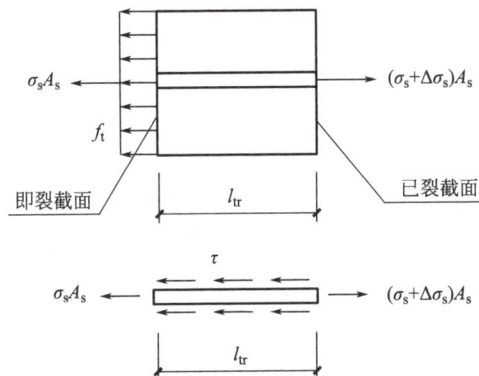

图 8-3　传递长度为 l_{tr} 的隔离体

考虑到受弯构件和偏心受拉构件开裂时截面混凝土并非全截面受拉，为便于表达，可统一把配筋率 ρ 改用以有效受拉混凝土截面面积 A_{te} 计算的配筋率 ρ_{te} 表示，则式（8-1）可写成：

$$l_m = k_1 \frac{d}{\rho_{te}} + k_2 c \tag{8-2}$$

式中 k_1、k_2 为经验系数。配筋率 ρ_{te} 可简称有效受拉钢筋配筋率，其计算公式如下：

$$\rho_{te} = \frac{A_s}{A_{te}} \tag{8-3}$$

式中　A_s——受拉纵向非预应力钢筋截面面积；

　　　A_{te}——有效受拉混凝土截面面积，即图 8-4 中阴影部分的面积；

　　　c——混凝土保护层厚度。

对轴心受拉构件：

$$A_{te} = A = bh \tag{8-4}$$

对受弯、偏心受压和偏心受拉构件：

$$A_{te} = 0.5bh + (b_f - b)h_f \tag{8-5}$$

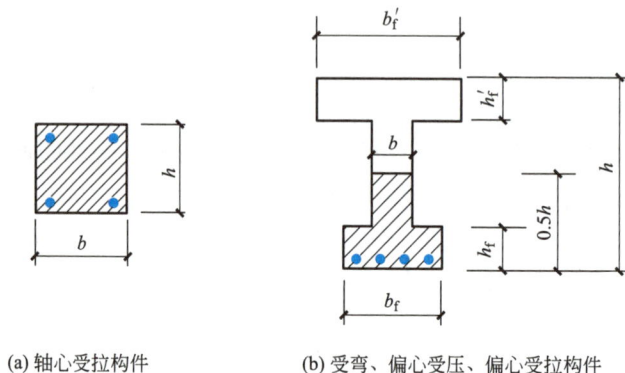

(a) 轴心受拉构件　　　　　(b) 受弯、偏心受压、偏心受拉构件

图 8-4　有效受拉混凝土截面面积

（2）裂缝宽度

裂缝宽度指纵向受拉钢筋重心水平线处构件侧表面上的裂缝宽度。

按粘结滑移理论，裂缝宽度等于裂缝之间钢筋与外围混凝土相对滑移的总和，即二者伸长的差值。设平均裂缝间距 l_m 范围内钢筋的平均应变为 ε_{sm}，混凝土的平均应变为 ε_{cm}（图 8-2），则平均裂缝宽度：

$$w_m = (\varepsilon_{sm} - \varepsilon_{cm}) l_m = k_w \varepsilon_{sm} l_m \tag{8-6}$$

式中，$k_w = 1 - (\varepsilon_{cm}/\varepsilon_{sm})$。

令 $\psi = \varepsilon_{sm}/\varepsilon_s$，并称为裂缝间钢筋应变不均匀系数。其中，$\varepsilon_s$ 为开裂截面处钢筋的应变。又由于 $\varepsilon_m = \sigma_s/E_s$（$\sigma_s$ 为开裂截面处钢筋的应力，E_s 为钢筋的弹性模量），则平均裂缝宽度 w_m 表达为：

$$w_m = k_w \varepsilon_{sm} l_m = k_w \psi \varepsilon_s l_m = k_w \psi \frac{\sigma_s}{E_s} l_m = k_w \psi \frac{\sigma_s}{E_s} \left(k_1 \frac{d}{\rho_{te}} + k_2 c \right) \tag{8-7}$$

最后，在确定了构件的裂缝宽度频率分布类型后，根据要求的裂缝宽度保证率并考虑荷载长期作用的影响，就可以在平均裂缝宽度的基础上求得最大裂缝宽度值。

2. 最大裂缝宽度

计算构件在使用荷载下的最大裂缝宽度主要采用的是半理论半经验方法。《混凝土结构设计标准》给出的方法属于这一类。

（1）最大裂缝宽度计算公式

最大裂缝宽度由平均裂缝宽度乘以扩大系数得到。扩大系数反映实际裂缝分布的不均匀性和荷载长期作用的影响。通常取计算控制值

粘结滑移理论与无
滑移理论相结合的
裂缝宽度计算

的保证率为 95%，在此基础上结合试验数据，对于受弯构件、偏心受压构件 $w_{max} = 1.66 w_m$，轴心受拉、偏心受拉构件 $w_{max} = 1.9 w_m$。

在荷载的长期作用下，由于混凝土的进一步收缩、徐变以及钢筋与混凝土之间滑移徐变等原因，裂缝宽度将随时间而增大。经分析，取此项影响的裂缝宽度扩大系数为 1.5。

另外，根据试验结果并参照使用经验，可确定式（8-7）中的 $k_w = 0.77$（受弯、偏心受压）或 0.85（轴心、偏心受拉），$k_1 = 0.08$，$k_2 = 1.9$，并采用等效直径 d_{eq} 反映不同种类钢筋、不同直径钢筋情况下钢筋与混凝土之间的粘结特征。则有：

$$w_{max} = \alpha_{cr} \psi \frac{\sigma_{sq}}{E_s} \left(1.9 c_s + 0.08 \frac{d_{eq}}{\rho_{te}} \right) \tag{8-8}$$

式中　α_{cr}——构件受力特征系数，钢筋混凝土轴心受拉构件 $\alpha_{cr} = 1.5 \times 1.90 \times 0.85 \times 1.1 = 2.7$，钢筋混凝土偏心受拉构件 $\alpha_{cr} = 1.5 \times 1.90 \times 0.85 \times 1.0 = 2.4$，钢筋混凝土受弯构件或偏心受压构件 $\alpha_{cr} = 1.5 \times 1.66 \times 0.77 \times 1.0 = 1.9$；

　　　ρ_{te}——按有效受拉混凝土截面面积计算的纵向受拉钢筋配筋率，按式（8-3）计算，若 $\rho_{te} < 0.01$，取 $\rho_{te} = 0.01$；

　　　ψ——裂缝间纵向受拉钢筋应变不均匀系数，按式（8-15）计算；

　　　σ_{sq}——按荷载准永久组合计算的钢筋混凝土构件纵向受拉钢筋应力；

　　　E_s——纵向受拉钢筋的弹性模量；

　　　c_s——最外层纵向受拉钢筋外边缘至受拉区底边的距离（mm），当 $c_s < 20$ 时，取 $c_s = 20$；当 $c_s > 65$ 时，取 $c_s = 65$；

　　　d_{eq}——纵向受拉钢筋的等效直径；

$$d_{eq} = \frac{\sum n_i d_i^2}{\sum n_i \nu_i d_i}$$

　　　d_i——第 i 种纵向受拉钢筋的直径（mm）；

　　　n_i——第 i 种纵向受拉钢筋的根数；

　　　ν_i——第 i 种纵向受拉钢筋的相对粘结特性系数，光圆钢筋为 0.7，带肋钢筋为 1.0。

需要说明，按式（8-8）计算出的最大裂缝宽度，并不是裂缝的绝对最大宽度，而是具有 95% 保证率的相对最大裂缝宽度。

（2）裂缝截面处的钢筋应力 σ_{sq}

σ_{sq} 值可根据按荷载效应准永久组合计算的轴力或弯矩下裂缝截面处的平衡条件求得。

① 轴心受拉构件

$$\sigma_{sq} = \frac{N_q}{A_s} \tag{8-9}$$

式中　N_q——按荷载效应准永久组合计算的轴力值。

② 受弯构件

对钢筋混凝土受弯构件（图 8-5）有：

$$\sigma_{sq} = \frac{M_q}{A_s \gamma_s h_0} \tag{8-10}$$

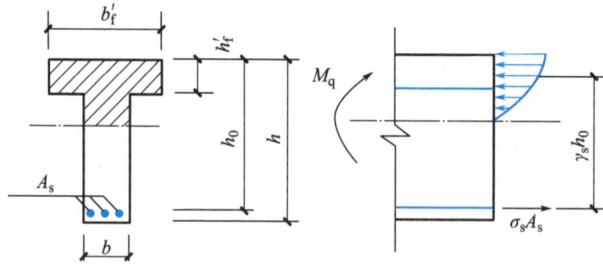

图 8-5　受弯构件开裂截面的应力图形

式中　M_q——按荷载准永久组合计算的弯矩值；

γ_s——开裂截面内力臂长度系数，其值在 $0.83 \sim 0.93$ 之间波动，可近似取 0.87。

③ 钢筋混凝土偏心受拉构件

对钢筋混凝土偏心受拉构件（图 8-6）有：

$$\sigma_{sq} = \frac{N_q e'}{A_s (h_0 - a'_s)} \tag{8-11}$$

式中　e'——轴向拉力作用点至受压区或受拉较小边纵向受力钢筋合力点的距离。

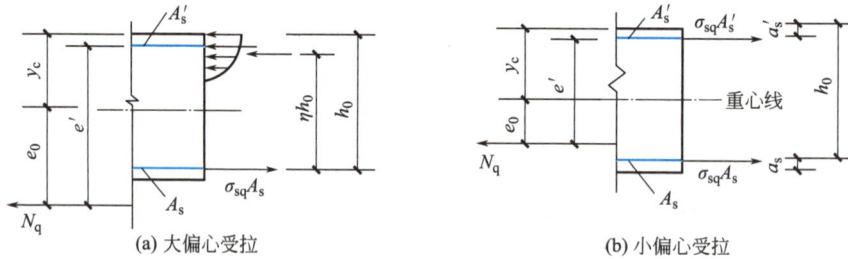

图 8-6　偏心受拉构件钢筋应力计算简图

④ 钢筋混凝土偏心受压构件

对钢筋混凝土偏心受压构件（图 8-7）有：

$$\sigma_{sq} = \frac{N_q (e - z)}{A_s z} \tag{8-12}$$

$$e = \eta_s e_0 + y_s \tag{8-13}$$

$$\eta_s = 1 + \frac{1}{4000 e_0 / h_0} \left(\frac{l_0}{h} \right)^2 \tag{8-14}$$

$$z = \left[0.87 - 0.12 (1 - \gamma'_f) \left(\frac{h_0}{e} \right)^2 \right] h_0 \tag{8-15}$$

式中　z——纵向受拉钢筋合力点至截面受压区合力点的距离，不大 $0.87 h_0$；

e_0——荷载准永久组合下的初始偏心距，$e_0 = M_q / N_q$；

y_s——截面重心至纵向受拉钢筋合力点的距离；

η_s——使用阶段轴向压力偏心距增大系数，当 l_0 / h 大于 14 时，取 $\eta_s = 1.0$。

（3）裂缝间纵向受拉钢筋应变不均匀系数 ψ

该系数反映了受拉钢筋应变的不均匀性，其物理意义表明了裂缝间受拉混凝土参与工作，对减小变形和裂缝宽度的贡献。其值可按下式计算：

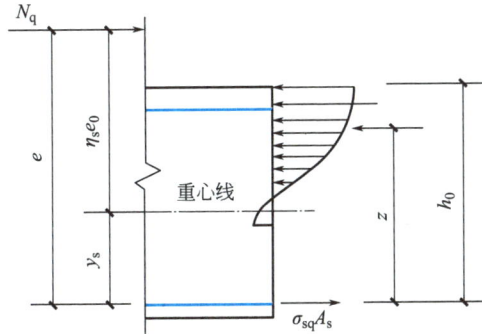

图 8-7　偏心受压构件钢筋应力计算简图

$$\psi = 1.1 - 0.65 \frac{f_{tk}}{\rho_{te}\sigma_{sq}} \tag{8-16}$$

式中，当求得的 $\psi > 1$ 时，取 $\psi = 1.0$；当求得的 $\psi < 0.2$ 时，取 $\psi = 0.2$。

【例 8-1】某屋架下弦按轴心受拉构件设计，截面尺寸为 $200\ mm \times 160\ mm$，保护层厚度 $c = 25\ mm$，配置 $4\ \Phi\ 16(A_s = 804\ mm^2)$，箍筋直径 $6mm$，混凝土强度等级 $C25(f_{tk} = 1.78\ N/mm^2)$。荷载准永久组合下的轴向力 $N_q = 142\ kN$，裂缝宽度限值 $w_{lim} = 0.2\ mm$。试验算最大裂缝宽度。

【解】按式（8-8）$\alpha_{cr} = 2.7$

$$\rho_{te} = \frac{A_s}{bh} = \frac{804}{200 \times 160} = 0.0251$$

$$\sigma_{sq} = \frac{N_k}{A_s} = \frac{142000}{804} = 177\ N/mm^2$$

$$\psi = 1.1 - 0.65 \frac{f_{tk}}{\rho_{te}\sigma_{sq}} = 1.1 - 0.65 \times \frac{1.78}{0.0251 \times 177} = 0.84$$

$$w_{max} = \alpha_{cr}\psi \frac{\sigma_{sq}}{E_s}\left(1.9c_s + 0.08\frac{d_{eq}}{\rho_{te}}\right)$$

$$= 2.7 \times 0.84 \times \frac{177}{2.0 \times 10^5} \times \left(1.9 \times (25+6) + 0.08 \times \frac{16}{0.0251}\right)$$

$$= 0.22\ mm < w_{lim} = 0.2\ mm,\ \ 不满足要求。$$

知识拓展——基于数字图像技术的桥梁裂缝检测综述[*]
Knowledge Expansion——Review of Bridge Crack Detection Based on Digital Image Technology[*]

1. 相机搭载和标定

钟新谷等提出了利用无人机搭载云台和激光测距仪对桥梁表面进行检测，验证了利用

　　[*] 杨国俊，齐亚辉，石秀名. 基于数字图像技术的桥梁裂缝检测综述 [J]. 吉林大学学报（工学版），2024，54（2）：313-332.

无人机检测桥梁裂缝的可行性。Cuevas 对无人机进行了改进，使其可以紧贴桥梁底部进行表观病害检测，同时可以结合全站仪检测桥梁挠度和形变。Jang 等提出了一种基于环形爬壁机器人的高空桥墩裂缝自动评估技术。图 T-1，是由多个摄像机、攀爬机器人和控制计算机组成的环形攀爬机器人系统。通过在近距离条件下沿目标桥墩空间移动扫描，可以连续获得高质量的原始图像，再进行图像拼接和裂缝特征识别计算。除了上述设备外，还有基于手持式、固定位置的数字图像检测设备，但存在自动化程度低、精度低等缺点。无人机轻巧灵活，适用于检测桥塔、异形构件及其他复杂位置。相机的标定是通过寻找对象在图像与现实世界的转换数学关系，找出其定量的联系，从而实现从图像中测量出实际数据的目的。

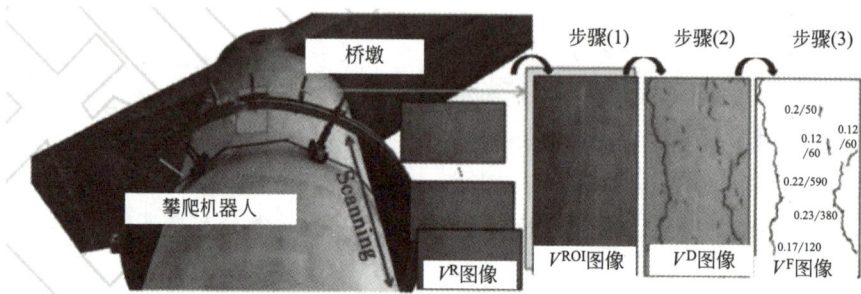

图 T-1　桥墩攀爬机器人对桥墩进行裂缝检测

2. 三维结构重建及裂缝表达与监测

2012 年，MR 等将三维建模运用在了结构裂缝评估方面。刘宇飞等提出了多视角几何三维重建法，并引入了基于 SFM 算法的三维重建技术，解决了局部损伤难以在整体结构中定位和复杂曲面上裂缝透视变形引起的测量误差问题，且于 2017 年完成了对兰州市中山桥桥墩的三维建模及裂缝投影。陈金桥等提出了基于无人机倾斜摄影的建模方法，并建立了桥梁表面缺陷检测系统。该系统可以将裂缝等桥梁表面缺陷标记在三维模型上，实现了检测信息的三维可视化，如图 T-2 所示。

(a) 裂缝云图立面图　　　(b) 裂缝云图轴测图

图 T-2　三维裂缝云图

目前大多数研究都集中于裂缝识别算法方面，在裂缝跟踪管理与新产生裂缝的监测方面的研究较少。但是，裂缝的发展往往揭示了结构的破坏机理，对已有裂缝进行跟踪监测可以分析桥梁结构的受力状况。对裂缝跟踪一般是基于固定机位的局部长期监测，或者采用固定时间间隔的多次拍摄，然后进行对比分析。Kong 等基于卷积神经网络识别裂缝，然后基于形状上下文匹配算法来判断新旧裂缝，并对每个裂缝进行编号，以便后期的长期监测，如图 T-3 所示。

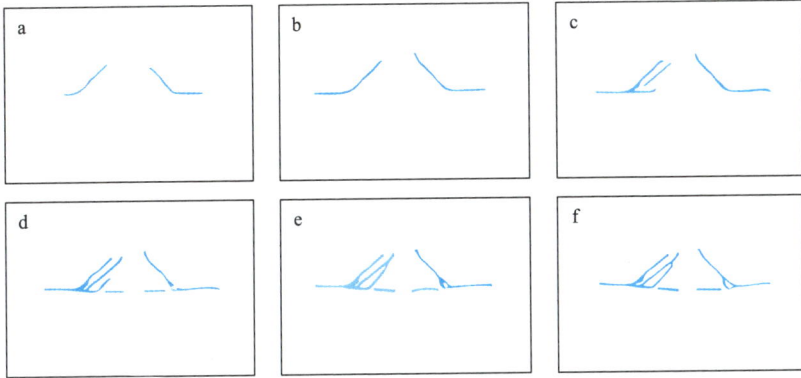

图 T-3　新旧裂缝

8.2　混凝土构件的变形控制
Deformation Control of Concrete Members

钢筋混凝土受
弯构件的
变形控制方法

8.2.1　变形控制的目的和要求
Objectives and Requirements of Deformation Control

1. 变形控制的目的

（1）保证结构的使用功能要求。结构构件的变形过大时，会严重影响甚至丧失它的使用功能。

（2）满足观瞻和使用者的心理要求。构件的变形（如梁的挠度等）过大，不仅有碍观瞻，还引起使用者明显的不安全感，所以应把构件的变形限制在人的心理所能承受的范围内。

（3）避免非结构构件的破坏。所谓非结构构件主要是指非承重构件或建筑构造构件等，其支承构件的过大变形会导致这类构件的破坏。避免非结构构件的破坏也是确定变形限值时着重考虑的重要因素。

（4）避免对其他结构构件的不利影响。

2. 变形控制的要求

目前对变形控制的研究，尚仅限于受弯构件以及公路桥梁的桁架、拱等构件的挠度控制。总的来说，要求最大挠度计算值不大于挠度限值，即：

$$f \leqslant f_{\text{lim}} \tag{8-17}$$

挠度限值主要依据上述控制目的和工程经验的总结确定。一般工业与民用建筑中钢筋混凝土受弯构件的挠度限值如附表 3-1 所列。

8.2.2　钢筋混凝土受弯构件变形验算

Deformation Verification of Reinforced Concrete Flexural Members

钢筋混凝土受弯构件的挠度，可以利用材料力学的有关公式计算，关键在于如何确定其截面弯曲刚度。刚度的计算要合理反映构件开裂后的塑性性质。

由材料力学可知，根据平截面假定，弹性均质材料梁的最大挠度计算公式为：

$$f = S \frac{M l_0^2}{EI} \tag{8-18}$$

式中　M——梁的最大弯矩；

S——与荷载形式、支承条件有关的系数，例如均布荷载下的简支梁，$S = 5/48$；

l_0——计算跨度。

当梁的材料和截面尺寸确定后，弹性匀质材料梁的刚度 EI 为一常值，因而挠度 f 与弯矩 M 呈直线关系，如图 8-8 中的虚线 OA 所示。

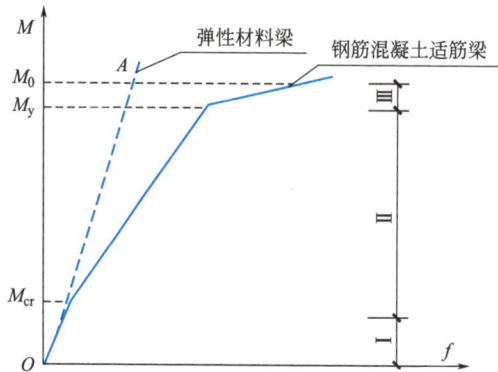

图 8-8　受弯构件的 $M\text{-}f$ 曲线

钢筋混凝土适筋受弯构件从开始承载到破坏，其刚度发展经历了三个阶段（图 8-8 中的实线）。开裂前（$M \leqslant M_{cr}$）梁处于未裂阶段，挠度 f 与弯矩 M 呈直线关系，若构件弹性抗弯刚度为 EI，此直线关系与图中的虚线 OA 基本符合；受拉区混凝土一旦开裂（$M \geqslant M_{cr}$），梁即进入带裂缝工作阶段，刚度有明显的降低；当梁的受拉钢筋屈服以后（$M \geqslant M_y$），刚度则急剧降低。上述规律说明，与弹性匀质材料梁不同，钢筋混凝土受弯构件的刚度并不是一个常值，裂缝的出现与开展对它有很显著的影响。由于受弯构件在正常使用极限状态下是带裂缝工作的，因而它的变形计算是针对裂缝稳定后的构件而言的，应以Ⅱ阶段作为其计算依据。

钢筋混凝土是不匀质的非弹性材料，钢筋混凝土受弯构件的正截面在其受力全过程中，弯矩与曲率（$M\text{-}\varphi$）的关系是在不断变化的，所以截面弯曲刚度不是常数，而是变化的，记作 B。

基于弹性刚度的变形简化计算方法

8.2.3 截面弯曲刚度
Flexural Stiffness of Cross Sections
1. 使用阶段受弯构件的应变特点

对于承受弯矩的截面，抵抗截面转动的能力就是截面弯曲刚度，即使截面产生单位曲率需要施加的弯矩值。在混凝土开裂前的第 Ⅰ 阶段，可近似地把 M-φ 关系曲线看成是直线，它的斜率就是截面弯曲刚度。考虑到受拉区混凝土的塑性，故把混凝土的弹性模量降低 15%，即取截面弯曲刚度：

$$B = 0.85 E_c I_0 \tag{8-19}$$

裂缝稳定以后，由试验研究可知，受弯构件的应变特点是（图 8-9）：沿构件长度方向纵向钢筋的应变分布、受压区混凝土的应变分布都不均匀，开裂截面处较大，裂缝之间较小。所以，截面中和轴高度 x_n 连线呈波浪形，即使在纯弯段内，x_n 值也是变化的，开裂截面处较小，裂缝之间较大。

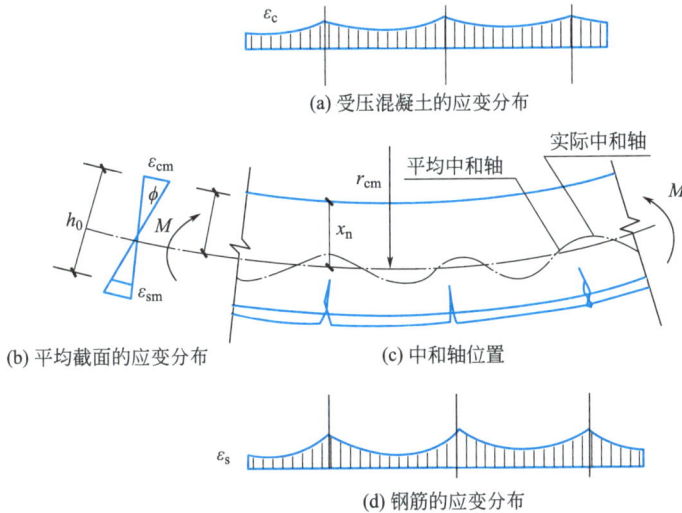

图 8-9 梁纯弯段的应变分布和中和轴位置

受弯构件纯弯段截面刚度计算的思路是：先以"平均"概念建立表达式，再考虑其不均匀性及长期荷载的影响，用裂缝间钢筋应变不均匀系数 $\psi = \varepsilon_{sm}/\varepsilon_s$ 反映不均匀程度。实际上，ψ 也反映了受拉区混凝土参与工作的程度，与 ε_{sm} 相应的钢筋平均应力为 σ_{sm}。受压混凝土应变值的波动幅度比钢筋应变小得多，其最大值与平均应变 ε_{cm} 值相差不大。中和轴高度的平均值 x_{nm} 称为平均中和轴高度，相应的中和轴称为平均中和轴，截面则称为平均截面，曲率称为平均曲率，平均曲率半径记为 r_{cm}。

研究表明，钢筋平均应变 ε_{sm}，受压混凝土平均应变 ε_{cm} 符合平截面假定。

2. 刚度计算公式的建立

（1）受弯构件的短期刚度 B_s。

建立短期刚度表达式的途径，与材料力学建立弯矩 M 与曲率 φ 关系的途径相同，即综合应用几何关系、物理关系以及平衡关系。

几何关系：在纯弯段内，平均应变 ε_{sm}，ε_{cm} 符合平截面假定。故截面曲率为：

$$\phi = \frac{1}{r_{cm}} = \frac{\varepsilon_{sm} + \varepsilon_{cm}}{h_0} \tag{8-20}$$

式中，r_{cm} 为平均曲率半径。

物理关系：在使用阶段，钢筋的平均应变 ε_{sm} 与平均应力 σ_{sm} 的关系符合虎克定律，即 $\varepsilon_{sm} = \dfrac{\sigma_{sm}}{E_s}$，则钢筋平均应变 ε_{sm} 与裂缝截面钢筋应力 σ_s 的关系为：

$$\varepsilon_{sm} = \psi \varepsilon_s = \psi \frac{\sigma_s}{E_s} \tag{8-21}$$

另外，由于受压区混凝土的平均应变 ε_{cm} 与裂缝截面的应变 ε_c 相差很小，再考虑到混凝土的塑性变形而采用变形模量 E_c'（$E_c' = \nu E_c$，ν 为弹性系数），则：

$$\varepsilon_{cm} \approx \varepsilon_c = \frac{\sigma_c}{E_c'} = \frac{\sigma_c}{\nu E_c} \tag{8-22}$$

平衡关系：裂缝截面的实际应力分布如图 8-10（a）所示，计算时可把混凝土受压应力图形取作等效矩形应力图形（图 8-10b）。

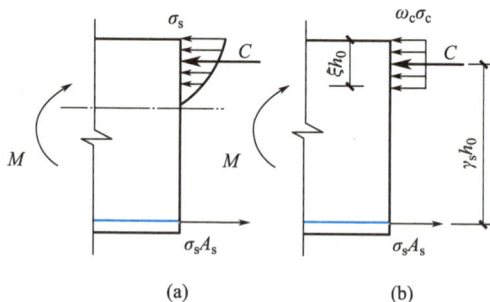

图 8-10　裂缝截面计算图形

设裂缝截面的受压区高度为 ξh_0，截面的内力臂为 $\gamma_0 h_0$，由内力平衡关系（图 8-10b）得到受压混凝土应力：

$$\sigma_c = \frac{M}{\xi \omega \gamma_s b h_0^2} \tag{8-23}$$

式中，M 为截面所受的弯矩值，ω 为应力图形系数。

同理，受拉钢筋应力为：

$$\sigma_s = \frac{M}{A_s \gamma_s h_0} \tag{8-24}$$

综合上述三项关系，即可得到：

$$\phi = \frac{\varepsilon_{sm} + \varepsilon_{cm}}{h_0} = \frac{\psi \dfrac{\sigma_s}{E_s} + \dfrac{\sigma_c}{\nu E_c}}{h_0} = \frac{\psi \dfrac{M}{E_s A_s \gamma_s h_0} + \dfrac{M}{\nu E_c \xi \omega \gamma_s b h_0^2}}{h_0} = M\left(\frac{\psi}{E_s A_s \gamma_s h_0^2} + \frac{1}{\nu E_c \xi \omega \gamma_s b h_0^3} \right) \tag{8-25}$$

式（8-24）即为 M 与曲率 ϕ 的关系式。设 $\zeta = \nu \xi \omega \gamma_s$，并称为混凝土受压边缘平均应变综合系数，反映了 ν，ξ，ω，γ_s 四个参数的综合效果。经整理，可得短期刚度的表达式为：

$$B_s = \frac{M}{\phi} = \frac{1}{\dfrac{\psi}{E_s A_s \gamma_s h_0^2} + \dfrac{1}{\zeta E_c b h_0^3}} = \frac{E_s A_s h_0^2}{\dfrac{\psi}{\gamma_s} + \dfrac{\alpha_E \rho}{\zeta}} \quad (8\text{-}26)$$

为简化计算，根据试验分析结果，可得：

$$\frac{\alpha_E \rho}{\zeta} = 0.2 + \frac{6\alpha_E \rho}{1 + 3.5\gamma_f'} \quad (8\text{-}27)$$

$$B_s = \frac{E_s A_s h_0^2}{1.15\psi + 0.2 + \dfrac{6\alpha_E \rho}{1 + 3.5\gamma_f'}} \quad (8\text{-}28)$$

式中，$\alpha_E = E_s / E_c$，$\gamma_f' = (b_f' - b)h_f' / (b h_0)$，即 γ_f' 等于受压翼缘截面面积与腹板有效截面面积的比值。

综上可知，**短期截面弯曲刚度 B_s 是受弯构件的纯弯区段在承受 $50\% \sim 70\%$ 的正截面受弯承载力 M_u 的第 Ⅱ 阶段区段内，考虑了裂缝间受拉混凝土的工作，即纵向受拉钢筋应变不均匀系数 ψ，也考虑了受压区边缘混凝土压应变的不均匀性，从而用纯弯区段的平均曲率来求得的。**

对 B_s 说明如下：

1) B_s 主要是用纵向受拉钢筋来表达的，其计算公式表面复杂，实际上比用混凝土表达的反而简单。

2) B_s 不是常数，是随弯矩而变的，弯矩 M_k 增大，B_s 减小；M_k 减小，B_s 增大，这种影响是通过 ψ 来反映的。

3) 当其他条件相同时，截面有效高度 h_0 对截面弯曲刚度的影响最显著。

4) 当截面有受拉翼缘或有受压翼缘时，都会使 B_s 有所增大。

5) 具体计算表明，纵向受拉钢筋配筋率 ρ 增大，B_s 也略有增大。

6) 在常用配筋率 $\rho = 1\% \sim 2\%$ 的情况下，提高混凝土强度等级对提高 B_s 的作用不大。

7) B_s 的单位与弹性材料的 EI 是一样的，都是 "N·mm²"，因为弯矩的单位是 "N·mm"，截面曲率的单位是 "1/mm"。

（2）受弯构件的刚度 B

受弯构件的刚度 B 是在短期刚度的基础上考虑荷载长期作用影响后确定的。

长期荷载作用下受弯构件挠度的增大，可用长期荷载对挠度增大的影响系数 θ 来反映。设 f，f_s 分别是构件的长期挠度和短期挠度，则：

$$\theta = \frac{f}{f_s} \quad (8\text{-}29)$$

θ 值根据试验结果分析后确定，其中，考虑了长期荷载下受压钢筋对混凝土受压徐变及收缩所起的约束作用使长期挠度有所减少的影响。受弯构件受压钢筋配筋率 $\rho' = \dfrac{A_s'}{b h_0} = 0$ 时，$\theta = 2.0$；$\rho' = \rho$ 时，$\theta = 1.6$；ρ' 为中间数值时，按直线内插法取用。对翼缘位于受拉区的 T 形截面，θ 值应增加 20%。

按荷载的准永久组合计算获得的弯矩 M_q 属于长期荷载效应。因此，若按荷载的准永久组合计算构件的变形时，有：

$$B = \frac{B_s}{\theta} \tag{8-30}$$

按荷载标准组合计算获得的弯矩 M_k 中包括两个效应：一是由恒载和活载中的"恒载"产生的长期弯矩 M_q；二是由荷载中的"活载"部分产生的短期弯矩 M_k-M_q。若按荷载的标准组合计算构件的变形，则梁的挠度应该是两效应引起的 f'_1 和 f'_2 的叠加。即：

$$f = f'_1 + f'_2 = \theta S \frac{M_q l_0^2}{B_s} + S \frac{M_k - M_q}{B_s} l_0^2 = S \frac{M_k}{B} l_0^2 \tag{8-31}$$

于是有

$$B = \frac{M_k}{M_q(\theta - 1) + M_k} B_s \tag{8-32}$$

求得刚度后，以刚度值替换式（8-18）中的 EI，即可求得受弯构件的挠度 f，再以式（8-17）验算构件的变形是否达到控制要求。

式（8-28）、式（8-29）和式（8-32）所表达的刚度是沿受弯构件纯弯段的刚度平均值。实际上，钢筋混凝土受弯构件在剪跨范围内各截面的弯矩值是不相等的，而且，一般情况下，截面尺寸、材料已经确定的构件，在使用荷载作用下各截面受拉区的开裂情况也不同。如图 8-11 所示，构件在靠近支座的截面处，因 $M < M_{cr}$ 将不出现正截面裂缝，截面刚度比跨中已开裂截面大得多；沿构件长度方向，各截面的抗弯刚度随钢筋截面面积 A_s 的多少以及钢筋应力 σ_s 的大小而变化，弯矩最大的跨中截面的刚度最小，即 $B_{s,min}$。所以，从理论上讲，应按变刚度受弯构件计算构件的挠度，但其计算非常复杂。为简化起见，对于等截面受弯构件，在工程设计中可假定各同号弯矩区段内各截面的刚度相等，并取该区段内最大弯矩 M_{max}

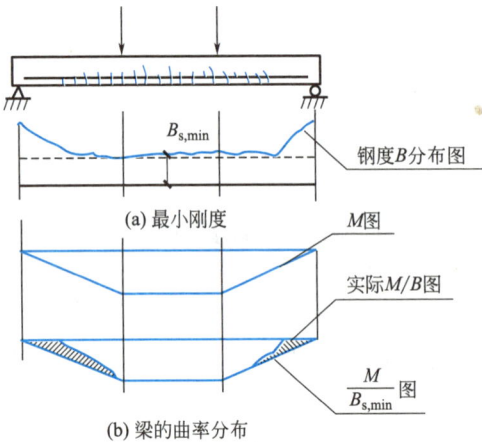

图 8-11　最小刚度原则的应用

处的刚度 $B_{s,min}$ 计算挠度，如图 8-11（a）中的虚线。这就是计算受弯构件变形的最小刚度原则。按最小刚度原则计算，近支座处的曲率计算值 M/B_{min} 比实际值大（图 8-11b）。对国内外约 350 根试验梁的验算表明，按最小刚度原则计算受弯构件的变形是合理的。

需要注意，挠度验算和裂缝宽度验算与前面讲的截面承载力计算的区别如下：1）极限状态不同。截面承载力计算是为了满足承载能力极限状态要求的，挠度、裂缝宽度验算是为了满足正常使用极限状态的。2）要求不同。结构构件不满足正常使用极限状态的危害程度比不满足承载能力极限状态的要求低，故称挠度、裂缝宽度为验算而不是计算，荷载及材料强度采用标准值和准永久值，而不像承载力计算均采用设计值。3）受力阶段不同。承载力计算以破坏阶段为计算依据，第Ⅱ阶段则是挠度、裂缝宽度验算的依据。

【例 8-2】图 8-12 所示多孔板的计算跨度 $l_0 = 3.04$ m，混凝土强度等级 C30，配置 9Φ6 HPB300 受力钢筋，不配置箍筋。保护层厚度 $c = 15$ mm。承受按荷载标准组合计算的

弯矩值 $M_k = 4.47$ kN·m，按荷载准永久值组合计算的弯矩值 $M_q = 3.53$ kN·m，$f_{lim} = l_0/200$。验算挠度能否满足要求。

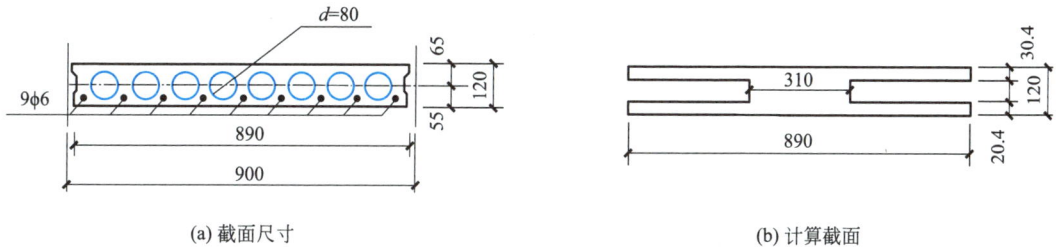

(a) 截面尺寸　　　　　　　　　　　(b) 计算截面

图 8-12　例 8-2 图

【解】计算截面：

计算时，应把多孔板截面换算成 I 形计算截面。此时应按截面面积、形心位置和截面对形心轴的惯性矩不变的条件，把圆孔换算成 $b_a h_a$ 的矩形孔。即：

$$\frac{\pi d^2}{4} = b_a h_a , \quad \frac{\pi d^4}{64} = \frac{b_a h_a^3}{12}$$

求得：$b_a = 72.6$ mm，$h_a = 69.2$ mm。换算后 I 形截面尺寸为（图 8-12b）：

$b = 890 - 72.6 \times 8 \approx 310$mm，$h_0 = 120 - (15 + 3) = 102$ mm，$h_f' = 65 - \frac{69.2}{2} = 30.4$ mm

$> 0.2 h_0 = 20.4$ mm，当计算 γ_f' 时取 20.4mm；$h_f = 55 - \frac{69.2}{2} = 20.4$ mm。

挠度验算：

$$\alpha_E \rho = \frac{E_s}{E_c} \times \frac{A_s}{bh_0} = \frac{210}{30} \times \frac{28.3 \times 9}{310 \times 102} = 0.056$$

$$\gamma_f' = \frac{(b_f - b) h_f'}{bh_0} = \frac{(890 - 310) \times 20.4}{310 \times 102} = 0.374$$

$$\rho_{te} = \frac{A_s}{0.5bh + (b_f - b) h_f} = \frac{28.3 \times 9}{0.5 \times 310 \times 120 + (890 - 310) \times 20.4} = 0.00837 < 0.01,$$

取 $\rho_{te} = 0.01$。

$$\sigma_{sq} = \frac{M_q}{\eta h_0 A_s} = \frac{3.53 \times 10^6}{0.87 \times 102 \times 28.3 \times 9} = 156.18 \text{N/mm}^2$$

$f_{tk} = 2.01 \text{N/mm}^2$

$$\psi = 1.1 - 0.65 \frac{f_{tk}}{\rho_{te} \sigma_{sq}} = 1.1 - 0.65 \times \frac{2.01}{0.01 \times 156.18} = 0.263 > 0.2, \text{取 } \psi = 0.263。$$

$$B_s = \frac{E_s A_s h_0^2}{1.15\psi + 0.2 + \dfrac{6\alpha_E \rho}{1 + 3.5\gamma_f'}}$$

$$= \frac{2.1 \times 10^5 \times 28.3 \times 9 \times 102^2}{1.15 \times 0.263 + 0.2 + \dfrac{6 \times 0.056}{1 + 3.5 \times 0.374}} = 8.59 \times 10^{11} \text{ N·mm}^2$$

$$\theta = 2.0 - 0.4 \frac{\rho'}{\rho} = 2.0$$

根据标准建议 θ 应增大 20% :

$$故\ B = \frac{B_s}{\theta} = \frac{8.59 \times 10^{11}}{1.2 \times 2.0} = 3.57 \times 10^{11}\ \text{N} \cdot \text{mm}^2$$

$$f = \frac{5}{48} \cdot \frac{M_q l_0^2}{B} = \frac{5}{48} \times \frac{3.53 \times 10^6 \times 3040^2}{3.57 \times 10^{11}} = 9.52\ \text{mm} < \frac{l_0}{200} = \frac{3040}{200} = 15.2\ \text{mm}\ ,$$

满足要求。

知识拓展——贝叶斯正则化对混凝土坝位移机器学习模型性能的提升[*]
Knowledge Expansion—Enhancement of Machine Learning Models for Concrete Dam Displacement Prediction via Bayesian Regularization[*]

基于神经网络（Neural Networks，NN）和支持向量机（Support Vector Machine，SVM），通过部分依赖图（Partial Dependency Graph，PDP）来确定机器学习模型中的因子重要性，并量化贝叶斯正则化对机器学习模型的预测和解释能力的提升效应。图 T-4（a）、

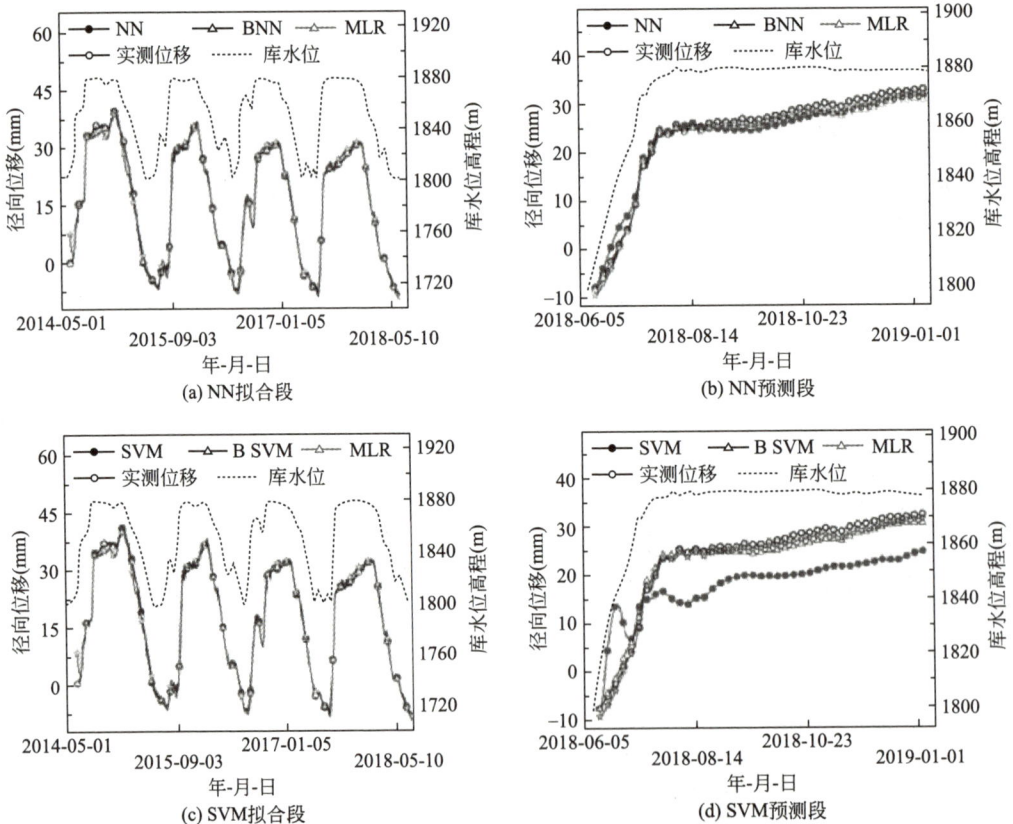

图 T-4 径向位移实测值和 NN，SVM 预测值的时间序列

---

[*] 隋旭鹏，朱圣辉，王少伟，等. 贝叶斯正则化对混凝土坝位移机器学习模型性能的提升 [J]. 水电能源科学，2022，40 (09)：120-124.

图 T-4（b）为基于神经网络和贝叶斯正则化神经网络（Bayesian Regularized Neural Networks，BNN）对混凝土坝的径向位移的拟合及预测结果。在拟合阶段，NN 和 BNN 的曲线基本重合，且接近实测值；在第 1 个 1880 m 高水位稳定期，逐步回归模型（Multiple Linear Regression，MLR）的拟合曲线与实测值有一定偏差，其拟合效果不如 NN、BNN。预测阶段，在水位上升期，BNN 与实测值较为接近，NN 略高于实测值，其偏差先增大，后逐渐减小，而 MLR 在开始阶段略低于实测值；进入水位稳定期后，三种模型预测位移的发展规律均与实测结果相符，均随着 1880 m 稳定水位持续时间的延长而增大，且斜率基本一致，但预测值均略低于实测值，且随着稳定段持续时间的延长有略微增大趋势，其原因在于坝体混凝土的黏弹性将导致其变形在加载后需要较长时间才能达到收敛值，而该拱坝每年都有持续时间长达 97～167 d 的 1880 m 高水位稳定期，导致该拱坝存在非常明显的黏弹性滞后变形效应，而目前广泛使用的 HST 因果模型仅包含瞬时水压分量，因而无法反映库水位稳定期内主要与持荷时间相关的短期作用分量，最终导致预测值略微偏低。

8.3　混凝土结构的耐久性
Durability of Concrete Structures

混凝土结构的耐久性是指结构或构件在设计使用年限内，在正常维护条件下，不需要进行大修就可满足正常使用和安全功能要求的能力。混凝土的碳化及钢筋锈蚀是影响混凝土结构耐久性的最主要的因素。

混凝土结构
耐久性检测
与加固技术

8.3.1　影响混凝土结构耐久性的因素
Factors Affecting Durability of Concrete Structures

混凝土结构在自然环境和使用条件下，随着时间的推移，材料逐渐老化，结构性能劣化，损伤不断累积甚至破坏。这是一个不可逆的过程，虽然它不是直接由力学因素引起的，而是混凝土结构材料物理化学作用的结果，但会影响结构物的使用功能并使结构的承载力下降，最终威胁整个结构的安全。

混凝土结构的耐久性破坏实质为混凝土结构材料与使用环境或结构自身中某些物质相互作用导致结构性能劣化的过程，因此混凝土结构耐久性取决于混凝土结构自身特性（内部因素）和外部环境的侵蚀性（外部因素）。图 8-13 给出了混凝土结构耐久性的影响因素、影响途径以及影响结果。

影响混凝土结构耐久性的主要因素是：混凝土的水胶比、强度等级、氯离子含量和碱含量。结构所处使用环境也对混凝土结构耐久性造成重大影响，《混凝土结构设计标准》将结构工作环境划分为五类，详见附表 3-7。

8.3.2　混凝土材料的耐久性退化
Durability Degradation of Concrete Materials

钢筋混凝土桥梁
耐久性退化机理
及防护措施研究

混凝土结构的耐久性破坏都是从混凝土或钢筋的材料劣化开始的，环

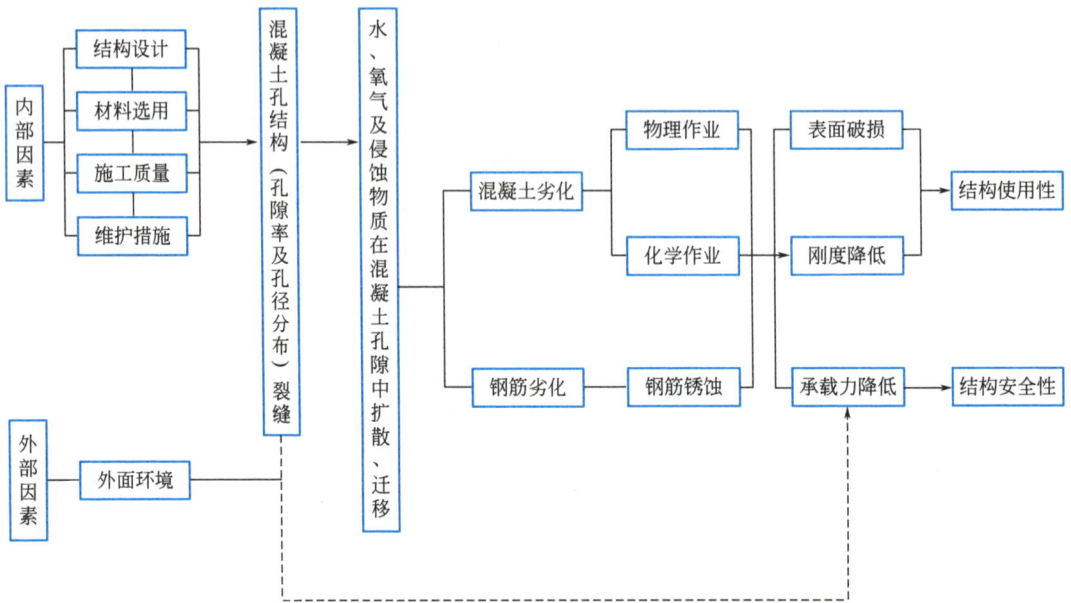

图 8-13　影响混凝土结构耐久性的因素及其影响途径、影响结果

境条件和自身因素都可以引起材料的劣化。其中，多数材料劣化是环境条件引起的，如混凝土碳化、冻融破坏、化学侵蚀、表面磨损、钢筋锈蚀；混凝土自身材料也可能劣化，如碱-骨料反应。

实际上，每一种材料劣化过程中既有环境条件的影响，也有自身因素的影响，每一种由环境条件（外因）引起的耐久性破坏都是通过材料自身（内因）起作用的。因此，上述对环境条件引起或是自身因素引起的划分是就材料劣化的最初原因而言的，实际工程中的耐久性破坏往往是多个因素交织在一起的。

1. 混凝土碳化

由大气环境中的 CO_2 引起的中性化过程称为混凝土碳化。混凝土碳化是一个复杂的物理化学过程。水泥熟料充分水化后，生成氢氧化钙 $Ca(OH)_2$ 和水化硅酸钙 $3CaO \cdot 2SiO_2 \cdot 3H_2O$，其 pH 值约为 $12 \sim 13$，呈强碱性。环境中的 CO_2 气体向混凝土内部扩散并在孔隙水中溶解，同时，固态 $Ca(OH)_2$ 在孔隙水中溶解并向其浓度低的区域扩散。混凝土中 $Ca(OH)_2$ 与 CO_2 反应碳化转化为 $CaCO_3$，使 pH 值下降而中性化。

碳化对混凝土本身是无害的，但碳化会破坏钢筋表面的氧化膜，为钢筋锈蚀创造了前提条件；同时碳化会加剧混凝土的收缩，可导致混凝土开裂，使钢筋容易锈蚀。碳化使混凝土的 pH 值降到 10 以下，当碳化从构件表面开始向内发展，使保护层完全碳化直至钢筋表面时，氧化膜就被破坏了，这叫脱钝。

碳化深度的检测方法有 X 射线法和化学试剂法。现场检测常用碳酸试剂测定，已碳化区呈无色，未碳化区呈粉红色。

影响混凝土碳化的因素很多。环境因素主要是大气中的 CO_2 的浓度，室内混凝土的碳化比室外快，温度和湿度的变化也会对碳化造成影响。混凝土材料自身的影响不可忽视，混凝土强度等级越高，内部结构越密实，孔隙率越低，孔径也越小，碳化速度越慢；水灰比大也会加速碳化反应。针对混凝土自身的影响因素，减小、延缓其碳化的主要措施有：1）合理设计混凝土配合比，规定水泥用量的低限值和水灰比的高限值，合理采用掺合料；2）提高混凝土的密实性、抗渗性；3）规定钢筋保护层的最小厚度；4）采用覆盖面层（水泥砂浆或涂料等）。

钢筋锈蚀后的
力学性能研究

2. 混凝土中钢筋锈蚀

钢筋锈蚀的主要原因为钝化膜破坏及电化学锈蚀，以下将分别讨论之。

（1）混凝土中钢筋钝化膜破坏的机理

混凝土孔隙中是碱度很高的$Ca(OH)_2$饱和溶液，pH 值在 12.5 左右，由于混凝土中还含有少量 $NaOH$、KOH 等，实际 pH 值可达 13。在这样的高碱性环境中，钢筋表面被氧化，形成一层氧化膜。这层膜很致密，牢固地吸附在钢筋表面，使钢筋处于钝化状态，即使在有水分和氧气的条件下钢筋也不会发生锈蚀，故称"钝化膜"。在无杂散电流的环境中，有两个因素可以导致钢筋钝化膜破坏：混凝土中性化（主要形式是碳化）使钢筋位置的 pH 值降低，或足够浓度的游离 Cl^- 扩散到钢筋表面。

钢筋表面氧化膜的破坏是使钢筋锈蚀的必要条件，含氧水分侵入是钢筋锈蚀的充分条件。钢筋锈蚀时，体积膨胀，沿钢筋长度出现纵向裂纹，并使保护层剥落，削弱钢筋截面，导致承载力降低，最终使结构构件破坏或失效。

锈后钢筋与混凝
土的粘结性能

（2）混凝土中钢筋锈蚀的电化学机理

脱钝后混凝土中钢筋的锈蚀是一个电化学过程，根据金属腐蚀电化学原理和混凝土中钢筋受钝化膜保护的特点，混凝土中钢筋锈蚀的发生必须具备三个条件：①钢筋表面存在电位差，构成腐蚀电池；②钢筋表面钝化膜遭到破坏，处于活化状态；③钢筋表面有电化学反应和离子扩散所需的水和氧气。

由于钢筋中的碳及其他合金元素的偏析、混凝土碱度或氯离子浓度在不同部位的差异、裂缝处钢筋表面的氧气剧增形成氧浓度差异或由于加工引起的钢材内部应力等，都会使钢筋各部位的电极电位不同形成腐蚀电池，因此，上述条件①总是存在和满足的。当钢筋表面的钝化膜遭到破坏时，钢筋处于活化状态，在水和氧气得到满足的情况下，钢筋发生电化学腐蚀。周围环境中氧气扩散到钢筋附近，除参与阴极区的还原反应外，还参与锈蚀产物的次生反应。

钢筋锈蚀是一个相当长的过程，先是在裂缝处个别点上"坑蚀"，继而逐渐形成"环蚀"，同时向两边扩展，形成锈蚀面。通常把大范围内出现沿钢筋的纵向裂缝作为判别混凝土结构构件寿命终结的标准。

人工智能时代
混凝土结构耐
久性诊断

防止钢筋锈蚀的主要措施有：1）降低水灰比，增加水泥用量，提高混凝土的密实度；2）要有足够的混凝土保护层厚度；3）严格控制氯离子的含量；4）采用覆盖层，防止 CO_2、O_2、Cl^- 的渗入。

8.3.3　混凝土结构的耐久性设计和评估
Durability Design and Assessment of Concrete Structures

1. 混凝土结构的耐久性设计

《建筑结构可靠度设计统一标准》GB 50068—2018 指出，结构在规定的设计使用年限

内应满足安全性、适用性和耐久性三方面的功能，理论上，耐久性极限状态应和承载能力极限状态、正常使用极限状态一起作为结构设计原则。

经过多年的研究，虽然针对碳化深度、冻融深度、氯离子侵蚀深度、钢筋锈蚀率等耐久性问题已建立了多种不同的物理和数学模型，可进行定量的理论分析，但由于实际工程中混凝土耐久性劣化和失效的牵涉面广、工作环境复杂、影响因素多而变化幅度大，导致各种理论模型的观点不一、机理有别，计算方法的通用性和准确度都还难以满足实际工程的需求，定量的耐久性极限状态设计还难以实施。目前常用的做法是在结构设计时加一些构造措施，以保证混凝土结构的耐久性。《混凝土结构设计标准》规定了混凝土结构耐久性设计的基本内容如下：混凝土结构构件按承载能力极限状态进行设计，并对正常使用极限状态进行验算；对混凝土结构耐久性仅根据环境类别（附表3-7）和设计使用年限提出基本要求，包括不同环境条件下的最大水灰比、最小水泥用量、最低混凝土强度等级、最大氯离子含量、最大碱含量等的不同限值（附表3-8），以及前面相关章节所介绍的最小保护层厚度、最大裂缝宽度。

在恶劣环境下，为提高混凝土结构的耐久性，除了正确选择材料、合理设计构造、严格控制上述耐久性基本要求外，还可以采取一些特殊的措施予以防患和补救，如：混凝土表面涂层保护，添加钢筋阻锈剂，采取电化学防护技术及选用涂层钢筋、抗腐蚀钢筋、纤维增强复合材料作为配筋材料等。

2. 既有混凝土结构的耐久性评估

随着结构物服役时间的推移，大量的混凝土结构进入老化阶段，与此同时，越来越多的新结构建造于恶劣的环境和介质中，都严重影响着混凝土结构的耐久性寿命。随着经济水平的提高、住宅的商品化，在既有建筑物的检测和鉴定过程中，越来越多的业主提出耐久性评估和剩余使用寿命预测的要求。可以说，对既有结构进行科学的耐久性评估和剩余使用寿命预测，以选择对其正确的处理方法确保结构在目标使用年限内安全和合理使用，是确保混凝土结构耐久性的另一工程应用领域。

结构耐久性评估包括结构耐久性等级评定、结构构件及结构的寿命预测，其目的是考虑结构耐久性能退化的影响，判定结构在指定的目标使用年限内是否满足安全性和适用性的要求，或在限定的使用条件和正常维护条件下其剩余使用寿命是否满足目标使用年限的要求，决策应采取的措施，以最低代价确保结构耐久适用、安全可靠，有效地延长其使用寿命。

耐久性评估时，首先进行初步调查和初步评价，判断结构是否需要进行详细调查和检测，参见图8-14。初步调查和初步评价主要包括以下工作内容：

（1）调查结构物的工程地质、设计、施工、维修加固、改造扩建、事故和处理等情况；

（2）调查结构物的用途、使用历史等情况；

（3）调查结构物的使用环境和结构的各种防护措施；

（4）对结构构件的外观损伤进行初步检查，对结构体系、传力路径、关键连接部位进行检测或复核，对重要构件和问题严重构件进行初步分析；

（5）调查结构物的目标使用年限；

（6）根据调查结果做出初步评价。

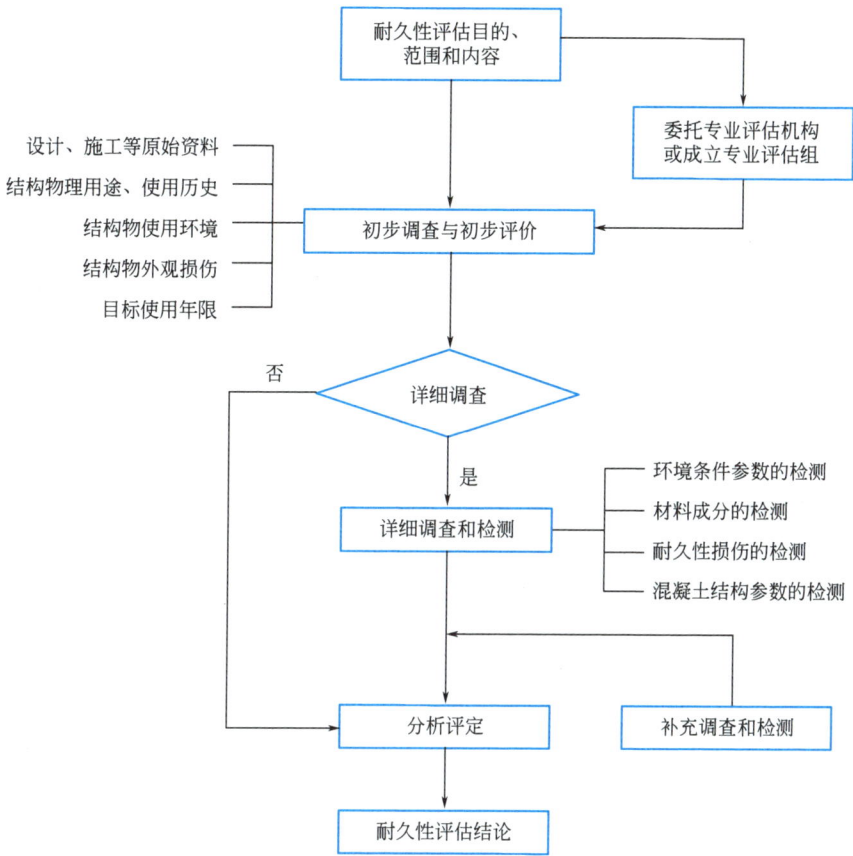

图 8-14　结构耐久性评估的内容和基本程序

由于耐久性评估需考虑时间因素，评估过程相对比较复杂。为了简化评估工作，对于经过长时间使用，结构性能良好，在目标使用期内，经分析判断，抗力与环境作用都不会产生显著变化的结构，可不进行详细检测，直接做出评价；对于目标使用年限小于 10 年、处于有利环境条件下的结构，如结构技术状况良好，没有发生耐久性损伤，则也可不考虑时间因素，仅对结构进行承载力复核和使用性验算；只有对目标使用年限较长，或处于不利环境下，已有或可能有耐久性损伤的结构，需进行详细调查和检测，考虑耐久性能随时间的变化进行评估。

根据建筑物使用环境、耐久性损伤和目标使用年限等初步调查结果，判定需要详细调查和检测后，制定检测计划和检测方案，然后有针对性地进行详细调查和现场检测。为评估混凝土结构耐久性损伤程度、评定结构耐久性等级和推算结构或构件的剩余使用寿命搜集原始依据，其检测内容主要有环境条件、混凝土材料物理参数、混凝土结构参数及耐久性损伤等。

获得基本信息后，考虑材料性能随时间的退化规律，利用前面章节介绍的相关理论即可对结构进行耐久性分析计算，得出耐久性评估结论。图 8-14 给出了结构耐久性评估的内容和基本程序。

知识拓展——机器学习预测混凝土材料耐久性的研究进展[*]

Knowledge Expansion——Development on Machine Learning for Durability Prediction of Concrete Materials[*]

随着计算机科学的快速发展，人工智能技术逐渐成熟，机器学习作为其重要分支，能够对海量信息进行筛选整理并发掘其中的规律，提高数据的利用效率，是大数据背景下不可或缺的工具之一，也代表了当前数据挖掘处理技术与模型预测计算相结合的先进方向。近年来，机器学习在材料科学领域诸多方面的应用研究取得了较大进展，包括材料性能预测、新材料设计等。目前机器学习已经广泛应用于金属材料和无机非金属材料中的电解质与电极材料、热电材料等领域，而在无机非金属建筑材料和高分子材料领域的相关研究仍处于起步阶段。混凝土作为基础设施建设的首选材料，力学性能和耐久性是其主要评价指标。其中以抗压强度为主的力学性能测试方法简单、实验周期短，所以已经存在大量针对不同类型混凝土力学性能的实验，基于机器学习的混凝土力学性能预测模型也得到了较为充分的研究。相比之下，混凝土的耐久性评价指标更多、测试方法丰富、实验周期长、成本高，可供建立机器学习预测模型的数据较为有限，相关研究尚不充分。

1. 机器学习的常规流程

如图 T-5 所示，构建机器学习预测模型的流程主要有 3 个步骤：数据收集、模型建立、模型评价。

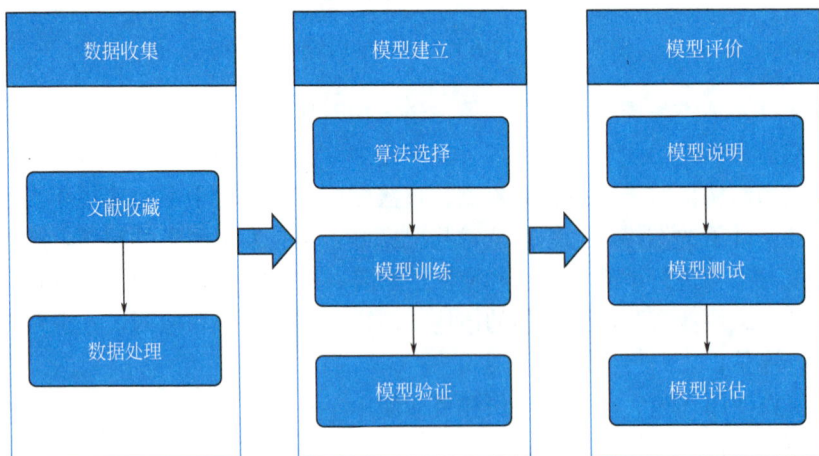

图 T-5　机器学习工作流程

数据收集阶段的主要任务是在材料科学领域，特别是混凝土领域，建立训练机器学习模型所需的数据集。随后需要对数据进行预处理，包括特征选择、归一化等。数据归一化的主要目的是尽可能减小离群值对模型训练的影响，也能够在一定程度上提升模型的预测

---

* 刘晓，王思迈，卢磊，等. 机器学习预测混凝土材料耐久性的研究进展 [J]. 硅酸盐学报，2023，51（08）：2062-2073.

精度。特征选择的意义在于降低数据维数、提升机器学习的效率、获得更强的模型泛化能力。

模型建立阶段首先需要选择适当的算法，通常集成算法的预测准确度更高，但其通过编程建立模型的过程更为复杂。随后进行模型训练和模型评估，包括对模型内部的参数进行调整，提升模型预测的准确性，防止欠拟合和过拟合的发生。最后一个阶段需要对训练得到的最优模型进行解释、检验和评价。机器学习模型是计算机程序自动构建的，其具体的训练和学习过程并未被展示。

2. 机器学习的常用算法

（1）人工神经网络

人工神经网络（Artificial Neural Network，ANN）是由大量的神经元相互连接所组成的网络。与动物的神经网络组成相似，独立的神经元功能简单，但大量神经元所构成的如图 T-6 所示的神经网络则具有强大的功能。ANN 的优势在于容错性高，对环境的适应能力强，具有自学习功能，可以在模型训练过程中自行调节神经元之间的连接权重。

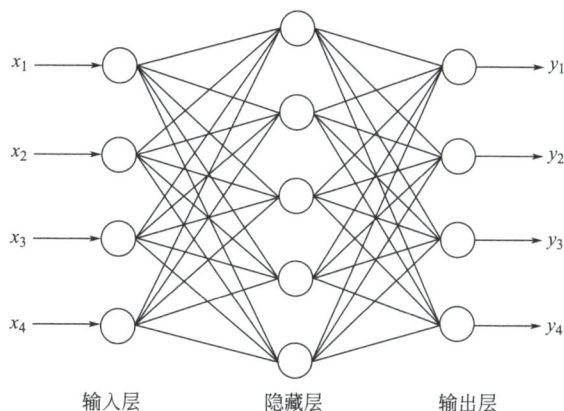

图 T-6　人工神经网络结构

（2）支持向量机

支持向量机（Support Vector Machines，SVM）作为一种智能算法，能够解决分类问题和回归问题，用于解决回归问题时，也可称为支持向量回归。该模型可用于学习输出和输入参数之间的线性或非线性关系。

（3）决策树

决策树（Decision Tree，DT）是基于树状结构完成分类或回归任务的一种算法。一棵决策树包含一个根节点、数个内部节点和数个叶节点。DT 的工作原理如图 T-7 所示，其实现过程是先将数据由根节点输入决策树，标有"R_i"的节点为叶节点，对应决策结果，且不再有后续输出；其余为非叶节点，分别对应数据不同的类别属性；非叶节点的各个分支代表了对该节点属性不同的测试结果。

（4）遗传算法

遗传算法（Genetic Algorithm，GA）是受生物种群遗传和进化启发而产生的一种人工智能算法。遗传程序设计（Genetic Programming，GP）是以 GA 为基础，针对解决复杂的科学与工程问题发展而来的算法，能够充分展现输出结果的复杂性，但该算法训练模

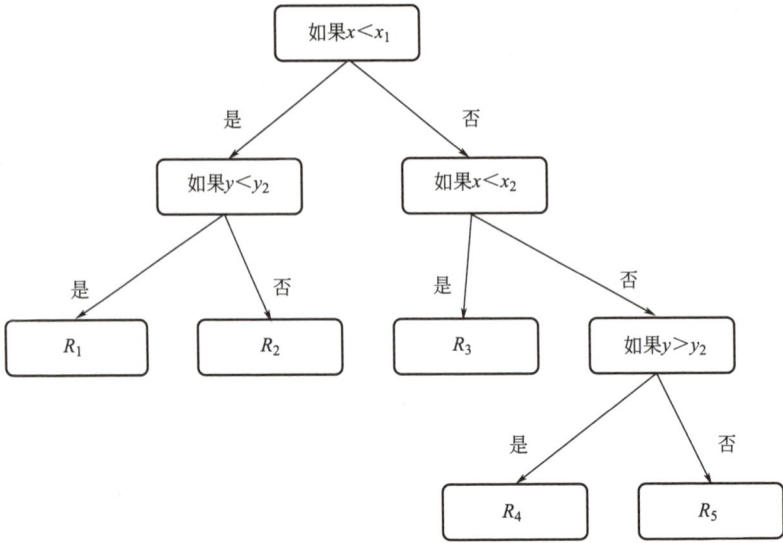

图 T-7　决策树算法结构

型耗时长、占用计算机存储空间大。

（5）集成算法

集成算法是由独立算法组合而成的一个更优的算法，组合方法主要有顺序集成方法和并行集成方法。通过算法串联组合构成的顺序集成方法的实现过程是每一次训练为上一次训练失败的样本分配更大的权重，进行重点学习和训练，如此循环多次，取每次训练的结果加权平均值作为最终输出。目前应用于混凝土耐久性预测的算法主要有梯度提升、轻量级梯度提升机、极端梯度提升、自适应提升、梯度提升决等。

3. 基于机器学习的混凝土耐久性预测

（1）抗氯离子渗透性预测

采用 SVM、ANN 等独立算法建立模型，对氯离子渗透系数进行预测，是广大学者最早开始使用机器学习进行预测的性能之一。有研究显示，在数据量较小的情况下，SVM 比 ANN 的预测更准确。在此基础上，基于 SVM 的集成算法预测模型得以建立，在满足预测精度需求的基础上拓宽了 SVM 的适用范围。与较为复杂的 ANN 相比，SVM 属于简单模型，学习能力相对较弱。当变量较少、数据量较小时，学习能力过强的算法会将样本中存在的"噪声"也纳入数据规律中，从而造成过拟合，增加模型的泛化误差，因此 SVM 更适合数据量小的情况。而 ANN 在多变量、大样本量的情况下表现更优。

（2）抗碳化能力预测

除氯离子渗透之外，碳化同样是导致混凝土性能劣化的原因之一，也是钢筋混凝土早期性能下降的主要原因之一。SVM 和 ANN 是最早应用于预测混凝土碳化深度的机器学习模型。基于固定配合比的预应力混凝土的碳化深度测试数据集，以预应力水平和碳化时间为主要输入变量，使用上述 2 种算法对预应力混凝土的碳化深度进行预测，前者展现出了极高的预测精度，误差不超过 0.5%。而在额外引入了环境相对湿度、CO_2 浓度等因素后，ANN 算法仍然能够准确预测混凝土的碳化深度，最大误差低于 $5\ mm$。

（3）抗冻性预测

冰冻破坏是寒冷地区混凝土材料性能劣化的最主要原因之一，因此对混凝土冰冻破坏机理的研究和抗冻性的预测尤为重要。而混凝土冰冻破坏过程复杂，传统上用于抗冻性预测的数学理论模型和经验公式局限性较大。由于混凝土抗冻性测试手段、实验流程的不同，用于模型训练的原始数据仍有较大局限性，因此机器学习预测混凝土抗冻性的相关研究较少。

（4）抗硫酸盐侵蚀预测

硫酸盐会与水泥水化产物发生化学反应，引起混凝土的膨胀性破坏，导致力学性能下降，影响材料耐久性。美国垦务局提供了标准化的混凝土抗硫酸盐侵蚀性能测试方法——USBR4908。该测试最大的优点在于它可以用来评估混凝土的配合比设计、矿物掺合料、化学外加剂和不同养护条件对混凝土抗硫酸盐侵蚀性能的影响，但其缺点在于实验周期长达 1～2a。依据 USBR4908 测试得到的混凝土抗硫酸盐侵蚀性能数据训练的 ANN 算法模型，实现了对测试结果的准确预测，成为实验的潜在替代方案，也开创了机器学习预测混凝土抗硫酸盐侵蚀性能的先河。多项式进化回归算法也可实现对在硫酸盐侵蚀下混凝土的质量损失的预测，预测准确性高于 ANN 模型，并选取水泥、粗骨料、细骨料、水、减水剂用量作为机器学习模型的输入参数建立了简化预测方程，实现了对混凝土质量损失的粗略估算。

（5）钢筋锈蚀情况预测

利用机器学习模型对钢筋混凝土中钢筋腐蚀程度进行预测的研究较少。通过 ANN 算法，能够对不同强度等级水泥和不同掺量粉煤灰制备的钢筋混凝土，在 4‰ NaCl 溶液环境下，混凝土中钢筋腐蚀电流的大小及其随时间的变化趋势进行预测和拟合，训练集和测试集的 $R2$ 分别达到了 0.9990 和 0.9988。机器学习还可用于预测钢筋的腐蚀电位，并据此推测腐蚀起始时间。集成算法相比于 GA、ANN、SVM 等其他独立算法，表现出了更高的预测精度。

本章习题

一、选择题

1. 当其他条件相同时，钢筋混凝土受弯构件纵筋直径与平均裂缝间距、平均裂缝宽度的关系是（   ）。

A. 直径越大，平均裂缝间距和裂缝宽度越小

B. 直径越大，平均裂缝间距和裂缝宽度越大

C. 直径越大，平均裂缝间距越大而裂缝宽度越小

D. 直径越大，平均裂缝间距越小而裂缝宽度越大

2. 减少梁的裂缝宽度的有效方法是（   ）。

A. 配置较细的钢筋   B. 配置较粗的钢筋

C. 使用高强度钢筋   D. 减少箍筋的间距

3. 验证钢筋混凝土构件的裂缝宽度时所采用的荷载为（   ）。

A. 荷载平均值   B. 荷载设计值

C. 荷载标准值与准永久值   D. 荷载代表值

4. 验算受弯构件裂缝宽度和挠度的目的是（   ）。

A. 使构件能带裂缝工作

B. 使构件能在弹性阶段工作

C. 使构件满足承载能力极限状态的要求

D. 使构件满足正常使用极限状态的要求

5. 一般情况下，钢筋混凝土受弯构件是（   ）。

A. 不带裂缝工作

B. 带裂缝工作

C. 带裂缝工作，但裂缝宽度应受到限制

D. 带裂缝工作，但裂缝宽度不受到限制

二、填空题

1. 钢筋混凝土构件的平均裂缝间距随混凝土保护层厚度的增加而_____，随纵筋配筋率的增大而_____。

2. 最大裂缝宽度等于平均裂缝宽度乘以扩大系数，其中，扩大系数是考虑裂缝宽度的_____及_____影响。

3. _____是提高钢筋混凝土受弯构件抗弯刚度的有效措施之一。

4. 钢筋混凝土受弯构件的挠度计算采用的最小刚度原则是指在_____弯矩范围内，假定其刚度为常数，并按_____截面处的最小刚度进行计算。

5. 根据裂缝控制等级，一级为_____的构件，二级为_____的构件，三级为___ _____构件。

三、思考题

1. 阐述何谓"最小刚度原则"，并试分析应用该原则的合理性。

2. 简述裂缝的出现、分布和展开的过程和机理。

3. 何谓混凝土结构的耐久性？影响耐久性的主要因素有哪些？

4. 阐述混凝土碳化的机理、影响因素及其后果。

四、计算题

1. 已知一 T 形截面梁的尺寸如图 8-15 所示。承受弯矩 $M_k = 440$ kN·m，混凝土抗拉强度标准值 $f_{tk} = 1.54$ N/mm²，受拉钢筋 6 ⏀ 25($A_s = 2945$ mm²)，$E_s = 2.0 \times 10^5$

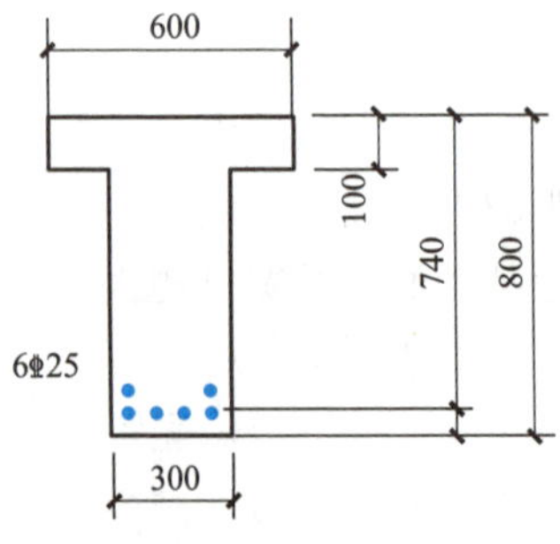

图 8-15

N/mm^2，保护层厚度 $c = 20 \text{ mm}$，计算最大裂缝宽度 w_{max} 值。

2. 已知 I 形截面受弯构件如图 8-16 所示。混凝土强度等级 C30，钢筋 HRB400 级，混凝土保护层厚度 25 mm。计算跨度 $l_0 = 11.7 \text{ m}$。$M_k = 620 \text{ kN·m}$，$M_q = 550 \text{ kN·m}$。构件的挠度限值 $l_0/300$。验算构件的变形控制要求。

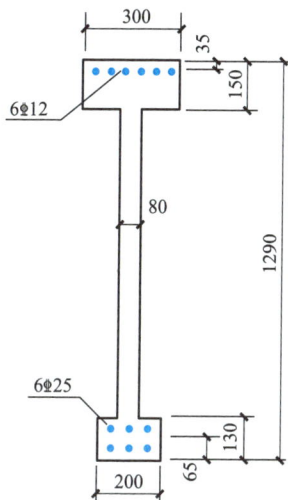

图 8-16

五、拓展题

1. 最大裂缝宽度计算公式是怎样建立起来的？为什么不用裂缝宽度的平均值而用最大值作为评价指标？

2. 在挠度和裂缝宽度验算公式中，是怎样体现"按荷载标准组合并考虑荷载准永久组合影响"进行计算的？

3. 试阐述《混凝土结构设计标准》中关于混凝土结构耐久性的规定。

4. 简述钢筋锈蚀的起因及其对结构的影响。

5. 列出混凝土结构材料劣化的类型及其主要形式。

第 9 章

预应力混凝土构件
Prestressed Concrete Members

本章学习目标

1. 熟悉预应力混凝土的概念、特点和分类;
2. 理解预应力混凝土的基本原理;
3. 掌握预应力混凝土轴心受拉构件的设计计算;
4. 了解预应力混凝土受弯构件的设计计算;
5. 了解预应力混凝土构件的构造要求。

本章专业术语

prestress　预应力
prestressed concrete　预应力混凝土
pretensioned prestressed concrete structure　先张法预应力混凝土
post-tensioned prestressed concrete structure　后张法预应力混凝土
bonded prestressed concrete structure　有黏接预应力混凝土
unbonded prestressed concrete structure　无黏接预应力混凝土
prestressing tendon bar　预应力筋
anchorage　锚具
gripper　夹具
tension control stress　张拉控制应力
loss of prestress　预应力损失
transfer length　传递长度
anchorage length　锚固长度
local compression　局部受压
prestressed concrete axial tension member　预应力混凝土轴心受拉构件
prestressed concrete bending component　预应力混凝土受弯构件
construction requirements　构造要求

9.1　预应力混凝土基础知识
Fundamentals of Prestressed Concrete

预应力混凝土概念引入

9.1.1　预应力混凝土结构的概念和特点
Concepts and Characteristics of Prestressed Concrete Structures

预应力混凝土的基本概念是**在结构承载前,通过预先施加外力,使构件受到预压应力**

来减小或抵消荷载引起的拉应力，从而使构件截面的拉应力不大甚至处于受压状态，以达到控制受拉混凝土不过早开裂的目的。 预应力混凝土的实质是采用预先加压的手段以间接提高混凝土的抗拉强度即极限拉应变，从本质上改善了混凝土容易开裂的特性。这是工程结构设计的一个飞跃发展，可延缓混凝土构件的开裂，提高了构件的抗裂度和刚度，充分利用了高强度钢筋和高强度混凝土，对技术革命意义深远。

预应力混凝土结构具有如下的一些特点：

1. 优点

（1）抗裂性好，刚度大。预应力的存在使结构在使用荷载下受限开裂或减小裂缝宽度，降低结构的变形，提高了构件的刚度，改善结构的使用性能和耐久性。

（2）节省材料，减小自重。由于高强度材料的使用，可减少钢筋用量和构件截面尺寸，降低结构自重，对大跨度和受力很大的构件有着明显的优越性。

（3）可以减小混凝土梁的竖向剪力和主拉应力。

（4）提高受压构件的稳定性。当受压构件长细比较大时容易被压弯，以致丧失稳定而破坏。预应力钢筋本身不容易压弯，而且可以帮助周围的混凝土提高抵抗压弯的能力。

（5）提高构件的耐疲劳性能。预应力钢筋的存在可提高构件的抗疲劳强度，这对承受动荷载的结构来说是很有利的。

（6）预应力可以作为结构构件连接的手段，促进大跨结构新体系与施工方法的发展。

2. 缺点

（1）工艺较复杂，对质量要求高，需由专业技术团队完成。

（2）需要有一定的专门设备，如张拉机具、灌浆设备等。

（3）预应力混凝土结构的工程费用较大，构件数量少的工程成本较高。

（4）预应力反拱度不易控制。

（5）高温条件下，施加预应力后的钢筋混凝土强度会明显下降，导致其耐火极限降低，因此在建筑消防上存在安全隐患。

总体而言，预应力混凝土结构具有很多优点，应用非常广泛，但所用材料单价较高，相应的设计、计算和施工等比较复杂，而且延性稍差。针对预应力结构的研究工作还有待进一步深入和完善。

9.1.2　预应力混凝土的等级与分类
Grades and Classifications of Prestressed Concrete

由于预应力技术及其应用的不断发展，国际上对预应力混凝土迄今还没有一个统一的定义，国内外对其分类也不尽相同。我国《混凝土结构设计标准》根据预加应力值对构件截面裂缝控制程度的不同，将预应力混凝土构件分为**全预应力**和**部分预应力**两类。

预应力度的
定义

在使用荷载作用下，不允许截面上混凝土出现拉应力的构件，一般称为全预应力混凝土，大致相当于《混凝土结构设计标准》中裂缝的控制等级为一级，即严格要求不出现裂缝的构件。

在使用荷载作用下，允许出现裂缝，但最大裂缝宽度不超过允许值的构件，一般称为部分预应力混凝土，大致相当于《混凝土结构设计标准》中裂缝的控制等级为三级，即允

许出现裂缝的构件。

在使用荷载作用下根据荷载组合情况，不同程度地保证混凝土不开裂的构件，则称为**限值预应力混凝土**，大致相当于《混凝土结构设计标准》中裂缝的控制等级为**二级**，即**一般要求不出现裂缝**的构件。

限值预应力混凝土也属部分预应力混凝土。

9.1.3 施加预应力的方法
Methods of Prestressing

港珠澳大桥沉
管预制的"世
界级工厂"

预应力混凝土结构根据其预应力施加工艺可分为先张法和后张法两种。**在浇灌混凝土之前张拉预应力筋的方法称为先张法**，其主要工序是在台座或钢模上张拉预应力筋至预定值并作临时固定然后浇灌混凝土，待混凝土达到一定强度（为设计强度的 70% 以上）后，切断预应力筋，其在回缩时对混凝土施加预压力（图 9-1）。

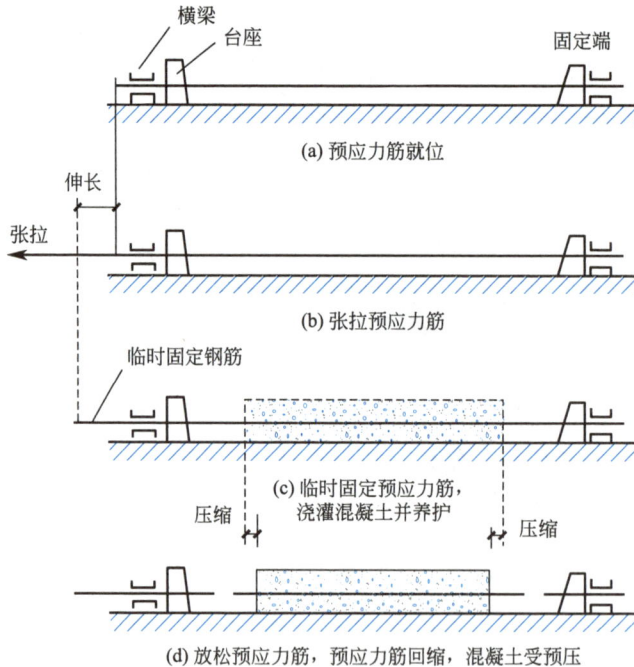

图 9-1　先张法主要工序示意图

先张法构件预应力的建立和传递主要依靠预应力筋与混凝土间的粘结力。

当前我国常用的先张法有台座法和钢模机组流水法两种工艺。台座法（长线法）的台座长度一般为 80～100 m 或更长，一般预制厂都普遍采用。钢模机组流水法的特点是用钢模代替台座承受张拉反力，其优点是机械化程度和生产效率高，劳动强度小，占用厂房面积少，生产成本低。

在结硬后的混凝土构件上张拉预应力筋的方法称为后张法，其主要工序是先制作构件或先浇筑结构混凝土，并在预应力筋的部位预先留出孔道，待混凝土达到设计规定的强度等级以后，在预留孔道内穿入预应力筋，并按设计要求的张拉控制应力进行张拉，利用锚具把预应力筋锚固在构件端部，最后进行孔道灌浆（图 9-2）。

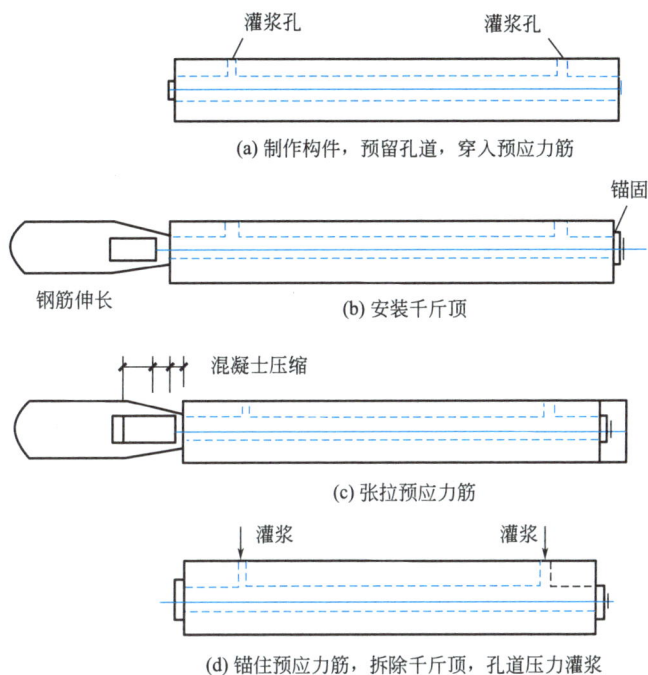

(a) 制作构件，预留孔道，穿入预应力筋

(b) 安装千斤顶

(c) 张拉预应力筋

(d) 锚住预应力筋，拆除千斤顶，孔道压力灌浆

图 9-2　后张法主要工序示意图

后张法构件预应力的建立和传递主要依靠构件端部的锚具。

无粘结预应力混凝土是后张法预应力混凝土的发展，其主要工序是将无粘结预应力筋按照设计的位置和形状安装好，然后浇筑混凝土，待混凝土达到设计要求后，进行预应力筋的张拉锚固。其优点是不需要预留孔道和灌浆，施工简单，在工程中有更广泛的应用。

9.1.4　预应力混凝土材料
Materials for Prestressed Concrete

1. 混凝土

预应力混凝土结构构件所用的混凝土，需满足下列要求：

（1）强度高。广泛采用高强度混凝土配合高强度钢筋。对于先张法构件可提高钢筋与混凝土的粘结强度，对后张法构件则可提高锚固端的局部承压能力。

（2）收缩、徐变小。可减少收缩、徐变引起的预应力损失。

（3）快硬、早强。可以尽早施加预应力，加快台座、张拉设备、夹具的周转率，以加速施工进度。《混凝土结构设计标准》规定**预应力混凝土楼板结构的混凝土强度等级不应低于 C30，其他预应力混凝土结构构件的混凝土强度等级不应低于 C40。**

2. 预应力钢筋

为了达到良好的预应力效果，要求预应力筋具有很高的强度。此外，预应力筋还应具有一定的塑性，以及良好的可焊性和加工性能等。我国目前用于**预应力混凝土构件中的预应力钢材主要有预应力螺纹钢筋、预应力钢丝和钢绞线。**

预制预应力高性能
混凝土梁的挑战

（1）预应力螺纹钢筋。预应力混凝土用螺纹钢筋（也称精轧螺纹钢筋），是采用热轧、轧后余热处理或热处理等工艺制作成带有不连续无纵肋的外螺纹的直条钢筋，其抗拉强度标准值可达 1230 N/mm²。

（2）预应力钢丝。常用的预应力钢丝为消除应力光面钢丝和螺旋肋钢丝，公称直径有 5 mm、7 mm 和 9 mm 等规格。消除应力钢丝包括低松弛钢丝和普通松弛钢丝；按照其强度级别可分为：中强度预应力钢丝，其极限强度标准值为 800～1270 N/mm²；高强度预应力钢丝，其极限强度标准值为 1470～1860 N/mm² 等。

（3）钢绞线。钢绞线是把多根（有 2 根、3 根、7 根等）高强钢丝捻制在一起而成的，例如用 7 根钢丝捻制的钢绞线，钢绞线的抗拉强度标准值可达 1960 N/mm²，它的优点是施工方便，多用于后张法大型构件中。

预应力螺纹热处理钢筋、消除应力钢丝和钢绞线各有特点，应根据实际情况综合考虑，合理地选用材料。

3. 夹具和锚具

夹具和锚具是在制作预应力构件时锚固预应力筋的工具。一般说来，构件制成后能够取下重复使用的称夹具（工具锚），留在构件上不再取下的称锚具（工作锚）。对锚具的要求，首先是安全可靠，其本身应有足够的强度和刚度，以确保预应力构件能发挥其设计强度；其次，锚具应使预应力筋尽可能不产生滑移，以保证预应力可靠传递；此外，还要求制作简单，使用方便，节省钢材和造价，避免锈蚀和损伤。

下面简略展示几种国内常用的锚具（图 9-3 为固定端锚具，图 9-4～图 9-7 为张拉端锚具）。

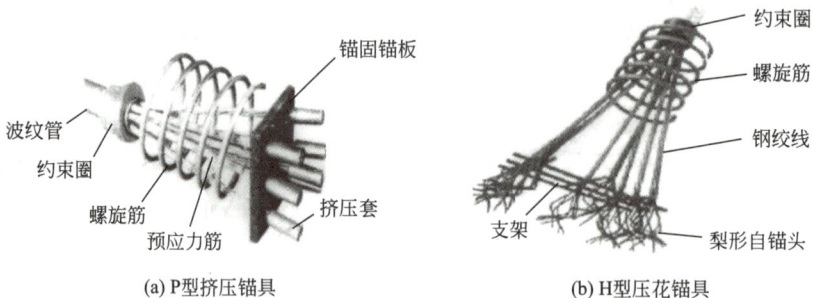

(a) P型挤压锚具   (b) H型压花锚具

图 9-3 固定端握裹式锚具

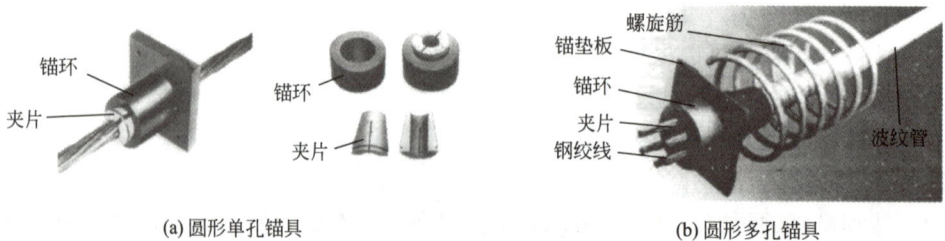

(a) 圆形单孔锚具   (b) 圆形多孔锚具

图 9-4 圆柱体夹片式锚具（一）

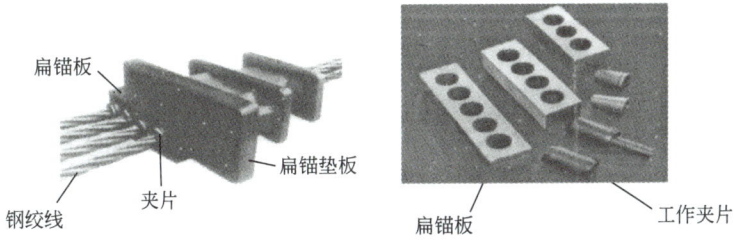

(c) 长方体扁形锚具

图 9-4 圆柱体夹片式锚具（二）

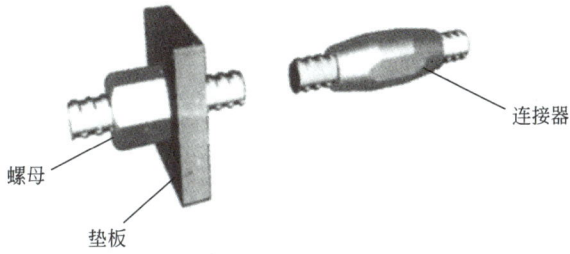

图 9-5 螺母锚具（支承式锚具）

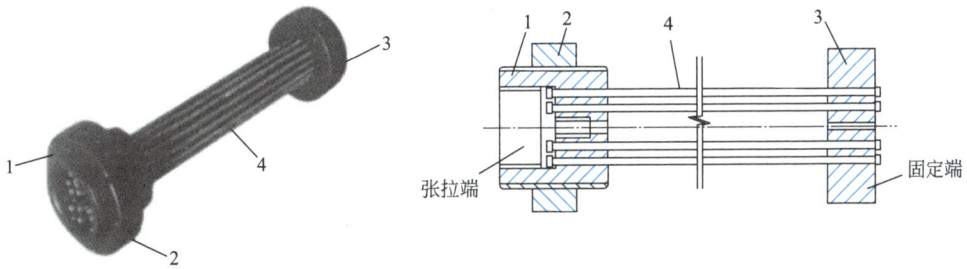

图 9-6 镦头锚具（支承式锚具）

1—锚环；2—螺母；3—固定端锚板；4—钢丝束

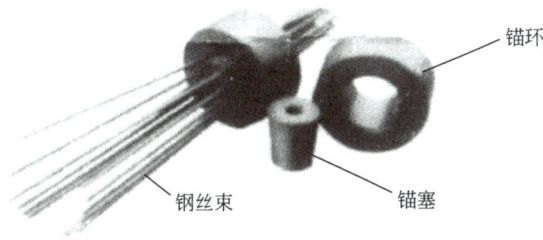

图 9-7 钢质锥形锚具（锥塞式锚具）

9.1.5 张拉控制应力 σ_{con}

Tensioning Control Stress σ_{con}

张拉控制应力是指预应力筋在进行张拉时所控制达到的最大应力值。其值为张拉设备（如千斤顶油压表）所指示的总张拉力除以预应力筋面积得到的应力值，以 σ_{con} 表示。

基于光纤智能钢绞线的预应力施工精细化控制方法

张拉控制应力的取值大小，直接影响预应力混凝土构件的使用效果，如果控制应力取值过低，则预应力筋在经历各种损失后，对混凝土产生的预压应力过小，不能有效地提高预应力混凝土构件的抗裂度和刚度。如果控制应力取值过高，则可能引起以下的问题：

（1）在施工阶段会使构件的某些部位受到拉力（称为预拉力）甚至开裂，对后张法构件则可能造成端部混凝土局部受压破坏。

（2）构件出现裂缝时的荷载与极限荷载很接近，使构件在破坏前无明显的预兆，构件的延性较差。

（3）为了减少预应力损失，往往要进行超张拉，由于钢材材质的不均匀，预应力筋强度有一定的离散性，有可能在超张拉过程中使个别预应力筋的应力超过它的实际屈服强度，而使预应力筋产生塑性变形或脆断。

张拉控制应力值大小的确定，还与预应力筋的钢种有关。由于预应力混凝土采用的都为高强度钢筋，其塑性较差，故控制应力不能取得太高。

预应力筋的张拉控制应力 σ_{con} 应符合《混凝土结构设计标准》规定：

（1）消除应力钢丝、钢绞线：$\sigma_{con} \leqslant 0.75 f_{ptk}$；

（2）中强度预应力钢丝：$\sigma_{con} \leqslant 0.70 f_{ptk}$；

（3）预应力螺纹钢筋：$\sigma_{con} \leqslant 0.85 f_{pyk}$

式中　f_{ptk}——预应力筋极限强度标准值；

　　　f_{pyk}——预应力螺纹钢筋屈服强度标准值。

为了获得必要的预应力效果，避免将 σ_{con} 定得过低，《混凝土结构设计标准》还规定：消除应力钢丝、钢绞线、中强度预应力钢丝的张拉控制应力 σ_{con} 不应小于 $0.4 f_{ptk}$；预应力螺纹钢筋的张拉控制应力 σ_{con} 不应小于 $0.5 f_{pyk}$。

知识拓展——有趣的预应力
Knowledge Expansion——Case Studies in Prestressing Applications

预应力是指外荷载尚未作用于构件前，预先对结构施加的应力。预应力一般与荷载引起的应力相反。日常生活中应用预应力的例子很多。

木盆（木桶）（图 T-1）：用环箍对木片施加预压应力，以抵消水产生的拉应力。

搬书（图 T-2）：用手施加预压应力，以抵消书自重产生的弯曲拉应力。

预应力是一个内力，对一块薄板施加预应力会不会使薄板失稳呢？

当压杆有偶然偏心或偶然侧向力作用而弯曲后，附加的力矩可能使构件越来越弯曲，

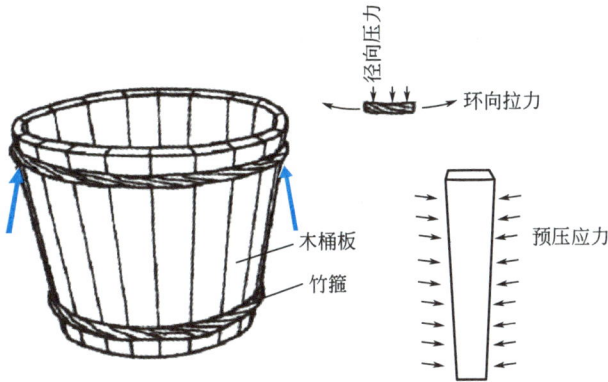

图 T-1　木桶

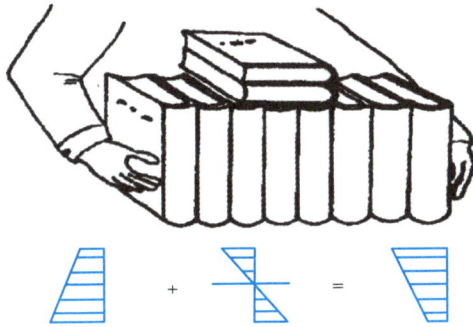

图 T-2　搬书

甚至导致破坏，这就是失稳。轴向力作用下的薄板或长细杆件有可能发生失稳。预应力是一个内力，当一块预应力薄板发生偶然弯曲后，预应力产生的附加力矩以及弯曲后的预应力筋对混凝土板的侧压力与偶然弯曲方向相反，将使构件变直。可见，预应力不但不会使压杆失稳，而且会使压杆更加稳定。这就不难理解为什么有时我们会对预制长柱、长桩施加预应力了。

预应力的概念还有更普遍的意义。上面提到预应力可使不能受拉的木盆拼缝"受拉"，同样也可使抗拉强度很低的混凝土变得似乎可以承受很大的"拉应力"。事实上，预应力只是把受拉的过程转变为预压应力减少的过程。根据同样的原理，也可施加预拉应力，使不能受压的材料变得似乎可以受压。如气球薄膜本不能受压，若充气打压先使薄膜承受拉应力，只要预拉应力足够大，超过荷载作用下薄膜的压应力，则此结构就可以承受荷载。

应用此原理可以建造各式充气结构：

气承式充气结构，气压较低（图 T-3a）。取出顶部 1 m² 的屋面来分析，薄膜材料一般自重不会超过 $q=100$ N/m²，只要内部气压 $p>q$，就可将薄膜托起。可见只要室内气压比室外气压高出约 1/1000，就可把薄膜托起。这样的压差只用一个普通的鼓风机就能实现。通常，这种气承式充气结构只要在入口处采用密闭旋转门，并用风机不断补气，保持 150～300 N/m² 的气压差，就足以承受覆盖层的重力，并使薄膜中保持一定的预应力，以保证这种气承式充气结构的整体刚度，室内外压差只有 1.5/1000～3/1000，这一点误差人

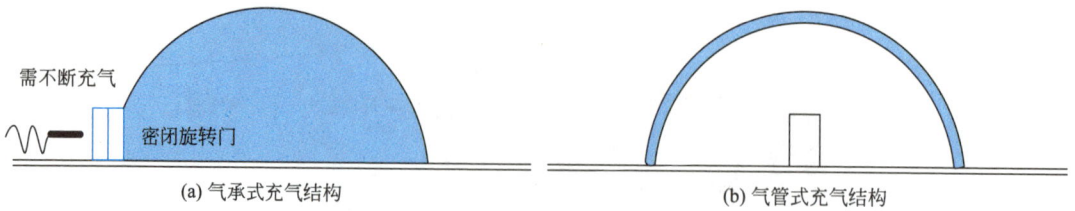

(a) 气承式充气结构　　　　　　　　　　　　(b) 气管式充气结构

图 T-3　充气结构

们是感觉不到的。

气管式充气结构（图 T-3b），又称气压式充气结构，气管内的气压约为 $1.5\sim2.0$ kN/m^2。这种气管有一定的刚度和抗弯、抗压能力，可用于拱圈组合成屋盖。气管式充气结构管内压力比气承式结构大得多，但也只有汽车内胎压力（约为 2000 kN/m^2）的 1/1000 左右，很容易达到。

气管（囊）式充气结构，这种结构隔热性能好，但工作压力稍大，对材料的强度、气密性等质量要求也较高，造价也比气承式充气结构高。充气结构自重轻，造价低，便于装拆，特别适合跨度大的市场、展览、临时性的演出场地、比赛场馆等。

多年来在旅游景点出现的张拉膜结构也是预应力概念的应用实例，黄河小浪底工程则采用预应力锚杆预防山体滑坡。

知识拓展——预应力新技术
Knowledge Expansion—New Technology of Prestressed Concrete

预应力工艺复杂，所用材料单价较高，相应的设计、施工和计算等比较复杂，专业性较强，当前的研究也更专注新技术的开发与应用。

预应力混凝土材料的发展从来都是预应力混凝土技术革命的先驱，高强度混凝土、高性能混凝土、光纤传感智能混凝土的应用日趋广泛；预应力钢筋除了目前使用的高强度钢材外，未来新型预应力混凝土钢筋都是强度高、自重轻、弹性模量大的聚碳纤维，玻璃纤维和聚醋纤维类非金属预应力混凝土钢筋。研究表明，数字孪生技术在预应力结构领域特别是在设计和施工优化、结构健康监测、故障预测和预防以及维护和改造方面的应用前景非常广阔。此外，高性能预应力工程结构体系研发与应用、无腹筋预应力 UHPC 组合梁、体外预应力应用于桥梁加固、预制现浇相结合的装配整体式结构等发展迅速。

作为世界上最常用的建筑材料，混凝土的碳排放是巨大的，世界各地的科学家都在寻求调整生产工艺，让混凝土更轻更环保。为了提高混凝土强度和耐久性，瑞士的科研团队取得新的突破，采用碳纤维增强聚合物（CFRP）制成具有耐腐蚀性及可代替钢筋的钢材，在不牺牲强度的情况下让混凝土更轻，而且还能缓解碳排放。同时，自应力材料可以承受与传统预应力混凝土相当的荷载，比非预应力 CFRP 混凝土构件高出约三倍。

预应力混凝土正以其跨度大、自重轻、节约材料、节省层高、改善功能等突出优点，迎合了当代建筑结构的发展趋势，在多层大跨结构和高层建筑中的应用广泛，尤其是无粘结预应力混凝土平板和预应力混凝土扁梁的应用。预应力混凝土已经成为国内外土木工程最主要的结构材料之一，预应力混凝土必将迎来更加美好的未来。

9.2　预应力损失及预应力损失值的组合
Prestress Loss and Combination of Loss Values

详谈预应力混凝土
结构孔道摩擦损失
系数的测定

9.2.1　预应力损失
Prestress Loss Mechanisms

在预应力混凝土构件施工及使用过程中，由于混凝土和钢材的性质以及制作方法上的原因，预应力筋的张拉力值是在不断降低的，称为**预应力损失**。引起预应力损失的因素很多，一般认为预应力混凝土构件的总预应力损失值，可采用各种因素产生的预应力损失值进行叠加的办法求得。下面将分六项讨论引起预应力损失的原因、损失值的计算方法以及减少预应力损失值的措施。

1. 直线预应力筋由于锚具变形和预应力筋内缩引起的预应力损失 σ_{l1}

直线预应力筋当张拉到 σ_{con} 后锚固在台座或构件上时，由于锚具、垫板与构件之间的缝隙被挤紧以及预应力筋在锚具内的相对滑移，使得被拉紧的预应力筋松动回缩 a（mm），从而引起预应力损失 σ_{l1}（N/mm²）。其值可按下列公式计算：

$$\sigma_{l1} = \frac{a}{l} E_p \tag{9-1}$$

式中　a——张拉端锚具变形和预应力筋内缩值，可按表9-1取用；

　　　l——张拉端至锚固端之间的距离；

　　　E_p——预应力筋的弹性模量。

锚具变形和预应力筋内缩值（mm）　　　　　　　　　表 9-1

锚具类型		a
支撑式锚具（墩头锚具等）	螺帽缝隙	1
	每块后加垫板的缝隙	1
夹片式锚具	有预压时	5
	无预压时	6～8

锚具损失只考虑张拉端，对于锚固端，由于锚具在张拉过程中已被挤紧，故不考虑其所引起的应力损失。

对块体拼成的结构，预应力损失尚应考虑块体间填缝的预压变形，当采用混凝土或砂浆为填缝材料时，每条填缝的预应变形值取 1 mm。

减少 σ_{l1} 的措施有：

（1）选择变形小或使预应力筋内缩小的锚具、夹具，尽量少用垫板，因每增加一块垫板，a 值就增加 1 mm；

（2）增加台座长度。因为 σ_{l1} 值与台座长度 l 呈反比，采用先张法生产的构件，当台座长度为 100 m 以上时，σ_{l1} 可以忽略不计。

2. 预应力筋与孔道壁之间的摩擦引起的预应力损失 σ_{l2}

后张法张拉直线预应力筋时，预应力筋与孔壁接触而产生摩擦阻力，这种摩擦阻力距离预应力筋张拉端越远，影响越大。如果是曲线孔道，预应力筋张拉时更贴紧孔道壁，摩擦阻力更大，从而使构件每一截面上的实际预应力有所减小（图 9-8），这种现象称为因摩擦引起的预应力损失，以 σ_{l2} 表示。

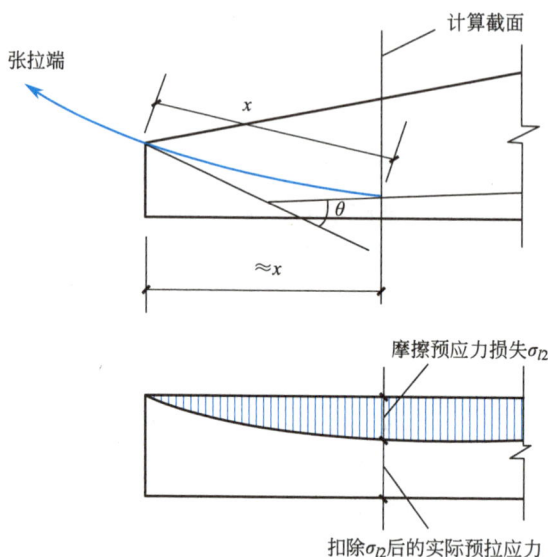

图 9-8　摩擦引起的预应力损失

为了计算孔道摩擦引起的预应力损失值，取距张拉端处的一微小增量来分析，如图 9-9 所示。图 9-9 中摩擦阻力由下述两个原因所引起：

（1）因钢筋曲线布置，张拉钢筋时，预应力筋和孔道壁之间会产生附加法向力而引起摩阻力。

（2）预留孔道因施工中某些原因发生局部偏差，偏离设计位置，张拉钢筋时，预应力钢筋和孔道壁之间将产生摩擦阻力。

设预应力筋和孔道间的摩擦系数为 μ，则 dx 段所产生的摩擦阻力 dN_1 为：

$$dN_1 = -\mu N d\theta$$

将孔道位置与设计位置不符的程度以偏离系数平均值 κ' 表示，κ' 为单位长度上的偏离值（以弧度计）。设 B 端偏离 A 端的角度为 $\kappa' dx$，dx 段中预应力筋对孔壁所产生的法向正压力为：

$$F' = N\sin\left(\frac{1}{2}\kappa' dx\right) + (N - dN')\sin\left(\frac{1}{2}\kappa' dx\right) \approx N\kappa' dx$$

同理，dx 段所产生的摩擦阻力 dN_2 为：

$$dN_2 = -\mu N\kappa' dx$$

将以上两个摩擦阻力 dN_1 及 dN_2 相加，并从张拉端到计算截面点 B 积分，得：

$$dN = dN_1 + dN_2 = -\left[\mu N d\theta + \mu N\kappa' dx\right]$$

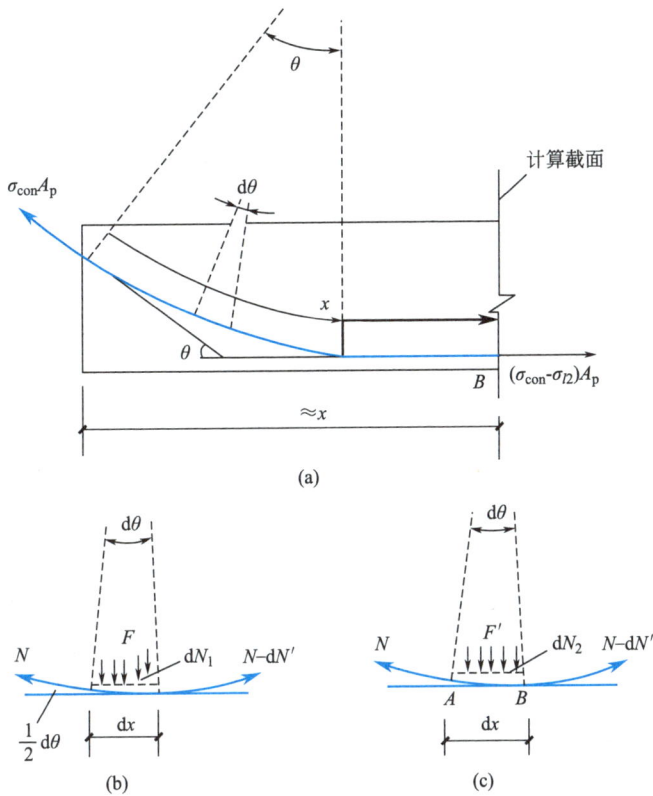

图 9-9 预留孔道中张拉钢筋与孔道壁的摩擦力

$$\int_{N_0}^{N_{\mathrm{B}}} \frac{\mathrm{d}N}{N} = -\mu \int_0^\theta \mathrm{d}\theta - \mu\kappa' \int_0^x \mathrm{d}x$$

式中，μ，κ' 都为实验值，用孔道每米长度局部偏差的摩擦系数 κ 代替 $\mu\kappa'$，得：

$$\ln \frac{N_{\mathrm{B}}}{N} = -(\kappa x + \mu\theta)$$

$$N_{\mathrm{B}} = N_0 \mathrm{e}^{-(\kappa x + \mu\theta)}$$

设张拉端到 B 点的张拉损失为 N_{l2}，则：

$$N_{l2} = N_0 - N_{\mathrm{B}} = N_0 \left[1 - \mathrm{e}^{-(\kappa x + \mu\theta)} \right]$$

除以预应力筋截面面积，即得：

$$\sigma_{l2} = \sigma_{\mathrm{con}} \left[1 - \mathrm{e}^{-(\kappa x + \mu\theta)} \right] = \sigma_{\mathrm{con}} \left(1 - \frac{1}{\mathrm{e}^{\kappa x + \mu\theta}} \right) \tag{9-2}$$

当 $\kappa x + \mu\theta \leqslant 0.3$ 时，σ_{l2} 可按近似公式计算：$\sigma_{l2} = \sigma_{\mathrm{con}} (\kappa x + \mu\theta)$。

式中　κ ——考虑孔道每米长度局部偏差的摩擦系数，按表 9-2 取用；

　　　　x ——从张拉端至计算截面的孔道长度（m），亦可近似取该段孔道在纵轴上的投影长度（图 9-9）；

　　　　μ ——预应力钢筋与孔道壁之间的摩擦系数，按表 9-2 取用；

　　　　θ ——从张拉端至计算截面曲线孔道部分切线的夹角之和（以弧度计）；

　　　　N_0 ——张拉端的张拉力；

N_B ——B 点的张拉力。

摩擦系数   表 9-2

孔道成型方式	κ	μ	
		钢绞线、钢丝束	预应力螺纹钢筋
预埋金属波纹管	0.0015	0.25	0.5
预埋塑料波纹管	0.0015	0.15	—
预埋钢管	0.0010	0.30	—
抽芯	0.0014	0.55	0.60
无粘结预应力筋	0.0040	0.09	—

减少 σ_{l2} 的措施有：

（1）对于较长的构件可在两端进行张拉，则计算中孔道长度可按构件的一半长度计算。比较图 9-10（a）及图 9-10（b），两端张拉可减少摩擦损失是显而易见的，但这个措施将引起 σ_{l1} 的增加，应用时需加以注意。

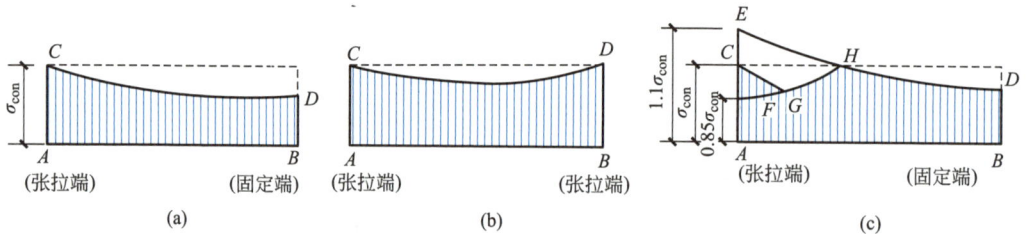

图 9-10　一端张拉、两端张拉及超张拉对减少摩擦损失的影响

（2）采用超张拉，如图 9-10（c）所示，若张拉程序为：$0 \longrightarrow 1.1\sigma_{con} \xrightarrow{\text{停 2 min}} 0.85\sigma_{con} \xrightarrow{\text{停 2 min}} \sigma_{con}$。当张拉端 A 超张拉 10% 时，预应力筋中的预拉应力将沿 EHD 分布。当张拉端的张拉应力降低至 $0.85\sigma_{con}$ 时，由于孔道与预应力筋之间产生反向摩擦，预应力将沿 $FGHD$ 分布。当张拉端 A 再次张拉至 σ_{con} 时，则预应力筋中的应力将沿 $CGHD$ 分布，显然比图 9-10（b）所建立的预拉应力要均匀些，预应力损失要小一些。

3. 混凝土加热养护时，受张拉的预应力筋与承受拉力的设备之间温差引起的预应力损失 σ_{l3}

为了缩短先张法构件的生产周期，浇灌混凝土后常采用蒸汽养护的办法加速混凝土的结硬。升温时，新浇的混凝土尚未结硬，预应力筋受热自由膨胀，但两端的台座是固定不动的，亦即距离保持不变，因而，张拉后的预应力筋就松了，使预应力筋的应力降为 σ'_{con}。降温时，混凝土已结硬并和钢筋之间具有了粘结作用，由于二者具有相同的温度膨胀系数，所以随温度降低而产生相同的收缩，构件端部混凝土内预应力筋的应力为 $\sigma''_{con} < \sigma_{con}$，从而产生预应力损失 $\sigma_{l3} = \sigma_{con} - \sigma''_{con}$。

设混凝土加热养护时，受张拉的预应力筋与承受拉力的设备（台座）之间的温差为 Δt（℃），预应力筋的线膨胀系数为 $\alpha = 0.00001/℃$，则 σ_{l3} 可按下式计算：

$$\sigma_{l3} = \varepsilon_s E_s = \frac{\Delta l}{l} E_s = \frac{\alpha l \Delta t}{l} E_s = \alpha E_s \Delta t \tag{9-3}$$

$$= 0.00001 \times 2.0 \times 10^5 \times \Delta t = 2\Delta t \, (\text{N/mm}^2)$$

减少 σ_{l3} 的措施有:

(1) 采用两次升温养护。先在常温下养护,待混凝土强度达到一定强度等级,例如,达 C7.5~C10 时,再逐渐升温至规定的养护温度,这时可认为钢筋与混凝土已结成整体,能够一起胀缩而不引起应力损失。

(2) 钢模上张拉预应力筋。由于预应力筋是锚固在钢模上的,升温时二者温度相同,可以不考虑此项损失。

4. 预应力筋应力松弛引起的预应力损失 σ_{l4}

预应力筋在高应力作用下其塑性变形具有随时间而增长的性质,在长度保持不变的条件下预应力筋的应力会随时间的增长而逐渐降低,这种现象称为预应力筋的**应力松弛**。此外,在高应力作用下预应力筋的应变会随时间增长而逐渐增大,即预应力筋的徐变。预应力筋的松弛和徐变均会引起预应力钢筋中的应力损失,这种损失统称为预应力筋应力松弛损失 σ_{l4}。

《混凝土结构设计标准》根据试验结果,提出 σ_{l4} 的计算方法如下:

(1) 对普通松弛预应力钢丝、钢绞线,按下式计算:

普通松弛:

$$\sigma_{l4} = 0.4\psi\left(\frac{\sigma_{con}}{f_{ptk}} - 0.5\right)\sigma_{con} \tag{9-4}$$

一次张拉: $\qquad\qquad\qquad\qquad \psi = 1$

超张拉: $\qquad\qquad\qquad\qquad \psi = 0.9$

低松弛:

当 $\sigma_{con} \leqslant 0.7f_{ptk}$ 时, $\qquad \sigma_{l4} = 0.125\left(\frac{\sigma_{con}}{f_{ptk}} - 0.5\right)\sigma_{con} \tag{9-5}$

当 $0.7f_{ptk} < \sigma_{con} < 0.8f_{ptk}$ 时,

$$\sigma_{l4} = 0.2\left(\frac{\sigma_{con}}{f_{ptk}} - 0.575\right)\sigma_{con} \tag{9-6}$$

(2) 中强度预应力钢丝: $\qquad \sigma_{l4} = 0.08\sigma_{con} \tag{9-7}$

(3) 预应力螺纹钢筋: $\qquad \sigma_{l4} = 0.03\sigma_{con} \tag{9-8}$

当 $\sigma_{con}/f_{ptk} \leqslant 0.5$ 时, $\qquad\qquad \sigma_{l4} = 0$

试验表明,预应力筋应力松弛与下列因素有关:

(1) 应力松弛与时间有关。开始阶段发展较快,第一小时松弛损失可达全部松弛损失的 50% 左右,24 h 后可达 80% 左右,以后发展缓慢。

(2) 应力松弛与钢材的初始应力和极限强度有关。当初应力小于 $0.7f_{ptk}$ 时,松弛与初应力呈线性关系,初应力高于 $0.7f_{ptk}$ 时,松弛显著增大。

(3) 张拉控制应力值高,应力松弛大;反之,则小。

减少 σ_{l4} 的措施有:

进行超张拉,先控制张拉应力达 $(1.05~1.1)\sigma_{con}$,持荷 2~5 min,然后卸荷,再施

加张拉应力至 σ_{con}，这样可以减少松弛引起的预应力损失。因为在高应力下短时间所产生的松弛损失可达到在低应力下需经过较长时间才能完成的松弛损失，所以，经过超张拉部分松弛损失已完成。

5. 混凝土收缩、徐变引起受拉区和受压区预应力筋的预应力损失 σ_{l5}，σ'_{l5}

混凝土在一般温度条件下结硬时会发生体积收缩，而在预应力作用下，沿压力方向混凝土会发生徐变。二者均使构件的长度缩短，预应力筋也随之内缩，造成预应力损失。收缩与徐变虽是两种性质完全不同的现象，但它们的影响因素、变化规律较为相似，故一般将这两项预应力损失合在一起考虑。

混凝土收缩、徐变引起受拉区和受压区预应力筋的预应力损失 σ_{l5} 和 σ'_{l5}，可分别按以下公式计算：

对先张法构件，有：

$$\sigma_{l5} = \frac{60 + 340\dfrac{\sigma_{pc}}{f'_{cu}}}{1 + 15\rho} \tag{9-9}$$

$$\sigma'_{l5} = \frac{60 + 340\dfrac{\sigma'_{pc}}{f'_{cu}}}{1 + 15\rho'} \tag{9-10}$$

对后张法构件，有：

$$\sigma_{l5} = \frac{55 + 300\dfrac{\sigma_{pc}}{f'_{cu}}}{1 + 15\rho} \tag{9-11}$$

$$\sigma'_{l5} = \frac{55 + 300\dfrac{\sigma'_{pc}}{f'_{cu}}}{1 + 15\rho'} \tag{9-12}$$

式中 σ_{pc}，σ'_{pc}——受拉区、受压区预应力钢筋在各自合力点处混凝土法向压应力，此时，预应力损失值仅考虑混凝土预压前（第一批）的损失，其非预应力钢筋中的应力 σ_{l5}，σ'_{l5} 值应取等于零；σ_{pc} 值不得大于 $0.5f'_{cu}$；当 σ_{pc} 为拉应力时，则式（9-10）、式（9-12）中 σ'_{pc} 应取等于零；计算混凝土法向应力 σ_{pc}，σ'_{pc} 时可据构件制作情况考虑自重的影响；

f'_{cu}——施加预应力时混凝土的立方体抗压强度；

ρ，ρ'——受拉区、受压区预应力钢筋和非预应力钢筋的配筋率：

对先张法构件，有：

$$\rho = \frac{A_p + A_s}{A_0} \quad \rho' = \frac{A'_p + A'_s}{A_0} \tag{9-13}$$

对后张法构件，有：

$$\rho = \frac{A_p + A_s}{A_n} \quad \rho' = \frac{A'_p + A'_s}{A_n} \tag{9-14}$$

式中 A_0——混凝土换算截面面积；

A_n——混凝土净截面面积。

对于对称配置预应力筋和非预应力钢筋的构件，$\rho = \rho'$ 时配筋率应按钢筋总截面面积的一半进行计算。

由以上计算式可以看出：

（1）σ_{l5} 与相对初应力 σ_{pc}/f'_{cu} 为线性关系，公式所给出的是线性徐变条件下的应力损失，因此要求符合 $\sigma_{pc} < 0.5f'_{cu}$ 的条件。否则，导致预应力损失值显著增大。由此可见，

过大的预加应力以及过低的放张时混凝土的抗压强度均是不妥的。

（2）后张法构件 σ_{l5} 的取值比先张法构件低，因为后张法构件在施加预应力时，混凝土的收缩已完成了一部分。

上述公式是在一般相对湿度环境下给出的经验公式，对处于干燥环境（年平均相对湿度低于 40％的环境）的结构，σ_{l5}，σ'_{l5} 值应增加 30％。

对于重要的结构构件，由混凝土收缩、徐变引起的预应力损失值按《混凝土结构设计标准》附录 K 所示方法计算。

减少 σ_{l5} 的措施有：①采用高强度等级水泥，减少水泥用量，降低水灰比，采用干硬性混凝土；②采用级配较好的骨料，加强振捣，提高混凝土的密实性；③加强养护，以减少混凝土的收缩。

6. 用螺旋式预应力筋作配筋的环形构件，由于混凝土的局部挤压引起的预应力损失 σ_{l6}

采用螺旋式预应力筋的环形构件，由于预应力筋对混凝土的局部挤压，使环形构件的直径有所减小，预应力筋中的拉应力就会降低，从而引起预应力钢筋的应力损失 σ_{l6}。σ_{l6} 的大小与环形构件的直径 d 呈反比，直径越小，损失越大，故《混凝土结构设计标准》规定：

当 $d \leqslant 3$ m 时，　　　　　　　　$\sigma_{l6} = 30 \text{ N/mm}^2$ 　　　　　　　　　　　（9-15）

当 $d > 3$ m 时，　　　　　　　　$\sigma_{l6} = 0$ 　　　　　　　　　　　（9-16）

9.2.2　预应力损失值的组合
Combination of Prestress Loss Values

上述的六项预应力损失，有的只发生在先张法构件中，有的只发生在后张法构件中，有的两种构件均有，而且是分批产生的。为了便于分析和计算，《混凝土结构设计标准》规定，预应力构件在各阶段的预应力损失值宜按表 9-3 的规定进行组合。

各阶段预应力损失的组合　　　　　　　　　　　　　　　　　表 9-3

预应力损失的组合	先张法构件	后张法构件
混凝土预压前(第一批)损失 σ_{lI}	$\sigma_{l1} + \sigma_{l2} + \sigma_{l3} + \sigma_{l4}$	$\sigma_{l1} + \sigma_{l2}$
混凝土预压后(第二批)损失 σ_{lII}	σ_{l5}	$\sigma_{l4} + \sigma_{l5} + \sigma_{l6}$

注：先张法构件由于预应力筋应力松弛引起的损失值 σ_{l4} 在第一批和第二批损失中所占的比例，如需区分，可根据实际情况确定。

考虑到各项预应力损失的离散性，实际损失值有可能比按标准计算的值高。所以如果求得的预应力总损失值小于下列数值时，则按下列数值取用：

先张法构件　　　　　　　　$\sigma_{l\min} = 100 \text{ N/m}$

后张法构件　　　　　　　　$\sigma_{l\min} = 80 \text{ N/m}$

当后张法构件的预应力筋采用分批张拉时，应考虑后批张拉预应力筋所产生的混凝土弹性压缩（或伸长）对于先批张拉预应力筋的影响，可将先批张拉预应力筋的张拉控制应力值 σ_{con} 增加（或减小）$\alpha_E \sigma_{pci}$。此处，σ_{pci} 为后批张拉预应力筋在先批张拉预应力筋重心处产生的混凝土法向应力。

知识拓展——预应力碳纤维复合材料索增强混凝土 T 梁预应力损失研究[*]

Knowledge Expansion—Research on Stress Loss of Prestressed Carbon Fiber Composite Cable Reinforced Concrete T Beam[*]

碳纤维复合材料（CFRP）筋相比于传统的钢筋具有更好的物理与化学性能，如抗拉强度高、重量轻、耐腐蚀、耐疲劳等优异性能，因此逐渐应用于土木工程领域的结构修复以及新建结构中。通过施加预应力，CFRP 筋的强度利用率得到了非常大的提升，结构的各种行为，如混凝土结构承载力、混凝土结构的屈服、混凝土结构的开裂等出现较大的变化。在混凝土结构中使用碳纤维复合材料筋可作为非预应力混凝土骨架，增强混凝土结构的耐久性及承载力；也可用作体外预应力筋或体内预应力筋，通过施加预应力增大结构刚度，增加结构跨度。

为了研究 CFRP 索增强混凝土 T 梁的预应力损失行为，制作了 3 根无粘结预应力 CFRP 索增强混凝土 T 梁，探究构件的预应力分布及张拉方法对预应力损失的影响。试验结果表明：预应力 CFRP 索增强混凝土 T 梁的预应力由张拉端至锚固端逐渐减小，随应力增大，摩擦导致的预应力损失逐渐增大；在 CFRP 索中直径小的 CFRP 筋预应力小且存在严重的应力不均匀现象，即 CFRP 筋的直径对预应力损失的影响较为显著；当采用分级张拉时，CFRP 索预应力损失量较小，而采用常规方式张拉时，预应力损失量显著上升，可以通过重复张拉的方法来消除部分应力损失。

9.3 预应力筋锚固区受力性能
Mechanical Behavior of Prestressing Tendon Anchorage Zones

9.3.1 先张法构件预应力筋的传递长度及锚固长度
Transfer Length and Anchorage Length of Pretensioned Tendons

先张法预应力混凝土构件的预应力是靠构件两端一定距离内预应力筋和混凝土间的粘结力来建立和传递的。

如图 9-11 所示，当放张钢筋时，钢筋在构件端部要发生内缩或滑移，在端面 a 处预应力筋的预拉应力为零，而在构件端面以内，预应力钢筋的内缩受到周围混凝土的阻止，引起纵向压应力，使得预应力筋受拉，周围混凝土受压。随距端部截面距离 x 的增大，由于粘结应力的积累，预应力筋的预拉应力 σ_{p} 和周围混凝土中的预压应力 σ_{c} 将增大，当 x 达到一定长度 l_{tr}（图 9-11a 中 a 截面与 b 截面之间的距离）时，在 l_{tr} 长度内的粘结力与预

---

* 王梓豪，李承高，咸贵军，等. 预应力碳纤维复合材料索增强混凝土 T 梁预应力损失研究 [J]. 复合材料科学与工程，2023，3：44-52.

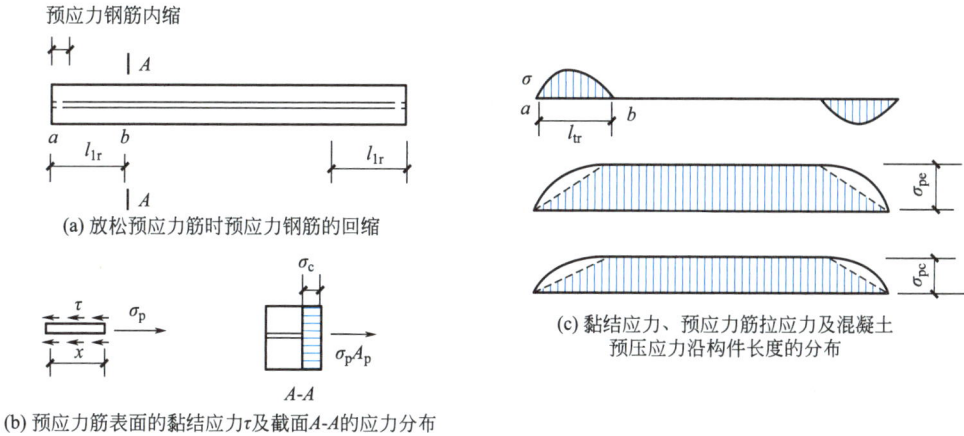

图 9-11　预应力的传递

拉力 $\sigma_p A_p$ 平衡，自 l_{tr} 长度以外，即自 b 截面起，预应力筋才建立起稳定的预拉应力 σ_{pe}，周围混凝土建立起有效的预压应力 σ_{pc}。长度 l_{tr} 称为**先张法构件预应力钢筋的传递长度**，ab 段称为先张法构件的自锚区。由于在自锚区的预应力值较小，所以对先张法预应力混凝土构件端部进行斜截面受剪承载力计算以及正截面、斜截面抗裂验算时，应考虑预应力筋在其传递长度 l_{tr} 范围内实际应力值的变化（图 9-11c），在计算时，该预应力筋的实际预应力均可简化为按线性变化（图 9-11c 虚线所示），即在构件端部为零，在其预应力传递长度的末端取有效预应力值 σ_{pe}。预应力筋的预应力传递长度 l_{tr} 值按下式计算：

$$l_{tr} = \alpha \frac{\sigma_{pe}}{f'_{tk}} d \tag{9-17}$$

式中　σ_{pe}——放张时预应力钢筋的有效预应力；

　　　d——预应力筋的公称直径；

　　　α——预应力筋的外形系数，按表 2-5 取用；

　　　f'_{tk}——放张时混凝土的轴心抗拉强度标准值，可按附表 1-10 以线性内插法确定。

9.3.2　后张法构件端部锚固区的局部受压性能
Local Compression Behavior at Anchorage Zones of Post Tensioned Members

后张法构件的预压力是通过锚具经垫板传递给混凝土的。由于预压力很大，而锚具下的垫板与混凝土的传力接触面积往往很小，锚具下的混凝土将承受较大的局部压力，在局部压力的作用下，构件端部会产生裂缝，甚至会发生局部受压破坏。

构件端部锚具下的应力状态是非常复杂的，图 9-12 表明了混凝土构件端部局部受压时的内力分布。由弹性力学中圣维南原理知，锚具下的局部压应力要经过一段距离才能扩散到整个截面上。**从端部局部受压过渡到全截面均匀受压的这个区段，称为预应力混凝土构件的锚固区**。试验研究表明，**锚固区的长度约等于构件的截面高度**。

《混凝土结构设计标准》规定，构件设计时既要保证在张拉预应力筋时锚具下锚固区的混凝土不开裂和不产生过大的变形，又要求计算配置在锚固区内所需要的间接钢筋以满足局部受压承载力的要求。

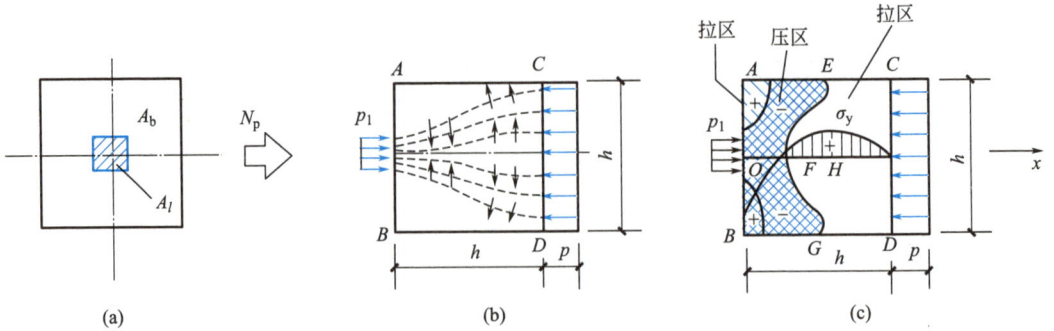

图 9-12　构件端部混凝土局部受压时的内力分布

1. 构件局部受压区截面尺寸

试验表明，当局部受压区配筋过多时，局部受压板底面下的混凝土会产生过大的下沉变形。为限制下沉变形不致过大，对配置间接钢筋的混凝土结构构件，其局部受压区的截面尺寸应符合下列要求：

$$F_l \leqslant 1.35\beta_c\beta_l f_c A_{ln} \tag{9-18}$$

$$\beta_l = \sqrt{\frac{A_b}{A_l}} \tag{9-19}$$

式中　A_b——局部受压的计算底面积，可根据局部受压面积与计算底面积按同心、对称的原则确定，对常用情况可按图 9-13 取用；

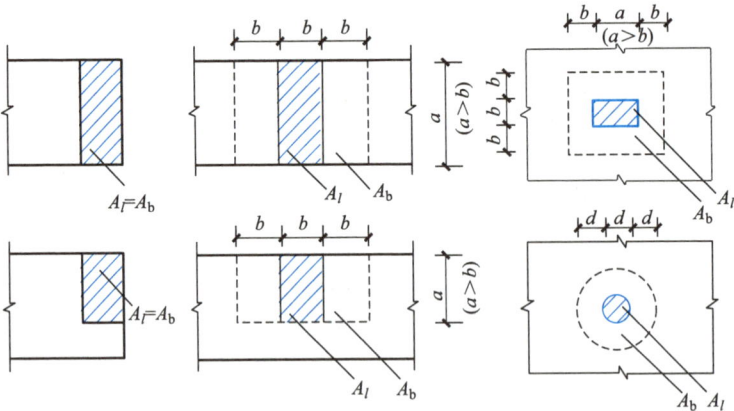

图 9-13　局部受压的计算底面积 A_b

F_l——局部受压面上作用的局部荷载或局部压力设计值；对有粘结预应力混凝土构件中的锚头局部压力，应取 $F_l = 1.2\sigma_{con}A_p$；

f_c——混凝土轴心抗压强度设计值，在后张法预应力混凝土构件的张拉阶段验算中，根据相应阶段的混凝土立方体抗压强度 f'_{cu} 值，通过线性内插法取用；

β_c——混凝土强度影响系数：当混凝土强度等级不超过 C50 时，取 $\beta_c = 1.0$；当混凝土强度等级等于 C80 时，取 $\beta_c = 0.8$，其间按线性内插法取用；

β_l——混凝土局部受压时的强度提高系数；

A_{ln}——混凝土局部受压净面积；对后张法构件，应在混凝土局部受压面积中扣除孔道、凹槽部分的面积；

A_l——混凝土的局部受压面积，当有垫板时可考虑预压力沿垫板的刚性扩散角45°扩散后传至混凝土的受压面积，见图9-14。

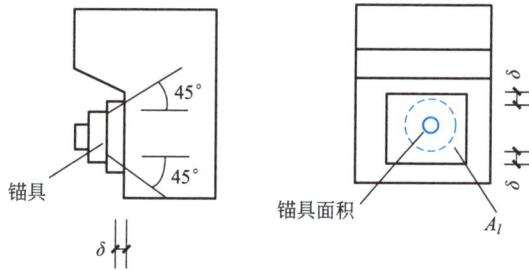

图 9-14　有垫板时预应力传至混凝土的受压面积

2. 局部受压承载力计算

在锚固区段配置间接钢筋（焊接钢筋网或螺旋式钢筋）可以有效地提高锚固区段的局部受压强度，防止局部受压破坏。当配置方格网式或螺旋式间接钢筋，且其核心面积 $A_{cor} \geqslant A_l$ 时（图9-15），局部受压承载力应按下列公式计算：

$$F_l \leqslant 0.9(\beta_c\beta_l f_c + 2\alpha\rho_v\beta_{cor}f_{yv})A_{ln} \tag{9-20}$$

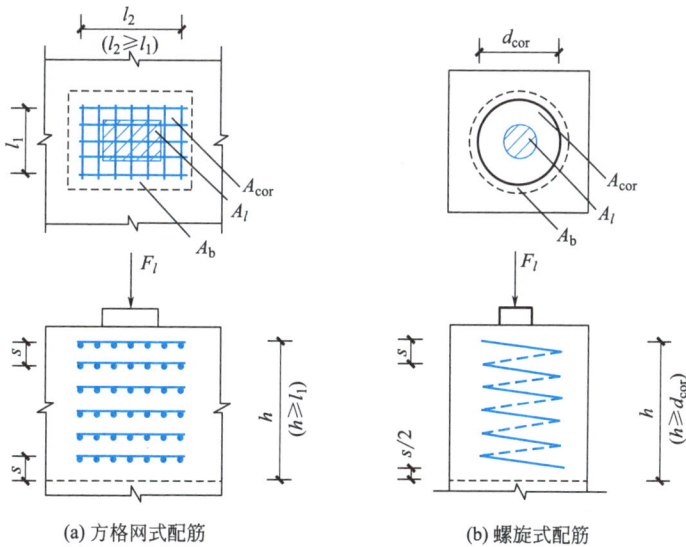

(a) 方格网式配筋　　　　　(b) 螺旋式配筋

图 9-15　局部受压区的间接钢筋

式中　β_{cor}——$\beta_{cor} = \sqrt{A_{cor}/A_l}$ 为配置间接钢筋的局部受压承载力提高系数，当 A_{cor} 大于 A_b 时，取 $A_{cor} = A_b$；当 A_{cor} 不大于混凝土局部受压面积 A_l 的 1.25 倍时，$\beta_{cor} = 1.0$；

α——间接钢筋对混凝土约束的折减系数，当混凝土强度等级不超过 C50 时，取 $\alpha = 1.0$；当混凝土强度等级为 C80 时，取 $\alpha = 0.85$；当混凝土强度等级为

C50 与 C80 之间时，按线性内插法确定；

A_{cor} ——配置方格网或螺旋式间接钢筋内表面范围内的混凝土核心截面面积（不扣除孔道面积），应大于混凝土局部受压面积 A_l，其重心应与 A_l 的重心重合，计算中按同心对称的原则取值；

f_{yv} ——间接钢筋的抗拉强度设计值，见附表 1-3；

ρ_v ——间接钢筋的体积配筋率（核心面积 A_{cor} 范围内的单位混凝土体积所含间接钢筋的体积），且要求 $\rho_v \geqslant 0.5\%$，当为方格网式配筋时（图 9-15a）：$\rho_v = \dfrac{n_1 A_{s1} l_1 + n_2 A_{s2} l_2}{A_{cor} s}$；当为螺旋式配筋时（图 9-15b）：$\rho_v = \dfrac{4 A_{ss1}}{d_{cor} s}$。

知识拓展——预留孔道活性粉末混凝土局部受压性能与承载力分析[*]

Knowledge Expansion—Analysis on Bearing Capacity and Behavior of Reactive Powder Concrete with Empty Concentric Duct under Local Pressure[*]

具有超高强度和高耐久性等特性的活性粉末混凝土与预应力技术相结合，可实现预应力活性粉末混凝土结构。张拉预应力筋使结构构件端部产生较大的集中作用效应，锚具下一定范围的锚固影响区内受力复杂。由于局部受压区存在复杂的应力状态且预应力张锚体系类型众多，国内外对后张预应力锚具下混凝土局部受压机理、局部受压承载力计算方法及锚固区合理配筋的研究不断深入，提出了套箍强化模型、楔劈模型、桁架拉压杆模型等。相关研究成果不断促进各国设计标准对有关局部受压设计条款的持续完善。理论上，后张预应力活性粉末混凝土锚固区的弹性主压应力、主拉应力的分布，弹性应变与变形等与后张预应力锚具下常规混凝土局部受压应无本质不同。然而，活性粉末混凝土不包含粗骨料，从其微观结构到宏观力学性能与常规混凝土均有差异，其内部微裂缝发展、外部开裂直至破坏的整个非线性过程也有自身特点，直接影响着后张预应力活性粉末混凝土锚固区性能与设计。几十年来国内外对混凝土局部受压工作机理、破坏模式、承载力计算方法等进行的大量试验研究与理论积累，为活性粉末混凝土局部受压性能的分析及其设计方法的建立可提供良好的基础与借鉴。

由于后张有粘结预应力结构须按设计要求在混凝土内预留孔道以容纳预应力筋，预应力筋张拉时，预应力锚具下混凝土锚固区是带孔道工作的。显然，预留孔道的存在一定程度上削弱了锚固区。由于预应力活性粉末混凝土结构可实现较常规预应力结构更小的截面尺寸，在相同的预应力配筋条件下，孔道对活性粉末混凝土锚固区局压性能与设计的影响将更为显著。所以，以端部局部受压下预留贯通圆形孔道块体模拟后张预应力活性粉末混凝土结构的锚固区，进行轴心局部受压试验，用以分析孔道对活性粉末混凝土锚固区的影响，特别是孔道大小对局部受压破坏机理和局部受压承载力的影响；基于试验结果，提出预留孔道活性粉末混凝土局部受压承载力实用计算方法。

---

[*] 周威，胡海波. 预留孔道活性粉末混凝土局压性能与承载力分析 [J]. 工程力学，2014，31（7）：119-127.

局部受压试验表明，试件破坏模式为先开裂后破坏。在裂缝形成和发展过程中，以侧面的纵向裂缝为主；在破坏阶段，由于发生成块脱落而表现为横缝，加载端的裂缝主要出现在近承压板中部或边缘或对角处。试验同时表明，侧面纵向裂缝一出现即近似延伸至整个试件高度，并呈现为"中宽端细"，且裂缝宽度较大，最大裂缝宽度可达 1.5 mm；初始裂缝的最宽处至加载端面距离约等于承压板宽度值。达到极限荷载时，加载端及各侧面上部区域由于突然掉块、剥落而出现较多无序裂缝，加载端面沿承压板四周出现较宽的裂缝。试验表明，孔道直径不影响开裂后试件的裂缝发展规律，也不影响初裂时试件最大裂缝宽度的位置和大小。破坏后，将酥松的长条状外围母体去除，可在承压板下观察到明显的楔劈裂缝和楔形体轮廓，因试件破坏剧烈且包含孔道，大部分楔形体难以完整取出。但是，可发现楔形体的四个斜面均有明显的剪切破坏痕迹。经局部受压承载力计算，计算值与试验值符合较好。分析试验结论如下：

1）活性粉末混凝土轴心局部受压的破坏模式为先裂后坏，主要表现为楔形体对核心母体和外围母体的劈裂。局部受压破坏具有显著的突然性和一定的脆性，孔道对楔形体及核心母体的削弱作用显著，开裂荷载与极限荷载实测值之比相对较大。

2）孔道降低了局部受压区抵抗变形的能力，孔道直径越大，试件局部受压区刚度相对越小。孔道的存在不但相对延迟了局部受压区开裂，导致其未开裂的正常使用阶段相对延长，而且显著削弱了楔形体，使其局部受压承载力相对降低。

3）以孔道直径与局部受压边长比与局部受压面积比为关键参数，提出了预留孔道活性粉末混凝土局部受压承载力表达式，为后张预应力活性粉末混凝土锚固区分析提供了一定的试验和理论基础。

9.4 预应力混凝土轴心受拉构件的设计计算
Design and Calculation of Axially Tensioned Prestressed Concrete Members

预应力混凝土
构件中非预应
力钢筋的作用

9.4.1 预应力混凝土轴心受拉构件的应力分析
Stress Analysis of Axially Tensioned Prestressed Member

预应力混凝土轴心受拉构件从张拉钢筋开始到构件破坏，截面中混凝土和预应力筋应力的变化可以分为两个阶段：施工阶段和使用阶段。每个阶段又包括若干特征受力过程。下面按照从施工到使用的顺序对整个受力过程进行分析。

1. 先张法预应力混凝土轴心受拉构件的受力分析

（1）施工阶段

1）张拉预应力筋。在台座上张拉截面面积为 A_p 的预应力筋至张拉控制应力 σ_{con}，这时预应力筋的总拉力为 $\sigma_{con}A_p$。普通钢筋不承担任何应力。

2）在混凝土受到预压应力之前，完成第一批损失。张拉预应力筋完毕，将预应力筋锚固在台座上，浇灌混凝土，蒸汽养护构件。因锚具变形、温差和部分预应力筋松弛而产生第一批预应力损失值 σ_{l1}。预应力筋的拉应力由 σ_{con} 降低到 $\sigma_{pe}=\sigma_{con}-\sigma_{l1}$。此时，由于预应力筋尚未放松，混凝土应力 $\sigma_{pc}=0$，普通钢筋应力 $\sigma_s=0$。

3）放松预应力筋。当混凝土达到 75% 以上的强度设计值后，放松预应力筋，预应力筋回缩，依靠预应力筋与混凝土之间的粘结力使混凝土受压缩，预应力筋亦将随之缩短，拉应力减小。设放松预应力筋时混凝土所获得的预压应力为 σ_{pcI}，由于预应力筋与混凝土两者的变形协调，则预应力筋的拉应力相应减小了 $\alpha_E\sigma_{pcI}$。即：

$$\sigma_{peI}=\sigma_{con}-\sigma_{l1}-\alpha_E\sigma_{pcI} \tag{9-21}$$

同时，普通钢筋也得到预压应力 $\sigma_{sI}=\alpha_E\sigma_{pcI}$。

式中，α_E 为预应力筋或普通钢筋的弹性模量与混凝土弹性模量之比，即 $\alpha_E=\dfrac{E_s}{E_c}$。

由力的平衡条件求得 $\sigma_{peI}A_p=\sigma_{pcI}A_c+\sigma_{sI}A_s$，将 σ_{peI} 和 σ_{sI} 代入得：

$$\sigma_{pcI}=\frac{(\sigma_{con}-\sigma_{l1})A_p}{A_c+\alpha_EA_s+\alpha_EA_p}=\frac{N_{pI}}{A_n+\alpha_EA_p}=\frac{N_{pI}}{A_0} \tag{9-22}$$

式中　A_c——扣除预应力筋和普通钢筋截面面积后的混凝土截面面积；

　　　A_0——构件换算截面面积（混凝土截面面积 A_c 及全部纵向预应力筋和普通钢筋截面面积换算成混凝土的截面面积），即 $A_0=A_c+\alpha_EA_s+\alpha_EA_p$，对不同强度等级混凝土组成的截面，应根据混凝土弹性模量比值换算成同一强度等级混凝土的截面面积；

　　　A_n——构件净截面面积（换算截面面积减去全部纵向预应力筋截面面积换算成混凝土的截面面积，即 $A_n=A_0-\alpha_EA_p$）；

　　　N_{pI}——完成第一批损失后预应力筋的总预拉力，$N_{pI}=(\sigma_{con}-\sigma_{l1})A_p$。

4）混凝土受到预压应力，完成第二批损失。随着时间的增长，因预应力筋进一步松弛，混凝土发生收缩、徐变而产生第二批预应力损失值 σ_{lII}。这时，混凝土和钢筋将进一步缩短，混凝土压应力由 σ_{pcI} 降低至 σ_{pcII}，预应力钢筋的拉应力也由 σ_{peI} 降低至 σ_{peII}，普通钢筋的压应力降至 σ_{sII}，于是：

$$\begin{aligned}\sigma_{peII}&=\sigma_{con}-\sigma_{l1}-\alpha_E\sigma_{pcI}-\sigma_{lII}+\alpha_E(\sigma_{pcI}-\sigma_{pcII})\\&=\sigma_{con}-\sigma_l-\alpha_E\sigma_{pcII}\end{aligned} \tag{9-23}$$

由力的平衡条件求得 $\sigma_{peII}A_p=\sigma_{pcII}A_c+\sigma_{sII}A_s$。

此时，普通钢筋所得到的压应力 σ_{sII} 除有 $\alpha_E\sigma_{pcII}$ 外，考虑到因混凝土收缩、徐变而在普通钢筋中产生的压应力 σ_{l5}，所以：

$$\sigma_{sII}=\alpha_E\sigma_{pcII}+\sigma_{l5}\qquad \sigma_{pcII}=\frac{(\sigma_{con}-\sigma_l)A_p-\sigma_{l5}A_s}{A_c+\alpha_EA_s+\alpha_EA_p}=\frac{N_{pII}-\sigma_{l5}A_s}{A_0} \tag{9-24}$$

式中　σ_{pcII}——预应力混凝土中建立的**有效预压应力**；

　　　N_{pII}——完成全部损失后预应力筋的总预拉力，$N_{pII}=(\sigma_{con}-\sigma_l)A_p$。

（2）使用阶段

1）加载至混凝土应力为零。由轴向拉力 N_0 产生的混凝土拉应力恰好全部抵消混凝土的有效预压应力 σ_{pcII}，使截面处于消压状态，即 $\sigma_{pc}=0$。这时，预应力筋的拉应力 σ_{p0} 是在 σ_{peII} 的基础上增加 $\alpha_E\sigma_{pcII}$，即：

$$\sigma_{p0}=\sigma_{peII}+\alpha_E\sigma_{pcII}=\sigma_{con}-\sigma_l \tag{9-25}$$

普通钢筋的压应力 σ_s 在原来压应力 $\sigma_{s\mathrm{II}}$ 的基础上，增加了一个拉应力 $\alpha_E\sigma_{pc\mathrm{II}}$，因此：

$$\sigma_s = \sigma_{s\mathrm{II}} - \alpha_E\sigma_{pc\mathrm{II}} = \alpha_E\sigma_{pc\mathrm{II}} + \sigma_{l5} - \alpha_E\sigma_{pc\mathrm{II}} = \sigma_{l5}$$

轴向拉力 N_0（混凝土应力为 0 时的轴向拉力）可由力的平衡条件求得：

$$\begin{aligned} N_0 &= \sigma_{p0}A_p - \sigma_{l5}A_s = (\sigma_{con} - \sigma_l)A_p - \sigma_{l5}A_s \\ &= N_{p\mathrm{II}} - \sigma_{l5}A_s \\ &= \sigma_{pc\mathrm{II}}A_0 \end{aligned} \tag{9-26}$$

2）加载至裂缝即将出现时。当轴向拉力超过 N_0 后，混凝土开始受拉，随着荷载的增加，其拉应力亦不断增长，当荷载加至 N_{cr}，即混凝土拉应力达到混凝土轴心抗拉强度标准值 f_{tk} 时，混凝土即将出现裂缝，这时预应力筋的拉应力 σ_{pcr} 是在 σ_{p0} 的基础上再增加 $\alpha_E f_{tk}$，即：

$$\sigma_{pcr} = \sigma_{p0} + \alpha_E f_{tk} = \sigma_{con} - \sigma_l + \alpha_E f_{tk}$$

普通钢筋的应力 σ_s 由压应力 σ_{l5} 转为拉应力，其值为 $\sigma_s = \alpha_E f_{tk} - \sigma_{l5}$。

轴向拉力 N_{cr} 可由力的平衡条件求得：

$$\begin{aligned} N_{cr} &= \sigma_{pcr}A_p + \sigma_s A_s + f_{tk}A_0 \\ &= (\sigma_{pc\mathrm{II}} + f_{tk})A_0 \end{aligned} \tag{9-27}$$

可见，由于预压应力 $\sigma_{pc\mathrm{II}}$ 的作用（$\sigma_{pc\mathrm{II}}$ 比 f_{tk} 大得多），预应力混凝土轴心受拉构件的 N_{cr} 值比钢筋混凝土轴心受拉构件大很多，这就是预应力混凝土构件抗裂度高的原因所在。

3）加载至破坏。当轴向拉力超过 N_{cr} 后，混凝土开裂，在裂缝截面上，混凝土不再承受拉力，拉力全部由预应力筋和普通钢筋承担，破坏时，预应力筋及普通钢筋的应力分别达到抗拉强度设计值 f_{py} 和 f_y。

轴向拉力 N_u 可由力的平衡条件求得：

$$N_u = f_{py}A_p + f_y A_s \tag{9-28}$$

先张法预应力混凝土轴心受拉构件各阶段的应力分析见表 9-4。

2. 后张法预应力混凝土轴心受拉构件的受力分析

（1）施工阶段

1）浇灌混凝土后，养护直至预应力筋张拉前，可以认为截面中不产生任何应力。

2）张拉预应力筋。张拉预应力筋的同时，千斤顶的反作用力通过传力架传给混凝土，使混凝土受到弹性压缩，并在张拉过程中产生摩擦损失 σ_{l2}，这时预应力筋中的拉应力 $\sigma_{pe} = \sigma_{con} - \sigma_{l2}$。普通钢筋中的压应力为 $\sigma_s = \alpha_E\sigma_{pc}$。混凝土预压应力 σ_{pc} 可由力的平衡条件求得：$\sigma_{pe}A_p = \sigma_{pc}A_c + \sigma_s A_s$，将 σ_{pe}、σ_s 的表达式代入，可得：

$$(\sigma_{con} - \sigma_{l2})A_p = \sigma_{pc}A_c + \alpha_E\sigma_{pc}A_s$$

$$\sigma_{pc} = \frac{(\sigma_{con} - \sigma_{l2})A_p}{A_c + \alpha_E A_s} = \frac{(\sigma_{con} - \sigma_{l2})A_p}{A_n} \tag{9-29}$$

3）混凝土受到预压应力之前，完成第一批损失。张拉预应力钢筋后，锚具变形和钢筋回缩引起的应力损失为 σ_{l1}，此时预应力筋的拉应力由 $\sigma_{con} - \sigma_{l2}$ 降低至 $\sigma_{con} - \sigma_{l2} - \sigma_{l1}$，故：

$$\sigma_{pe\mathrm{I}} = \sigma_{con} - \sigma_{l2} - \sigma_{l1} = \sigma_{con} - \sigma_{l\mathrm{I}} \tag{9-30}$$

普通钢筋中的压应力为 $\sigma_{s\mathrm{I}} = \alpha_E\sigma_{pc\mathrm{I}}$。混凝土压应力 $\sigma_{pc\mathrm{I}}$ 由力的平衡条件求得：

$$\sigma_{pe\mathrm{I}}A_p = \sigma_{pc\mathrm{I}}A_c + \sigma_{s\mathrm{I}}A_s$$

表 9-4

先张法预应力混凝土轴心受拉构件各阶段的应力分析

受力阶段	简图	预应力筋应力 σ_p	混凝土应力 σ_{pc}	普通钢筋应力 σ_s
a. 在台座上穿钢筋		0	—	—
b. 张拉预应力筋		σ_{con}	—	—
c. 完成第一批损失	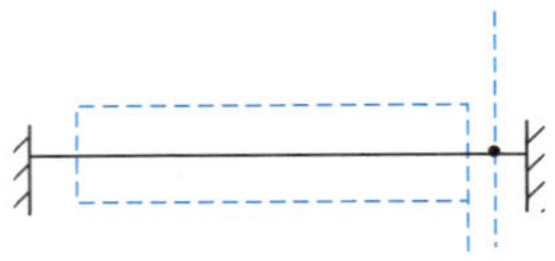	$\sigma_{con} - \sigma_{l\,\mathrm{I}}$	0	0
d. 放松钢筋	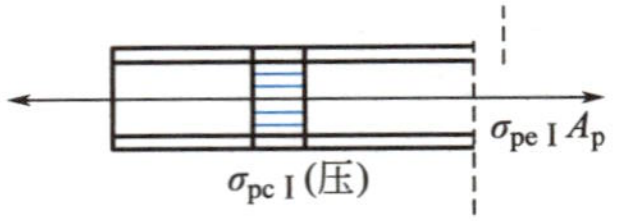	$\sigma_{pe\mathrm{I}} = \sigma_{con} - \sigma_{l\,\mathrm{I}} - \alpha_E \sigma_{pc\mathrm{I}}$	$\sigma_{pc\mathrm{I}} = \dfrac{(\sigma_{con} - \sigma_{l\,\mathrm{I}})A_p}{A_0}$（压）	$\sigma_{s\mathrm{I}} = \alpha_E \sigma_{pc\mathrm{I}}$（压）
e. 完成第二批损失	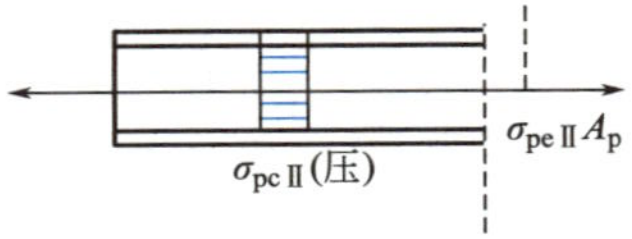	$\sigma_{pe\mathrm{II}} = \sigma_{con} - \sigma_{l\,\mathrm{II}} - \alpha_E \sigma_{pc\mathrm{II}}$	$\sigma_{pc\mathrm{II}} = \dfrac{(\sigma_{con} - \sigma_{l\,\mathrm{II}})A_p - \sigma_{l5} A_s}{A_0}$（压）	$\sigma_{s\mathrm{II}} = \alpha_E \sigma_{pc\mathrm{II}} + \sigma_{l5}$（压）

施工阶段

续表

受力阶段		简图	预应力筋应力 σ_P	混凝土应力 σ_{pc}	普通钢筋应力 σ_s
使用阶段	f. 加载至 $\sigma_{pc}=0$	N_0	$\sigma_{p0} = \sigma_{con} - \sigma_l$	0	σ_{l5}（压）
	g. 加载至裂缝即将出现	N_{cr}　f_{tk}（拉）	$\sigma_{pcr} = \sigma_{con} - \sigma_{lI} + \alpha_E f_{tk}$	f_{tk}（拉）	$\alpha_E f_{tk} - \sigma_{l5}$（拉）
	h. 加载至破坏	N_u	f_{py}	0	f_y（拉）

将 σ_{peI}、σ_{sI} 的表达式代入，可得：

$$(\sigma_{con} - \sigma_{l1})A_p = \sigma_{pcI}A_c + \alpha_E \sigma_{pcI}A_s$$

$$\sigma_{pcI} = \frac{(\sigma_{con} - \sigma_{l1})A_p}{A_c + \alpha_E A_s} = \frac{N_{pI}}{A_n} \tag{9-31}$$

4）混凝土受到预压应力之后，完成第二批损失。由于预应力筋松弛、混凝土收缩和徐变（对于环形构件还有挤压变形）引起的应力损失 σ_{l4}、σ_{l5} 以及 σ_{l6}，使预应力筋的拉应力由 σ_{peI} 降低至 σ_{peII}，即 $\sigma_{peII} = \sigma_{con} - \sigma_{lI} - \sigma_{lII} = \sigma_{con} - \sigma_l$。普通钢筋中的压应力为 $\sigma_{sII} = \alpha_E \sigma_{pcII} + \sigma_{l5}$。混凝土压应力 σ_{pcII} 由力的平衡条件求得：$\sigma_{peII}A_p = \sigma_{pcII}A_c + \sigma_{sII}A_s$，将 σ_{peII}、σ_{sII} 的表达式代入，可得：

$$(\sigma_{con} - \sigma_l)A_p = \sigma_{pcII}A_c + (\alpha_E \sigma_{pcII} + \sigma_{l5})A_s$$

$$\sigma_{pcII} = \frac{(\sigma_{con} - \sigma_l)A_p - \sigma_{l5}A_s}{A_c + \alpha_E A_s} = \frac{(\sigma_{con} - \sigma_l)A_p - \sigma_{l5}A_s}{A_n} \tag{9-32}$$

$$= \frac{N_{pII} - \sigma_{l5}A_s}{A_n}$$

（2）使用阶段

1）加载至混凝土应力为零。由轴向拉力 N_0 产生的混凝土拉应力恰好全部抵消混凝土的有效预压应力 σ_{pcII}，使截面处于消压状态，即 $\sigma_{pc} = 0$。这时，预应力筋的拉应力 σ_{p0} 是在 σ_{pe} 的基础上增加 $\alpha_E \sigma_{pcII}$，即 $\sigma_{p0} = \sigma_{peII} + \alpha_E \sigma_{pcII} = \sigma_{con} - \sigma_l + \alpha_E \sigma_{pcII}$。

普通钢筋的应力 σ_s 在原来的压应力 $\alpha_E \sigma_{pcII} + \sigma_{l5}$ 基础上，增加了一个拉应力 $\alpha_E \sigma_{pcII}$，因此 $\sigma_s = \sigma_{sII} - \alpha_E \sigma_{pcII} = \alpha_E \sigma_{pcII} + \sigma_{l5} - \alpha_E \sigma_{pcII} = \sigma_{l5}$。

轴向拉力 N_0 可由力的平衡条件求得：

$$N_0 = \sigma_{p0}A_p - \sigma_{l5}A_s = (\sigma_{con} - \sigma_l + \alpha_E \sigma_{pcII})A_p - \sigma_{l5}A_s$$

$$(\sigma_{con} - \sigma_l)A_p - \sigma_{l5}A_s = \sigma_{pcII}(A_c + \alpha_E A_s)$$

$$N_0 = \sigma_{pcII}(A_c + \alpha_E A_s) + \alpha_E \sigma_{pcII}A_p \tag{9-33}$$

$$= \sigma_{pcII}(A_c + \alpha_E A_s + \alpha_E A_p) = \sigma_{pcII}A_0$$

2）加载至裂缝即将出现。混凝土受拉，直至拉应力达到 f_{tk}，预应力筋的拉应力 σ_{pcr} 是在 σ_{p0} 的基础上再增加 $\alpha_E f_{tk}$，即：

$$\sigma_{pcr} = \sigma_{p0} + \alpha_E f_{tk} = (\sigma_{con} - \sigma_l + \alpha_E \sigma_{pcII}) + \alpha_E f_{tk}$$

普通钢筋的应力 σ_s 由压应力 σ_{l5} 转为拉应力，其值为：

$$\sigma_s = \alpha_E f_{tk} - \sigma_{l5}$$

轴向拉力 N_{cr} 可由力的平衡条件求得：

$$N_{cr} = (\sigma_{con} - \sigma_l + \alpha_E \sigma_{pcII} + \alpha_E f_{tk})A_p + (\alpha_E f_{tk} - \sigma_{l5})A_s + f_{tk}A_c$$

$$= (\sigma_{con} - \sigma_l + \alpha_E \sigma_{pcII})A_p - \sigma_{l5}A_s + f_{tk}(A_c + \alpha_E A_s + \alpha_E A_p)$$

$$N_0 = \sigma_{pcII}A_0 = (\sigma_{con} - \sigma_l + \alpha_E \sigma_{pcII})A_p - \sigma_{l5}A_s$$

$$N_{cr} = \sigma_{pcII}A_0 + f_{tk}A_0 = (\sigma_{pcII} + f_{tk})A_0 \tag{9-34}$$

3）加载至破坏。和先张法相同，破坏时预应力筋和普通钢筋的拉应力分别达到 f_{py} 和 f_y，由力的平衡条件，可得：

$$N_u = f_{py}A_p + f_y A_s \tag{9-35}$$

后张法预应力混凝土轴心受拉构件各阶段的应力分析见表9-5。

后张法预应力混凝土轴心受拉构件各阶段的应力分析　　　表 9-5

受力阶段	简图	预应力筋应力 σ_p	混凝土应力 σ_{pc}	普通钢筋应力 σ_s
a. 上穿钢筋		0	0	0
b. 张拉钢筋	$\sigma_{pe}A_p$　$\sigma_{pc}(压)$	$\sigma_{con} - \sigma_{l2}$	$\sigma_{pc} = \dfrac{(\sigma_{con} - \sigma_{l2})A_p}{A_n}(压)$	$\sigma_s = \alpha_E \sigma_{pc}(压)$
c. 完成第一批损失	$\sigma_{pe\,I}A_p$　$\sigma_{pc\,I}(压)$	$\sigma_{pe\,I} = \sigma_{con} - \sigma_{l\,I}$	$\sigma_{pc\,I} = \dfrac{(\sigma_{con} - \sigma_{l\,I})A_p}{A_n}(压)$	$\sigma_{s\,I} = \alpha_E \sigma_{pc\,I}(压)$
d. 完成第二批损失	$\sigma_{pe\,II}A_p$　$\sigma_{pc\,II}(压)$	$\sigma_{pe\,II} = \sigma_{con} - \sigma_l$	$\sigma_{pc\,II} = \dfrac{(\sigma_{con} - \sigma_l)A_p - \sigma_{l5}A_s}{A_n}(压)$	$\sigma_{s\,II} = \alpha_E \sigma_{pc\,II} + \sigma_{l5}(压)$

施工阶段

续表

受力阶段	简图	预应力筋应力 σ_p	混凝土应力 σ_{pc}	普通钢筋应力 σ_s
e. 加载至 $\sigma_{pc}=0$	N_0	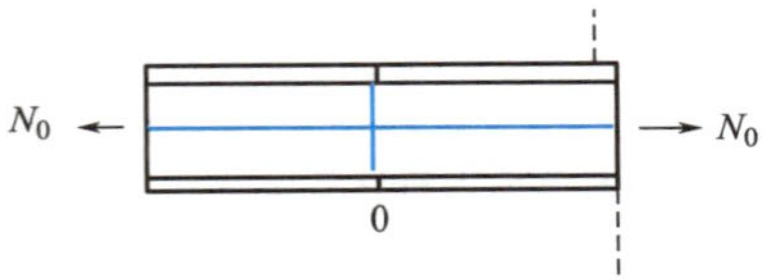 $\sigma_{p0}=\sigma_{con}-\sigma_l+\alpha_E\sigma_{pcII}$	0	σ_{l5}（压）
f. 加载至裂缝即将出现	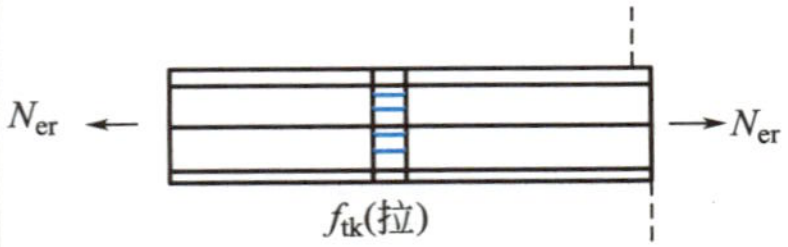 N_{cr} ，f_{tk}（拉）	$\sigma_{pcr}=\sigma_{con}-\sigma_l+\alpha_E\sigma_{pcII}+\alpha_Ef_{tk}$	f_{tk}（拉）	$\alpha_Ef_{tk}-\sigma_{l5}$（拉）
g. 加载至破坏	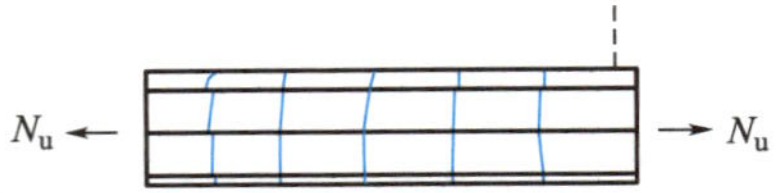 N_u	f_{py}	0	f_y（拉）

使用阶段

综合以上应力分析可知：

（1）在施工阶段，σ_{pcII} 的计算公式，先张法的式（9-24）与后张法的式（9-32）的形式基本相同，只是 σ_l 的具体计算值不同，同时先张法构件用换算截面面积 A_0，而后张法构件用净截面面积 A_n。如果采用相同的 σ_{con}、相同的材料强度等级、相同的混凝土截面尺寸、相同的预应力筋及截面面积，由于 $A_0 > A_n$，则后张法构件的有效预压应力值 σ_{pcII} 要高些。

（2）使用阶段 N_0、N_{cr}、N_u 的三个计算公式，不论先张法或后张法，公式形式都相同，但计算 N_0 和 N_{cr} 时两种方法的 σ_{pcII} 是不相同的。

（3）预应力筋从张拉直至构件破坏，始终处于高拉应力状态，而混凝土则在轴向拉力达到 N_0 值以前始终处于受压状态，发挥了两种材料各自的性能。

（4）预应力混凝土构件出现裂缝比钢筋混凝土构件迟得多，故构件抗裂度大为提高，但出现裂缝时的荷载值与破坏荷载值比较接近，故延性较差。

（5）当材料强度等级和截面尺寸相同时，预应力混凝土轴心受拉构件与钢筋混凝土受拉构件的承载力相同。

9.4.2　预应力混凝土轴心受拉构件的设计计算
Design and Calculation Procedures

与普通钢筋混凝土结构类似，预应力混凝土结构的基本理论广泛应用于建筑结构的设计，包括施工阶段和使用阶段两方面的计算分析，相对较复杂。

预应力混凝土为何要进行施工阶段的验算？

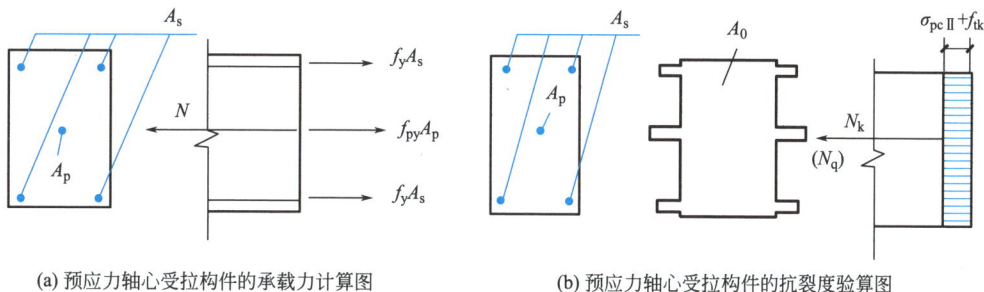

预应力轴心受拉构件的设计计算分为使用阶段承载力计算、抗裂度验算、裂缝宽度验算、施工阶段张拉（或放松）预应力筋时构件的承载力和端部锚固区局部受压验算（后张法构件）等内容。

1. 使用阶段的承载力计算

由前节的分析可知，当加荷至构件破坏时，全部荷载由预应力筋和非预应力筋承担，破坏时截面的计算图式如图 9-16 所示。

(a) 预应力轴心受拉构件的承载力计算图　　　　(b) 预应力轴心受拉构件的抗裂度验算图

图 9-16　预应力构件轴心受拉使用阶段承载力计算图

则使用阶段基于承载力的设计公式为：

$$N \leqslant N_u = f_{py}A_p + f_y A_s \tag{9-36}$$

2. 抗裂度验算及裂缝宽度验算

如果轴向拉力值 N 不超过 N_{cr}，则构件不会开裂。其计算简图见图 9-16（b）。

$$N \leqslant N_{cr} = (\sigma_{pc\,II} + f_{tk})A_0 \tag{9-37}$$

$$\frac{N}{A_0} \leqslant \sigma_{pc\,II} + f_{tk}$$

$$\sigma_c - \sigma_{pc\,II} \leqslant f_{tk} \tag{9-38}$$

预应力构件按所处环境类别和使用要求，应有不同的抗裂度。《混凝土结构设计标准》将预应力混凝土构件正截面的受力裂缝控制等级分为三级，等级划分及要求应符合下列规定：

（1）一级——严格要求不出现裂缝的构件

按荷载标准组合计算时，构件受拉边缘混凝土不应产生拉应力：

$$\sigma_{ck} - \sigma_{pc\,II} \leqslant 0 \tag{9-39}$$

（2）二级——一般要求不出现裂缝的构件

按荷载标准组合计算时，构件受拉边缘混凝土拉应力不应大于混凝土抗拉强度标准值：

$$\sigma_{ck} - \sigma_{pc\,II} \leqslant f_{tk} \tag{9-40}$$

$$\sigma_{ck} = \frac{N_k}{A_0} \tag{9-41}$$

式中　　N_k——按荷载标准组合计算的轴向力值；

　　　　A_0——换算截面面积 $A_0 = A_c + \alpha_E A_p + \alpha_E A_s$。

（3）三级——允许出现裂缝的构件

按荷载标准组合并考虑长期效应的影响计算的最大裂缝宽度，应符合下列规定：

$$w_{max} = \alpha_{cr} \psi \frac{\sigma_s}{E_s} \left(1.9 c_s + 0.08 \frac{d_{eq}}{\rho_{te}}\right) \leqslant w_{lim} \tag{9-42}$$

依据前述有关内容，式中 $\alpha_{cr} = 2.2$，$0.2 \leqslant \psi = 1.1 - \dfrac{0.65 f_{tk}}{\rho_{te}\sigma_{sq}} \leqslant 1.0$，$\rho_{te} = \dfrac{A_s + A_p}{A_{te}} \geqslant$

0.01，$A_{te} = bh$，$\sigma_{sq} = \dfrac{N_q - N_{p0}}{A_p + A_s}$，$d_{eq} = \dfrac{\sum n_i d_i^2}{\sum n_i \nu_i d_i}$。

c_s 为最外层纵向受拉钢筋外边缘至受拉区底边的距离（mm），当 $c_s < 20$ 时，取 $c_s = 20$，当 $c_s > 65$ 时，取 $c_s = 65$。

3. 轴心受拉构件施工阶段的验算

当放松预应力钢筋（先张法）或张拉预应力钢筋完毕（后张法）时，混凝土将受到最大的预压应力 σ_{cc}，而这时混凝土强度通常仅达到设计强度的 75%，构件强度是否足够，应给予验算。包括两个方面：

（1）张拉（或放松）预应力筋时，构件的承载力验算

混凝土的预压应力应符合下列条件：

$$\sigma_{cc} \leqslant 0.8 f'_{ck} \tag{9-43}$$

式中　　f'_{ck}——放松预应力筋或张拉完毕时混凝土的轴心抗压强度标准值；

　　　　σ_{cc}——放松预应力筋或张拉完毕时混凝土承受的预压应力。

先张法构件按第Ⅰ批损失出现后计算 σ_{cc}，即：

$$\sigma_{cc} = \frac{(\sigma_{cc} - \sigma_{l1})A_p}{A_0} \tag{9-44a}$$

后张法构件张拉钢筋完毕至 σ_{con}，而又未锚固时，按不考虑预应力损失计算，即：

$$\sigma_{cc} = \frac{\sigma_{con}A_p}{A_n} \tag{9-44b}$$

（2）构件端部锚固区的局部受压验算

构件端部锚固区的局部受压按式（9-18）、式（9-20）进行验算。

预应力混凝土轴心受拉构件的设计步骤如图 9-17 所示。

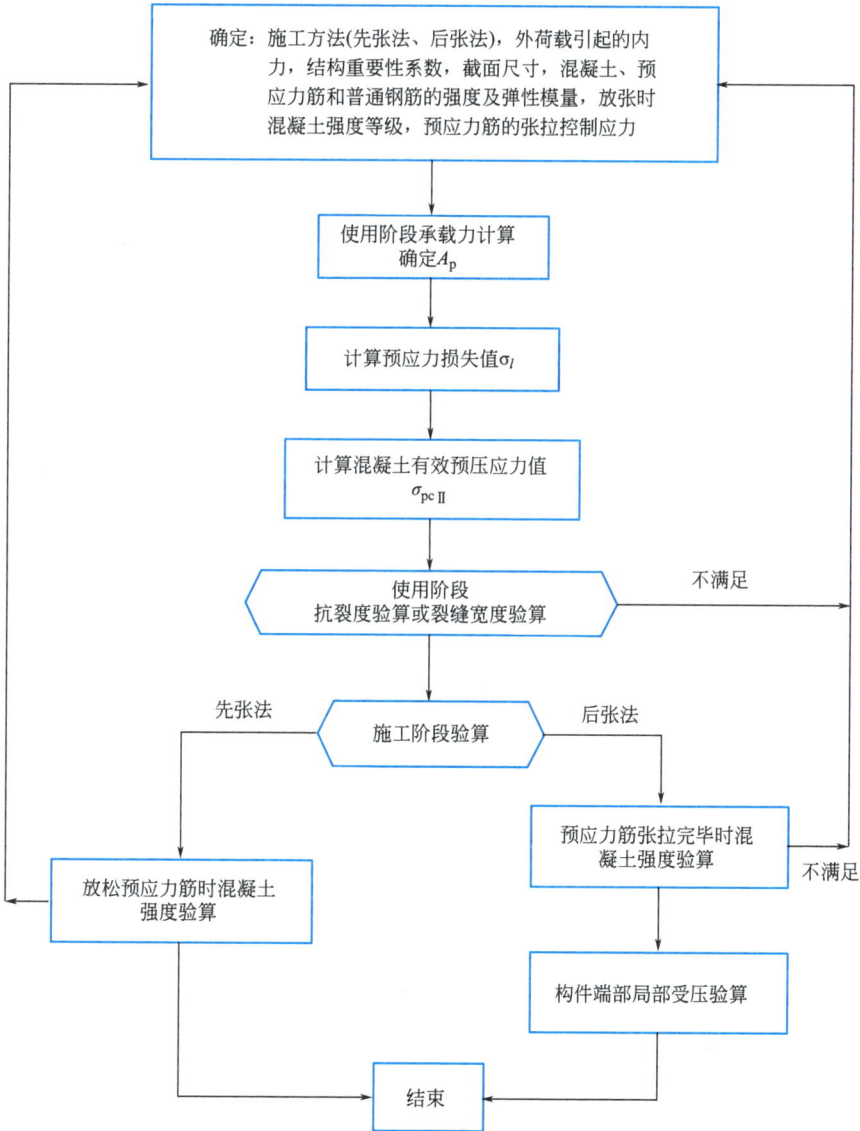

图 9-17　预应力混凝土轴心受拉构件设计步骤框图

【**例 9-1**】24 m 预应力混凝土屋架下弦杆的计算。设计条件如表 9-6 和图 9-18 所示。

例 9-1 设计条件   表 9-6

材料	混凝土	预应力筋	普通钢筋
品种和强度等级	C60	钢绞线	HRB400
截面	280 mm×180 mm 孔道 2ϕ^s55	4ϕ^s1×7(d=15.2 mm)	按构造要求配置 4ϕ12(A_s=452 mm^2)
材料强度(N/mm^2)	f_c=27.5 f_{ck}=38.5 f_t=2.04 f_{tk}=2.85	f_{ptk}=1860 f_{py}=1320	f_{yk}=400 f_y=360
弹性模量(N/mm^2)	E_c=3.6×10^4	E_s=1.95×10^5	E_s=2×10^5
张拉控制应力	$\sigma_{con}=0.70f_{ptk}=0.70\times1860=1302$ N/mm^2		
张拉时混凝土强度	$f'_{cu}=60$ N/mm^2		
张拉工艺	后张法,一端张拉,采用夹片式锚具,孔道为预埋塑料波纹管		
杆件内力	永久荷载标准值产生的轴向拉力 N_k=700 kN 可变荷载标准值产生的轴向拉力 N_k=300 kN 可变荷载的准永久值系数为 0.5		
结构重要性系数	$\gamma_0=1.1$		

【**解**】

(1) 使用阶段承载力计算

按式(9-36):
$$A_p=\frac{\gamma_0 N-f_y A_s}{f_{py}}=1010 \text{ mm}^2$$

采用 2 束高强低松弛钢绞线,每束 4ϕ^s1×7,d=15.2 mm(A_p=1120 mm^2)。

(2) 使用阶段抗裂度验算

1) 截面几何特征

预应力:
$$\alpha_{E1}=\frac{E_s}{E_c}=5.42$$

非预应力:
$$\alpha_{E2}=\frac{E_s}{E_c}=5.56$$

$$A_n=A_c+\alpha_{E2}A_s=280\times180-2\times\frac{\pi}{4}\times55^2-452+5.56\times452=47709 \text{ mm}^2$$

$$A_0=A_n+\alpha_{E1}A_p=47709+5.42\times1120=53779 \text{ mm}^2$$

2) 计算预应力损失

① 锚具变形损失 σ_{l1}

由表 9-1 夹片式锚具得:a=5 mm,则:

$$\sigma_{l1}=\frac{a}{l}E_s=\frac{5}{24000}\times1.95\times10^5=40.63 \text{ N/mm}^2$$

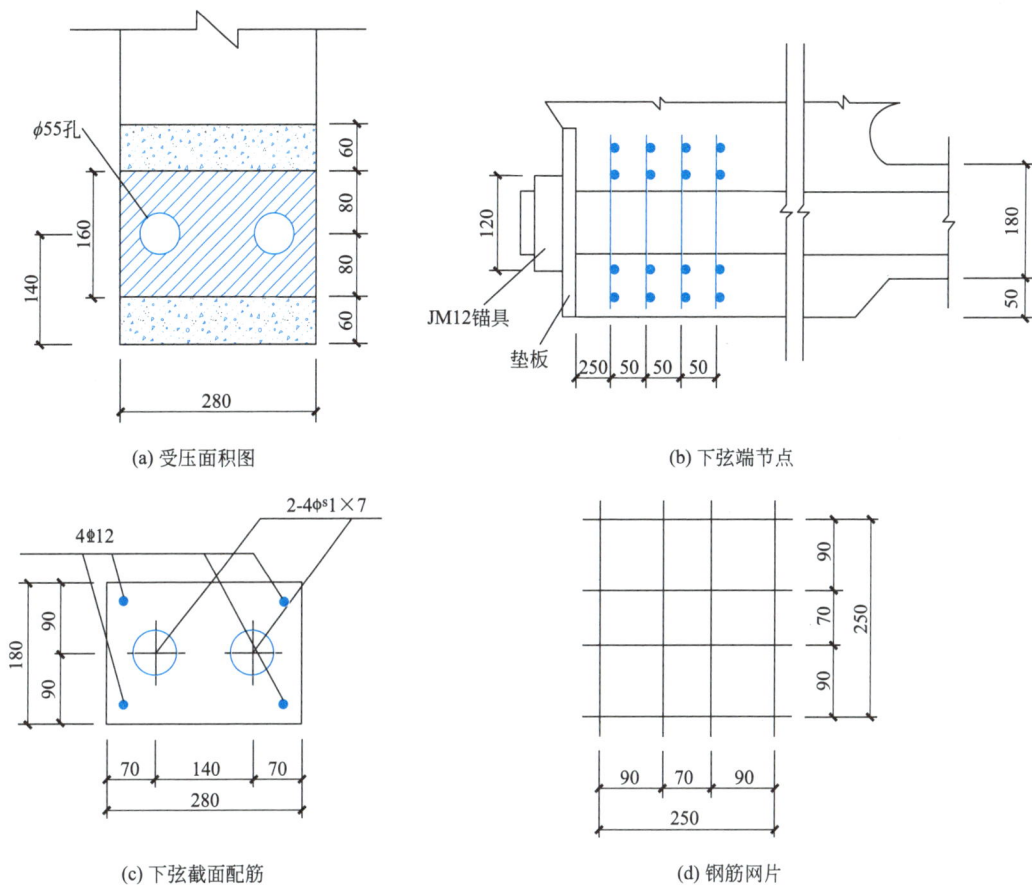

(a) 受压面积图

(b) 下弦端节点

(c) 下弦截面配筋

(d) 钢筋网片

图 9-18 例 9-1

② 孔道摩擦损失 σ_{l2}

按锚固端计算该项损失，所以 $l=24$ m，直线配筋 $\theta=0°$，$\kappa x = 0.0015 \times 24 = 0.036 <$ 0.3，可用近似公式计算：

$$\sigma_{l2} = (\kappa x + \mu\theta)\sigma_{con} = (0.0015 \times 24) \times 1302 = 46.87 \text{ N/mm}^2$$

则第一批损失为：

$$\sigma_{lI} = \sigma_{l1} + \sigma_{l2} = 40.63 + 46.87 = 87.50 \text{ N/mm}^2$$

③ 预应力钢筋的应力松弛损失 σ_{l4}

$$\frac{\sigma_{con}}{f_{ptk}} = \frac{1302}{1860} = 0.7 > 0.5$$

$$\sigma_{l4} = 0.125\left(\frac{\sigma_{con}}{f_{ptk}} - 0.5\right)\sigma_{con} = 0.125 \times \left(\frac{1302}{1860} - 0.5\right) \times 1302 = 32.55 \text{ N/mm}^2$$

④ 混凝土的收缩和徐变损失 σ_{l5}

$$\sigma_{pcI} = \frac{(\sigma_{con} - \sigma_{lI})A_p}{A_n} = \frac{(1302 - 87.50) \times 1120}{47709} = 28.51 \text{ N/mm}^2$$

$$\frac{\sigma_{pcI}}{f'_{cu}} = \frac{28.51}{60} = 0.48 < 0.5$$

$$\rho = \frac{A_p + A_s}{A_n} = \frac{1120 + 452}{2 \times 47709} = 0.0165$$

$$\sigma_{l5} = \frac{55 + 300 \dfrac{\sigma_{pcI}}{f'_{cu}}}{1 + 15\rho} = \frac{55 + 300 \times 0.48}{1 + 15 \times 0.0165} = 159.52 \ \text{N/mm}^2$$

则第二批损失为：

$$\sigma_{lII} = \sigma_{l4} + \sigma_{l5} = 32.55 + 159.52 = 192.07 \ \text{N/mm}^2$$

总损失：

$$\sigma_l = \sigma_{lI} + \sigma_{lII} = 87.50 + 192.07 = 279.57 \ \text{N/mm}^2 > 80 \ \text{N/mm}^2$$

3）验算抗裂度

计算混凝土有效预压应力：

在一类环境下，预应力混凝土屋架，按二级裂缝控制等级进行验算：

$$\sigma_{pcII} = \frac{(\sigma_{con} - \sigma_l)A_p - \sigma_{l5}A_s}{A_n} = \frac{(1302 - 279.57) \times 1120 - 159.52 \times 452}{47709} = 22.49 \ \text{N/mm}^2$$

在荷载标准组合下：

$$N_k = 700 + 300 = 1000 \ \text{kN}$$

$$\sigma_{ck} = \frac{N_k}{A_0} = \frac{1000 \times 10^3}{53779} = 18.59 \ \text{N/mm}^2$$

$$\sigma_{ck} - \sigma_{pcII} = 18.59 - 22.49 < 0$$

满足要求。

（3）施工阶段验算

最大张拉力：

$$N_p = \sigma_{con} \times A_p = 1302 \times 1120 = 1458 \ \text{kN}$$

截面上混凝土压应力：

$$\sigma_{cc} = \frac{N_p}{A_n} = \frac{1458 \times 10^3}{47709} = 30.56 \ \text{N/mm}^2 < 0.8f'_{ck} = 0.8 \times 38.5 = 30.8 \ \text{N/mm}^2$$

满足要求。

（4）锚具下局部受压验算

1）端部受压区截面尺寸验算

夹片式锚具的直径为 120 mm，锚具下垫板厚 20 mm，局部受压面积可按压力 F_l 从锚具边缘在垫板中按 45°扩散的面积计算，在计算局部受压底面积时，近似地可按题图 9-18（a）两实线所围成的矩形面积代替两个圆面积。

$$A_l = 280 \times (120 + 2 \times 20) = 44800 \ \text{mm}^2$$

锚具下局部受压计算底面积：

$$A_b = 280 \times (160 + 2 \times 60) = 78400 \ \text{mm}^2$$

混凝土局部受压净面积：

$$A_{ln} = 44800 - 2 \times \frac{\pi}{4} \times 55^2 = 40048 \ \text{mm}^2$$

$$\beta_l = \sqrt{\frac{A_b}{A_l}} = \sqrt{\frac{78400}{44800}} = 1.323$$

当 $f_{cuk}=60$ N/mm² 时，按线性内插法得到 $\beta_c=0.933$：

$$F_l=1.2\sigma_{con}A_p=1.2\times1302\times1120\approx1749.9 \text{ kN}$$

$$<1.35\beta_c\beta_1f_cA_{ln}=1.35\times0.933\times1.323\times27.5\times40048=1835 \text{ kN}$$

满足要求。

2）局部受压承载力计算

间接钢筋采用 4 片φ8 方格焊接网片，如图 9-18（b）所示，间距 $s=50$ mm，网片尺寸如图 9-18（d）所示。

$$A_{cor}=250\times250=62500 \text{ mm}^2>A_l=44800 \text{ mm}^2$$

$$\beta_{cor}=\sqrt{\frac{A_{cor}}{A_l}}=\sqrt{\frac{62500}{44800}}=1.181$$

间接钢筋的体积配筋率：

$$\rho_v=\frac{n_1A_{s1}l_1+n_2A_{s2}l_2}{A_{cor}s}=\frac{4\times50.3\times250+4\times50.3\times250}{62500\times50}=0.032$$

$$0.9(\beta_c\beta_1f_c+2\alpha\rho_v\beta_{cor}f_{yv})A_{ln}$$

$$=0.9\times(0.933\times1.323\times27.5+2\times0.95\times0.032\times1.181\times270)\times40048$$

$$=1922 \text{ kN}>F_l=1749.9 \text{ kN}$$

满足要求。

知识拓展——基于序贯理论的混凝土结构有效预应力实测概率估计方法[*]

Knowledge Expansion—A method for Estimating Probability of Effective Prestress in Concrete Structures Based on Sequential Theory[*]

　　随着服役年限的增长，预应力混凝土结构内有效预应力水平不断衰减，导致结构使用性能下降，严重时甚至引发工程事故，准确评价实时有效预应力水平是保障既有结构安全服役的重要前提。近年来，高精度、便捷化的有效预应力原位检测方法不断发展，包括应力释放法、临界应力法等。目前，预应力原位检测方法已广泛应用于实际工程中，为结构预应力体系整体性态评估创造了基础条件。混凝土结构的预应力体系往往由工况复杂、数量庞大的预应力筋组成，且受限于检测成本与工作平面，难以实现结构内预应力筋全样本检测，需采取实测抽样的方式进行估计。然而，以全结构预应力体系作为抽样总体，其有效预应力概率分布特征尚不明确，使得现有评价方法无法根据零散实测抽样数据准确把握结构内整体有效预应力分布性态特征。为解决上述问题，对在役结构有效预应力理论分布特征已展开研究的基础上，建立了结构预应力体系高斯混合模型和正态显著性判定准则，将复杂结构有效预应力混合概率模型近似简化为正态分布及 N 子分布（$N\leqslant5$）高斯混合模型，在结构层面确定了有效预应力理论分布类型。然而，受建造、材料、服役等多源不

＊ 许庆，曾滨，徐晓达，等．基于序贯理论的混凝土结构有效预应力实测概率估计方法［J］．建筑结构学报，2024，45（7）：100-107.

确定因素的影响，结构有效预应力概率分布的理论特征参数与真实特征参数存在一定差异，综合考虑结构有效预应力理论分布与实测数据的性能评价方法仍有待研究。鉴于此，结合工程实际，对前期研究基础进行引申与扩展，提出单筋-构件-结构预应力比的概念，用于表征结构内各层次有效预应力状态，建立考虑结构预应力体系布置特征及设计差异影响的结构预应力比理论分布模型；引入序贯估计理论，建立适用于工程实际所需的抽样停止准则，提出基于实测数据的单筋、构件、结构多层次预应力比概率参数估计及评价特征值计算方法；并以无粘结预应力混凝土框架结构实际工程为例，对该方法的有效性进行验证。

在实际评价工程中，结构预应力筋数量众多，全数抽样成本过高且不易实现，需要通过实测抽样的方式对结构有效预应力分布总体进行评估。建立基于高斯混合理论的结构有效应力概率分析方法并对模型作简化分析；基于序贯理论的迭代抽样估计方法，提出结构预应力比实测抽样评价方法。通过对某应用无粘结预应力技术的框架剪力墙结构梁板有效预应力设计值实测与评价，结果如下：

（1）考虑结构预应力比理论分布特征，结合 Bootstrap 方法、EM 算法、枢轴量法建立了抽样估计停止准则，提出了分别适用于正态分布、N 子分布高斯混合模型的序贯估计方法。与现行规范中采用固定样本量的抽样方法相比，序贯估计方法可有效量化估计精度，减少估计样本数量，降低检测成本。

（2）考虑各单筋预应力比概率分布的叠加关系，提出了构件预应力比概率分布及评价特征值计算方法。误差分析可知，在抽样停止准则的基础上，构件预应力比评价特征值的最大估计误差随预应力筋数量上升而逐渐降低，进一步提高了评价的准确性。

（3）经工程实例验证，基于实测数据的序贯估计方法可以通过部分数据实现全结构的预应力比分布的估计，各构件预应力比评价特征值估计误差均可控制 1% ～3% 范围内，可用于既有预应力混凝土结构可靠度评估及实时服役性能评价。

9.5 预应力混凝土受弯构件的设计计算
Design and Calculation of Prestressed Concrete Flexural Members

9.5.1 平衡荷载设计法
Balanced Load Design Method

张拉预应力筋对混凝土梁的作用，可用一组等效荷载来代替。等效荷载一般由两部分组成：（1）预应力筋在锚固区对梁产生的压力 N_p；（2）由曲线预应力筋曲率引起的垂直于预应力筋束中心线的向上的分布力 ω，如图 9-19 （b）所示，或由折线预应力筋转折引起的向上的集中力。

如图 9-19 所示，梁内配有形为二次抛物线的预应力筋，其抛物线方程为：

$$y = 4f[x/l - (x/l)^2] \tag{9-45}$$

式中　f——抛物线矢高。

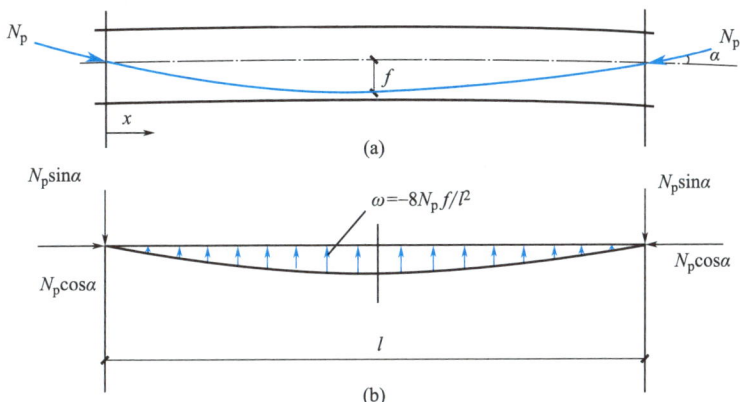

图 9-19　平衡荷载设计法示意

因此，预加力 N_p 对梁截面产生的弯矩方程也是抛物线形的，即：

$$M = 4N_p f(1-x)x/l^2 \tag{9-46}$$

式中　x——弯矩计算截面离梁左端的距离。

对式（9-46）两边求导可得到由上述 M 引起的等效荷载ω，即

$$\omega = \mathrm{d}^2 M/\mathrm{d}x^2 = -8N_p f/l^2 \tag{9-47}$$

式中负号表示 ω 向上作用。

设梁各截面预应力筋的预加力 N_p 相等，并设 $e(=y)$ 为预应力筋形心至梁截面形心的偏心距，则由式（9-45）和式（9-47）有：

$$N_p e = \omega(l-x)x/2 \tag{9-48}$$

该式说明，**如果梁上作用的均布荷载值 q 与 ω 相等，则该荷载将全部被预加力所平衡。因此，该方法称为平衡荷载法**，是林同炎教授于 1963 年提出的。

利用平衡荷载法进行简支梁设计，可合理选择预应力筋的线形和所要求的预应力大小；进行超静定和框架等结构设计，可简化设计并利于部分预应力混凝土结构的设计，便于检验预应力的效果。不足之处在于，部分情况下的计算情形与工程实际不符，不能直接考虑预应力筋锚固端偏心引起的弯矩，并且不考虑沿构件长度摩擦损失的影响，也不能考虑次内力对结构的影响。

9.5.2　受弯构件的应力分析
Stress Analysis of Flexural Members

同预应力混凝土轴心受拉构件类似，预应力混凝土受弯构件从张拉预应力筋开始直到构件破坏，截面中混凝土和预应力筋应力的变化可以分为两个阶段：施工阶段和使用阶段。设受拉区预应力筋的截面面积为 A_p，受压区预应力筋的截面面积为 A_p'。当梁底受拉区配置较多预应力的大型构件，梁自重在梁顶产生的压力不足以抵消偏心预压力在梁顶预拉区所产生的预拉应力时，往往在梁顶部也需配置 A_p'。对在预压力作用下允许预拉区出现裂缝的中小型构件，可不配置 A_p'，但需控制其裂缝宽度。对预应力装配式构件，为防止在制作、运输和吊装等施工阶段出现裂缝，在梁的受拉区和受压区通常也配置一些普通钢筋 A_s 和 A_s'。

在轴心受拉构件中，预应力筋和普通钢筋的布置是对称的，预应力筋的总拉力可认为作用在截面形心上，混凝土受到的预压应力是均匀的，即全截面均匀受压。在受弯构件中，如果截面只配置 A_p，则预应力筋的总拉力对截面是偏心的压力，混凝土受到的预应力是不均匀的，如图 9-20（a）所示。如果同时配置 A_p 和 A'_p，则预应力筋的张拉力的合力在 A_p 和 A'_p 之间，如果 A'_p 少，应力图形为两个三角形，A'_p 一侧混凝土为拉应力；如果 A'_p 较多，应力图形为梯形，A'_p 一侧混凝土为压应力，如图 9-20（b）所示。

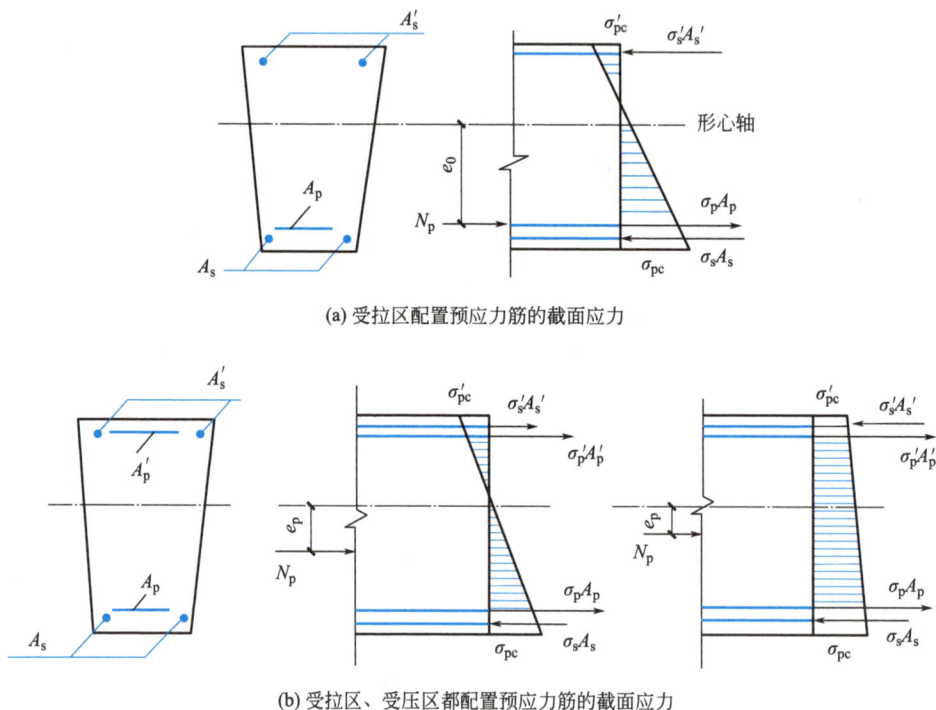

(a) 受拉区配置预应力筋的截面应力

(b) 受拉区、受压区都配置预应力筋的截面应力

图 9-20　预应力混凝土受弯构件截面混凝土应力

由于预应力的存在，构件在使用阶段不产生拉应力或不开裂，因此，不论哪种应力图形，都可把预应力筋的合力视为在换算截面上的偏心压力，视混凝土为理想弹性体，按材料力学公式计算。

工程中预应力受弯构件主要采用后张法，下面以介绍后张法计算为主。

1. 施工阶段

图 9-21 为配有预应力筋 A_p、A'_p 和普通钢筋的不对称截面后张法受弯构件。

$$\sigma_{pc} = \frac{N_p}{A_n} + \frac{N_p e_{pn}}{I_n} y_n \tag{9-49}$$

$$N_p = \sigma_{pe} A_p + \sigma'_{pe} A'_p - \sigma_s A_s - \sigma'_s A'_s \tag{9-50}$$

$$\sigma_{pe} = \sigma_{con} - \sigma_l, \quad \sigma'_{pe} = \sigma'_{con} - \sigma'_l \tag{9-51}$$

$$\sigma_s = \alpha_E \sigma_{pc} + \sigma_{l5} \quad \sigma'_s = \alpha_E \sigma'_{pc} + \sigma'_{l5} \tag{9-52}$$

$$e_{pn} = \frac{(\sigma_{con} - \sigma_l) A_p y_{pn} - (\sigma'_{con} - \sigma'_l) A'_p y'_{pn} - \sigma_{l5} A_s y_{sn} + \sigma'_{l5} A'_s y'_{sn}}{(\sigma_{con} - \sigma_l) A_p + (\sigma'_{con} - \sigma'_l) A'_p - \sigma_{l5} A_s - \sigma'_{l5} A'_s} \tag{9-53}$$

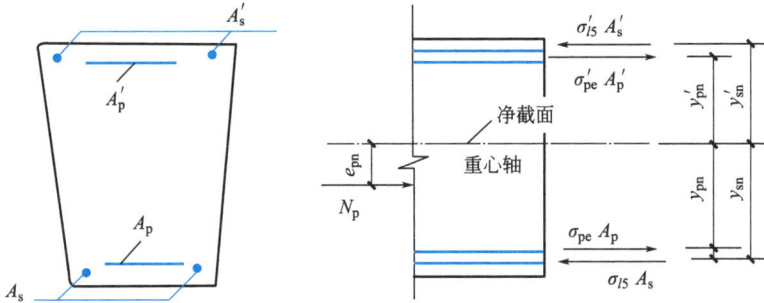

图 9-21　配有预应力筋和普通钢筋的后张法预应力混凝土受弯构件截面

式中　A_n——混凝土净截面面积，$A_n = A_0 - \alpha_E A_p$ 或 $A_n = A_0 + \alpha_E A_p$；

　　　I_n——净截面惯性矩；

　　　y_n——净截面重心至所计算纤维处的距离；

y_{pn}、y'_{pn}——受拉区、受压区预应力筋合力至净截面重心的距离；

y_{sn}、y'_{sn}——受拉区、受压区普通钢筋重心至净截面重心的距离；

σ_{pe}、σ'_{pe}——受拉区、受压区预应力筋的有效预应力。

其余符号的意义同前。如果构件截面中的 $A'_p = 0$，则式（9-49）～式（9-53）中取 $\sigma'_{l5} = 0$。

2. 使用阶段（图 9-22）

（1）加载至受拉边缘混凝土预压应力为零

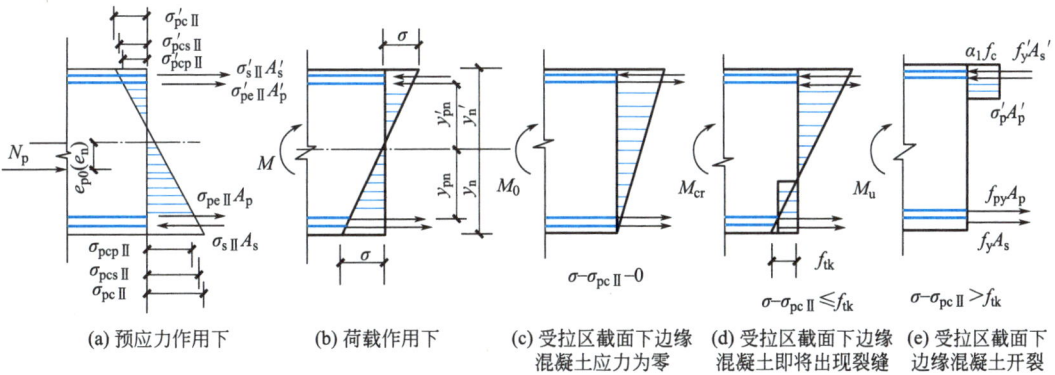

图 9-22　受弯构件截面的应力变化

设截面承受弯矩 M_0，在截面下边缘混凝土产生法向应力，进而使混凝土处于消压状态即 $\sigma - \sigma_{pcII} = 0$，则有：

$$\sigma = \frac{M_0}{W_0}$$

$$M_0 = \sigma_{pc} W_{II} \tag{9-54}$$

式中　M_0——由外荷载引起的恰好使截面受拉边缘混凝土预压应力为零时的弯矩；

　　　W_0——换算截面受拉边缘的弹性抵抗矩。

同理，预应力筋合力点处混凝土法向应力等于零时，受拉区及受压区的预应力筋的应力 σ_{p0}、σ'_{p0} 分别为：

$$\sigma_{p0} = \sigma_{con} - \sigma_l + \alpha_E \frac{M_0}{W_0} \approx \sigma_{con} - \sigma_l + \alpha_E \sigma_{pcII} \qquad (9\text{-}55)$$

$$\sigma'_{p0} = \sigma'_{con} - \sigma'_l + \alpha_E \sigma_{pcII} \qquad (9\text{-}56)$$

（2）加载至受拉区裂缝即将出现

设混凝土受拉区的拉应力达到混凝土抗拉强度标准值 f_{tk} 时，截面上受到的弯矩为 M_{cr}，相当于截面在承受弯矩 $M_0 = \sigma_{pcII} W_0$ 以后，再增加了钢筋混凝土构件的开裂弯矩 $\overline{M}_{cr}$（$\overline{M}_{cr} = \gamma f_{tk} W_0$）。

因此，预应力混凝土受弯构件的开裂弯矩：

$$M_{cr} = M_0 + \overline{M}_{cr} = \sigma_{pcII} W_0 + \gamma f_{tk} W_0 = (\sigma_{pcII} + \gamma f_{tk}) W_0$$

$$\sigma = \frac{M_{cr}}{W_0} = \sigma_{pcII} + \gamma f_{tk} \qquad (9\text{-}57)$$

式中　γ ——混凝土构件的截面抵抗矩塑性影响系数。

（3）加载至破坏

当受拉区出现垂直裂缝时，裂缝截面上受拉区混凝土退出工作，拉力全部由受拉筋承受。当截面进入第Ⅲ阶段后，受拉筋屈服直至破坏，正截面上的应力状态与第3章讲述的钢筋混凝土受弯构件正截面承载力相似，计算方法亦基本相同。

9.5.3　预应力混凝土受弯构件的设计计算
Design and Calculation Procedures

预应力混凝土受弯构件的计算与钢筋混凝土受弯构件相似，应根据《混凝土结构设计标准》的规定，进行承载能力极限状态的计算（正截面承载力、斜截面承载力）和正常使用极限状态的验算（正截面抗裂、斜截面抗裂或裂缝宽度，构件挠度）以及制作、运输、安装等施工阶段的相应验算。

1. 受弯构件使用阶段正截面承载力计算

（1）破坏阶段的截面应力状态

试验表明，预应力混凝土受弯构件与钢筋混凝土受弯构件相似，如果 $\xi \leqslant \xi_b$，破坏时截面上受拉区的预应力筋先达到屈服强度，而后受压区混凝土被压碎使截面破坏。受压区的预应力筋 A'_p 及普通钢筋 A_s、A'_s 的应力均可按平截面假定确定。

1）界限破坏时截面相对受压区高度 ξ_b 的计算

对于预应力混凝土受弯构件，当受拉区预应力钢筋合力点处混凝土预压应力为零时，预应力筋中的应力为 σ_{p0}，相应的受拉区预应力筋的预拉应变为 $\varepsilon_{p0} = \dfrac{\sigma_{p0}}{E_p}$。界限破坏时，预应力筋达到屈服强度 f_{py}，因而截面上受拉区预应力筋的应力增量为 $f_{py} - \sigma_{p0}$，相应的应变增量为 $(f_{py} - \sigma_{p0})/E_p$。根据平截面假定，相对界限受压区高度 ξ_b 可按图9-23所示的几何关系确定，如下式所示：

$$\xi_{\mathrm{b}} = \frac{\beta_1}{1.0 + \dfrac{f_{\mathrm{py}} - \sigma_{\mathrm{p0}}}{E_{\mathrm{p}} \varepsilon_{\mathrm{cu}}}} \tag{9-58}$$

式中，σ_{p0} 为受拉区纵向预应力钢筋合力点处，混凝土法向应力等于零时的预应力钢筋中的应力。

对无屈服点的预应力钢筋，根据条件屈服点的定义，钢筋到达条件屈服点时的拉应变为（图 9-24）：

$$\varepsilon_{\mathrm{py}} = 0.002 + \frac{f_{\mathrm{py}} - \sigma_{\mathrm{p0}}}{E_{\mathrm{p}}}$$

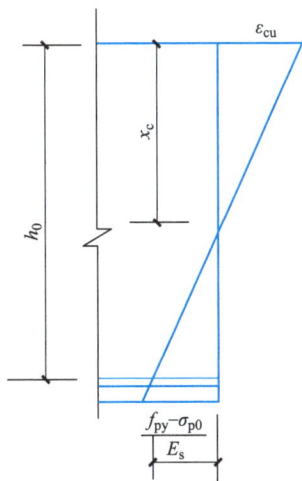

图 9-23　相对受压区高度　　　　图 9-24　条件屈服钢筋的拉应变

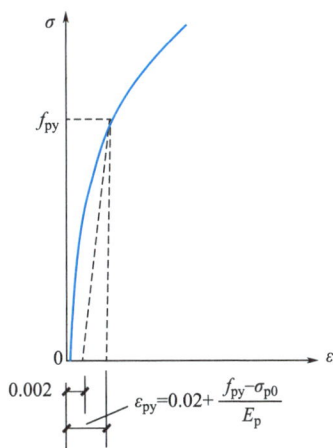

于是：

$$\xi_{\mathrm{b}} = \frac{\beta_1}{1.0 + \dfrac{0.002}{\varepsilon_{\mathrm{cu}}} + \dfrac{f_{\mathrm{py}} - \sigma_{\mathrm{p0}}}{E_{\mathrm{p}} \varepsilon_{\mathrm{cu}}}} \tag{9-59}$$

如果在受弯构件的截面受拉区内配置不同种类的预应力筋或预应力值不同，其相对界限受压区高度应分别计算，并取其较小值。

2）任意位置处预应力筋及非预应力筋应力计算

设第 i 层预应力筋的预拉应力为 $\sigma_{\mathrm{p}i}$，根据平截面假定，对于距混凝土受压边缘为 h_{0i} 的预应力筋的应力为 $\sigma_{\mathrm{p}i}$，由图 9-25 可得出：

$$\sigma_{\mathrm{p}i} = \varepsilon_{\mathrm{cu}} E_{\mathrm{p}} \left(\frac{\beta_1 h_{0i}}{x} - 1 \right) + \sigma_{\mathrm{p}0i} \tag{9-60}$$

如配置了普通钢筋，则其应力为：

$$\sigma_{\mathrm{s}i} = \varepsilon_{\mathrm{cu}} E_{\mathrm{s}} \left(\frac{\beta_1 h_{0i}}{x} - 1 \right) \tag{9-61}$$

也可采用近似计算方法：

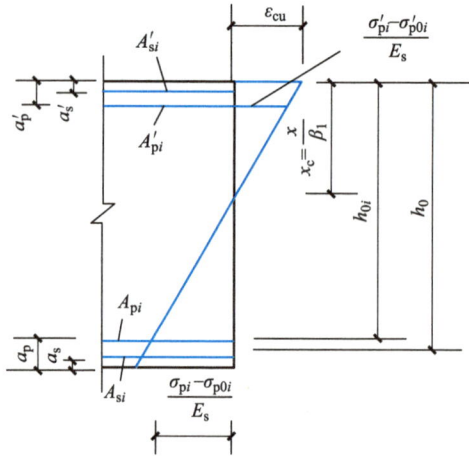

图 9-25　预应力筋应力 σ_{pi} 的计算

$$\sigma_{si} = \frac{f_y}{\xi_b - \beta_1}\left(\frac{x}{h_{0i}} - \beta_1\right) \tag{9-62}$$

$$\sigma_{pi} = \frac{f_{py} - \sigma_{p0i}}{\xi_b - \beta_1}\left(\frac{x}{h_{0i}} - \beta_1\right) + \sigma_{p0i} \tag{9-63}$$

式中　σ_{pi}，σ_{si}——第 i 层纵向预应力筋、非预应力筋的应力。正值代表拉应力，负值代表压应力；

　　　　h_{0i}——第 i 层纵向钢筋截面重心至混凝土受压区边缘的距离；

　　　　x——等效矩形应力图形的混凝土受压区高度；

　　　　σ_{p0i}——第 i 层纵向预应力筋截面重心处混凝土法向应力等于零时，预应力筋的应力。

预应力筋的应力 σ_{pi} 应符合下列条件：

$$\sigma_{p0i} - f'_{py} \leqslant \sigma_{pi} \leqslant f_{py} \tag{9-64}$$

普通钢筋应力 σ_{si} 应符合下列条件：

$$-f'_y \leqslant \sigma_{si} \leqslant f_y \tag{9-65}$$

3）受压区预应力筋应力（σ'_{pe}）的计算

随着荷载的不断增大，在预应力筋 A'_p 重心处的混凝土压应力和压应变都有所增加，预应力筋 A'_p 的拉应力随之减小，故截面达到破坏时，A'_p 的应力可能仍为拉应力，也可能变为压应力，但其应力值 σ'_{pe} 却达不到抗压强度设计值 f'_{py}，后张法构件仅为：

$$\sigma'_{pe} = (\sigma'_{con} - \sigma'_l) + \alpha_E \sigma'_{pcII} - f'_{py} = \sigma'_{p0} - f'_{py} \tag{9-66}$$

（2）正截面受弯承载力计算公式

预应力混凝土受弯构件发生正截面破坏时，受拉区预应力筋先达到屈服，然后受压区混凝土达到抗压强度而破坏。如果在截面上还有非预应力筋 A_s 和 A'_s，破坏时其应力均能达到屈服强度。而受压区预应力筋 A'_p 在截面破坏时应力按式（9-66）计算。

对于矩形截面或翼缘位于受拉边的 T 形截面受弯构件（图 9-26），其正截面受弯承载力计算的基本公式为：

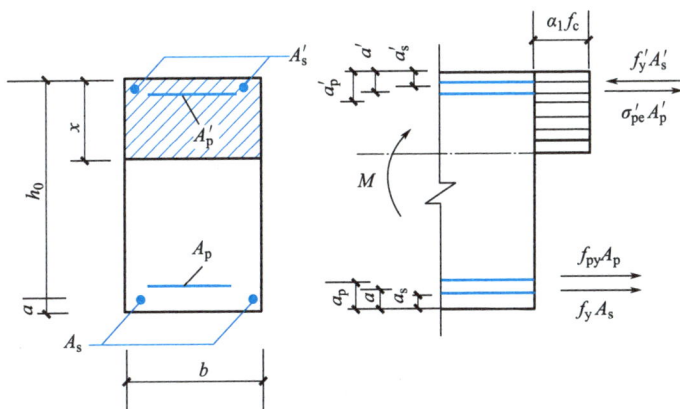

图 9-26　矩形截面受弯构件正截面承载力计算

$$\alpha_1 f_c b x = f_y A_s - f_y' A_s' + f_{py} A_p + (\sigma_{p0}' - f_{py}') A_p'$$

$$M \leqslant M_u = \alpha_1 f_c b x \left(h_0 - \frac{x}{2} \right) + f_y' A_s' (h_0 - a_s') - (\sigma_{p0}' - f_{py}') A_p' (h_0 - a_p')$$

$$(9\text{-}67)$$

混凝土受压区高度应符合下列条件：

$$x \leqslant \xi_b h_0, \ x \geqslant 2a'$$

式中　M ——作用在截面上的弯矩值；

　　　a' ——纵向受压钢筋合力点至受压区边缘的距离，当受压区未配置纵向预应力筋或受压区纵向预应力筋的应力 $\sigma_{pe}' = \sigma_{p0}' + f_{py}'$ 为拉应力时，则式中的 a' 用 a_s' 代替；

　a_s'、a_p' ——受压区纵向非预应力筋合力点、受压区纵向预应力筋合力点至受压区边缘的距离。

当 $x < 2a'$ 时，则正截面受弯承载力可按下列公式计算：

当 σ_{pe}' 为拉应力时，取 $x = 2a_s'$（图 9-27）

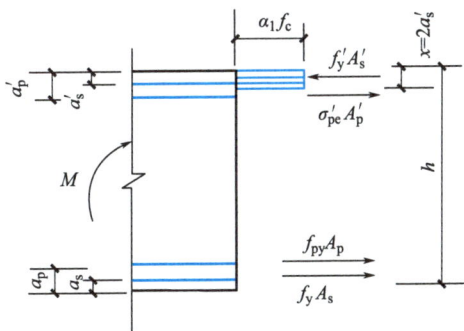

图 9-27　矩形截面预应力混凝土受弯构件垂直截面当 $x < 2a'$ 时的计算简图

$$M \leqslant M_u = f_{py} A_p (h - a_p - a_s') + f_y A_s (h - a_s - a_s')$$
$$+ (\sigma_{p0}' - f_{py}') A_p' (a_p' - a_s')$$

$$(9\text{-}68)$$

式中　a_s、a_p——分别为受拉区纵向非预应力筋及受拉区纵向预应力筋至受拉边缘的距离。

2. 受弯构件施工阶段的验算

预应力混凝土受弯构件在制作、运输、吊装等施工阶段的受力状态与使用阶段是不同的。制作时截面上受到偏心压力，截面下部受压，上部受拉。在运输、吊装时，起吊点使两端悬臂部分因自重引起负弯矩，与偏心预压力引起的负弯矩是叠加的。在截面预拉区，若混凝土的拉应力超过了混凝土的抗拉强度，预拉区将出现裂缝，并随时间增长而不断开展。在截面预压区，如混凝土的压应力过大，也会产生纵向裂缝。研究表明，预拉区的裂缝虽可在使用荷载作用下闭合，对构件影响不大，但会使构件在使用阶段的抗裂度和刚度降低。《混凝土结构设计标准》采用限制边缘纤维混凝土应力值的方法，来满足预拉区不允许或允许出现裂缝的要求，同时保证预压区的抗压强度。

对制作、运输、吊装等施工阶段预拉区允许出现拉应力或预压时全截面受压的构件，在预加力、自重及施工荷载作用下截面边缘混凝土法向应力宜符合下列规定：

$$\sigma_{ct} \leqslant f'_{tk}$$
$$\sigma_{cc} \leqslant 0.8 f'_{ck}$$

简支构件端部区段截面预拉区边缘纤维的混凝土拉应力允许大于 f_{tk}；但不应大于 $1.2 f'_{tk}$。

截面边缘的混凝土法向应力 σ_{ct}、σ_{cc} 可按下式计算：

$$\left. \begin{array}{c} \sigma_{cc} \\ \sigma_{ct} \end{array} \right\} = \sigma_{pc} + \frac{N_k}{A_0} \pm \frac{M_k}{W_0}$$

式中　σ_{pc}——由预加力产生的混凝土法向应力，当 σ_{pc} 为压应力时取正值；当 σ_{pc} 为拉应力时取负值；

N_k、M_k——构件自重及施工荷载的标准组合在计算截面产生的轴向力、弯矩值；当 N_k 为轴向压力时取正值；当 N_k 为轴向拉力时取负值；对由 M_k 产生的边缘纤维应力，压应力取加号，拉应力取减号。

3. 受弯构件的变形验算

预应力受弯构件的挠度由两部分叠加而成：一部分是由荷载产生的挠度 f_{1l}，另一部分是预加应力产生的反拱 f_{2l}。

（1）荷载作用下构件的挠度 f_{1l}

挠度 f_{1l} 可按一般材料力学的方法计算，即：

$$f_{1l} = S \frac{Ml^2}{B} \tag{9-69}$$

其中截面弯曲刚度 B 应分别按下列情况计算：

1）按荷载标准组合下的短期刚度，可由下列公式计算：

$$B_s = 0.85 E_c I_0 \tag{9-70}$$

对于使用阶段允许出现裂缝的构件

$$B_s = \frac{0.85 E_c I_0}{\kappa_{cr} + (1 - \kappa_{cr}) \omega}$$

$$\kappa_{cr} = \frac{M_{cr}}{M_k} \tag{9-71}$$

$$\omega = \left(1 + \frac{0.21}{\alpha_E \rho}\right)(1 + 0.45\gamma_f) - 0.7$$

$$M_{cr} = (\sigma_{pcII} + \gamma f_{tk})W_0$$

$$\gamma_f = \frac{(b_f - b)h_f}{bh_0}$$

$$\rho = \frac{\alpha_1 A_p + A_s}{bh_0}$$

式中　κ_{cr}——预应力混凝土受弯构件正截面的开裂弯矩与荷载标准组合弯矩的比值，当 $\kappa_{cr} > 1.0$ 时取 $\kappa_{cr} = 1.0$；

γ——混凝土构件的截面抵抗矩塑性影响系数，$\gamma = (0.7 + 120/h)\gamma_m$，$\gamma_m$ 按附表 3-4 取用；对矩形截面 $\gamma_m = 1.55$；h 为截面高度，当 $h < 400$ mm 时取 $h = 400$ mm；当 $h > 1600$ mm 时取 $h = 1600$ mm。

对预压时预拉区出现裂缝的构件，B_s 应降低 10%。

2) 按荷载标准组合并考虑预加力长期作用影响的刚度，可按第 8 章截面刚度 B 公式计算，其中取 $\theta = 2.0$，B_s 按式（9-70）或式（9-71）计算。

（2）预加力产生的反拱 f_{2l}

预应力混凝土构件在偏心距为 e_p 的总预压力 N_p 作用下将产生反拱 f_{2l}，其值可按结构力学公式计算，即按两端有弯矩（等于 $N_p e_p$）作用的简支梁计算。设梁的跨度为 l，截面弯曲刚度为 B，则：

$$f_{2l} = \frac{N_p e_p l^2}{8B} \tag{9-72}$$

式中，N_p、e_p 及 B 等按下列不同情况取用不同的数值，具体规定如下：

1) 构件施加预应力引起的反拱值

按荷载标准组合，$B = 0.85E_c I_0$ 计算，此时的 N_p 及 e_p 均按扣除第一批预应力损失值后的情况计算，后张法构件为 N_{pI}、e_{pnI}。

2) 使用阶段的预加力反拱值

在使用阶段由于预应力的长期作用，预压区混凝土的徐变变形使梁的反拱值增大，故使用阶段的预加力反拱值可按刚度 $B = E_c I_0$ 计算，并应考虑预压应力长期作用的影响。此时 N_p 及 e_p 应按扣除全部预应力损失后的情况计算，后张法构件为 N_{pII}、e_{pnII}。简化计算时，可将计算的反拱值乘以增大系数 2.0。

（3）挠度计算

由荷载标准组合下构件产生的挠度扣除预应力产生的反拱，即为预应力受弯构件的挠度：

$$f = f_{1l} - f_{2l} \leqslant [f] \tag{9-73}$$

式中　$[f]$——挠度限值，见附表 3-1。

预应力混凝土受弯构件设计计算步骤如图 9-28 所示。

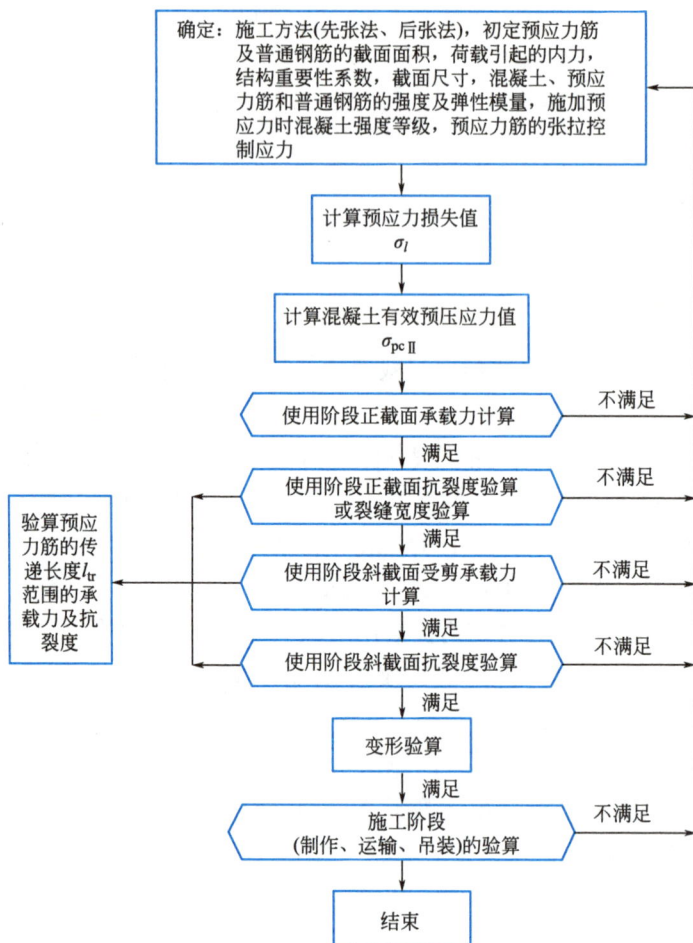

图 9-28　预应力混凝土受弯构件设计计算步骤框图

知识拓展——预应力混凝土 T 形截面受弯构件承载力计算
Knowledge Expansion——Load Carrying Capacity Calculation for Prestressed Concrete T Sections

有受压翼缘的 T 形截面以及 I 形截面受弯构件，正截面受弯承载力计算同普通钢筋混凝土受弯构件一样，先判别属于哪一类 T 形截面：

$$f_y A_s + f_{py} A_p \leqslant \alpha_1 f_c b'_f h'_f + f'_y A'_s - \sigma'_p A'_p$$

或

$$M \leqslant M_u = \alpha_1 f_c b'_f h'_f \left(h_0 - \frac{h'_f}{2}\right) + f'_y A'_s (h_0 - a'_s) - \sigma'_p A'_p (h_0 - a'_p)$$

当符合上述条件时，为第一类 T 形截面，即 $x \leqslant h'_f$，构件可按宽度为 b'_f 的矩形截面计算，其计算公式为：

$$\alpha_1 f_c b_f' x = f_y A_s - f_y' A_s' + f_{py} A_p + \sigma_p' A_p'$$

$$M \leqslant M_u = \alpha_1 f_c' b_f' x \left(h_0 - \frac{x}{2} \right) + f_y' A_s' (h_0 - a_s') - \sigma_p' A_p' (h_0 - a_p')$$

当不符合上述条件时，中和轴进入肋部，即 $x > h_f'$，为第二类 T 形截面，其计算公式为：

$$\alpha_1 f_c [bx + (b_f' - b) h_f'] = f_y A_s - f_y' A_s' + f_{py} A_p + \sigma_p' A_p'$$

$$M \leqslant M_u = \alpha_1 f_c bx \left(h_0 - \frac{x}{2} \right) + \alpha_1 f_c (b_f' - b) \left(h_0 - \frac{h_f'}{2} \right) h_f' + f_y' A_s' (h_0 - a_s')$$

与矩形截面预应力混凝土构件一样，混凝土受压区高度应符合下列适用条件：$x \leqslant \xi_b h_0$，$x \geqslant 2a'$。

在矩形和 T 形截面构件的平衡方程中，由于 σ_p' 可能是正，也可能是负，故 A_p' 对承载力的影响可能为提高构件承载力，也可能为减少构件承载力，所以，从承载力的角度看，只要满足施工阶段抗裂度或裂缝开展的要求，尽量少在使用时的受压区设置预应力筋。

9.6　预应力混凝土构件的构造要求
Detailing Requirements for Prestressed Concrete Members

预应力混凝土构件的构造要求，除应满足钢筋混凝土结构的有关规定外，还应根据预应力施工工艺、锚固措施及预应力钢筋的种类，满足有关构造要求。

1. 截面形式和尺寸

预应力轴心受拉构件通常采用正方形或矩形截面。预应力受弯构件可采用 T 形、I 形及箱形等截面。为了便于布置预应力筋以及预压区在施工阶段有足够的抗压能力，可设计成上、下翼缘不对称的 I 形截面，其下部受拉翼缘的宽度可比上翼缘狭些，但高度比上翼缘大。截面形式沿构件长度也可以变化，如跨中为 I 形，近支座处为了承受较大的剪力并能有足够位置布置锚具，在两端往往做成矩形。

由于预应力构件的抗裂度和刚度较大，其截面尺寸可比钢筋混凝土构件小些。对预应力混凝土受弯构件，其截面高度 $h = l/20 \sim l/14$，最小可为 $l/35$（l 为跨度），大致可取为钢筋混凝土梁高的 70%。翼缘宽度一般可取 $h/3 \sim h/2$，翼缘厚度可取 $h/10 \sim h/6$，腹板宽度尽可能小些，可取 $h/15 \sim h/8$。

2. 预应力纵向钢筋及端部附加竖向钢筋的布置

直线布置：当荷载和跨度不大时，直线布置最为简单，见图 9-29（a），施工时用先张法或后张法均可。

曲线布置、折线布置：当荷载和跨度较大时，可布置成曲线形（图 9-29b）或折线形（图 9-29c），施工时一般用后张法，如预应力混凝土屋面梁、吊车梁等构件。

当构件端部的预应力筋需集中布置在截面的下部或集中布置在上部和下部时，应在构件端部 $0.2h$（h 为构件端部的截面高度）范围内设置防端面裂缝的附加竖向焊接钢筋网、封闭式箍筋或其他形式的构造钢筋，且宜采用带肋钢筋，其截面面积应符合下列规定：

$$A_{sv} \geqslant \frac{T_s}{f_{yv}} \tag{9-74}$$

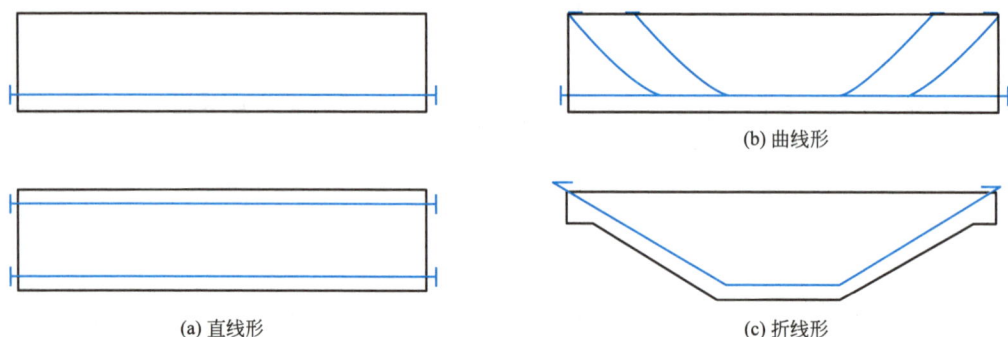

(b) 曲线形

(a) 直线形

(c) 折线形

图 9-29　预应力钢筋的布置

$$T_s = \left(0.25 - \frac{e}{h}\right)P \tag{9-75}$$

当 $e > 0.2h$ 时，可根据实际情况适当配置构造钢筋。

式中　T_s——锚固端端面拉力；

　　　P——作用在构件端部截面重心线上部或下部预应力筋的合力设计值，对有粘结预应力混凝土可取 1.2 倍张拉控制力；

　　　e——截面重心线上部或下部预应力筋的合力点至截面近边缘的距离。当端部截面上部和下部均有预应力筋时，附加竖向钢筋的总截面面积应按上部和下部的预应力合力分别计算的较大值采用。

在构件端面横向也应按上述方法计算抗端面裂缝钢筋，并与上述竖向钢筋形成网片筋配置。

3. 普通纵向钢筋的布置

预应力构件中，除配置预应力筋外，为了防止施工阶段因混凝土收缩、温差及预加力过程中引起预拉区裂缝以及防止构件在制作、堆放、运输、吊装时出现裂缝或减小裂缝宽度，可在构件截面（即预拉区）设置足够的普通钢筋。

在后张法预应力混凝土构件的预拉区和预压区，宜设置纵向普通构造钢筋；在预应力筋弯折处，应加密箍筋或沿弯折处内侧布置普通钢筋网片，以加强在钢筋弯折区段的混凝土。

对预应力筋在构件端部全部弯起的受弯构件或直线配筋的先张法构件，当构件端部与下部支承结构焊接时，应考虑混凝土的收缩、徐变及温度变化所产生的不利影响，宜在构件端部可能产生裂缝的部位，设置足够的普通纵向构造钢筋。

4. 钢丝、钢绞线净间距

先张法预应力筋之间的净间距应根据浇筑混凝土、施加预应力及钢筋锚固要求确定。预应力筋之间的净间距不宜小于其公称直径的 2.5 倍和混凝土粗骨料最大粒径的 1.25 倍，且应符合下列规定：

对预应力钢丝不应小于 15 mm；

对三股钢绞线不应小于 20 mm；对七股钢绞线不应小于 25 mm。

5. 后张预应力筋的预留孔道

（1）对预制构件中预留孔道之间的水平净间距不应小于 50 mm，且不宜小于粗骨料粒径的 1.25 倍，孔道至构件边缘的净距不宜小于 30 mm，且不宜小于孔道直径的一半；

（2）在现浇混凝土梁中预留孔道在竖直方向的净间距不宜小于孔道外径，水平方向的净间距不宜小于 1.5 倍孔道外径，且不应小于粗骨料粒径的 1.25 倍；从孔道外壁至构件边缘的净间距：梁底不宜小于 50 mm，梁侧不宜小于 40 mm，裂缝控制等级为三级的梁，梁底、梁侧分别不宜小于 60 mm 和 50 mm；

（3）预留孔道的内径宜比预应力束外径及需穿过孔道的连接器外径大 6～15 mm，且孔道的截面面积宜为穿入预应力束截面面积的 3.0～4.0 倍；

（4）在构件两端及跨中应设置灌浆孔或排气孔，其孔距不宜大于 12 m；

（5）凡制作时需要起拱的构件，预留孔道宜随构件同时起拱。

6. 锚具

后张法预应力筋的锚固应选用可靠的锚具，其制作方法和质量要求应符合国家现行有关标准的规定。

7. 端部混凝土的局部加强

对先张法预应力混凝土构件单根配置的预应力筋，其端部宜设置螺旋筋；分散布置的多根预应力筋，在构件端部 $10d$（d 为预应力筋的公称直径），且不小于 100 mm 长度范围内，宜设置 3～5 片与预应力筋垂直的钢筋网片。后张法构件端部尺寸，应考虑锚具的布置、张拉设备的尺寸和局部受压的要求，必要时应适当加大。在预应力筋锚具下及张拉设备的支承处，应设置预埋钢垫板及构造横向钢筋网片或螺旋式钢筋等局部加强措施。

对外露金属锚具应采取可靠的防腐及防火措施。

后张法预应力混凝土构件的曲线预应力钢丝束、钢绞线束的曲率半径不宜小于 4 m。

对折线配筋的构件，在预应力筋弯折处的曲率半径可适当减小。

在局部受压间接钢筋配置区以外，在构件端部长度 l 不小于 $3e$（e 为截面重心线上部或下部预应力筋的合力点至邻近边缘的距离），但不大于 $1.2h$（h 为构件端部截面高度），高度为 $2e$ 的附加配筋区范围内，应均匀配置附加防劈裂箍筋或网片，配筋面积可按下式计算：

$$A_{sb} \geqslant 0.18\left(1-\frac{l_l}{l_b}\right)\frac{P}{f_{yv}} \tag{9-76}$$

式中　l_l、l_b——分别为沿构件高度方向 A_1、A_b 的边长或直径；体积配筋率不应小于 0.5%。

知识拓展——部分预应力混凝土与无粘结预应力混凝土简介
Knowledge Expansion——Introduction to Partially Prestressed and Unbonded Prestressed Concrete

1. 部分预应力混凝土

如前所述，部分预应力混凝是指在使用荷载作用下，允许出现裂缝，但最大裂缝宽度不超过允许值的构件，是一种预应力度较小的预应力混凝土结构。部分预应力可减小构件反拱值和预应力钢筋的用量。

部分预应力混凝土的特点：

1) 可合理控制裂缝与变形，节约钢材。可根据结构构件的不同使用要求、可变荷载的作用情况及环境条件等对裂缝和变形进行合理的控制，降低了预加力值，从而减少了锚具的用量，适当降低了费用。

2) 可控制反拱值不致过大。由于预加力值相对较小，构件的初始反拱值小，徐变变形亦减小。

3) 延性较好。在部分预应力混凝土构件中，通常配置普通钢筋，因而其正截面受弯的延性较好，有利于结构抗震，并可改善裂缝分布，减小裂缝宽度。

4) 计算较为复杂。部分预应力混凝土构件需按开裂截面分析，计算较繁冗，又如部分预应力混凝土多层框架的内力分析中，除需计算由荷载及预加力作用引起的内力外，还需考虑框架在预加力作用下的轴向压缩变形引起的内力。此外，在超静定结构中还需考虑预应力次弯矩和次剪力的影响，并需计算及配置普通钢筋。

5) 与全预应力混凝土相比，可简化张拉、锚固等工艺，获得较好的综合经济效果。

对部分预应力混凝土，较多采用预应力高强度钢材（钢丝、钢绞线）与普通钢筋（HPB300、HRB400 级钢筋等）混合配筋的方式。其中，普通钢筋的作用如下：

1) 可有效地提高预应力混凝土梁正截面受弯的延性；

2) 可承担由于预加力偏心过大引起的拉应力，并控制裂缝的出现或开展；

3) 可承担构件在运输、存放及吊装过程中可能产生的应力；

4) 可分散梁的裂缝和限制裂缝的宽度，从而改善梁的使用性能并提高梁的正截面受弯承载力。

2. 无粘结预应力混凝土

无粘结预应力混凝土，是指配置无粘结预应力束的后张法预应力混凝土。

后张法预应力混凝土构件通常的做法是，在构件中预留孔道，待混凝土结硬后，穿入预应力束进行张拉至控制应力并锚固，最后用压力灌浆将预留孔道的孔隙填实。这种沿预应力束全长均与混凝土接触表面之间存在粘结作用、而不能发生纵向相对滑动的束称为有粘结预应力束。如果沿预应力束全长与混凝土接触表面之间不存在粘结作用、而能发生纵向相对滑动的束则称为无粘结预应力束。

无粘结预应力束的一般做法是，将预应力束的外表面涂以沥青、油脂或其他润滑防锈材料，以减小摩擦力并防止锈蚀，然后用纸带或塑料带包裹或套以塑料管，以防止在施工过程中碰坏涂层，并使预应力束与混凝土隔离，将预应力束按设计的部位放入构件模板中浇捣混凝土，待混凝土达到规定强度后即可进行张拉。上述涂层应具有防腐蚀性能，要求在预期的使用温度范围内不致发脆开裂，也不致液化流淌，并应具有化学稳定性。

无粘结预应力束可在工厂预制，并且不需要在构件中留孔、穿束和灌浆，因而可大为简化现场施工工艺，但无粘结预应力束对锚具的质量和防腐蚀要求较高，锚具区应用混凝土或环氧树脂水泥浆进行封口处理，防止潮气入侵。

当无粘结预应力混凝土梁的配筋率较低时，在荷载作用下，梁在最大弯矩截面附近只出现一条或少数受弯裂缝，随着荷载增大，裂缝迅速开展，最终发生脆性破坏，类似于带拉杆的拱。试验结果表明，如果在无粘结预应力混凝土梁中配置一定数量的普通钢筋，则能显著改善梁的使用性能及破坏形态。

无粘结预应力混凝土结构构件的抗震性能是目前尚在研究的课题，其抗震设计应符合专门规定。

本章习题

一、选择题

1. 《混凝土结构设计标准》规定，预应力混凝土构件的混凝土强度等级不应低于（ ）。

A. C20   B. C30   C. C35   D. C40

2. 预应力混凝土先张法构件中，混凝土预压前第一批预应力损失 $\sigma_{l\text{I}}$ 应为（ ）。

A. $\sigma_{l1} + \sigma_{l2}$ B. $\sigma_{l1} + \sigma_{l2} + \sigma_{l3}$

C. $\sigma_{l1} + \sigma_{l2} + \sigma_{l3} + \sigma_{l4}$ D. $\sigma_{l1} + \sigma_{l2} + \sigma_{l3} + \sigma_{l4} + \sigma_{l5}$

3. 下列哪种方法可以减少预应力直线钢筋由于锚具变形和钢筋内缩引起的预应力损失 σ_{l1}？（ ）

A. 增加台座长度   B. 采用超张拉

C. 两次升温法   D. 采用两端张拉

4. 对于钢筋应力松弛引起的预应力的损失，下面说法错误的是（ ）。

A. 应力松弛与时间有关系

B. 应力松弛与钢筋品种有关系

C. 进行超张拉可以减少应力松弛引起的预应力损失

D. 应力松弛与张拉控制应力的大小有关，张拉控制应力越大，松弛越小

5. 其他条件相同时，预应力混凝土构件的延性比普通混凝土构件的延性（ ）。

A. 相同   B. 大些

C. 小些   D. 大很多

6. 全预应力混凝土构件在使用条件下，构件截面混凝土（ ）。

A. 不出现拉应力   B. 允许出现拉应力

C. 不出现压应力   D. 允许出现压应力

7. 先张法预应力构件是靠（ ）来传递预应力的。

A. 夹具   B. 锚固

C. 粘结力   D. 钢筋松弛

8. 《混凝土结构设计标准》规定，预应力钢筋的张拉控制应力不宜超过规定的张拉控制应力限值，且不应小于（ ）。

A. $0.3f_{ptk}$ B. $0.4f_{ptk}$ C. $0.5f_{ptk}$ D. $0.6f_{ptk}$

9. 与普通钢筋混凝土相比，预应力混凝土的主要作用是（ ）。

A. 提高了结构构件的承载能力和延性

B. 提高了结构构件的刚度和抗裂性能

C. 提高了结构构件的延性、刚度和抗裂性能

D. 提高了结构构件的抗裂性能和延性

10. 对先张法和后张法的预应力混凝土构件，如果采用相同的张拉控制应力值，则
（　　）。

　　A. 先张法所建立的钢筋的有效预应力比后张法小

　　B. 后张法所建立的钢筋的有效预应力比先张法小

　　C. 后张法所建立的钢筋的有效预应力与先张法相同

　　D. 不能确定哪种方法所建立的钢筋的有效预应力大

二、判断题

1. 在浇灌混凝土之前张拉钢筋的方法称为先张法。（　　）

2. 预应力混凝土结构可以避免构件裂缝的过早出现。（　　）

3. 后张法预应力构件是靠锚具来传递预应力的。（　　）

4. 张拉控制应力的确定是越大越好。（　　）

5. 预应力混凝土梁由于预压应力的作用，在使用阶段不易产生裂缝，挠度小，还显著地提高了极限承载能力。（　　）

6. 对于后张法张拉的预应力混凝土结构，预应力损失都会发生。（　　）

7. 张拉控制应力只与张拉方法有关系。（　　）

三、思考题

1. 何为预应力？预应力混凝土结构的优缺点是什么？

2. 为什么预应力混凝土构件所选用的材料都要求有较高的强度？

3. 对受弯构件的纵向受拉钢筋施加预应力后，是否能提高正截面受弯承载力和斜截面受剪承载力？为什么？

四、拓展题

简述高性能混凝土和高强度钢筋在预应力混凝土结构中的应用。

附　录

附录 1　《混凝土结构设计标准（2024 年版）》GB/T 50010—2010 规定的材料力学性能指标

普通钢筋强度标准值（N/mm²）　　　　　　　　　　　　　附表 1-1

牌号	符号	公称直径 d(mm)	屈服强度标准值 f_{yk}	极限强度标准值 f_{stk}
HPB300	ϕ	6～14	300	420
HRB400 HRBF400 RRB400	ϕ ϕ^F ϕ^R	6～50	400	540
HRB500 HRBF500	Φ Φ^F	6～50	500	630

预应力筋强度标准值（N/mm²）　　　　　　　　　　　　　附表 1-2

种类		符号	公称直径 d(mm)	屈服强度标准值 f_{pyk}	极限强度标准值 f_{ptk}
中强度预应力筋	光面	ϕ^{PM}	5、7、9	620	800
				780	970
	螺旋肋	ϕ^{HM}		980	1270
预应力螺纹钢筋	螺纹	ϕ^T	18、25、32、40、50	785	980
				930	1080
				1080	1230
消除应力钢丝	光面	ϕ^P	5	—	1570
				—	1860
	螺旋肋	ϕ^H	7	—	1570
			9	—	1470
				—	1570

续表

种类		符号	公称直径 d（mm）	屈服强度标准值 f_{pyk}	极限强度标准值 f_{ptk}
钢绞线	1×3（三股）	ϕ^S	8.6、10.8、12.9	—	1570
				—	1860
				—	1960
	1×7（七股）		9.5、12.7、15.2、17.8	—	1720
				—	1860
				—	1960
			21.6	—	1860

注：极限强度标准值为 1960 N/mm² 的钢绞线用作后张预应力筋时，应有可靠的工程经验。

普通钢筋强度设计值（N/mm²）　　　　　　　　　　　　　　　　　附表 1-3

牌号	抗拉强度设计值 f_y	抗压强度设计值 f'_y
HPB300	270	270
HRB400、HRBF400、RRB400	360	360
HRB500、HRBF500	435	435

预应力钢筋强度设计值（N/mm²）　　　　　　　　　　　　　　　　附表 1-4

种类	极限强度标准值 f_{ptk}	抗拉强度设计值 f_{py}	抗压强度设计值 f'_{py}
中强度预应力钢丝	800	510	410
	970	650	
	1270	810	
消除应力钢丝	1470	1040	410
	1570	1110	
	1860	1320	
钢绞线	1570	1110	390
	1720	1220	
	1860	1320	
	1960	1390	
预应力螺纹钢筋	980	650	400
	1080	770	
	1230	900	

注：当预应力筋的强度不符合本表规定时，其强度设计值应进行相应的比例换算。

普通钢筋及预应力筋的最大力总延伸率限值　　　　　　　　　　　　附表 1-5

钢筋品种	普通钢筋				预应力筋	
	HPB300	HRB400、HRBF400、HRB500、HRBF500	HRB400E、HRB500E	RRB400	中强度预应力钢丝	消除应力钢丝、钢绞线、预应力螺纹钢筋
δ_{gt}（%）	10.0	7.5	9.0	5.0	4.0	4.5

<h3 align="center">钢筋的弹性模量（×10⁵ N/mm²）　　　　附表 1-6</h3>

牌号或种类	弹性模量 E_s
HPB300	2.10
HRB400、HRB500、HRBF400、HRBF500、RRB400 钢筋 预应力螺纹钢筋	2.00
消除应力钢丝、中强度预应力钢丝	2.05
钢绞线	1.95

注：必要时可采用实测的弹性模量。

<h3 align="center">普通钢筋疲劳应力幅限值（N/mm²）　　　　附表 1-7</h3>

疲劳应力的比值 ρ_s^f	HRB400
0	175
0.1	162
0.2	156
0.3	149
0.4	137
0.5	123
0.6	106
0.7	85
0.8	60
0.9	31

注：当纵向受拉钢筋采用闪光接触对焊连接时，其接头处的疲劳应力幅限值应按表中数值乘以 0.8 取用。

<h3 align="center">预应力筋疲劳应力幅限值（N/mm²）　　　　附表 1-8</h3>

疲劳应力的比值 ρ_p^f	钢绞线 $f_{ptk} = 1570$	消除应力钢丝 $f_{ptk} = 1570$
0.7	144	240
0.8	118	168
0.9	70	88

注：1. 当 ρ_p^f 不小于 0.9 时，可不作预应力筋疲劳验算；
　　2. 当有充分依据时，可对表中规定的疲劳应力幅限值作适当调整。

<h3 align="center">混凝土轴心抗压强度标准值（N/mm²）　　　　附表 1-9</h3>

强度	混凝土强度等级												
	C20	C25	C30	C35	C40	C45	C50	C55	C60	C65	C70	C75	C80
f_{ck}	13.4	16.7	20.1	23.4	26.8	29.6	32.4	35.5	38.5	41.5	44.5	47.4	50.2

<h3 align="center">混凝土轴心抗拉强度标准值（N/mm²）　　　　附表 1-10</h3>

强度	混凝土强度等级												
	C20	C25	C30	C35	C40	C45	C50	C55	C60	C65	C70	C75	C80
f_{tk}	1.54	1.78	2.01	2.20	2.39	2.51	2.64	2.74	2.85	2.93	2.99	3.05	3.11

混凝土轴心抗压强度设计值（N/mm²）　　　　　附表 1-11

强度	混凝土强度等级												
	C20	C25	C30	C35	C40	C45	C50	C55	C60	C65	C70	C75	C80
f_c	9.6	11.9	14.3	16.7	19.1	21.1	23.1	25.3	27.5	29.7	31.8	33.8	35.9

混凝土轴心抗拉强度设计值（N/mm²）　　　　　附表 1-12

强度	混凝土强度等级												
	C20	C25	C30	C35	C40	C45	C50	C55	C60	C65	C70	C75	C80
f_t	1.10	1.27	1.43	1.57	1.71	1.80	1.89	1.96	2.04	2.09	2.14	2.18	2.22

混凝土的弹性模量（×10⁴ N/mm²）　　　　　附表 1-13

混凝土强度等级	C20	C25	C30	C35	C40	C45	C50	C55	C60	C65	C70	C75	C80
E_c	2.55	2.80	3.00	3.15	3.25	3.35	3.45	3.55	3.60	3.65	3.70	3.75	3.80

注：1. 当有可靠试验依据时，弹性模量可根据实测数据确定；

　　2. 当混凝土中掺有大量矿物掺合料时，弹性模量可按规定龄期根据实测数据确定。

混凝土受压疲劳强度修正系数 γ_p　　　　　附表 1-14

ρ_c^f	$0 \leqslant \rho_c^f < 0.1$	$0.1 \leqslant \rho_c^f < 0.2$	$0.2 \leqslant \rho_c^f < 0.3$	$0.3 \leqslant \rho_c^f < 0.4$	$0.4 \leqslant \rho_c^f < 0.5$	$\rho_c^f \geqslant 0.5$
γ_p	0.68	0.74	0.80	0.86	0.93	1.00

混凝土受拉疲劳强度修正系数 γ_p　　　　　附表 1-15

ρ_c^f	$0 < \rho_c^f < 0.1$	$0.1 \leqslant \rho_c^f < 0.2$	$0.2 \leqslant \rho_c^f < 0.3$	$0.3 \leqslant \rho_c^f < 0.4$	$0.4 \leqslant \rho_c^f < 0.5$
γ_p	0.63	0.66	0.69	0.72	0.74
ρ_c^f	$0.5 \leqslant \rho_c^f < 0.6$	$0.6 \leqslant \rho_c^f < 0.7$	$0.7 \leqslant \rho_c^f < 0.8$	$\rho_c^f \geqslant 0.8$	—
γ_p	0.76	0.80	0.90	1.00	—

注：直接承受疲劳荷载的混凝土构件，当采用蒸汽养护时，养护温度不宜高于 60 ℃。

混凝土的疲劳变形模量 E_c^f（×10⁴ N/mm²）　　　　　附表 1-16

混凝土强度等级	C30	C35	C40	C45	C50	C55	C60	C65	C70	C75	C80
E_c^f	1.30	1.40	1.50	1.55	1.60	1.65	1.70	1.75	1.80	1.85	1.90

附录 2　不同钢筋的公称直径、公称截面面积及理论重量

钢筋的公称直径、公称截面面积及理论重量　　　　　　　　附表 2-1

| 公称直径(mm) | 不同根数钢筋的公称截面面积(mm²) | | | | | | | | | 单根钢筋理论重量(kg/m) |
	1	2	3	4	5	6	7	8	9	
6	28.3	57	85	113	142	170	198	226	256	0.222
8	50.3	101	151	201	252	302	352	402	453	0.395
10	78.5	157	236	314	393	471	550	628	707	0.617
12	113.1	226	339	452	565	678	791	904	1017	0.888
14	153.9	308	461	615	769	923	1077	1231	1385	1.21
16	201.1	402	603	804	1005	1206	1407	1608	1809	1.58
18	254.5	509	763	1017	1272	1527	1781	2036	2290	2.00(2.11)
20	314.2	628	942	1256	1570	1884	2199	2513	2827	2.47
22	380.1	760	1140	1520	1900	2281	2661	3041	3421	2.98
25	490.9	982	1473	1964	2454	2945	3436	3927	4418	3.85(4.10)
28	615.8	1232	1847	2463	3079	3695	4310	4926	5542	4.83
32	804.2	1609	2413	3217	4021	4826	5630	6434	7238	6.31(6.65)
36	1017.9	2036	3054	4072	5089	6107	7125	8143	9161	7.99
40	1256.6	2513	3770	5027	6283	7540	8796	10053	11310	9.87(10.34)
50	1963.5	3928	5892	7856	9820	11784	13748	15712	17676	15.42(16.28)

注：括号内为预应力螺纹钢筋的数值。

钢筋混凝土板每米宽的钢筋面积表（mm²）　　　　　　　　附表 2-2

| 钢筋间距(mm) | 钢筋直径(mm) | | | | | | | | | | | | |
	3	4	5	6	6/8	8	8/10	10	10/12	12	12/14	14
70	101.0	180.0	280.0	404.0	261.0	719.0	920.0	1121.0	1369.0	1616.0	1907.0	2199.0
75	94.2	168.0	262.0	377.0	524.0	671.0	859.0	1047.0	1277.0	1508.0	1780.0	2052.0
80	88.4	157.0	245.0	354.0	491.0	629.0	805.0	981.0	1198.0	1414.0	1669.0	1924.0
85	83.2	148.0	231.0	333.0	462.0	592.0	758.0	924.0	1127.0	1331.0	1571.0	1811.0
90	78.5	140.0	218.0	314.0	437.0	559.0	716.0	872.0	1064.0	1257.0	1483.0	1710.0
95	74.5	132.0	207.0	298.0	414.0	529.0	678.0	826.0	1008.0	190.0	1405.0	1620.0
100	70.6	126.0	196.0	283.0	393.0	503.0	644.0	785.0	958.0	1131.0	1335.0	1539.0
110	64.2	114.0	178.0	257.0	357.0	457.0	585.0	714.0	871.0	1028.0	1214.0	1399.0
120	58.9	105.0	163.0	236.0	327.0	419.0	537.0	654.0	798.0	942.0	1113.0	1283.0
125	56.5	101.0	157.0	226.0	314.0	402.0	515.0	628.0	766.0	905.0	1068.0	1231.0
130	54.4	96.6	151.0	218.0	302.0	387.0	495.0	604.0	737.0	870.0	1027.0	1184.0

续表

钢筋间距(mm)	钢筋直径(mm)											
	3	4	5	6	6/8	8	8/10	10	10/12	12	12/14	14
140	50.5	89.8	140.0	202.0	281.0	359.0	460.0	561.0	684.0	808.0	954.0	1099.0
150	47.1	83.8	131.0	189.0	262.0	335.0	429.0	523.0	639.0	754.0	890.0	1026.0
160	44.1	78.5	123.0	177.0	246.0	314.0	403.0	491.0	599.0	707.0	834.0	962.0
170	41.5	73.9	115.0	166.0	231.0	296.0	379.0	462.0	564.0	665.0	785.0	905.0
180	39.2	69.8	109.0	157.0	218.0	279.0	358.0	436.0	532.0	628.0	742.0	855.0
190	37.2	66.1	103.0	149.0	207.0	265.0	339.0	413.0	504.0	595.0	703.0	810.0
200	35.3	62.8	98.2	141.0	196.0	251.0	322.0	393.0	479.0	565.0	668.0	770.0
220	32.1	57.1	89.2	129.0	179.0	229.0	293.0	357.0	436.0	514.0	6070	700.0
240	29.4	52,4	81.8	118.0	164.0	210.0	268.0	327.0	399.0	471.0	556.0	641.0
250	28.3	50.3	78.5	113.0	157.0	201.0	258.0	314.0	383.0	452.0	534.0	616.0
260	27.2	48.3	75.5	109.0	151.0	193.0	248.0	302.0	369.0	435.0	513.0	592.0
280	25.2	44.9	70.1	101.0	140.0	180.0	230.0	280.0	342.0	404.0	477.0	550.0
300	23.6	41.9	65.5	94.2	131.0	168.0	215.0	262.0	319.0	377.0	445.0	513.0
320	22.1	39.3	61.4	88.4	123.0	157.0	201.0	245.0	299.0	353.0	417.0	481.0

钢绞线的公称直径、公称截面面积及理论重量 附表 2-3

种类	公称直径(mm)	公称截面面积(mm²)	理论重量(kg/m)
1×3	8.6	37.7	0.296
	10.8	58.9	0.462
	12.9	84.8	0.666
1×7 标准型	9.5	54.8	0.430
	12.7	98.7	0.775
	15.2	140	1.101
	17.8	191	1.500
	21.6	285	2.237

钢丝的公称直径、公称截面面积及理论重量 附表 2-4

公称直径(mm)	公称截面面积(mm²)	理论重量(kg/m)
5.0	19.63	0.154
7.0	38.48	0.302
9.0	63.62	0.499

附录 3 《混凝土结构设计标准（2024 年版）》GB/T 50010—2010 的有关规定

受弯构件的挠度限值   附表 3-1

构件类型		挠度限值
吊车梁	手动吊车	$l_0/500$
	电动吊车	$l_0/600$
屋盖、楼盖及楼梯构件	当 $l_0 < 7$ m 时	$l_0/200(l_0/250)$
	当 $7\text{ m} \leqslant l_0 \leqslant 9\text{ m}$ 时	$l_0/250(l_0/300)$
	当 $l_0 > 9$ m 时	$l_0/300(l_0/400)$

注：1. 表中 l_0 为构件的计算跨度；计算悬臂构件的挠度限值时，其计算跨度 l_0 按实际悬臂长度的 2 倍取用；
    2. 表中括号内的数值适用于使用上对挠度有较高要求的构件；
    3. 如果构件制作时预先起拱，且使用上也允许，则在验算挠度时，可将计算所得的挠度值减去起拱值；对预应力混凝土构件，尚可减去预加力所产生的反拱值；
    4. 构件制作时的起拱值和预加力所产生的反拱值；不宜超过构件在相应荷载组合作用下的计算挠度值。

结构构件的裂缝控制等级及最大裂缝宽度的限值（mm）   附表 3-2

环境类别	钢筋混凝土结构		预应力混凝土结构	
	裂缝控制等级	w_{lim}	裂缝控制等级	w_{lim}
一	三级	0.30(0.40)	三级	0.20
二 a		0.20		0.10
二 b			二级	—
三 a、三 b			一级	—

注：1. 对处于年平均相对湿度小于 60% 地区一类环境下的受弯构件，其最大裂缝宽度限值可采用括号内的数值；
    2. 在一类环境下，对钢筋混凝土屋架、托盘及需作疲劳验算的吊车梁，其最大裂缝宽度限值应取 0.20 mm；对钢筋混凝土屋面梁和托架，其最大裂缝宽度限值应取 0.30 mm；
    3. 在一类环境下，对预应力混凝土屋架、托盘及双向板体系，应按二级裂缝控制等级进行验算；对一类环境下的预应力混凝土屋面梁、托梁、单向板，应按表中二 a 类环境的要求进行验算；在一类和二 a 类环境下需作疲劳验算的预应力混凝土吊车梁，应按裂缝控制等级不低于二级的构件进行验算；
    4. 表中规定的预应力混凝土构件的裂缝控制等级和最大裂缝宽度限值仅适用于正截面的验算；预应力混凝土构件的斜截面裂缝控制验算应符合《混凝土结构设计标准》第 7 章的有关规定；
    5. 对于烟囱、筒仓和处于液体压力下的结构，其裂缝控制要求应符合专门标准的有关规定；
    6. 对处于四、五类环境下的结构构件，其裂缝控制要求应符合专门标准的有关规定；
    7. 表中的最大裂缝宽度限值为用于验算荷载作用引起的最大裂缝宽度。

混凝土保护层的最小厚度 c（mm） 附表 3-3

环境类别	板、墙、壳	梁、柱、杆
一	15	20
二 a	20	25
二 b	25	35
三 a	30	40
三 b	40	50

注：1. 混凝土强度等级不大于 C25 时，表中保护层厚度数值应增加 5 mm；

2. 钢筋混凝土基础宜设置混凝土垫层，基础中钢筋的混凝土保护层厚度应从垫层顶面算起，且不应小于 40 mm。

截面抵抗矩塑性影响系数基本值 γ_m 附表 3-4

项次	1	2	3		4		5
截面形状	矩形截面	翼缘位于受压区的 T 形截面	对于 I 形截面或箱形截面		翼缘位于受拉区的倒 T 形截面		圆形和环形截面
			$b_f/b \leqslant 2$、h_f/h 为任意值	$b_f/b > 2h_f/h$ < 0.2	$b_f/b \leqslant 2$、h_f/h 为任意值	$b_f/b > 2h_f/h$ < 0.2	
γ_m	1.55	1.50	1.45	1.35	1.50	1.40	$1.6 - 0.24r_1/r$

注：1. 对 $b_f' > b_f$ 的 I 形截面，可按项次 2 与项次 3 之间的数值采用；对 $b_f' < b_f$ 的 I 形截面，可按项次 3 与项次 4 之间的数值采用；

2. 对于箱形截面，b 系指各肋宽度的总和；

3. r_1 为环形截面的内环半径，对圆形截面取 r_1 为 0。

纵向受力普通钢筋的最小配筋率 ρ_{min}（%） 附表 3-5

受力类型			最小配筋百分率
受压构件	全部纵向钢筋	强度等级 500 MPa	0.50
		强度等级 400 MPa	0.55
		强度等级 300 MPa	0.60
	一侧纵向钢筋		0.20
受弯构件、偏心受拉、轴心受拉构件一侧的受拉钢筋			0.20 和 45 f_t/f_y 中的较大值

注：1. 当采用 C60 以上强度等级的混凝土时，受压构件全部纵向普通钢筋最小配筋率应按表中的规定值增加 0.10% 采用；

2. 除悬臂板、柱支承板之外的板类受弯构件，当纵向受拉钢筋采用强度等级 500MPa 的钢筋时，其最小配筋百分率应允许采用 0.15% 和 0.45 f_t/f_y 中的较大值；

3. 对于卧置于地基上的钢筋混凝土板，板中受拉普通钢筋的最小配筋率不应小于 0.15%。

框架柱轴压比限值 附表 3-6

结构体系	抗震等级			
	一级	二级	三级	四级
框架结构	0.65	0.75	0.85	0.90
框架-剪力墙结构、筒体结构	0.75	0.85	0.90	0.95

续表

结构体系	抗震等级			
	一级	二级	三级	四级
部分框支剪力墙结构	0.60	0.70	—	—

注：1. 轴压比指柱地震作用组合的轴向压力设计值与柱的全截面面积和混凝土轴心抗压强度设计值乘积之比值；

2. 当混凝土强度等级为 C65、C70 时，轴压比限值宜按表中数值减小 0.05；混凝土强度等级为 C75、C80 时，轴压比限值宜按表中数值减小 0.10；

3. 表内限值适用于剪跨比大于 2、混凝土强度等级不高于 C60 的柱；剪跨比不大于 2 的柱轴压比限值应降低 0.05；剪跨比小于 1.5 的柱，轴压比限值应专门研究并采取特殊构造措施；

4. 沿柱全高采用井字复合箍，且箍筋间距不大于 100 mm、肢距不大于 200 mm、直径不小于 12 mm，或沿柱全高采用复合螺旋箍，且螺距不大 100 mm、肢距不大于 200 mm、直径不小于 12 mm，或沿柱全高采用连续复合矩形螺旋箍，且螺旋净距不大于 80 mm、肢距不大于 200 mm、直径不小于 10 mm 时，轴压比限值均可按表中数值增加 0.10；

5. 当柱截面中部设置由附加纵向钢筋形成的芯柱，且附加纵向钢筋的总截面面积不少于柱截面面积的 0.8% 时，轴压比限值可按表中数值增加 0.05；此项措施与注 4 的措施同时采用时，轴压比限值可按表中数值增加 0.15，但箍筋的配箍特征值 λ_v 仍应按轴压比增加 0.10 的要求确定；

6. 调整后的柱轴压比限值不应大于 1.05。

混凝土结构的环境类别　　　　　　　　　附表 3-7

条件类别		条件
一		室内干燥环境；永久的无侵蚀性静水浸没环境
二	a	室内潮湿环境；非严寒和非寒冷地区的露天环境；非严寒和非寒冷地区与无侵蚀性的水或土壤直接接触的环境；严寒和寒冷地区冰冻线以下与无侵蚀性的水或土壤直接接触的环境
	b	干湿交替环境；水位频繁变动区环境；严寒和寒冷地区的露天环境；严寒和寒冷地区冰冻线以上与无侵蚀性的水或土壤直接接触的环境
三	a	严寒和寒冷地区冬季水位变动区环境；受除冰盐影响环境；海风环境
	b	盐渍土环境；受除冰盐作用环境；海岸环境
四		海水环境
五		受人为或自然的侵蚀性物质影响的环境

注：1. 室内潮湿环境是指构件表面经常处于结露或湿润状态的环境；

2. 严寒和寒冷地区的划分应符合现行国家标准《民用建筑热工设计规范》GB 50176 的有关规定；

3. 海岸环境和海风环境宜根据当地情况，考虑主导风向及结构所处迎风、背风部位等因素的影响，由调查研究和工程经验确定；

4. 受除冰盐影响环境为受到除冰盐盐雾影响的环境；受除冰盐作用环境指被除冰盐溶液溅射的环境以及使用除冰盐地区的洗车房、停车楼等建筑；

5. 暴露的环境是指混凝土结构表面所处的环境。

结构混凝土材料的耐久性基本要求　　　　　　附表 3-8

环境类别	最大水胶比	最低强度等级	水溶性氯离子最大含量（%）	最大碱含量（kg/m³）
一	0.60	C25	0.30	不限制
二 a	0.55	C25	0.20	3.0
二 b	0.50(0.55)	C30(C25)	0.15	

续表

环境类别	最大水胶比	最低强度等级	水溶性氯离子最大含量（%）	最大碱含量（kg/m³）
三 a	0.45(0.50)	C35(C30)	0.15	3.0
三 b	0.40	C40	0.10	

注：1. 氯离子含量系指其占胶凝材料用量的质量百分比，计算时辅助胶凝材料的量不应大于硅酸盐水泥的量；

2. 预应力构件混凝土中的水溶性氯离子最大含量为 0.06%，其最低混凝土强度等级宜按表中的规定提高不少于两个等级；

3. 素混凝土结构的混凝土最大水胶比及最低强度等级的要求可适当放松，但混凝土最低强度等级应符合本标准的有关规定；

4. 有可靠工程经验时，二类环境中的最低混凝土强度等级可为 C25；

5. 处于严寒和寒冷地区二 b、三 a 类环境中的混凝土应使用引气剂，并可采用括号中的有关参数；

6. 当使用非碱活性骨料时，对混凝土中的碱含量可不作限制。

参考文献

［1］东南大学，天津大学，同济大学 . 混凝土结构（上册）：混凝土结构设计原理［M］. 7 版 . 北京：中国建筑工业出版社，2020.

［2］沈蒲生 . 混凝土结构设计原理［M］. 5 版 . 北京：高等教育出版社，2020.

［3］顾祥林，等 . 混凝土结构基本原理［M］. 4 版 . 上海：同济大学出版社，2023.

［4］中华人民共和国住房和城乡建设部 . 建筑结构可靠性设计统一标准：GB 50068—2018［S］. 北京：中国建筑工业出版社，2018.

［5］中华人民共和国住房和城乡建设部 . 建筑结构荷载规范：GB 50009—2012［S］. 北京：中国建筑工业出版社，2012.

［6］中华人民共和国住房和城乡建设部 . 混凝土结构设计标准：GB/T 50010—2010（2024 年版）［S］. 北京：中国建筑工业出版社，2024.

［7］中华人民共和国住房和城乡建设部 . 混凝土结构通用规范：GB 55008—2021［S］. 北京：中国建筑工业出版社，2021.

［8］东南大学，天津大学，同济大学 . 混凝土结构学习指导［M］. 3 版 . 北京：中国建筑工业出版社，2020.

［9］金浏，张仁波，杜修力 . 钢筋、FRP 筋与混凝土粘结性能［M］. 北京：科学出版社，2024.

［10］Du X L, Jin L. Size Effect in Concrete Materials and Structures［M］. Berlin：Springer，2021.